라깡, 사유의 모험

라깡, 사유의 모험

홍준기 엮음 | 라깡과 현대정신분석학회 편

마티

국립중앙도서관 출판시도서목록(CIP)

라깡, 사유의 모험/홍준기 엮음 ; 라깡과 현대정신분석학회 편 ;
박찬부, 서용순, 박선영, 민승기, 김서영, 이만우, 신명아, 홍준기 지음.
– 서울: 마티, 2010
p.436; 152×220mm.

ISBN 978-89-92053-39-6 93180 : ₩25000

라캉(인명)[Lacan, Jacques]
정신 분석[精神分析]

185.51-KDC5
150.1952-DDC21   CIP2010004068

라깡, 사유의 모험

홍준기 엮음 | 라깡과 현대정신분석학회 편
박찬부, 서용순, 박선영, 민승기, 김서영, 이만우, 신명아, 홍준기 지음

초판 1쇄 인쇄 2010년 11월 10일
초판 1쇄 발행 2010년 11월 15일

발행처 · 도서출판 마티 | 출판등록 · 2005년 4월 13일 | 등록번호 · 제2005-22호
주소 · 서울시 마포구 서교동 481-13번지 2층 (121-839)
전화 · 02. 333. 3110 | 팩스 · 02. 333. 3169 | 이메일 · matibook@naver.com
블로그 · http://blog.naver.com/matibook | 트위터 · @matibook

값 25,000원   ISBN 978-89-92053-39-6   (93180)

"여러분이 원하신다면 여러분은 라깡주의자가 될 수 있습니다.
그것은 여러분에게 달려 있습니다. 하지만 나는 프로이트주의자입니다."

자끄 라깡

II 예술, 문화, 사회

일러두기

* 인명과 지명 등 고유명사는 국립국어원의 외래어표기 용례를 따랐으나, '라깡'의 경우 〈라깡
  과 현대정신분석학회〉의 학회명을 따랐다.

서문

"내가 해야 할 일 중 남아 있는 것은
하늘과 땅에는 인간의 철학으로 꿈을 꿀 수 있는 것보다
많은 것들이 있다는 금언을 기억하는 것뿐이다.
자기가 이미 가지고 있는 확신을 더 철저하게 없앨 수 있는 사람은
분명히 그런 것을 더 많이 발견할 것이다."
프로이트

국내에 라깡이라는 이름이 알려지기 시작한 지 벌써 십수 년이 흘렀다. 그동안 많은 연구자들의 헌신적인 노력으로 이제 국내에서도 라깡 이론은 더 이상 낯설지 않은 지적 자산으로 자리 잡았다. 최근에는 드라마에 라깡이라는 이름이 등장할 정도로 라깡 정신분석은 대중적 인기를 구가하고 있다. 정신분석학이 갖고 있는 학문적·실천적 혁신성에도 불구하고, 우리가 역사적 경험을 통해 알고 있듯이 정신분석에 대한 의도적·비의도적 비난이 항상 존재해 왔다. 하지만 이제 상황이 많이 바뀌어 '라깡'이라는 기표는 그 존재만으로도 우리에게 많은 의미와 가능성을 환기시키는 시대가 되었다. 한마디로 이제 그것은 우리의 지적 역량과 감수성을 표현하는 상징인 것이다. 이렇듯 우리나라에서도 라깡 정신분석은 사상, 철학, 문학, 예술, 영화, 사회 등 인문학뿐 아니라 임상 분야까지도 포괄할 수 있으리 만큼 광범위하게 연구가 진행되고 있다. 이 책을 출간하면서 우리는 이러한 상황을 함께 일궈냈다는 자부심과 기쁨을 금할 수 없다.

지금까지 라깡 연구자들이 꾸준히 작업한 성과들 중 몇몇 글들을 뽑아 이 책을 펴낸다. 이 책 『라깡, 사유의 모험』은 철학, 문학, 영화, 사회학, 임상 분야의 라깡 연구자들이 함께 만든 '학제간' 연구서로서, 이 책을 통해 독자들은 다양한 관점에서 서술된 라깡 이론의 정수를 맛볼 수 있을 것이다. 우리는 약 6개월 전 라깡 학회(라깡과 현대정신분석학회) 임원회를 통해 최근 몇 년간 학회 회원들이 생산한 연구들을 모아 책을 출판하기로 의견을 모았다. 십년 이상의 역사를 갖고 있는 라깡 학회는 다양한 분야의 라깡 연구자들로 구성된 학술단체로서 여러 가지 우여곡절을 많이 겪으면서도 라깡과 정신분석 연구의 욕망을 잃지 않기 위해 애써왔다. 이 책은 학회 연구자들의 이러한 "타협하지 않는 욕망"(라깡)과 열정의 산물이다.

이 책은 2부로 구성되어 있다. I부 〈이론과 임상〉에는 홍준기, 박찬부, 서용순, 박선영이 참여했으며 II부 〈예술, 문화, 사회〉에는 민승기, 김서영, 홍준기, 신명아, 이만우가 귀중한 원고를 투고해주었다.

I부 〈이론과 임상〉의 구성은 다음과 같다. 「라깡과 현대철학: 라깡/들뢰즈, 헤겔/스피노자, 알튀세르 논쟁 구도의 맥락에서」에서 우선 홍준기는 헤겔과 스피노자라는 철학사적 맥락에서, 그리고 현대의 또 하나의 뛰어난 이론가인 알튀세르의 사상적 맥락에서 현대철학의 가장 예민한 논쟁 지점 중 하나인 라깡과 들뢰즈의 이론적 관계 및 대립과 관련된 논쟁을 재구성하고 그 의미를 추적한다. 이와 더불어 이 논문은 스피노자-들뢰즈 계열의 프랑스 현대철학자들이 제시한 라깡-헤겔 비판을 설득력 있게 반비판하면서 라깡-헤겔 이론에 대한 새로운 해석 방향을 마련한다. 이러한 과정에서 이 글은 또한 알튀세르의 이론 전개과정을 재구성하면서, 특히 유고에서 알튀세르가 마침내 철저한 '정신분석적 전회'를 행했음을 논증하고 그

것의 현대철학적 의미를 해명한다. 이 글은 라깡을 둘러싼 현대사상의 진정한 논쟁점을 파악하고 그 해결책을 모색하고자 하는 목적으로 쓰였다.

「상징과 실재의 변증법」에서 박찬부는 라깡 이론의 핵심적 쟁점 중 하나인 상징계와 실재의 관계를 중심으로 재현 체계와 비재현적 실재계 사이의 이론적 문제를 해명하는 중요한 작업을 수행한다. 『정신분석학의 네 가지 기본개념』(1964)과 더불어 라깡은 실재계 시대를 선언했다. 그 후 라깡의 사상적 전선은 상상질서와 상징질서의 합으로 구성된 재현 체계와 "상징화에 절대적으로 저항하는" 비재현적 실재계 사이에 형성되었다. 이것은 실재에 대한 라깡의 관점의 변화와도 관련된다. 라깡은 초기에 균열과 결핍이 없는 충만이라는 관점에서 실재를 서술했으나, 후기에는 이와는 거의 정반대로 그것의 트라우마적 성격, 불가능성과 아포리아라는 관점에서 실재에 접근했다. 이렇듯 라깡 이론의 흐름과 변화, 재현과 비재현 체계의 관계를 꼼꼼히 서술한 후 저자는 실재가 재현 체계로부터 사후적으로 산출된 잉여 효과이면서 동시에 상징질서에 '외-존재'하고 그것에 환원 불가능한 역설적 존재임을 밝혀내고 있다. 이 글은 상징계와 실재계를 중심으로 전개되는 라깡 이론의 근본 쟁점에 갖는 독자들에게 큰 도움이 될 것이다.

서용순은 「철학과 정신분석: 사랑의 둘에 대한 사유의 쟁점」에서 사랑을 둘러싸고 벌어지는 철학과 정신분석 사이에 놓인 긴장을 통하여 철학과 그 조건의 관계를 조명하고자 한다. 그에게 라깡은 정신분석의 혁신 속에서 전통 형이상학이 추구하던 일자의 지배를 파괴한다. 그는 라깡의 성별화 정식을 '하나'의 길을 파면하고 '둘'의 길로 나아가는 계기로 간주하면서 바디우의 진리철학 속에서 사랑이 어떻게 사유되는지 잘 보여주고 있다. 바디우의 철학에서 사랑에 관한 사유는 두 성에 대한 사유, 성차에 대한 유적 사유로, 라깡의 성적 비-관계의 테마를 이어받아 발전시킨다는 점에서 정신분석의 철학적 계승과 수용이라는 점을 분명히 하고 있다. 그는 라깡의 성적 비-관계를 바디우가 형식화시키면서 그것을 철학적인 비결정성과 분석불가능성으로 입증하는 과정을 바디우의 형식적 담론을 통해 설명한다. 이 글은 사랑이란 대상에의 몰입인 동시에 둘의 무대의 건설을 통해 외부로의 확장이라는 바디우의 테제를 라깡과의 관계 속에서 뛰어나게 분석해내고 있다.

「라깡과 클라인: 주체 형성의 변증법과 심리구조화에 관한 연구」에서 박선영은 임상적 맥락에서 라깡과 클라인 이론을 포괄적으로 비교, 분석한다. 거울단계, 상징계, 불안, 욕망, 시선, 부정성, 여성성(다른 향유) 등의 프로이트 및 라깡 이론을 출발점으로 삼아 이 글은 망상-분열적 위치, 우울적 위치, (초기)오이디푸스 콤플렉스, 불안, 상징, 충동, 환상, 모친살해 등 멜라니 클라인 정신분석의 핵심적 내용을 재해석함으로써 지금까지도 본격적으로 연구되지 못한 주제인, 라깡과 클라인의 이론적·임상적 상관관계를 면밀하게 해명한다. 프로이트, 라깡과 더불어 우리가 주목해야 할 중요한 정신분석가인 클라인의 이론과 그것의 라깡 이론과의 관계를 추적하였다. 국내의 아동학, 정신의학, 심리학 등 임상 분야에서는 불행하게도 정신분석을 배척하고 있다. 따라서 인간의 심리발달에 대한 접근은 체계적인 구조적 연구보다는 단편적인 계량적 연구에 치중한다는 문제가 있다. 이러한 상황에서 이 글은 또한 정신분석적 관점을 유지하면서 특히 생후 초기의 아동의 심리발달 및 그 구조화과정을 밝힘으로써 라깡 이론의 핵심 개념인 '주체' 형성 메커니즘을 밝혀내고 아동학과 정신분석학을 결합시키는 단초를 제시한다는 학문적 의의를 갖는다는 점에서 매우 주목할 만한 글이다.

II부 〈예술, 사회, 문화〉에는 우선 민승기가 「사랑의 윤리학」을 기고해주었다. 사랑에 관한 섬세한 성찰을 담고 있는 이 글은 쾌락 원칙이나 교환경제의 중지 또는 파괴로 드러나는 사랑이 어떻게 윤리적 위상을 얻게 되는가를 보여준다. 라깡, 지젝, 데리다의 사유를 가로지르며 이 글은 사랑의 윤리적 위상은 주체와 타자의 결핍이 겹치는 곳에서 생겨나는 이중결핍으로서의 잉여물(objet *a*)에 대한 사랑 속에 존재함을 역설한다. 사랑은 '하나'에서 '둘,' 다시 '하나라고 할 수 없는 하나'로 이동한다. 그것은 온전한 융합을 나타내는 에로스에서 둘 사이의 절대적 차이를 강조하는 필로스로, 다시 내부적 분열을 초래하는 아가페로 변신한다. '하나'의 온전함을 소유하고자 했던 오디세우스는 자신을 부정한 후에 스스로의 타자가 되어 귀환하는 것이다. 하지만 저자에 따르면 주체의 초월성이 타자의 초월성으로 전이되는 것만으로는 충분치 않다. 그러므로 아가페가 '사랑의 불가능성'이 갖는 관점 자체를 변환시켜야 한다. 이 불가능성은 절대적 타자성이 아닌 타자의 분열에서 생성된다. 그리하여 초월적 타자는 이미 주체 속에 주체가 보지 못하는 형태로 들어와 있다. 사랑의 윤리학을 다룬 이 글은 독자들로 하여금 정신분석과 현대사상의 맥락에서 사랑의 윤리학이 갖는 이론적 위상과 의미에 대해 깊은 통찰력을 제공해줄 것이다.

「라깡과 영화:『스크린』의 봉합 문헌을 중심으로 고찰한 정신분석과 영화의 관계」에서 김서영은 봉합 개념을 통하여 정신분석과 영화의 지난 역사를 되짚어보고, 그 이론적 가능성들을 모색하며, 궁극적으로 정신분석적 영화이론의 지평을 확장하고자 시도한다. 일반적으로 정신분석이나 영화이론에서 봉합이라는 단어는 일상적인 폐쇄적 특성을 강조할 때 사용되어왔으며, 개념으로 적용될 때에도 슬라보예 지젝의 글에서 볼 수 있듯이 극복되어야 하는 단순한 편집체계로 이해되어 왔다. 이러한 이유로, 지젝은

'봉합' 대신 '인터페이스'라는 개념을 제시하기도 한다. 하지만 봉합 문헌에 대한 분석을 통해 우리는 봉합이라는 개념이 주체와 기표의 연쇄 사이의 관계를 보여주는 포괄적인 역동구조임을 알게 된다. 이 글은 봉합이 상징계와 상상계의 접합부에서 결여를 둘러싸고 일어나는 일련의 과정임을 설명하며, 이러한 방식으로 봉합개념이 설명될 때 더욱 다양한 영화들이 정신분석학적인 방식으로 분석될 수 있다고 주장한다. 라깡과 지젝의 관점에서 영화이론은 물론 라깡 이론의 몇몇 핵심적 개념들을 일목요연하게 설명해주는 탁월한 글이다.

「살바도르 달리 회화의 비판적-망상증 방법에 관한 연구: 자끄 라깡 이론의 관점에서」에서 홍준기는 살바도르 달리의 비판적-망상적 기법과 그것에 근거에 창작된 몇몇 작품들을 라깡 이론의 관점에서 설명하고 분석한다. 초현실주의와 라깡, 달리가 서로 이론적으로 밀접한 관계가 있다는 사실을 널리 알려져 있으나, 정작 이들의 이론적 관계의 구체적 모습에 대한 면밀한 연구는 거의 존재하지 않는다. 본 연구는 이러한 이론적 공백을 메우고, 라깡 정신분석학의 관점에서 달리의 비판적-망상적 방법이 갖는 의미를 설명함으로써 달리 회화의 미학적 의미를 해명하며, 더 나아가 라깡의 예술론과 초현실주의 미술에 대한 새로운 해석론을 제시하고자 시도한다.

신명아는 「라깡의 정신분석이론과 탈식민 이론: 탈식민과 실재」를 기고해주었다. 이 글에서 우선 신명아는 칸트의 철학을 정신분석 윤리학의 핵심적 선례로 묘사한 지젝의 논의를 따라 '테러리스트로서의 잠재력을 지닌 칸트의 윤리학'에 대한 논의를 선보인다. 오로지 도적적 의무 그 자체를 위해 행동하라고 요구하는 칸트의 도덕 윤리는 자신의 윤리학의 '테러적' 양상을 암시한다, 이와 유사하게 정신분석가는 환자를 분석함에 있어서 진리의 차원, 대상 *a*가 드러날 수 있도록, 분석가 자신의 주체적 열망이나 환자 자신의 주체적 환상을 제거하는 '주체적 결핍'을 견뎌내도록 요구된다. 칸트, 지젝, 라깡, 그리고 현대의 탈이데올로기 이론가들의 작업들을 풍부하게 원용하면서 신명아는 정신분석의 윤리적 차원은 각 문화에서 전개되고 있는 오인의 이데올로기 분석으로 귀결되어야 함을 역설한다. 이 글은 대상 *a*, 실재, 상징계의 결여 등 핵심적 라깡 개념을 바탕으로 식민주의의 다양한 이데올로기적인 문화 현상을 분석할 뿐만 아니라, 식민주의의 이데올로기를 통해 양산된 식민주의 담론을 관통하는 문화적·정치적 무의식을 날카로우면서도 흥미롭게 풀어내고 있다.

이만우는 「'우리'와 '그들'의 구별짓기에 대한 비판적 단상: 라깡의 여성 주체성 정치의 기여」라는 공들인 글을 보내주었다. 이 글은 라깡의 성구분 이론을 출발점으로 삼아 일상생활의 집단경험, 특히 '우리'와 '그들'의 구별짓기라는 사회적 상황에서 (남성/여성) 주체성의 성정치 양식에 대해 구체적으로 분석한다. 이만우는 성정치 양식이란 무엇이며 그 양식이 어떻게 사회관계와 문화에 자리매김 되며, 나아가 그것이 억압적 또는 변형적 권력작용과 관련하여 어떻게 분석될 수 있는가를 꼼꼼히 보여준다. 여성성의 성정치는 '전체'를 구성하는 예외의 인물형상을 갖지 않는다는 라깡의 여성성 이론을 바탕으로 저자는 정치적 지배의 논리에 저항하는 여성적 정치 양식을 추출해낸다. 그리고 더 나아가 사회적 적대를 은폐하는 전체와 예외의 남성적 논리를 거절하고, 반대로 여성성의 성정치 양식에 따라 '우리'와 '그들' 간의 적대를 사회적으로 제도화해야 할 필요성을 역설한다. 이 글은 또한 사회구조적 조건의 차이로 발생하는 불균등한 출발선을 최대한 통합시키려는 정책적 노력의 필요성을 주장하면서 실재의 환원불가능성에 대한 상징적 인정을 정치적으로 실현해야 함을 강조한다. 현실정치에 대한 구체적인 정신분석적 논의를 찾아보기 힘든 현 상황에서 성정치 양식과 사회정치적 문제를 직접적으로 연관시켜 논의한 이 글은 라깡주의 정치이론에 관한 생산적 토론을 위한 기폭제가 될 것이다.

라깡 정신분석과 관련해 우리가 작업해내야 할 과제들이 산재해 있다. 이는 라깡학회 연구자들뿐만 아니라 라깡 이론에 관심 있는 모든 이들의 향후 공동과제로 남을 것이다. 〈늑대인간 사례〉를 서술하면서 어디에선가 프로이트는 이렇게 말한 적이 있다. "내가 해야 할 일 중 남아 있는 것은 하늘과 땅에는 인간의 철학으로 꿈을 꿀 수 있는 것보다 많은 것들이 있다는 금언을 기억하는 것뿐이다. 자기가 이미 가지고 있는 확신을 더 철저하게 없앨 수 있는 사람은 분명히 그런 것을 더 많이 발견할 것이다." 라깡이 시작한 사유의 모험은 상상적 확신과 고착을 뒤흔들어 우리로 하여금 전에는 알지 못했던 미지의 세계에 눈을 돌릴 수 있도록 해주었다. 이 책은 프로이트와 라깡의 사유의 모험이 남긴 하나의 흔적이며, 독자들과 더불어 이 거대한 사유의 정수를 공유하고 성찰할 수 있게 되기를 바라는 마음으로 기획되었다. 끝으로 이 책의 출간을 독려해 주신 라깡과 현대정신분석학회 전 회장 김영민 선생님과 이 책의 출간을 맡아 수고해 주신 도서출판 마티의 박정현 씨께 감사드린다.

2010년 11월 8일
엮은이 홍준기

Ⅰ 이론과 임상

라깡과 현대사상
라깡/들뢰즈, 헤겔/스피노자, 그리고 알튀세르 논쟁 구도의 맥락에서

-

홍준기

I 문제 상황: 정신분석과 들뢰즈, 그리고 알튀세르

필자는 들뢰즈의 글 혹은 들뢰즈에 관한 특히 국내 저자들의 글을 읽을 때 종종 당혹감을 느끼게 되는데, 그 이유는 들뢰즈 철학이 갖는 엄청난 매력과 혁명성, 다수성에 대한 열정적 옹호에도 불구하고 많은 경우에 그의 이론은 선/악이라는 이중적 구도를 전술적으로 적극적으로 활용하는 '지배자 담론'의 역할을 할 수 있다는 생각을 떨쳐 버릴 수 없기 때문이다. 필자가 보기에 이러한 선/악 구도에 입각한 들뢰즈 이론은 '혁명적 외관'을 띠고 있지만 자신과 다른 존재론적 입장에서 출발하는 '민주주의'의 동지들을 과도하게 폄하 혹은 비판할 뿐만 아니라 심지어 결국은 사실상 그러한 동지들을 '주적'으로 만들 수 있는 오류를 범할 수 있다. 과거에 사회주의가 융성하던 시절에 교조적인 마르크스주의자들이 자신의 존재론적, 철학적 입장과 다른 이론 혹은 실천에 대해 열린 마음을 갖지 못하고 무조건적으로 비판했던 오류를 범했던 것과 마찬가지로 말이다.

들뢰즈 철학과 같은 방대한 철학을 다루기 위해서는 폭넓은 논의가 필요할 것이다. 제한된 지면에서 들뢰즈 이론 전체에 관한 방대한 작업을 할 여유가 없으며 이러한 작업은 이 글의 직접적 목표가 아니므로, 여기에서 필자는 이 글의 주제인 정신분석과 마르크스주의, 알튀세르의 정신분석 이해, 그리고 스피노자와 헤겔 이해를 중심으로 논의를 진행하고자 한다. 이것이 들뢰즈 철학의 진정한 쟁점을 파악할 수 있도록 해주는 가장 적절한 접근 방법이라고 생각하기 때문이다. 들뢰즈가 철저하게 비판하고자 했던 정신분석은 사실 역사적으로 본다면, 임상 실천이라는 좁은 틀을 넘어, 다양한 진보적인 이론과 결합해 사회변혁적인 패러다임 중 하나로 자신의 학문적 의의를 입증해 왔다. 정신분석을 자신의 중요한 학문적 기초로 수용해 마르크스주의를 혁신하는 데에 일생의 노력을 기울여 왔던 알튀세르가 대표적인 예 중의 하나로 꼽힐 수 있을 것이다. 하지만 여전히 국내외의 마르크스주의자 혹은 스피노자주의자 중 상당수가 여전히 알튀세르 철학은 라깡 이론과 아무 상관이 없다는 입장을 취하는 경향이 있다. 하지만 필자는 이들이 결국 라깡 이론을 배제한 채 마르크스주의 혹은 철학을 건설하려고 노력하고 있을 뿐이라는 인상을 피할 수 없다. 굳이 이러한 배타적인 입장을 취하고자 하는 이유는 도대체 무엇인가? 어쨌든 알튀세르와 라깡의 결합을 부인하고자 하는 논자들은 알튀세르가 라깡을 원용하고자 했던 경우가 있을지라도 이는 내적인 본질적 이유에서가 아니라, 오직 정치적으로 '이용'했을 뿐이라는 지극히 정치적인 결론을 내린다. 사실 이러한 입장은 전혀 새로운 것이 아니고 국내에서 80년대 때부터 제시되던 전형적인 입장이다.[1] 하지만 알튀세르와 정신분석을 무관한 것으로 간주하려는 이러한 입장은 알튀세르 이론을 '정치편의주의'로 축소시킬 뿐만 아니라,

알튀세르 같은 기품 있는 철학자를 '정치꾼'으로 만드는 오류를 범하고 있으며, 더 나아가 알튀세르 철학을 체계적으로 파악하지 못하고 있다는 문제가 있다.[2] 필자는 이러한 맥락에서 필자는 알튀세르에 대한 '비정신분석적' 해석은 물론 방금 언급했듯이 정신분석을 보수주의적인 이론의 전형으로 간주하는 들뢰즈의 욕망이론에 대해 의구심을 갖게 된다. 왜 들뢰즈는 민주주의의 동지일 수 있는 인접 이론들을 굳이 '주적' 중의 하나로 간주해야 하는가? 들뢰즈가 특히 『안티 오이디푸스』, 『천 개의 고원』 등에서 정신분석 비판에 그렇게 많은 노력을 기울였다는 사실은 우리를 놀라게 한다.[3] 들뢰즈는 정신분석을 자본주의적 영토화의 '결정적인' 매개로 간주한다. 하지만 이러한 비판은 과연 타당한가? 왜 들뢰즈는 마치 정신분석이 인간의 욕망과 자유, 해방을 가로막는 '진정한 주적'이라는 듯이 정신분석 비판에 그렇게 많은 에너지를 소비했는가? 잘 알려져 있듯이 들뢰즈에 따르면 라깡 이론은 '결여'와 '환상'을 먹고 사는 패배적이고 보수적인 이론이며, 오이디푸스라는 가족 삼각형에 모든 것을 가두어 놓는 폐쇄적인 이론이다. 하지만 '적어도' 정신분석의 라깡적 버전에서 정신분석은 곧 사회,

---

1 알튀세르와 정신분석의 '무관성'이라는 이러한 옛 입장을 다시 한번 반복한 예로서는 진태원, 2002, 특히 368쪽 참조.

2 이에 대한 필자의 반론을 포함한, 알튀세르와 정신분석학에 관한 새로운 논의로는 홍준기, 2003, 121쪽 이하를 참조하라.

3 여기에서 상세히 논의할 수는 없지만 정신분석 혹은 라깡에 대한 들뢰즈의 극단적인 비판적 입장은 『안티 오이디푸스』에서부터 시작되었다. 그러므로 이 저서 이전에는 라깡 이론이 들뢰즈 철학의 비판 대상이 아니라 오히려 반대로 들뢰즈가 참조했던 결정적인 준거점 중의 하나였다. 반면 헤겔 철학에 대한 비판적 입장은 들뢰즈 철학 초기부터 후기까지 일관되게 유지된다. 따라서 보다 상세한 논의를 위해서는 시기별로 들뢰즈 입장을 면밀히 검토해야 할 것이나 이러한 상세한 검토는 이 글의 범위를 넘어서므로 여기에서 집중적으로 다룰 수 없었다.

정치이론이며, 라깡에 따르면 오이디푸스의 너머, 즉 분석의 끝, 혹은 '오이디푸스 너머'라는 개념이 확고하고 분명한 형태로 존재함에도 불구하고[4] 왜 들뢰즈 및 들뢰즈 수용자들은 이에 대해 침묵하는가? 왜 들뢰즈 연구자들은 라깡의 욕망과 향유 이론, 환상 이론, 사회이론을 '선의'를 갖고 연구하지 않은 채 정신분석의 '해악성'에 대해 그토록 강하게 비판하는가? 예컨대 우리는 들뢰즈가 집중적으로 비판한 바 있는 라깡의 개념인 '결여'라는 개념이 들뢰즈의 주장과는 달리 인간은 '결여' 속에서 만족하며 고통 속에 살아야 한다는 것을 함축하지 않는다는 사실을 잊어서는 안 될 것이다. 결여란 라깡에게 다양한 의미를 갖는 개념이다. 라깡적 관점에서 본다면, 예컨대 억압이란 타자가 주체에게 '자유의 공간'을 허용하지 않고 너무 많은 향유를 획득하고자 하는 것에 있다. 예를 들면 망상증적 정신병자는 타자와의 이자 관계 속에 머물러 있는 주체이며, 이러한 병리적 이자 관계로부터 벗어나기 위해서는 주체와 타자 사이에 결여가 도입되어야 한다.

이러한 맥락에서 알튀세르의 유고 「마주침의 유물론이라는 은밀한 흐름」, 「독특한 유물론적 전통」(Althusser 1996: 26 이하; 145 이하)은 우리에게 많은 것을 시사한다. 그리고 필자의 이 글 역시 알튀세르의 이 유고들을 출발점으로 삼아, 알튀세르와 정신분석의 관계, 그리고 들뢰즈, 스피노자, 헤겔에 대한 새로운 해석의 가능성을 모색하고자 한다. 이 유고에서 알튀세르가 사용한 은유적 표현을 빌려 말한다면 라깡이 말하는 결여란 '자유의 빈 공간'을 의미하며, 따라서 주체는 오히려 이 결여—자유의 빈 공간—속에서 '기쁜' 마음(스피노자)으로 삶과 자유를 향유(라깡)할 수 있다. 이렇듯

---

4 지면의 제약 때문에 이 글에서 정신분석의 끝에 관한 라깡의 논의에 대해 상세히 설명할 수 없으므로 홍준기, 2005, 26쪽 이하를 참조하기 바란다.

라깡에게 결여란 흔히들 비판하듯이 단순히 만족의 결핍을 의미하는 것이 아니라 주체와 타자 **사이에**, 그리고 주체 **속에** 주체를 억압하는 타자로부터 거리를 제공하는, 주체의 **자유**의 공간을 의미한다. 알튀세르는 이러한 '빈 곳'이라는 **은유**를 이데올로기와의 '단절', 인식론적 '단절'과 같은 개념과 결부시켜 활용한 바 있다. 반면 '충만함'이란 은유는 경우에 따라서 알튀세르에게 이데올로기라는 연속적 공간(즉 '상상적' 충만함)을 의미한다. 물론 "충만한 말"(parole pleine)이라는 라깡의 용어에서 볼 수 있듯이 '충만함'이라는 단어가 알튀세르에게 무조건 '나쁜' 의미만을 갖는 것은 아니다. 알튀세르 역시 라깡의 '충만한 말'이라는 용어를 이데올로기적인 "공허한 말"(parole vide)와 대비시켜 긍정적 의미를 부여해 사용한 바 있다.[5]

반면 들뢰즈는 『안티 오이디푸스』에서 결여와 충만함을 대립시키며 후자를 지지하는 존재론의 관점에서 정신분석을 비판한다. 들뢰즈가 원용하는 철학자들의 존재론, 예컨대 스피노자의 **존재론**에는 '빈 공간'이 존재하지 않는다. 들뢰즈는 이러한 '특정한' 존재론적 입장을 절대화해, 이제 '빈 곳'을 말하는 모든 이론은 결여 속에서 만족하고자 하는 패배적 이론이라는 논지로 '확대 해석'하는 듯한 논의 방식을 취한다. 여기에서 우리가 제기할 수 있는 비판은 들뢰즈는 어떤 '특정한 존재론'을 절대화시켜 다른 존재론적 입장을 무조건 잘못된 이론으로 몰아간다는 것이다. 필자는 존재론이나 자연철학 또는 형이상학적 담론을 '직접적으로' 정치, 사회철학에 적용하는 이론은 '특정한 세계관'을 직접적으로 정치적으로 해석하는 '성급

---

5 이에 대한 보다 자세한 문헌적 고찰로는 또한 F. Matheron, 1997, p. 23ff. 그리고 **만족**과 **결여**의 **변증법**을 중시하는 라깡 관점에서의 들뢰즈의 욕망이론에 대한 비판으로는 홍준기, 2005a, 20쪽 이하를 참조하라.

한 정치화의 오류'를 범하고 있다고 생각한다. 하지만 이와 반대로 라깡은 '특정한' 세계관을 특권화하는 이론이야말로 가장 이데올로기적일 수 있다고 지적한 바 있다.

다시 알튀세르에 대해 언급하자. 알튀세르는 유고에서 철학에 '공백', 즉 빈 공간을 도입한 사람들을 "철학에서의 진정한 유물론 전통"(Althusser 1996: 182)을 도입한 사람으로 간주하며 이러한 유물론을 도입한 사상가들을 다수 인용한다. 데모크리토스, 에피쿠로스, 마키아벨리, 홉스, 파스칼, 클라우제브츠, 칸트, 스피노자, 헤겔, 마르크스, 레닌, 그람시, 데리다, 들뢰즈, 하이데거, 비트겐슈타인, 그리고 프로이트 등. 알튀세르는 유고의 여기저기에서 이들 모두를 유물론의 사상가로 (물론 경우에 따라서는 비판을 가하기도 하면서) 스스럼없이 언급한다. 하지만 보통의 경우 사람들은 이들을 서로 양립할 수 없는 사상가로 간주하지 않는가? 어떻게 들뢰즈가 빈 공간을 말하는 철학자일 수 있으며, 헤겔과 들뢰즈가 서로 양립할 수 있는가? 이러한 논의 방식이 알튀세르의 철학적 무능력 혹은 혼합주의에서 기인한다고 섣불리 판단하지 말자. 관념론자이든 유물론자이든, 공산주의자이든 그렇지 않든지 상관없이 "자유"라는 **빈 공간, 장애가 없는 공간 속에서 이루어지는 개개의 코나투스의 전개**를, 그리고 "**극단에서, 한계적 상황에서**" 운[우연]과 공백을, "운의 공백 자체"를 "사고한 인물"(Althusser 1996: 182, 강조는 원문)은 알튀세르에게 모두 유물론자이다. 여기에서 우리는 알튀세르의 '정치적 윤리학'이 '하나의 존재의 모습', 즉 빈 공간 없는 '충만한' 세계만을 허용하는 세계관을 기준으로 정치적 판단을 내리는 들뢰즈 철학과 달리 열린 태도를 취하고 있음을 볼 수 있다.

그러므로 이제 여기에서 스피노자 철학과 정신분석(혹은 헤겔 철학)에 대한 알튀세르의 입장에 대해 언급할 필요가 있다. 알튀세르의 입장은 현대 프랑스 철학의 흐름과 관련해 일종의 분수령을 이룬다. 잘 알려져 있듯이 알튀세르는 스피노자의 존재론과 헤겔 철학(혹은 정신분석) 사이에서 동요한 바 있다. 이러한 동요는 알튀세르가 마르크스주의를 재정립하기 위해 노력하는 과정에서 필연적으로 겪어야 했던 동요로서, 과연 마르크스 철학이 스피노자를 경유해 완성될 수 있을 것인지 아니면 라깡(혹은 헤겔)을 통해 완성될 수 있을 것인지라는 질문에서 정점에 달한다. 알튀세르는 『마르크스를 위하여』, 『자본론 읽기』 등에서는 헤겔 철학이 단 하나의 모순만을 허용하는 목적론적 철학이므로 헤겔 철학의 관점에서는 '복잡한 전체'를 사고할 수 없다고 비판한 바 있다. 하지만 헤겔에 대한 알튀세르의 입장은 『자기비판의 요소들』에서 변하기 시작하며 이와 더불어 스피노자 철학에 대해서 거리를 두기 시작한다. 또한 『레닌과 철학』에서 알튀세르는 헤겔 논리학 서두에서 존재가 무로 이행하는 것에서 '기원이 <u>스스로를</u> 무화하는' 비목적론적 철학을 읽어내며 이로써 헤겔 철학을 '비목적론적으로' 해석해야 할 것을 촉구한다. 『자기비판의 요소들』에서 알튀세르는 스피노자 철학의 관점에서는 "모순"을 사유할 수 없으므로 "모순"을 사유할 수 있는 헤겔 철학은 마르크스주의의 혁신을 위해 필요불가결한 철학임을 주장한다. 더 나아가 유고에서 알튀세르는 '유물론적 전통' 속에 헤겔을 포함시킬 뿐만 아니라 마르크스주의 창조적 재구성을 위해서 과거에 자신이 원용했던 정신분석의 타당성을 다시 한번 확인하며, (들뢰즈의) 스피노자로부터 거리를 둔다.[6] 그러므로 자신의 이론적 작업을 다시 한번 총결산하는 '유고'에서 알튀세르는 이렇게 말할 수 있었다. "'공산주의란 소비에트 더하기 전력화 더하기 정신분석이다'라고 한 우리 친구 자크 마르탱의 날카로운 말과 곧바로 만난다."(Althusser 1996: 193, 강조는 원문)

마르크스주의의 재정립을 위해서는 모순 범주가 필요하다는 알튀세르의 언급은 사실 너무 당연한 말이어서 더 이상 언급할 필요가 없다고 생각할 수도 있다. 하지만 헤겔 철학에 대한 알튀세르의 재해석은 내용 면에서 그다지 풍부하지 않으므로 과연 헤겔이 말하는 모순이 무엇이며 어떤 철학적, 실천적 의미를 갖는지 별개의 상세한 연구가 필요하며 이러한 작업은 현실에 대한 철학적 개입을 위해 반드시 필요한 작업이라고 생각한다. 다만 한 가지 안타까운 점은 **헤겔 철학의 대안으로서 특히 초기에 스피노자 철학을 원용한 알튀세르에게 영향을 받은 알튀세르의 제자들(특히 마슈레) 그리고 들뢰즈의 영향으로 '모순'이라는 범주를 불필요하거나 '부차적인' 것으로 간주하는 경향이 국내의 프랑스 철학 연구자들 사이에 생겨나고 있다는** 점이다. 이들은 특히 헤겔 논리학에 대한 철저한 내재적 연구 없이 헤겔은 목적론을 주창한 형이상학자다라는 주장을 반복할 뿐이다(아마도 프랑스에 헤겔 연구자들의 수가 적다는 사실도 이러한 상황에 영향을 미쳤을 것이다). 이들이 말하듯이 과연 스피노자 철학은 '무조건 좋은' 철학이고 헤겔 철학은 '무조건 나쁜' 철학인가? 하지만 알튀세르가 문제를 제기했듯이 스피노자의 철학은 '모순'을 사유할 수 없지 않은가? 사실 스피노자 철학에 따르면 '모순'이란 결코 존재하지 않으며, 반면 헤겔은 '모순' 혹은 '부정성'을 본질적 범주로 간주한다. 이러한 입장의 차이를 어떻게 평가할 수 있을까? 앞에서 언급했듯이 알튀세르는 '모순' 범주에 우선성을 부여함으로써 다시 헤겔을 복원하려고 시도한다. 그렇다면 알튀세르에게 헤겔 철학은 보다 구체적으로 어떤 의미를 가지며, 스피노자 철학과는 어떤 관계가 있는가? 알튀세르에게 헤겔과 스피노자 철학이 갖는 의미는 과연 무엇인가? 본 논문은 알튀세르 마르크스주의에서 스피노자와 헤겔 철학이 갖는 의미

---

6 이에 대해서는 이하에서 보다 상세히 논의하기로 한다.

를 설명하고, 더 나아가 모순 개념이 프랑스 현대철학에서 왜 중요한 쟁점이 되는지를 밝히고자 하며, 이를 바탕으로 정신분석이 알튀세르에서 갖는 의미를 재조명함으로써 단순한 정치철학으로서 알튀세르 마르크스주의이 아니라 정치**윤리**학으로서의 알튀세르 철학의 의의를 재조명고자 하는 목표를 갖는다.

II 알튀세르의 스피노자와 헤겔

1. 알튀세르의 '자기비판'의 의미

특히 스피노자와 헤겔과 관련해 알튀세르의 마르크스주의를 이해하기 위해서는 무엇보다도 1974년에 출간된 『자기비판의 요소들』의 논의를 명확히 파악할 필요가 있다. 필자의 관점에 따르면, 알튀세르는 『자기비판의 요소들』의 한 장인 「스피노자에 관하여」에서 자신의 과거의 오류를 스스로 지적하는 가운데 자신을 스피노자주의자였다고 선언한다. "우리는 스피노자주의자였다."(Althusser 1975: 70) 이러한 선언이 갖는 의미는 무엇인가? 많은 논자들은 알튀세르의 이러한 선언을 알튀세르의 정신분석학과 헤겔 철학으로의 단절이라는 관점에서 해석하는 경향이 있다. 앞에서 언급했듯이 국내외 다수의 알튀세르주의자들은 '우리는 스피노자주의자였다'는 알튀세르의 이 언급을 과도하게 배타적으로 확대해석해, 알튀세르 이론은 스피노자주의적으로 설명되어야지 결코 정신분석, 그리고 헤겔 철학의 관점과 연결시켜서는 안 된다는 입장을 취하고자 하는 것이다.[7] 뿐만 아니라 들뢰즈를 포함한 스피노자를 연구자들 역시 스피노자 철학의 우위를 주장하는 가운데 헤겔 철학이나 정신분석학을 보수적이고 무의미한 이론으로 '손

쉽게' 간주하는 경향이 있다. 그러므로 우리는 알튀세르를 오직 스피노자의 관점에 의존해 해석하기 전에 알튀세르의 『자기비판의 요소들』에서의 "우리는 스피노자주의자였다"라는 선언의 의미가 무엇인지 명확히 살펴볼 필요가 있다.

우선 알튀세르의 '자기비판'은 『자본론 읽기』, 『마르크스를 위하여』 등 초기의 저작들에서 자신이 범한 과도한 이론주의, 합리주의를 비판한다는 의미를 갖는다. "진리/오류라는 대립 속에서 사유한다는 것은 사실 **합리주의적**이다. 하지만 과학 **자체**(der Wissenschaft)와 이데올로기 **자체**(der Ideologie), 그리고 그것들의 차이에 관한 보편적 이론 속에서 받아들여진 진리/거부된 오류라는 대립을 사유하고자 하는 것은 **사변**(Spekulation)이다."(Althusser 1975: 61, 각주 19, 강조는 원문) 그렇다면 알튀세르가 과거에 범했다고 고백하는 합리주의, 그리고 사변주의의 내용은 보다 구체적으로 무엇인가? 그것은 다름 아닌 인식론적 단절(바슐라르)이라는 개념을 통해 과학적 마르크스주의를 재구성하는 가운데 알튀세르가 범한 오류(더 정확히 말하면 편향)이다. 쉽게 말하면 마르크스 철학의 '과학성'을 과도하게 강조한 나머지 과학과 이데올로기, 진리와 오류라는 이분법적 사고 속에서 마르크스 철학을 재해석했다는 것이다. 달리 말하면, 합리주의적 편향을 범하던 시기에 알튀세르는 마치 마르크스 철학은 '학문의 여왕'이며, 따

---

7 예컨대 알튀세르의 제자였던 피에르 마슈레, 에티엔 발리바르 등이 이러한 입장을 취하는 대표적인 저자이다. 이러한 입장에서 쓰여진 스피노자 해설 중 국내에 소개된 것으로는 피에르 마슈레, 『헤겔 또는 스피노자』(진태원 역, 이제이북스, 2001) 등이 있다. 물론 마슈레는 헤겔을 스피노자에 이어서 부차적으로나마 필요한 철학자로 받아들이고 있으며 부차적으로 모순 개념의 필요성을 인정하고 있지만, 앞으로 살펴보겠듯이 주로 스피노자에 의존하는 마슈레 이론은 적어도 알튀세르 자신의 입장과 큰 차이를 보이고 있을 뿐만 아니라 알튀세르가 중시하는 모순 범주를 진지하게 사유하기 힘들다는 문제가 있다.

라서 마르크스주의 철학은 과학으로서의 마르크스주의와 이데올로기로서의 부르주아 이론을 구분해 주는 어떤 확고하고 영원한 준거점을 갖고 있다는 듯이 마르크스주의 철학을 정의하는 편향을 범했다는 것이다. 알튀세르 스스로 인정하듯이 이는, 그가 거부하고자 했던 부르주아적 관념론 혹은 경험론의 관점에서 마르크스 철학을 재해석한 것에 지나지 않으며 이러한 관점은 『자기비판의 요소들』에서 수정된다. 과거에 알튀세르는 철학, 즉 유물론적 변증법을 "이론적 실천들의 이론"(Althusser 1986: 169)으로 정의했으나 이제 알튀세르는 자신의 새로운 관점에 따라 마르크스주의 철학을 "실천에 관한 (새로운) 철학이 아니라 철학의 (새로운) 실천"(Althusser 1993: 75) 혹은 "이론에서의 계급투쟁,"(Althusser 1975: 96) "이론에서의 정치"로 정의한다. 물론 여전히 『자기비판의 요소들』에서 알튀세르는 자신이 스피노자에 철학에서 자신이 빌려온 내용 혹은 영감 받은 부분이 무엇인지 언급하는 것을 잊지 않는다. 그 내용은 다음과 같다. 첫째, 목적론의 거부,(Althusser 1975: 73 이하) 둘째, 주체 이데올로기 비판(스피노자의 반데카르트주의),(76) 셋째, 진리의 기준 제시라는 거짓 문제의식의 거부,(77) 넷째, 유명론자(Nominalist)로서의 스피노자.(77) 다섯째, 헤겔에게 알려지지 않은 변증법을 스피노자에게서 발견함.(79 이하)

이 시기에 알튀세르가 헤겔에 대해 비판한 내용으로부터 논의를 시작하자. 사실 『자기비판의 요소들』에서의 헤겔 비판은 알튀세르가 이전에 헤겔에 대해 비판했던 내용과 대동소이하다. 즉 당시의 알튀세르의 헤겔 비판은 사실 헤겔에 대한 엄밀한 연구에 근거한 것이라기보다는 당시 프랑스 또는 현재나 과거 헤겔 철학에 대해 사람들이 일반적으로 갖고 있는 의견(혹은 편견)과 일치하는 견해를 보여줄 뿐이다. 예컨대 알튀세르에 따르면 헤겔은 목적론의 철학자이며, 헤겔 변증법은 "자기 자신의 질료를 생산하는 변증법"으로서 그것이 제시하는 논제는 "정확히 부르주아 이데올로기"에 상응하는 논제이다. 헤겔 변증법은 "자본은 (자본가의) 노동에 의해 생산된다"(81)는 부르주아 이데올로기를 지지하는 이론에 불과하다는 것이다. 요컨대 헤겔 철학은 타자를 일자로 흡수하는 '동일성의 철학'이라는 것인데, 여기에서 우리는 정말 헤겔 철학을 반드시 그렇게 해석해야 하는가라는 문제를 제기할 수 있다. 어쨌든 알튀세르에 따르면, 마르크스주의의 변증법은 모든 것을 하나의 축으로 환원시키는 헤겔 변증법과 달리 "실재적 구분"을 가진 여러 영역들의 존재를 허용하며, 이를 사고하기 위해 토픽(Topik) 모델을 제시한다. 반면 헤겔에게는 이러한 토픽 모델이 존재하지 않는다. 왜냐하면 하위의 토픽(심급)은 그것의 "진리"인 상위의 토픽(심급)으로 "지양"되기 때문이다. 알튀세르가 마르크스주의의 혁신을 위해 스피노자에게서 발견한 내용들이 다름 아닌 헤겔에게 존재하지 않는 것이며, 따라서 알튀세르는 이러한 스피노자의 입장에 따라 헤겔 철학을 비판했던 것이다.

하지만 문제는 이렇게 간단하지 않다. 헤겔을 비판하는 알튀세르가 경제결정론의 문제를 해결하지 못하고 독단적 관점에 빠진 것은 아닌지? 실제로 알튀세르는 경제주의를 극복할 수 있는 개념틀을 제공하는 마르크스주의 변증법의 핵심적 내용으로 간주했던 중층결정과 관련해 "최종 심급의 고독한 순간은 오지 않는다"(113)고 선언하지만, 또 다른 한편으로는 항상 최종 심급에서는 경제가 결정한다는 경제결정론적 논제(예컨대 Althusser 1975: 79)를 제시한다. 알튀세르의 이러한 모순적 언급은 알튀세르의 이론 전체에 영향을 줄 수 있는 심각한 문제점이라고 하지 않을 수 없다. 최종 심급의 고독한 순간이 오지 않는다는 것은 경제 결정론에 대한 비판을 의미하는데, 그럼에도 불구하고 알튀세르는 또한 최종 심급에서는 경제가 결정한다고 말하고 있지 않은가? '각 심급의 **상대적** 자율성'을 인정하면서도 '최종심급에서의 경제에 의한 결정'을 어떻게 근거지울 수 있는가? 바로 여기에서 알튀세르는 스피노자 철학을 원용해 "구조적 인과성" 개념을 도입함으로써 이 문제를 해결하고자 한다. 이러한 인과성 개념은 라깡에 따르면 헤겔에게서 발견되지 않는 개념이기도 하다. 이제 이에 대해 살펴보자.

우선 『자본론 읽기』에서의 논의에 대해 언급해 보자. 여기에서 알튀세르는 인과성에 대한 세 가지 모델에 대해 언급한다. 첫째 모델은 "이행적 인과성"(transitive causality)이고 두 번째는 표현적 인과성(exprsseve causality), 세 번 째 모델은 "구조적 인과성"(structural causality)(Althusser 1970: 186)이다. 이행적 인과성 모델은 갈릴레이와 데카르트에서 연원하는 것으로 직선적 인과성을 의미한다. 쉽게 말하면 이는 당구공이 다른 당구공에 영향을 미치듯이 한 물체가 다른 물체에 대해 직선적 혹은 이행적으로 영향을 미치는 인과성 개념을 의미한다. 알튀세르에 따르면 기계적 체계는 이렇듯 인과성을 이행적 효과에 국한시키므로 전체가 그것(전체)의 요소에 미치는 효과를 사유할 수 없다.(180) 반면 표현적 인과성은 전체의 요소들에 미치는 전체의 효과를 사유할 수 있도록 해준다. 알튀세르에 따르면 표현적 인과성 개념은 라이프니츠에서 유래했으며 헤겔에 의해 차용되었고 헤겔 사유를 지배하는 사유체계이다. 표현적 인과성 개념은, 전체는 **내적 본질**로 환원되며, 부분의 요소들은 이 내적 본질의 현상적 형태들에 지나지 않는다고 가정한다. 그러므로 본질의 내적 원리는 전체의 각 지점(계기) 속에 현존한다. 즉 표현적 인과성 원리에 따르면 경제, 정치, 법, 문학, 종교 등 각 요소는 전체의 본질의 내적 원리와 동일하다. 전체는 전체의 부분으로서 각 요소들이 전체를 표현한다는 '정신적' 특성을 갖는다. 요컨대 "라이프니츠와 헤겔은 요소들 혹은 부분들에 대한 전체의 효과(영

향)이라는 범주를 사용했지만 이는 이 전체가 구조가 아니라는 조건에서 였다."(181)

그러므로 알튀세르는 표현적 인과성이 가정하는 통일성과는 다른 유형의 통일성을 가진 전체, 즉 **구조지어진 전체**를 사유할 수 있는 구조적 인과성 개념을 제시한다. 표현적 인과성 개념은 '구조에 의한 요소들의 결정'을 사유할 수 없으며, 따라서 그는 스피노자를 원용해 마르크스의 인과성 개념을 설명할 것을 제안한다. 구조적 인과성이란 "그것[구조]의 효과 속에 구조가 존재함", 달리 말하면 "효과는 구조의 외부에 존재하지 않는다는 것", 즉 "구조는 효과들 속에 내재한다는 것"을 의미한다. 바로 여기에서 알튀세르는 스피노자를 인용하며 "구조의 전체적 존재는 그것의 효과로 구성되어 있다"라고 말한다." 그렇다면 구조적 인과성과 표현적 인과성의 차이는 무엇인가? 구조적 인과성에 대한 알튀세르의 설명에서 알 수 있듯이 표현적 인과성(그리고 이행적 인과성) 개념은 원인과 그것의 효과들이 서로 외재적이라는 것을 함축하며, "현상과 본질 사이의 고전적 대립"에 근거하고 있다.(190)

하지만 스피노자로부터 원용한 구조적 인과성 개념으로써 알튀세르는 '각 심급들의 상대적 자율성'과 '최종 심급에서의 경제에 의한 결정'을 설명할 수 있는가? 사실 알튀세르는 단지 "구조는 경제적 현상 **외부**의 본질이 아니다"라는 말로써 경제적 심급에 대해서 언급할 뿐, '상대적 자율성'과 '최종 심급에서의 경제에 의한 결정'이라는 문제를 스피노자와 연관시켜 명확히 해결할 수 없었다. 이러한 문제를 스피노자의 존재론과 관련해보다 명확히 언급한 글은 「담론이론에 관한 세 메모」(Althusser 1993c: 111)이다. 이 글에서 알튀세르는 라깡이 단 하나의 보편이론(기표의 보편이론)만을 받아들이고 사적 유물론의 보편이론을 수용하지 않는다는 이유로 라깡을 환원주의적이라고 비판한다.(Althusser 1993: 149~150, 151) 그리고 알튀세르는 라깡과 반대로 사적 유물론의 보편이론이 기표의 보편이론을 결정한다고 주장하면서, 자신의 주장이 환원주의가 아님을 보여주기 위해 자신의 주장은 결코 기표의 보편이론을 사적 유물론의 보편이론으로 포섭하거나 흡수하는 것은 아니라고 덧붙인다.[8](149) 여기에서 알튀세르는 자신의 주장이 환원주의적이지 않음을 설명하기 위해 스피노자의 존재론을 원용한다. "다양한 속성들은 단지 하나의 같은 실체의 속성들이다"(150) 이러한 스피노자의 존재론에 근거해 알튀세르는 "정신분석학적 대상의 국지이론은 사적 유물론의 보편이론이 기표의 보편이론으로 특수하게 접합된다는 것을 보편이론으로 갖는다는 사실 속에서, 기표라는 속성과 역사라는 속성 사이의 변별적 접합의 존재의 사례 중 하나를 우리는 확증한다"(150)고 말한다. 쉽게 말하면, 알튀세르에 따르면 라깡 정신분석의 핵심인 기표이론이라는 보편이론[9]은 사적유물론이라는 보편이론에 접합(흡수)되는 것이 보편이론이라는 것인데, 이러한 주장은 물론 (경제결정론적 함의를 갖는) 사적 유물론이 모든 것을 다 설명하는 보편이론의 가치를 갖는다는 사실을 함축하는 주장이며, 여기에서 우리는 알튀세르가 경제환원주의를 벗어나지 못하고 있음을 알 수 있다.(자세한 논의는 홍준기 2003: 133 이하)

요컨대 우리는 여기에서 알튀세르가 말하는 기표라는 속성과 역사라는 속성 사이의 변별적 접합은 스피노자 존재론에서의 속성들의 결합 방식과는 다르다는 것을 지적하고자 하는 것이다. 스피노자의 존재론에서 속성들

---

8 하지만 알튀세르는 사실상 기표이론을 사적 유물론에 포섭, 흡수시키고 있다.
9 물론 기표이론이 라깡 이론의 **전부가 아니라**는 점에서 알튀세르가 라깡 이론을 기표의 보편이론으로 규정한 것 자체가 이미 오류이다.

은 서로 **대등**하지만, 알튀세르의 스피노자주의적 해석에서는 역사라는 속성이 기표라는 속성에 대해 **우위**를 갖는다. 알튀세르는 사적 유물론의 보편이론이 기표의 보편이론에 특수하게 접합된다는 사실을 보편이론으로 간주하고 있지 않은가? 여기에서 알튀세르는 역사라는 속성을 기표라는 속성보다 우위에 놓고 있다. 이 점에서 그는 자신이 방금 인용한 스피노자 존재론을 잘못 적용하고 있음을 알 수 있다. 즉 알튀세르는 한 특정한 속성을 다른 속성의 우위에 둠으로써, 속성들 간의 비환원적인 변별적 접합을 말하는 스피노자의 철학을 환원주의적 마르크스주의의 관점으로 해석하고 있다.

다시 『자본론 읽기』의 논의로 되돌아가자. 여기에서 알튀세르의 스피노자주의적 마르크스 해석은 인식 대상과 실재 대상의 구분 및 전자의 후자에 대한 우위이라는 논제로 등장한다. 알튀세르는 스피노자 철학을 원용해, 관념과 대상의 일치로서의 진리라는 "데카르트적 관념론의 독단적 경험론" 혹은 "헤겔의 혼동"을 극복하고자 한다. 이에 대해 다양한 인식론적 논의가 필요하겠지만 우리의 문맥에서 중요한 점만을 언급하면, 알튀세르는 스피노자 철학을 '실재 혹은 대상의 질서에 대한 관념의 질서의 우위'라는 논제로 재해석했다는 사실을 주목할 필요가 있다. 알튀세르가 말하듯이 마르크스의 대상은 실재적 대상이 아니라 '사유 속에서 구성된 총체'라는 점에는 물론 필자도 동의하지만, 문제는 알튀세르는 이렇게 구성된 관념들을 궁극적으로 마르크스주의를 오류로부터 구분해 주는 '진리의 기준'으로 작동시키고 있다는 점이다. 즉 "과학적 지식—즉 대상에 관한 개념인, 적합한 관념들의 체계—은 그 자체의 기준일 뿐만 아니라 또한 비과학적이거나 이데올로기적인 지식(즉 부적합한 관념들)의 기준이기도 하다."(Eliot 1992: 149) 여기에서 볼 수 있듯이 알튀세르는 스피노자 이론을 상상적인 것과 진리를 구분해 주는 '기준'이 되는 이론으로 받아들인다.(Althusser 1970: 16~17) 이렇게 본다면, 알튀세르가 비록『자기비판의 요소들』에서 스피노자 철학을 원용한 중요한 이유 중 하나가 "진리의 기준 제시라는 거짓 문제의식의 거부"라고 말했지만, 사실 '본의 아니게' 알튀세르에게 스피노자 철학은 '진리와 거짓을 구분하는 기준'으로 작동하고 있다는 아이러니를 우리는 발견할 수 있다. 앞으로 다시 간략히 논의하겠지만 스피노자의 2종과 3종의 인식은 각각 이성과 직관을 통해 '필연적으로 진리인 지식'을 산출한다. 지금까지 논의에서 드러났듯이 초기 알튀세르에게 스피노자는 진리와 오류를 구분하는 기준을 제시하는 철학(혹은 최종심급에서의 경제결정론을 근거지워주는 철학)으로서 받아들여졌으며, 앞에서 언급했듯이 알튀세르는『자기비판의 요소들』에서 자신의 이러한 합리주의적 혹은 사변주의적 편향을 스스로 비판했던 것이다.

2. 알튀세르의 새로운 헤겔과 스피노자

이제 현대의 알튀세르 해석에서 논자들이 거의 주목하지 않는 '새로운 모습의 헤겔'에 대해 살펴보자. 필자가 아는 한 유고에서 비로소 등장한 새로운 헤겔 해석은 알튀세르 마르크스주의에 대한 새로운 이해를 제시해 줄 수 있는 단초가 될 수 있다는 점에서 매우 중요하다고 생각한다. 앞에서 언급했듯이『자기비판의 요소들』에서 알튀세르는 자신이 스피노자주의자였음을 천명했다. 이러한 천명이 갖는 변별적 의미를 너무 축소(혹은 확대)해석해 알튀세르가 스스로를 헤겔 철학 혹은 정신분석에 영향을 받은 것이 아니라 '오로지' 스피노자 철학에만 영향 받았다는 '고백'으로 이를 받아들여서는 안 된다는 사실을 지적한 바 있다.

　우선『자기비판의 요소들』에서 알튀세르는 자신의 기존의 헤겔 비판을 크게 벗어나지 않는 내용을 다시 언급을 하는 듯한 인상을 준다. 하지만 우리는 여기에서 알튀세르가 스피노자주의자였음을 선언하면서도 **실제로는** 스피노자와 거리를 두기 시작하며, 역으로 그가 오랫동안 비판해 왔던 헤겔에게 한 걸음 더 다가서고 있다는 사실을 발견한다. 이러한 방향전환을 가능케 한 것이 다름 아닌 모순 범주이다. 알튀세르는 말한다. "마르크스주의자는 물론 아무런 대가를 치루지 않고서는 스피노자를 통해 우회할 수 없다. 왜냐하면 모험은 위험하고, (…) 스피노자에게는 헤겔이 마르크스에게 전달해 준 어떤 것, 즉 **모순**[개념]이 항상 결여되어 있기 때문이다." (Althusser 1975: 82, 강조는 원문) 이러한 작은 차이는 사소한 것이 아니다. 왜냐하면 알튀세르에게 헤겔이 사유하고자 했던 모순 범주는 '갈등의 학문'인 마르크스주의의 재구성을 위해서 없어서는 안 될 중요한 범주이기 때문이다. 뿐만 아니라 알튀세르는 모순 범주를 강조하지 않았기 때문에 '자기비판' 이전에는 '이데올로기 속에서의 계급투쟁'에 대해 논의하지 못하고 과학(학문)/이데올로기라는 대립항으로 사유하는 **이론주의**의 오류(편향)을 범했다고 스스로 비판했던 것이다.(82~83)

　이제 여기에서 우리는 흥미로운 질문을 던질 수 있다. 왜 모순범주를 무시한 것이 '이데올로기 **속**에서의 계급투쟁'을 간과하는 결과를 낳았다고 알튀세르는 말하는가? 모순이 아니라 '차이' 혹은 '긍정'만을 말하는 철학, 혹은 모순범주를 배척하는 철학은 자신도 모르게 진리를 완전히 알고 있다는 오류에 빠질 수 있기 때문이다. 즉 과학(학문)은 과학이고 이데올로기는 이데올로기라는 대립항으로만 사유하기 때문에 과학이 곧 이데올로기일 수 있다는 '모순적 상황'을 전혀 고려하지 않는다는 것이다. 그러므로 알튀세르가 명확히 말하지는 않았지만 여기에서 우리는 알튀세르가, 스스로를 진리를 보증하는 과학이라고 자처하는 마르크스주의는 이미 그 자체로 이데올로기이며, 진정한 마르크스주의적 투쟁은 부르주아 이데올로기에 대한 투쟁에서뿐만 아니라 마르크스주의 자체의 (상상적) 이데올로기와 투쟁해야 한다는 것을 말하고 있다고 해석할 수 있다.

알튀세르에 대한 이러한 필자의 해석은, 들뢰즈의 영향으로 '모순'이라는 범주를 불필요한 것으로 간주하는 경향이 국내의 프랑스 철학 연구자들 사이에 존재한다는 점에서 현대 프랑스 철학, 특히 들뢰즈 철학과 관련해 중요한 시사점을 제공해 준다. 상세히 논의할 여유는 없으므로, 헤겔을 비판하는 입장을 취하는 현대 프랑스철학자의 논의 방식이 과연 적절한가라는 문제만 짚고 넘어가고자 한다. 이들은 특히 헤겔 논리학에 대한 철저한 내재적 연구 없이 '헤겔은 목적론을 주창한 형이상학자다'라는 주장을 반복할 뿐이다(아마도 프랑스에 헤겔 연구자들의 수가 적다는 사실도 이러한 상황에 영향을 미쳤을 것이다). 이들이 말하듯이 과연 스피노자 철학은 '무조건 좋은' 철학이고 헤겔 철학은 '무조건 나쁜' 철학인가? 하지만 알튀세르가 문제를 제기했듯이 스피노자의 철학은 '모순'을 사유할 수 없지 않은가? 사실 스피노자와 들뢰즈에 따르면 '모순'이란 결코 존재하지 않으며 반면 헤겔은 '모순' 혹은 '부정성'을 본질적 범주로 간주한다. 이러한 입장의 차이를 어떻게 평가할 수 있을까? 스피노자는 (절대적) 실체의 본질에 대한 해명을 시도하며, 헤겔 역시 절대자에 관한 변증법 철학이라는 점에서 모두 절대적 실체에 대한 철학적 설명에 관심을 갖는다. 그렇다면 이두 사상가의 입장이 달라지는 이유는 무엇인가? 필자는 (들뢰즈적) 스피노자의 철학은 '신의 관점'에서 사유하는 철학이며, 헤겔 철학은 비록 역시 절대적 실체에 관해 사고한다는 점에서 스피노자와 동일하지만 헤겔은 절대적 실체를 '인간의 관점'에서 사유하기 때문에 이러한 입장의 차이가 발생한다고 생각한다. 알기 쉽게 말하면, 스피노자 혹은 들뢰즈에게 '모순' 범주가 존재할 수 없는 이유는 '신의 관점', 즉 "영원의 관점"(스피노자)에서 사유하기 때문이다. 신이 보기에 인간 세상에 존재하는 모든 양태나 개별적 존재 간의 관계는 연속적이거나 기껏해야 '차이'만이 있을 뿐이지 결코 모순일 수 없다. 신의 눈에 인간사의 대립이란 하찮은 일에 불과하다. 반면 '인간적 관점'에서 철학적 사유를 전개하는 사람에게는 모순은 본질적 범주일 수밖에 없다. 쉬운 예를 들어보자. 포스트모더니스트들도 모순이 아니라 '차이'의 관점에서 사고해야 한다고 말하면서 타자의 '다름'을 강조하는 입장을 취한다. 하지만 사실 이러한 입장은 집단 혹은 개체들 간에 존재하는 진정한 (대립 혹은 억압의) 문제를 '은폐하는' 이데올로기적 역할을 한다. 예를 들면 어떤 사람이 국내의 외국인 노동자들은 우리와는 '다른' 사람들이다, 혹은 여자는 남자와 다르다라고 말할 수 있다. 하지만 단순히 다르다고만 말할 때 생기는 문제는 이러한 사회적 약자들이 사회적 강자들에 의해 배척되고 억압당하고 있다는 것, 즉 사회적 강자와 대립 혹은 모순 관계에 있다는 것을 은폐할 수 있다는 위험이 있다. 하지만 반대로 헤겔은 『대논리학』에서 차이라는 범주가 어떻게 대립 범주, 그리고 더 나아가 모순 범주로 전개되는지를 서술한다. 단순히 차이라고 간주되는 것이 헤겔에 따르면 모순으로 규정될 수 있다는 것이다. 요컨대, 가장 형이상학적이고 종교적인 철학이라고 비판받는 헤겔 철학에서 마르크스가 요청했듯이 '형이상학적 외관'을 벗기고 나면 진정으로 유물론적이며 **인간적인** 철학의 모습이 드러날 수 있으며, 외관상 유물론적으로 보이는 스피노자 철학이 사실은 가장 '신학적' 혹은 '전체주의적'일 수 있다는 것이다.[10]

III 알튀세르와 헤겔, 그리고 들뢰즈

사실 헤겔에게 **모순이란 유한자에게만 귀속되며**, 절대자는 모순적이지 않
다. 왜 그러한가? 절대적 실체에게 모순이 귀속될 수 없다는 것은 어떻게
본다면 '동어반복적인', 당연한 말이다. 어떻게 신이 모순을 가질 수 있겠
는가? 이 점에서 스피노자와 헤겔 철학은 입장을 같이 한다. 헤겔이 말하
고자 하는 것은 모순 그 자체가 인간 혹은 신이 추구하는 '목표'라는 '부정
적인' 논제가 아니다. 오히려 반대로 헤겔 철학은 이러한 모순을 극복한 **긍
정**의 상태, 즉 절대자의 상태에 도달해야 함을 말하고 있다. 스피노자와 마
찬가지로 헤겔 역시 소외된 상태에서 소외를 극복한 상태[11]로 진전해야 하
는 인간의 윤리적, 정신적 과제에 대해 말한다. 헤겔에 따르면 이러한 소외
를 극복하고 자기완성에 도달한 실체가 곧 주체이다. 헤겔이 말하는 실체
는 자신의 **내부**에 부정성(즉 부정성은 들뢰즈가 말하듯이 초월적인 것이
아니다)을 내포하고 있으므로 부정성(모순, 대립)을 이데올로기적으로 부
인하고 '충만함'만을 강조하는 들뢰즈 철학의 실체와 달리 부정성과 더불어
만 혹은 부정성을 '통과함으로써만' 자신을 '긍정'할 수 있는 실체이며, 이러

---

10 물론 스피노자의 철학을 진리와 오류를 구분해 주는 근거를 제시하는 독단적이고 '사
변적인' 철학이라고 주장하려는 것은 **아니다**. 헤겔 철학의 '신비적 외피'를 벗기고 나면
합리적인 변증법의 '핵'이 드러나듯이, 우리는 스피노자의 철학을 알튀세르의 요청대로
'사변주의적', '형이상학적' 방식 혹은 들뢰즈적 방식이 아니라 달리 해석해야 할 필요성
이 있음을 지적하고자 할 뿐이다.

11 스피노자에 따르면 인간이 예속을 극복하고 자유에 도달하기 위해서는 '신에 대한 지
적인 사랑', 즉 3종의 인식을 가져야 하듯이, 헤겔 철학에서 인간 자유의 실현이란 곧 절대
적 이념에 도달하는 것을 의미한다. 이렇듯 스피노자에서 신에 대한 지적인 사랑이 단순
히 인식론적 문제가 아니었듯이 헤겔에게 절대적 이념의 문제 역시 단순히 형이상학이나
인식론의 문제가 아니라 윤리적인 문제이다.

한 존재론적 속성을 갖는 실체가 다름 아닌 주체라는 것이다.

헤겔의 모순 개념과 관련해 이 맥락에서 중요하다고 생각되는 것에 대해 좀더 언급해 보자. 헤겔은 '모순적인 것은 존재할 수 없다고 비판한 올레르트(Ohlert)에 대해 이렇게 말한다. "저자[올레르트]에게 세계, 자연, 그리고 행위와 충동(Treiben) 속에, 그리고 인간 사유 속에 아직 모순이 제시되지 않을 때, **자신 스스로와 모순되는 존재자들**이 제시되지 않을 때 그는 행복하게도 칭송받을 수 있을 것이다. 그는 모순은 스스로를 지양한다고 옳게 말한다. 하지만 이로부터, '모순이 존재하지 않는다'라는 결론이 도출되는 것은 아니다. 모든 오류와 마찬가지로 모든 범죄, 아니 모든 **유한한** 존재와 사유는 모순이다. 그리고 더 나아가 이렇게 말해야 한다. 모순—하지만 스스로를 지양하는 모순—이 그 속에 존재하지 않는 것은 아무 것도 없다."(Hegel 1818~1931: 472; Hösle 1988: 163에서 재인용, 강조는 원문) 여기에서 볼 수 있듯이 헤겔은 모든 유한한 존재는 모순을 갖고 있으며, 이 모순은 모순이기 때문에 해소되고, 스스로를 지양해야 한다. 여기에서 우리는 헤겔이 모순에 대해 말할 때 비합리적으로, '이것은 연필이며 연필이 아니다'라는 비합리적인 모순적 언표를 무조건 옳은 명제라고 주장하고자 하는 것은 아니라는 점이다. 그러한 한에서 헤겔 역시 모순률을 인정하는 철학자이다. 하지만 형식논리학적 관점만을 취하는 철학자와 달리 헤겔은 모든 **유한한** 존재 혹은 범주는 그 자체가 모순적이라는 사실을 지적한다는 점에서 형식논리학을 넘어선다. 헤겔이 오성적 사유라고 비판하는 형식 논리적 사유에 따르면 어떤 주어진 사태 혹은 범주 혹은 존재는 결코 모순적일 수 없다. 하지만 헤겔은 오성적 사유가 불변의 것으로 간주하는 범주 혹은 이 범주에 의해 규정된 존재자는 범주 자체의 불완전성으로 인해 그 반대의 것으로 규정될 수 있다. 예컨대 A=A라는 언표는 형식논리적으로 본다면 긍정 명제이지만, 사실 동어반복적 언표에 지나지 않으므로 A에 대해 **아무 것도 말해 주는 것이 없다**는 의미에서 A=-A이라는 부정적 명제를 내포하고 있다. 다른 예를 들면, (순수) 존재는 어떤 규정성도 갖고 있지 않으므로 (순수) 무라고 말해도 역시 마찬가지로 옳은 말이다. 헤겔이 『대논리학』의 서두에서 "**순수 존재와 순수 무**는 동일한 것이다"(Hegel 1997a: 76, 강조는 원문)라고 말할 수 있던 것도 그러한 이유에서이다. 헤겔의 모순 개념은 어떤 특정한, 미리 주어진 범주를 영원불변의 것으로 간주하는, 혹은 어떤 주어진 범주의 의미가 처음부터 완전히 고정된 확고한 의미를 가지고 있는 것으로 간주하는 오성적 사유, 혹은 이데올로기적 사유를 비판한다는 의미를 갖는다.

하지만 무한한 절대자에서는 모순이 해소된다는 것은 무엇을 의미하는가? 이 글의 논지와 관련해 중요한 점 몇 가지를 지적하고자 한다.

첫째, **유한자**는 어떤 모순적인 규정과 대립하고 이러한 모순적 규정을 견딜 수 없으므로 이를 배제하고자 한다. 하지만 헤겔이 말하듯이 어떤 규정은 그 반대의 것과 무조건적으로 일치하므로 사실 그 모순적인 규정은 유한한 존재 자신의 규정이기도 하다. 예컨대 인간과 비인간은 서로 모순되는 규정이지만, 사실 인간은 동시에 비인간적인 존재이기도 하므로 그러한 의미에서 인간과 비인간이라는 규정은 일치한다(같은 것이다). 하지만 인간은 또한 자신 속의 비인간을 배제하고자 한다. 헤겔이 말하는 모순이란 이렇듯 궁극적으로 동일한 것이지만 이 동일한 양 규정이 서로를 배제한다는 것, 혹은 역으로 모순되는 규정은 서로를 배제하지만 사실은 동일한 것이라는 것을 의미한다.

둘째, 하지만 무한한 절대자는 '정의상' 모든 것을 자신 속에 포함하고 있다. 이 무한한 절대자는 모순과 배타성, 갈등으로 얼룩진 유한성을 극복해 자기완성에 도달한 실체여야 하므로 이 절대자는 서로 모순적인 규정들이 빠져 있는 모순의 상태에서 벗어나도록 함으로써 '화해'에 도달한다. 그렇다면 서로 모순적인 규정들이 어떻게 '화해'할 수 있는가? 무한한 실체, 즉 절대 이념 혹은 신은 자신과 대립 혹은 모순 관계에 놓여 있는 타자성을 **자신이 스스로 산출해 낸 타자**로 인식함으로써 타자와 대립(모순) 없는 화해에 도달할 수 있다. 달리 말하면 타자조차 자신이 산출한 것이라는 인식에 도달함으로써 유한한 주체는 절대적 주체, 즉 개념(Begriff)이 된다는 것이다. 잘 알려져 있듯이 헤겔의 『대논리학』은 존재론, 본질론, 개념론으로 구분된다. 『대논리학』의 마지막 부분인 개념은 다름 아닌 모순과 대립, 유한성을 극복한 존재, 절대적 실체(즉 주체)를 의미한다. "이러한 완성은 더 이상 **실체** 자체로서만 그치는 것이 아니라 그보다 좀 더 고차원적인 것, 다시 말해서 **개념**이며, **주관, 주체**인 것이다."(Hegel 1997b, 24. 강조는 원문) 완성된 주체(실체로서의 주체)는 앞에서 말했듯이 자신의 타자(다른 주체 혹은 실체)를 스스로 산출한 것으로 인식하는 절대자이다. 좀 더 정확히 말하면 서로 대립하고 있는 두 실체가 서로를 자신 스스로가 산출한 타자로 인식할 때 모순이 극복되어 개념의 단계에 도달한다. 헤겔은 말한다. "그리하여 개념 속에서는 **자유**의 왕국이 열리게 된 것이다. 여기서 개념이 곧 자유의 왕국일 수 있는 것은 오직 실체의 필연성을 이루는 즉자대자적 동일성이 동시에 지양된 것이면서 또 피정립성, 피정립태로서 있는가하면 다시금 이 피정립성마저도 어느덧 자기자신과 관계한다는 점에서 바로 이 동일성과 다름이 없는 것이기 때문이다. 이럼으로써 인과관계 속에 놓여 있던 두 실체 상호 간의 애매하고 복잡한 성격은 사라지게 되는 바, 왜냐하면 각기 독자적으로 존립해 있던 두 실체의 근원성은 이제 다같이 피정립태로 이행함으로써 그 불투명했던 근원성이 자기자신을 투명하게 드러내

주는 명료함을 지니게 되었기 때문이다. 그리하여 이제 **근원적 사상(事象)** 은 오직 이것이 다름아닌 **자기자신의 원인**, 자기원인이라는 점에서만 근원적 사상일 수가 있으니, 또한 이것이야말로가 **스스로가 개념으로 해방된 실체**이기도 한 것이다."(27~28) 여기에서 볼 수 있듯이 대립하는 실체 각각이 자신을 단순히 무조건적 일자(동일성)로 파악하는 것이 아니라, "즉자대자적 동일성이 지양된 것"으로 파악하며, 동시에 자신을 피정립성—타자에 의해 정립되어 있음—으로 파악할 때 개념으로의 이행이 시작된다. 달리 말하면 각 실체가 자신의 피정립성—타자에 의해 정립되어 있음—을 자기자신의 정립으로 파악할 때, 즉 "피정립성마저도 자기자신과 관계한다는 점"을 파악할 때 각 실체는 자신이 '결여'하고 있는 "동일성"을 다시 획득하고 자기원인으로서의 개념, 즉 절대적 실체가 됨으로써 자신을 **긍정**한다. 달리 말하면 두 개의 실체가 있다고 할 때 각 실체가 자신의 타자를 독립적인 것으로 간주하면서도 자신이 정립한 것으로 상호 승인함으로써 자신의 타자와 더 이상 대립하지 않을 때, 즉 이렇게 모순을 극복하고 '화해'함으로써 각 실체는 자신의 타자와 **더불어** 절대적 실체가 되는 것이다. 우리는 여기에서 왜 「본질론」의 말미에서 논의된 바 있는 상호작용이라는 범주에서 개념으로의 이행이 일어나는지를 이해할 수 있다. 상호작용하는 두 실체 각각이 서로의 원인이며 결과라는 것이라는 사실을 함축하는 상호작용이라는 범주는 두 실체의 독립성을 인정하면서도 서로가 서로의 원인이며 결과라는 관계성을 동시에 사유할 수 있게 한다. 이렇듯 개념은 일자와 타자와의 모순을 해소하고 타자를 자신의 산출물이며 동시에 독립적인 실체로 인정하는 새로운 관계성을 형성한 실체이다. 달리 말하면 개별적 실체는 독자적으로만 존재하는 것으로 생각했으나 궁극적으로 각 개별적 실체들은 타자(다른 실체)와 **절대적 관계성** 속에 있다는 새로운 인식을 통해 개념, 즉 절대적 실체(주체)으로의 이행이 일어난다는 것이다. 이렇게 본다면 헤겔에서 절대적 실체, 신이란 초월적으로 피안에 존재하는, 모든 것을 알고 있는 전지전능한 신이 아니다. 그것은 지금까지 논의한 바 있는 새로운 관계성에 도달하고 이를 인식하고 실천하는 **각 개별적 실체(주체)이며, 이러한 개별적 실체(주체)가 곧 절대적 실체(개념)**이다. 이제 여기에서 우리는 비로소 개별자는 곧 보편자라는 헤겔의 논제를 이해할 수 있게 된다. 일반적으로 사람들은 헤겔 철학은 개별자를 보편자로 흡수한다고 말하지만, 사실 지금까지 논의했듯이 헤겔은 『대논리학』에서 어떻게 개별적 실체가 보편자로서의 위치를 취할 수 있는가를 설명하고자 노력하고 있다는 사실을 간과해서는 안 된다. 유한한 인간이 모든 것을 알고 있는 전지전능한 신이 된다는 의미, 혹은 보편적인 신이 개별적 인간을 자신에게로 흡수한다는 의미에서가 아니라, 타자와의 새로운 관계 설정과 이에 대한 인식, 그리고 무엇보다도 이러한 인식에서 유래하는, 아니 이러한 인식을 발생시키는 (타자에 대한) 윤리적 태도를 통해 개별자는 보편자(신)가 된다는 의미에서 헤겔 철학은 개별자를 중시하는 철학으로 해석해야 한다.

셋째, 여기에서 우리는 다시 한번 들뢰즈의 헤겔 비판이 정당하지 못함을 볼 수 있다. 들뢰즈는 헤겔 변증법은 두 개의 규정을 '배타적' 관계로 파악하는 이접적 종합(disjuctive synthese)만을 알고 있다고 비판하지만,(Deleuze 1977: 75 이하 참조) 이는 헤겔의 논의를 전적으로 오해하고 있는 잘못된 비판이다. 앞에서 언급했듯이 헤겔은 서로 동일하면서도 배타적인 두 규정이 배타적, 모순적 관계를 유지하는 것이 아니라 서로 공존하는 상태인 개념으로 이행해야 할 필요성을 역설하고 있기 때문이다. 즉 '이접적 종합'의 배타적 사용을 넘어서서 '포함적인' 관계로서의 이접적 종합으로 나아가야 할 것을 먼저 주장했던 사람은 들뢰즈가 아니라 헤겔이었다. 이렇게 본다면 여기에서 오히려 모순 범주를 부정하는 들뢰즈 철학의 한계가 드러난다. 모순 범주는 각 규정들이 동일하면서도 서로 배타적일 것을 요구하는데, 모순 범주를 인정하지 않으므로 들뢰즈의 철학에는 현대 사회에서 벌어지고 있는 갈등과 투쟁, 모순적 상황을 분석할 수 있는 개념적 도구가 존재하지 않는다. 뿐만 아니라 들뢰즈는 모순이 아니라 차이 범주만을 인정하므로 서로 대립하는 현실적 갈등 상황을 무시한 채 '막연한 공존'을 이야기하는 현실순응적, 관념론적 견해와 일맥상통할 수 있다. 반면 헤겔은 모순들이 존재하는 상황과 이것들이 극복된 상황을 모두 이야기한다. 헤겔은 모순과 대립이 존재하는 상황, 그리고 서로 대립할 수도 있는 규정들을 공존, 화해시키는 절대자 개념 양자 모두를 제시함으로써 들뢰즈 철학의 은폐된 관념론을 넘어서고 있다.

넷째, 그러므로 앞에서 말했듯이 유한자에서 무한한 실체(주체), 즉 절대이념으로의 이행은 모든 것을 알고 있는 전지전능한 신이 된다는 것을 의미하지 않는다. 무한한 절대적 주체(실체)가 된다는 것은 자신의 타자를 독립된 주체이며 동시에 자기의 산출물로 인정한다는 것을 의미한다. 헤겔 철학은 타자를 일자로 흡수하는 동일성의 철학이 아니다. 주체와 타자 사이의 상호승인이 발생함으로써 개념으로 이행하기 위해서는 어떤 새로운 특별한 '지식'을 필요로 하지 않는다. 개념으로의 이행은 어떤 실정적인 내용을 덧붙여 절대적 지식을 소유한 주체가 된다는 것을 의미하는 것이 아니라 실체가 자신의 타자와의 관계에 대한 새로운 '관점'을 획득한다는 것을 뜻한다. 달리 말하면 자기원인으로서의 개념은 **'독립적인'** 타자의 타자성을 **능동적으로 긍정**한다는 것을 뜻한다. 왜냐하면 절대적 주체는 **자신의 진정한** 타자를 **스스로 산출하는** 무한한 자기운동성 그 자체에 다름 아니며, 이러한 무한한 운동을 통해 **자신을 긍정**하는 주체이기 때문이다. 헤겔에 따르면 "타자 속에서의 자기 자신과의 이러한 동일성이야 말로 유한성의 실제적 부정, 즉 무한성이다."(Hegel 1969: 148) 또한 언급해야 할 중요한 것으로서, 들뢰즈는 헤겔은 부정과 결여만을 알고 있는 부정 신학에 불과하다고 끊임없이 묘사하지만, 사실 헤겔은 부정만을 말하는 철학자가 결코 아니다. 유한자는 모순과 대립 때문에 자신은 물론 타자도 긍정하지 못하는 부정의 상태에 처해 있다고 할 수 있지만 이 대립과 모순을 극복한 무한자의 상태에서 실체(주체)는 자신과 타자를 긍정하는 긍정의 상태로 이행한다. 앞에서 말했듯이 모순은 유한자에게만 적용되고 따라서 모순 상태를 벗어난 무한자는 모순 개념이 함축하고 있는 규정들의 '상호배척' 상태를 벗어나므로 절대자에게서는 각 규정들이 서로를 승인하는 긍정의 상태에 도달하며, 이를 통해 절대자 자신도 자신을 긍정한다. 헤겔은 이렇게 말한다. "그러므로 어떤 것(Etwas)의 타자로의 이행에서 그것[어떤 것]은 **단지 자기 자신과** 일치하며, 이행과 타자 속에서의 자기 자신과의 관계가 **진정한 무한성**(wahrharfte Unendlichkeit)이다."(Hegel 1970: § 95, 201, 강조는 원문) 진정한 무한자의 내부에 존재하는 어떤 것은 물론 자기 자신[어떤 것]과 일치한다(A=A). 그리고 그것[어떤 것]이 타자로 이행해도 자기 자신[어떤 것]과 관계한다(A=B. 하지만 A=B는 곧 A=A이기도 하다). 어떻게 이러한 논리가 가능한가? 어떤 것이 **진정한 무한자**가 될 때 이것이 가능해진다. 무한자는 외부를 갖지 않기 때문에, 자신의 한 계기(어떤 것)가 타자가 되어도 그것은 곧 자기 자신과의 관계인 것이다. 어떤 것과 타자의 관계는 곧 진정한 무한자의 자기 관계이며, 이러한 자기 관계에 도달함으로써 절대자는 (그리고 절대자 내부의 각 계기는) 이제 자기 자신을 **긍정**한다. "무한자는 긍정적인 것이며, 단지 유한자만이 지양된 것이다."(§ 95, 202)

다섯째. 그러나 지적해야 할 또 하나의 중요한 점이 있다. 헤겔이 말하는 긍정은 들뢰즈가 말하는 긍정과 달리 **결여**를 인정하는 상태에서 이루어지는 긍정이라는 것이다. 절대자란, 타자와의 **차이**를 인정하면서도 그 타자를 자신과 동일한 것으로 간주하는 절대자의 상태이다. 헤겔 철학이 말하는 긍정의 상태는 차이, 즉 결여를 함축한다는 것이다. 하지만 들뢰즈는 헤겔이 부정성, 차이 혹은 결여라는 개념을 사용한다는 이유만으로 헤겔 철학을 목적론적 철학, 부정신학의 변종에 불과한 것으로 간주한다. 하지만 과연 헤겔 철학이 그런 철학에 불과한가? 소위 부정신학에서는 모든 존재가 지향하는 완벽한 실체(신)가 있고, 모든 불완전한(결여를 가진) 존재자는 이 완벽한 존재자를 지향한다고 말한다. 이에 따르면 또한 이 완벽한 존재자는 유한한 존재자의 인식 범위를 벗어나 있으므로 부정적으로만 정의된다. 그리고 유한한 존재자는 불완전하므로 결여를 가지고 있다. **결여**를 가진 이 불완전한 존재는 완벽한, 하지만 **부정적으로만 정의된** 이 완벽한 존재(신)을 추구한다. 따라서 부정신학에 따르면 신은 영원이 도달될 수 없으므로 인간의 결여는 영원히 만족될 수 없으며, 인간은 패배주의 속에서 살아갈 수밖에 없다. 부정신학에 대한 들뢰즈의 이러한 비판은 물론 타당하며 비단 들뢰즈가 아니더라도 많은 사람들이 행하는 비판이기도 하다. 문제는 헤겔 철학을 부정신학의 일종으로 간주할 수 있는가라는 점이다.

우선 헤겔의 절대자는 유한자 외부에 존재해 유한자가 결코 도달할 수 없는 **피안**에 있는 신이 아니라는 것이다. 이러한 무한자를 헤겔은 악무한(惡無限, Schlechte Unendlichkeit)이라고 부른다. 그리고 우리가 살펴보았듯이 헤겔은 유한자가 절대자 내부에 포함되어 있는 무한자를 진정한 무한자(진무한)로 간주한다. 이러한 헤겔의 논의가 이미 **부정신학에 대한 비판**을 포함하고 있다는 것은 의심의 여지가 없다. 하지만 모든 것을 포함하고 있는 절대적 실체는 무조건적으로 자신을 긍정하는 것이 아니라 결여,

즉 **타자와의 차이를 긍정**함으로써 **자신을 긍정**한다. 바로 이것이 헤겔 철학이 갖고 있는 **장점**이다. 절대적 실체는 차이, 부정성 없이 '모든 암소들이 검게 보이는 밤'이 아니다. 하지만 들뢰즈 역시 차이를 말하는 철학자가 아닌가? 그럼에도 불구하고 들뢰즈가 말하는 차이가 과연 헤겔이 말하는 의미의 차이와 같은 것인지는 의문의 여지가 있다. 여기에서 들뢰즈가 말하는 차이가 무엇인지 문헌학적으로 모두 정리하기란 불가능하며, 이 맥락에서는 그러한 작업이 그다지 필요해 보이지도 않는다. 우리는 들뢰즈의 헤겔 비판 그리고 라깡 비판에서 그가 말하는 차이가 무엇인지 '증상적으로' 추론해 볼 수 있다. 결국 들뢰즈가 말하는 차이란 **연속성** 속에서의 차이에 불과하다는 것이다. 그렇지 않다면 왜 들뢰즈가 진정한 단절 혹은 차이를 도입하는 상징계를 거부하고 실재만을 일방적으로 강조했겠는가? 하지만 들뢰즈와 달리 진정한 단절, 차이를 강조하는 라깡에게 상징계는 없어서는 안 될 본질적 범주이다. 이를 헤겔식으로 표현하면 실체(즉 실재)는 자신의 완성에 도달하기 위해 스스로 자신의 **'내부'**에서 내적 분화와 단절을 경유해야 한다(상징화). 실재(실체)는 이러한 내적 분화와 단절을 경유하고, 모순과 대립을 극복한 후 자신을 절대적 실체로 긍정하고 진정한 주체가 된다. 이렇듯 헤겔 철학은 실체의 주체화 과정에 대한 서술에 다름 아니다. "궁극적 진리는 실체로서뿐만이 아니라 이에 못지않게 주체로 파악되어야만 하며 또한 그와 같이 표현되어야 하리라는 것이다."(Hegel 1983: 72) 이렇게 본다면 헤겔이 말하는 부정성, 혹은 결여는 주체가 불만족과 결핍의 상태에서 자족해야 한다는 보수적이거나 패배주의적 견해를 함축하는 것이 아니라 주체가 진정한 주체가 되기 위해 가져야 할 '초연'의 상태를 의미한다고 보아야 할 것이다. 앞에서 언급했듯이 알튀세르는 이를 은유적으로 '자유의 빈 공간'이라고 표현한 바 있다. 그렇다면 주체를 진정한 주체로 만드는 결여를 병리적 주체의 결여와 구분해야 할 것이다. 예컨 대 라깡에 따르면 불만족으로서의 결핍 자체를 향유하는 주체가 다름 아 닌 신경증자이며, 이러한 결여는 분석의 끝에서 주체가 발견하는 결여(결 여의 기표),[12] 혹은 모순을 극복한 절대자가 포함하고 있는 차이(헤겔), 혹 은 자유의 빈 공간(알튀세르) 등과는 구분되어야 한다. 들뢰즈는 주체의 '자유의 빈 공간으로서의 결여' 개념을 주체를 소외시키는 결여와 구분하 지 않은 채 헤겔 철학 혹은 라깡 정신분석 해석하는 오류를 범했던 것이다.

IV 알튀세르와 정신분석, 그리고 스피노자

이제 마지막으로 스피노자의 3종의 인식에 대한 알튀세르의 해석을 살펴 보자. 필자는 앞에서 알튀세르가 점차적으로 스피노자로부터 멀어지고 헤 겔 철학에 다가서고 있다는 알튀세르 해석론을 제시한 바 있다. 물론 그렇 다고 해서 알튀세르가 스피노자를 배제한 채 헤겔만을 중시했다는 의미가 아님은 물론이다. 중요한 점은 알튀세르는 스피노자 철학의 근본 사상을 계속 받아들이면서도 스피노자 철학에서 가장 논란의 여지가 많은 '3종의 인식' 개념을 해석할 때 헤겔 철학으로부터 영감을 얻고 있다는 사실이다. 자서전 『미래는 오래 지속된다』에서 알튀세르는 이렇게 말한다. "특히 나 는 『신학정치론』에서 '세 번째 유형의 인식, 즉 개별적인 동시에 보편적인

---

12 물론 라깡이 분석의 끝을 결여로서만 정의한다는 것은 아니다. 라깡은 궁극적으로 헤 겔과 마찬가지로 분석의 끝을 **존재**의 획득, 즉 긍정성의 획득으로 정의한다. 이에 대해서 는 이 글의 말미에서 다시 논하기로 한다.

대상을 파악하게 하는 **가장 높은 형태의 인식**에 대한 가장 명백한, 그러나 가장 잘 알려져 있지 않은 해석의 예를 발견했다(나도 인정해야 했듯이 그것은 **스피노자에 대한 헤겔적인 해석**이었다)."(Althusser 1993a: 245)

스피노자에 대한 일반적인 해석과 달리 알튀세르가 스피노자에게서 발견한 것은 다름 아닌 "공백"이었다. 알튀세르에 따르면 스피노자가 말하는 신(절대적 실체)에 대한 최고의 인식(3종의 인식)은 신에 대한 '충만한', '완벽한' 인식이 아니다. 신은 "**그 너머에는 아무것도 없는 그것** (…) 실존하면서 **그 자체가 아무것도 아닌 것**"(Althusser 1996: 51)이다. 알튀세르는 또 이렇게 말한다. "'나는 신에서 시작한다'고 또는 **전체**(le Tout)에서 또는 유일독특한(unique) 실체에서 시작한다고 말하는 것과 '나는 그 어느 것에서도 시작하지 않는다'라고 말하는 것은 결국 동일한 것이다. 전체와 아무것도 아닌 것(rien) 사이에 어떤 차이가 있는가? 전체 외부에는 아무것도 실존하지 않는 것이니 말이다."(50~51, 강조는 원문) 여기에서 우리는 신에 대한 최고의 인식에 관한 해석이 헤겔적 해석이라는 알튀세르의 언급이 적확한 표현임을 쉽게 발견할 수 있다. 헤겔에게 (존재) 전체란 곧 무에 지나지 않으며, 외부가 없는 신은 헤겔의 진무한을 연상시키지 않는가? 알튀세르의 흥미로운 스피노자 해석은 계속된다. "우리는 연장과 사유라는 두 속성만을 인식할 수 있을 뿐만 아니라 또한, 사유에 대하여 욕망에 의해 사유되지 않은 그 역능을 인식하지 못하듯이 신체에 대하여 그 모든 역능들을 인식하지는 못하기 때문이다." 알튀세르는 이러한 언급을 통해 스피노자에 대한 '독단주의적 해석', 즉 실체를 '완전하게' 알수 있다는 '합리주의적 해석'으로부터 거리를 두며, 오히려 '인식의 한계'에 관한 이론을 스피노자에게서 발견한다. 그러므로 "이 자연[신]은 이제 더 이상 신에 대해 말할 일이 없도록 만들 뿐만 아니라." 물론 이러한 알튀세르의 언급이 단순한 '회의주의적 혹은 불가지론적 태도'가 아님은 분명하다. 알튀세르가 스피노자 철학과 실체에서 '무'와 '공백'을 발견함으로써 말하고자 하는 것은 진리를 보증하는 인식론 혹은 목적론에 대한 비판에 다름 아니었다. 더 나아가 알튀세르는 이 점에서 **스피노자와 헤겔 철학**을 연결시킨다. "스피노자에게는 '코기토'가 없고 (…) 헤겔에게는 선험적 주체가 아니라 과정으로서의 주체가 있다(나는 그의 내재적 목적론에 대해서는 언급하지 않겠다). 스피노자에게는 인식 이론(즉 진리와 그 과학적, 사회적, 도덕적, 정치적 효과에 대한 선험적 보증)이 없었고, 헤겔에게도 인식 이론은 없었다. (…) 스피노자와 헤겔은 가능한 진리의 모든 지각 또는 모든 경험의 보증 또는 기반으로서의 초험적 또는 선험적 주체성이라는 환상의 정신을 제거하기에 이르렀다."(152~3)

그렇다면 "신에 대한 직관적 인식'을 의미하는, 스피노자가 말하는 제3종의 인식을 알튀세르는 어떻게 해석하는가? 우선 스피노자가 말하는 1종의 인식은 "감각을 통하여 손상되고 혼란스럽고 무질서하게 지성에 나타나는"(Spinoza 1990: 특히 108) 상상, 즉 "의견 또는 표상"이다. 알튀세르는 이에 대해 이렇게 말한다. **제1종의 인식**은 "1)(인간) 주체를 모든 지각과 행동, 목표, 그리고 의미의 중심과 기원에 두지만, 2) 바로 그렇게 함으로써 사물의 실제 질서를 전도시킨다. (…) 즉 **원인을 목적으로 전도시키는 하나의 장치**"에 지나지 않는다. "상상의 세계는 원인들을 목적들로 전도시키는 장치 속에서 체험된 **생활세계**이다. 그것은 주체성의 환상의 원인들을 목적으로 전도시키는 장치이다."(Althusser 1996: 155) 여기에서 볼 수 있듯이 알튀세르는 혼란스러운 억견, 직접적으로 체험된 세계에 대한 인식(즉 상상)인 제1종의 인식에서 기원과 목적을 말하는 부르주아 이데올로기의 핵심 개념인 주체 개념을 발견한다. **2종의 인식**은 "사물의 성질에 대하여 공통 관념과 타당한 관념을 소유하는 것으로부터" 나온다. "그리고 나는 이것을 **이성** 그리고 **제2종**의 인식이라고 부를 것이다."(Spinoza 1990: 108, 강조는 원문) "이 두 가지 종류의 인식 이외에 내가 다음에 제시하게 될 또 다른 세 번째의 것이 있는데, 이것을 우리는 **직관지**라고 부르게 될 것이다. 이러한 종류의 인식은 신의 한두 가지 속성인 형상적 본질의 타당한 관념에서 사물의 본질의 타당한 인식으로 나아간다."(108~109) 바로 이것이 **제3종의 인식**이다.

이제 여기에서 알튀세르는 통상적인 스피노자와 상이한, 헤겔주의적 해석을 제시한다. "'3종의 인식'에서 문제가 되는 것은 결코 새로운 대상이 아니라 단순히 제1종의 인식 이후 **항상-이미** 거기에 있는 대상의 영유관계의 새로운 형태"이다. 스피노자에 따르면 "두 번째와 세 번째 종류의 인식은 필연적으로 참이다."(109) 하지만 알튀세르는 제3종의 인식이 의미하는 것이 스피노자 철학에서 분명하지 않다고 반론을 제기하고 있다고 우리는 알튀세르의 텍스트를 해석할 수 있다. 스피노자에 따르면 제3종의 인식을 소유함으로써 우리는 신의 본질에 대한 타당한 관념에서 사물의 본질의 타당한 인식으로 나아간다고 하지만 과연 **유한한** 인간이 신의 본질에 대한 타당한 관념을 소유한다고 말할 수 있는가라는 반론인 것이다. 이러한 '독단주의적' 혹은 '합리주의적' 해석을 거부하고 알튀세르는 제3종의 인식이란 "보편적 개별성"(Althusser 1996: 164)에 대한 직관으로 이르는 이행으로 설명한다. 왜냐하면 알튀세르에 따르면 "이해하기 힘든, 유명하지만 모호한 '제3종의 인식'", 이 직관적 인식에 대해서는 어떤 구체적 예도 제시하지 않았기 때문이다.(Spinoza 1990: 156)[13] 그러므로 알튀세르는 제3종의 인식을 개별적이면서 동시에 보편적인 것의 존재에 대한 직관, 즉 "상상이라는 **생활세계** 속에서 보편적이고 개별적인 개체성"(Althusser 1996: 156, 강조는 원문)에 대한 인식을 의미하는 것으로 해석하는 것이다. 이러한 알튀세르의 해석은 상상이라는 생활세계, 즉 주체와 목적, 기원의 이데올로기에 사로잡힌 총체성으로서의 상상계에 균열을 야기하는 상징계, 혹은 실재 개념(라깡)을 연상시키지 않는가? 알튀세르가 위 인용문에서 말하고 있듯이 제3종의 인식이란 "상상이라는 생활세계 속에" 있는 진정한 존재자, 즉 상상계적 일관성에 균열을 가하는 보편적인 개별성에 대한 인식이기 때문이다.

바로 이 점에서 알튀세르의 스피노자 해석은 들뢰즈의 스피노자 해석과 달라진다. 들뢰즈 역시 3종의 인식을 신에 대한 '총체적 인식', '합리주의적' 인식으로 해석해서는 안 된다고 말한다.(Deleuze 2003: 408) 그러므로 들뢰즈는 신에 대한 3종의 인식을 윤리적 관점에서 해석할 것을 촉구하지만 들뢰즈의 스피노자 해석은 '궁극적으로' 신에 대한 총체적 인식의 관점을 취한다. 들뢰즈에 따르면 "2종의 인식은 [공통 개념에 근거하므로] 특징적 관계들의 합성에까지 상승한다." 하지만 "3종 인식만이 영원한 본질들에 관련된다. 신의 본질에 대한 인식과 신 안에 존재하는 신에 의해 사고되는 특수한 본질에 대한 인식 (…) 말이다."(409) 3종 인식에 의존하는 "3종의 기쁨들은 우리 자신의 본질에 의해 설명되며, 언제나 그 본질에 대한 적실한 관념을 '수반한다'. 다른 모든 사물들의 본질과 신의 본질을 포함하여 3종으로 우리가 이해하는 모든 것을, 우리는 우리가 우리의 본질을 영원성의 형태로 사고한다는 사실로부터 이해한다."(401~2) 들뢰즈에 따르면 우리가 우리의 본질에 대한 적실한 관념을 가질 수 있는 것은 우리의 본질

---

13 하지만 실제로는 하나의 예를 『에티카』에서 발견할 수 있는데 그 예는 지극히 평범하므로 신에 대한 직관지가 무엇을 의미하는지 이해하는 데 사실 별로 도움이 되지 않는다. 스피노자가 드는 예는 비례수의 예로서 1과 2, 그리고 3이라는 수가 주어졌을 때 제4의 비례수는 6이라는 것이다.

을 "영원성의 형태로" 사고할 수 있기 때문이다. 요컨대 들뢰즈는 스피노자 철학을 통해 인간으로 하여금 영원의 관점, 즉 신의 관점을 취하도록 이끌어간다. 유고에서 알튀세르는 이러한 '합리주의적' 스피노자 해석과 거리를 취하기 위해 헤겔을 다시 원용하는데, 알튀세르가 직접 언급하고 있지는 않지만 이러한 알튀세르의 해석은 라깡이 말하는 분석의 끝, 즉 대타자의 비존재, 또는 대타자 속의 **결여**의 기표에 대한 인식과 일맥상통하는 개념이다. 제3종의 인식을 말했던 알튀세르가, "원인도 없고 호소할 수도 없는 상실들"(Althusser 1992: 210)과 같은 표현을 사용했다는 것은 결코 우연이 아니다. 비록 알튀세르는 이러한 표현을 말브랑슈를 읽을 때 생각해 냈다고 말하지만 사실 그것은 라깡이 즐겨 사용하던 개념 아닌가? 물론 이렇게 말한다고 해서 알튀세르가 스피노자를 완전히 떠났다는 뜻은 아니다. 알튀세르가 "나는 스피노자와 결별하지 않았다"(Althusser 1996: 163)고 말하고 있듯이 말이다. 하지만 또한 알튀세르는 이렇게 말한다. "이렇게 나는 내 환상을 거치고, 스피노자와 마키아벨리를 거쳐서 **내 첫째가는 관심사가 아니었던 적이 없던 프로이트와 마르크스**에게로 힘들게 나아갔다."(178, 강조는 필자) 이처럼 마르크스주의와 정신분석을 결합하고자 하는 것이 자신의 오랜 학문적, 실천적 과제였음을 최종적으로 밝힌다. 스피노자와 헤겔, 혹은 스피노자와 정신분석을 대립시켜 사유하고자 하는 현대 프랑스 철학의 어떤 경향과는 철저히 다른 사유 방식을 취하고 있음을 다시 한번 확인할 수 있다.(보다 상세한 논의로는 홍준기 2003: 특히 148 이하)

여기에서 언급할 만한 또 하나의 흥미로운 것은 알튀세르는 제3종의 인식에 대해서 "'3종의 인식'에서 문제가 되는 것은 결코 새로운 대상이 아니라 단순히 제1종의 인식 이후 **항상-이미** 거기에 있는 대상의 영유관계의 새로운 형태"라고 말하고 있는 대목이다. 이러한 언급 역시 신에 대한 지적 직관에 신의 본질에 대한 총체적 지식을 제공해 주는 것이 아니라 단지 이미 이데올로기적으로 파악되던 세계와 신에 대한 관점의 전환을 의미한 다는 것이다. 바로 이러한 관점의 전환이란 정신분석치료의 핵심으로 알튀세르는 이렇게 말한다. "스피노자의 경우에 감정들의 제어는 감정들의 부정적 효능의 '지적' 해방으로 해석될 수 없다. 반대로 감정들의 제어란 '슬픈 감정'으로부터 '즐거운 감정'으로의 내적인 **전위**를 통하여 감정들이 서로 결합하여 하늘에 오르기라도 하는 것과 같은 좋은 감정이 됨으로써 이루어진다. 나중에 프로이트의 경우에 어떤 환상도 결코 사라지지는 않지만 **지배적 지위에서 종속적 지위로 전위되는 것**—이것이 치료의 효과이다—처럼, 마찬가지로 스피노자의 경우에도 어떤 감정도 결코 사라지지는 않지만 '슬픈' 지위에서 '즐거운' 지위로 전위된다."(Althusser 1996: 177, 강조는 원문) 알튀세르의 이 언급, 그리고 라깡이 말하는 정신분석의 끝에 대해 보다 상세한 논의가 필요하겠지만, 여기에서 우리는 적어도 스피노자가 말하는 제3종의 인식이 정신분석이 말하는 분석의 끝과 상통한다는 것을 알튀세르가 긍정하고 있음을 확인할 수 있다. 알튀세르가 말하듯이 '공산주의란 소비에트 더하기 전력화 더하기 정신분석인 것이다.'

　알튀세르는 정치적 지도자, 혹은 혁명가가 취해야 할 위치를 분석가의 위치와 같은 것으로 본다. 알튀세르에 따르면 '군주'는 "**자신으로부터의 거리, 자신의 욕망들과 욕동들과 충동들로부터의**, 따라서 그 시대의 언어를 쓰자면, **감정들로부터의 거리**"(174, 강조는 원문)를 취해야 한다. 달리 말하면 지도자는 자신의 "역전이"(176)를 잘 통제해야 한다는 것인데 바로 이것이 분석가가 취해야 할 태도 혹은 위치가 아닌가? 알튀세르가 스스로 "우스꽝스러운 논문"이라고 불렀던, 「전이와 역전이에 관하여」라는 논문을 쓴 것은 결코 우연이 아니다.

앞에서 살펴보았듯이 알튀세르는 스피노자가 말하는 제3종의 인식이란 보편적인 동시에 개별적인 개별성에 대한 인식이며, 이러한 해석을 헤겔에게서 발견한다고 말함으로써 헤겔 철학을 다시 복권시킨다. 그렇다면 알튀세르가 말하는 이 개별적인 보편성 혹은 보편적인 개별성은 헤겔 철학의 어디에서 나타나는가?

그것은 앞에서 말한 개념(Begriff), 혹은 더 정확히 말하면 (절대적) 이념(Idee)이다. 이념이란 "객관적 세계 속에서 **자기자신**을 통하여 스스로에게 객관성을 부여함으로써 자기를 완수시키고자 하는 목적"(Hegel 1997b: 393, 강조는 원문)[14]이다. 헤겔에서 개념이란 피안에 존재하는 **초월적 원리가 아니라** 사물과 현실 자체 속에 내재하는 **내재적** 원리이다. 여기에서 우리는 헤겔『대논리학』의 방법론에 대해 간략히 언급할 수 있을 것이다. 헤겔의 『대논리학』은 존재로부터 출발해 개념에 도달하는데, 이는 인식론적 관점에 따른 절차이다. 하지만 인식론적 관점에서 볼 때 나중에 도출된 개념이 사실 존재와 현실의 질서를 구조짓는다는 점에서 개념은 존재론적 관점에서 본다면 우위성을 갖는다. 또한 개념이 자신을 완전히 실현한 것이 절대 이념, 혹은 신, 실체라는 점에서, 이러한 헤겔의 존재론적 관점은 자기원인으로서의 신으로부터 출발하는 스피노자 철학의 방법론과 일치한다. 이제 여기에서 간과해서는 안 될 중요한 점은 사람들이 흔히들 말하듯이 헤겔은 개별자를 보편자로 흡수시키는 것을 목표로 하는 철학이 아니라는 사실이다. 오히려 정반대로 헤겔은 보편자는 오직 개별자로서만 존

---

14 물론 여기에서 목적이라는 단어가 나왔다고 해서 헤겔 철학을 단순히 목적론이라고 비판해서는 안 될 것이다. 스피노자 역시 형상적 원인이라는 단어를 사용하는데, 이 때문에 스피노자를 단순히 아리스토텔레스적 목적론에 매여 있는 철학자라고 말할 수 없듯이 말이다.

재한다고 주장함으로써 개별자를 보편자로 흡수하는 것을 비판하고자 한다. "왜냐하면 추상은 (…) 개별성, 즉 개체성과 인격성의 원리를 떨쳐내 버림으로써 아무런 생명이나 정신도 없는, 그리고 색깔이나 내용도 없는 보편성에 다다를 뿐이기 때문이다. 그러나 개념의 통일은 도저히 불가분적인 것이기 때문에 아무리 이상과 같은 추상의 소산이 개별성을 배제해야만 한다고 할지라도 그 자체로는 오히려 개별일 수밖에 없는 것이다."(87)

여기에서 헤겔은 개별적 사물들로부터의 추상이라는 경험주의적, 상식적 보편성 개념을 비판하고 있다. 그리고 헤겔이 말하는 개념(혹은 이념)이란 주어진 직관을 통일시키는 주관적 개념(칸트)이 아니라 객관성, 혹은 현실을 구조짓는 내적 원리이다. 칸트에 따르면 '**객관**이란 그의 **개념** 속에 어떤 주어진 직관의 **다양한 것들이 통합**되어 있는 것'이다. 헤겔은 이원론적 함정에 빠져 물자체에 대한 불가지론적 인식론으로 빠져들 수밖에 없었던 칸트의 견해를 극복한다. 개념은 사물 외부에서 사물에 형식을 부여하는 주관적 개념이 아니라 항상-이미 사물과 현실을 구조짓는 객관적 개념이므로 개념 속에서 우리는 사물에 대한 적합한 인식에 도달한다.(31~32) 하지만 이러한 헤겔의 인식론이 독단적 합리주의가 아닌 까닭은 개념의 실현, 그리고 개념의 실현체인 사물은 필연적으로 개념의 형식을 벗어나는 **우연성**을 허용하기 때문이다. 이 우연성은 실체의 규정들의 필연적 인과관계로부터 도출되었다는 점에서, 달리 말하면 필연성이 우연성을 정립했다(Taylor 1975: 294)는 점에서 우연성과 필연성은 일치한다.

왜 개념은 필연적으로 우연적인 것을 포함하는가? 추상화된 보편성이 아닌 헤겔적 의미의 보편적 개념은 단순히 개념의 형식적 통일성이 아니라 '진리'를 문제 삼기 때문이다. 오성적 의미의 개념(칸트) 혹은 공허한 추상으로서의 개념은 형식적 동일성에 지나지 않지만 헤겔은 이러한 '주관적 개념'—개별자들로부터의 추상으로서의 보편적 개념—의 개념을 넘어서 주관과 객관의 통일, 혹은 개념과 객관성과의 통일로서의 개념(Hegel 1970: § 162)의 개념을 설명하고자 한다. 이러한 과정에서 중요한 것은 단순히 개념의 형식뿐만 아니라 개념의 **내용**도 논의에 포함된다는 사실이다.[15] 예컨대 '나무'라는 개념의 실현(설명)을 위해서는 나무의 개념을 설명하는 또는 나무의 개념이 전개되는 술어들(즉 다른 개념들)이 요구되며, 따라서 '나무'라는 개념의 형식적 동일성은 나무라는 개념의 구체적 내용과 불일치할 수밖에 없다. 이렇듯 개념의 형식과 내용이 불일치하므로 개념이 그 운동원리를 이루는 현실 자체도 자기자신과의 불일치하며, 이로부터 개념의 실현인 사물에서 개념에 외재적인 우연성이 도출된다. 우연성과 필연성의 일치라는 헤겔의 논제는, 따라서 개념은 우연성을 자신의 필연적 규정으로 갖는다는 사실을 함축한다. 개념은 자신의 내용의 완전한 실현 불가능을 자신의 실현조건으로 갖는다는 것이다. 개념이 형식과 내용의 불일치를 개념의 속성으로 갖는 까닭은 개념 스스로가 부정성을 경유함으로써만 자신의 완성에 도달할 수 있기 때문이다. "개념은 이제 자신의 객관성과 일치하는 것으로서, 자기 자신 속에 결여를 가지며 따라서 자신을 더욱 이끌어 나가야 하는 **충동**을 갖고 있다."(Fulda 1989: 139, 강조는 원문) 하지만 여기에서 헤겔이 결여라는 개념을 사용한다고 해서 이것이 개별적 사물이 도달해야 할 어떤 초월적 원리가 존재한다는 것을 의미하지 않는다. 앞에서 언급했듯이 개념은 구체적 개별자의 내적 원리라는 점에서 헤겔 철학에서 **보편자는 개별자로서만 존재하며**, 따라서 개별자가 추구해야 할 초월적 원리란 존재하

---

15 헤겔, 『대논리학 III』, 71쪽. "개념이 지니는 추상적 제규정은 다만 형식면에서만 영원한 진리일 뿐, 결코 그의 내용마저도 그러한 형식에 합치되는 것은 아니다."

지 않기 때문이다. 그리고 완성된 개념은 이제 자신의 실현을 방해하는 우연적인 것들, 즉 자신에 대립되는 것들을 자신의 규정으로 받아들이고 이를 극복함으로써—우연성이라는 타자성을 개념의 내적 규정으로 승인함으로써—개념으로서 자신을 완성하며 긍정한다. "실로 이념은 개념이 그 속에서 획득하는 자유로 인해서 그 자체 내에 가장 극심한 대립을 잉태하기 마련이다. 그리하여 결국 평온한 상태에 다다른 이념이 참다운 의미의 안정과 확신을 누릴 수 있는 것은 오직 이 이념이 영원토록 그와 같은 대립을 산출하면서 동시에 이를 영원히 극복해 나가는 가운데 바로 그 대립 속에서 자기 자신과 일체가 되는 데서만 가능한 것이다."(Hegel 1997b: 306) 개념이란 "**자기의 타재성 속에서 자기자신을 회복시킨 개념**으로서의 존재"[16](218, 강조는 원문)인 것이다. 그러므로 "변증법은 한갓 **부정적, 소극적인 결과**를 초래한다고 보는" "**근본적 편견**"(423)을 불식시킬 필요가 있다.

지금까지 필자는 알튀세르의 스피노자, 특히 3종의 인식과 관련해 그것이 보편적 개별성에 대한 인식을 의미한다는 사실을 밝혔으며, 더 나아가 보편적 개별성에 대한 인식이 곧 스피노자에 대한 헤겔적 해석이라는 알튀세르의 언급이 의미하는 바가 무엇인지 추적해 보았다. 이제 정신분석, 특히 라깡 정신분석과 관련해 보편적 개별성이라는 논제가 갖는 의미는 무엇일까? **그것은 알튀세르가 과거에 이데올로기적 개념으로 거부했던 주체 개념을 다시 도입한다는 것을 의미한다.** 이 점에서 알튀세르는 주체 범주를 재해석해 새롭게 도입한 라깡과 일맥상통한다는 것을 알 수 있다. 그러한 새로운 주체 개념은 라깡이 말하듯이 탈중화된 주체라 할 수 있는데, 그렇다면 이러한 주체는 정확히 어떤 주체인가? 그것은 필자가 다른 곳에서 제

---

16 여기에서 개념의 '객관성'으로의 이행이 일어난다.

안한 바 있듯이 '과정으로서의 주체'이다.(홍준기 2003: 148 이하) 앞에서 언급한 바 있듯이 개념으로서의 실체는 현실을 구조짓는 운동원리로서 주체에 다름 아니다. 알튀세르가 말하는 3종의 인식처럼 흥미롭게도 헤겔은 바로 이러한 **주체**를 정확히 **보편적 개별자**로 규정한다. "나는 지금까지 전개된 개념을 파악하는 데 도움이 되며 동시에 그에 대한 이해를 좀 더 용이하게 할 수 있는 한 가지 사실만을 지적해 두는 것으로 그치고자 한다. 말하자면 개념이 이제 그 자체에 있어서 자유로운 실존의 상태에 까지 다다른 이상 오직 이것은 **자아**이거나 또는 순수한 자기의식 이외에 그 어떤 것일 수도 없다."(Hegel 1997b: 29~30, 강조는 원문) 헤겔에 따르면 이러한 "자아는 곧 **보편성**"이며 동시에 "**개별성**"(Hegel 1997b: 30, 강조는 원문)이다. 헤겔이 말하는 자아, 즉 주체는 "개별성"이며, "개체적 인격성"(30)이지만, 아직 절대적 주체가 되지 않은 한에서, 즉 자아(주체)란 **유한한** 정신인 한에서 "타자를 배척하는 절대적 피규정자이다."(30) 이러한 유한한 주체가 이제 절대적 주체(실체)로 변화하기 위해서는 무엇이 더 필요한가? "자신의 타자 속에서 자기 자신의 객관성"을 발견하는 것이다. 유한한 주체에서 절대적 주체로의 이행은 알튀세르가 말하듯이 어떤 '새로운 인식'의 첨가가 아니라 '관점의 전환'이다. 자신의 본질을 제한하는 자신의 타자 속에서, 타자의 타자성을 폐기하지 않으면서도 자신을 발견하는 것, 즉 "모든 것 속에서 자기자신만을 발견하며 또 인식하고자 하는 이성의 가장 고귀하도도 유일한 **충동**"이야말로 이성이 가진 "**최고의 힘**"(414, 강조는 필자)인 것이다. 이러한 전환을 통해 주체는 자신을 대타자에 의존하는 소외된 주체에서 '**자기원인**'으로 전환된다. 정신분석의 끝과 관련한 논의에서 라깡은 타자인 대상 a를 주체와 동일한 것으로 받아들이는 '행위'를 정신분석적 **행위**로 간주한다. 라깡에 따르면 분석의 끝에서 주체는 "대상 a의 즉자성"으로 "환원된다."

(Lacan 1984: 18) 라캉은 분석의 끝을 '주체적 궁핍'으로 설명하지만, 분석의 끝으로서의 주체적 궁핍은 존재의 상실이 아니라 오히려 존재의 획득이다. 주체적 궁핍이란 상징계에 의한 소외 속에서 누리던 주체의 극복을 의미한다. 그리하여 분석의 끝에서 주체는 상징계 속에서 상실되었던 자신의 고유한 존재를 다시 획득한다. "여기서 중요한 것은 주체적 궁핍은 탈존재를 만드는 것이 아니라 오히려 (…) 존재를 만든다는 것을 이해시키는 일이다."(Lacan 1970: 21) 우리의 논제와 관련해 흥미로운 것은 헤겔 또한 라캉과 마찬가지로 이념의 완성을 인식과 **행위**의 융화로 설명한다는 것이다. 분석에 끝에 관한 라캉의 설명이 헤겔과 접목된다는 사실을 다시 한번 확인할 수 있는 것이다. "정신은 마침내 이 이념을 자기의 절대적 진리로서 즉자대자적으로 있는 진리로서 인식하기에 이른다. 즉 이것은 '무한'의 이념으로서, 이 속에서는 인식과 '행위'가 융화를 이루는 가운데 마침내 이념이 **자기자신의 절대지**에 다다르게 된다."[17](Hegel 1997b: 307) 절대지란 자신의 타자와의 대립을 극복하는 것에 다름 아니며, 따라서 헤겔의 절대지는 단순히 인식론적 차원에서뿐만 아니라 윤리적, 실천적 차원, 즉 "자유로운 실존으로의 고양"(Hegel 1997b: 442)과 타자성의 **긍정**과 화해로 이해되어야 한다.

맺음말

만족과 결여의 변증법을 보지 못하고 만족만을 강조하는 들뢰즈의 존재론

---

17 작은 따옴표에 의한 강조는 필자. 이글에서는 지면 제약상 분석의 끝으로서의 '정신분석적 행위'에 관해 상세하게 논의할 수 없었다. 이에 대해서는 홍준기, 2004를 참조하기 바란다.

은 정신분열증, 망상증, 도착증, 신경증 등 인간 주체가 처할 수 있는 다양한 실존 방식 중에서 '오직' 정신분열증만을 특권화하는 것으로 귀결된다. 사실 라깡 정신분석에 따르면 정신분열증은 주체와 타자의 분화가 일어나지 않은 상태를 의미하며 따라서 '결여 없는 만족'만이 존재하는 주체의 특징이라는 점에서 정신분열증에 대한 라깡의 견해는 사실 들뢰즈와 다르지 않다. 그런데 왜 그리고 어떻게 들뢰즈는 이러한 병리적 정신분열증 상태를 '특권화'할 수 있었는가? 여기서 흥미로운 점은 들뢰즈가 자신이 말하는 정신분열증은 임상적 의미에서의 정신분열증이 아니라고 말한다는 사실이다. 정신분열증자가 누리는 결여 없는 만족이란 사실 '치명적인 향유'이며, 따라서 들뢰즈가 이렇듯 파멸과 죽음의 불안을 체험하는 임상적 의미의 정신분열증자를 우리가 본받아야 할 '최고의 모델'로 간주할 수 없었다는 것은 어쩌면 당연한 일인지도 모른다. 들뢰즈가 말하는 해방된 분열증자는 임상적 의미가 아닌 다른 의미에서의 분열증자이다. 바로 이러한 들뢰즈의 논의는 난점에 부딪치며 독자를 혼란에 빠뜨린다. 한편으로는 임상적 의미의 분열증자를 소외로부터 벗어난 해방된 주체로 간주하면서, 동시에 자신이 말하는 진정한 자유인은 임상적 의미의 분열증자가 아니라고 말하기 때문이다. 예컨대 들뢰즈는 『안티 오이디푸스』에서 슈레버를 정신분열증자로 해석하면서 그를 자신의 영웅으로 묘사한다. 하지만 슈레버는 사실 임상적 의미의 정신분열증자[18] 아닌가? 왜 한때의 영웅이 다시 소외된 인물로 폄하되어야 하는가? 사실 들뢰즈가 말하는 '비임상적' 분열증자는 라깡이 철저히 탐구한 바 있는 오이디푸스의 너머에 도달한 사람, 즉 소외로부터 벗어난 진정한 자유인, 즉 분석의 끝에 도달한 사람이 아닌가? 물론 들뢰즈는 이러한 라깡적 결론에 결코 동의하지 않을 것이다. 어떤 의미에서 본다면 라깡의 견해에 동조할 수도 있을 들뢰즈 이론이 외관상으로 완전히 다른 입장을 취하는 이유는 무엇일까? 개인적, 정치적 상황 등 여러 가지를 고려할 수 있겠지만 앞에서 언급했듯이 어떤 특정한 존재론적 입장을 특권화한 것에 그 원인이 있지 않을까 한다. 어떤 특정한 철학적 존재론을 직접적으로 '정치적으로' 해석하는 것은 독단적인 결과를 낳을 수 있으며, 이는 민주주의의 동지를 '주적'으로 간주하는 정치적 오류는 물론 생산적인 학문적 토론을 방해하는 장애물로 기능할 수 있다. '신에 대한 지적 사랑'은 그러한 사랑의 불가능성에 대한 깊은 통찰이 함께 할 때에만 우리에게 진정한 해방과 기쁨의 원천이 될 수 있지 않을까? 바로 이것이 알튀세르가 '죽음보다 더 깊은 잠'에서 깨어난 후 마르크스로 되돌아가는 설레이는 귀향길(Heimweg)에서, 정신분석과 헤겔을 경유하는 우회로(Umweg)를 거치며 다시 발견한 자신의 '새로운 마르크스주의'의 메시지가 아니었을까?

---

18 프로이트와 라깡에 따르면 사실 슈레버는 분열증자가 아니라 망상증자이다. 슈레버의 자서전을 면밀히 검토해 보면 슈레버는 다름 아닌 스피노자적 세계관을 갖고 있었음이 분명히 드러나며, 바로 그 때문에 들뢰즈는 슈레버를 정신분열증자로 해석하고자 했을 것이다. 하지만 한 개인이 망상 속에서 스피노자의 세계관을 옹호했다고 해서 그가 정신분열증자가 될 수 있는 것은 결코 아님을 잊어서는 안 될 것이다. '임상적으로' 본다면 슈레버는 체계화된 망상을 발전시킨 망상증자였으며, '망상적 은유'(라깡)를 통해 자신을 구원한 '해방된 망상증자'였다. 이 점에서도 필자는 분열증과 망상증을 대립해 후자를 폄하하는 들뢰즈의 입장에 문제가 있다고 본다.

참고문헌

질 들뢰즈(2003), 『스피노자와 표현의 문제』, 이진경·권순모 역, 인간사랑.

바뤼흐 스피노자(1990), 『에티카』, 강영계 역, 서광사.

루이 알튀세르(1993), 『레닌과 철학』, 이진수 역, 백의.

_____(1993a), 『미래는 오래 지속된다』, 권은미 역, 돌베개.

_____(1996), 『마르크스주의와 철학』, 서관모·백승욱 역, 새길.

그레고리 엘리어트(1992), 『알튀세르: 이론의 우회』, 이경숙·이진경 역, 새길.

진태원(2002), 「라깡과 알튀세르: '또는' 알튀세르의 유령들 I」, 『라깡의 재탄생』, 김
상환·홍준기 공편, 창작과비평사.

G. W. F. 헤겔(1997a), 『대논리학 I』, 임석진 역, 벽호.

_____(1997b), 『대논리학 III』, 임석진 역, 벽호.

_____(1983), 『정신현상학 I』, 임석진 역, 분도출판사.

홍준기(2003), 「〈주체 없는 과정〉인가, 〈과정으로서의 주체〉인가」, 『철학사상』 16호,
서울대학교철학사상연구소.

_____(2004), 「슬라보이 지젝의 포스트모던 문화분석—문화적, 정치적 무의식과
행위(환상을 통과하기)」, 한국현상학회 편, 『철학과 현상학연구』, 제22집.

_____(2005), 「정신분석의 목표(끝): 환상의 통과, 주체적 궁핍, 증상과의 동일
화—역자해제」, 조엘 도르, 『프로이트·라깡 정신분석임상』, 홍준기 역, 아난케.

_____(2005a), 『오이디푸스 콤플렉스, 남자의 성, 여자의 성』, 아난케.

Louis Althusser/Étienne Balibar(1970), *Reading Capital*, London, NLB.

Louis Althusser(1986), *Pour Marx*, Paris, Éditions La Decouverte.

_____(1975), *Elemente der Selbstkritik*, Berlin, VSA.

_____(1992), *L'avenir dure longtemps*, Paris, STOCK/IMEC.

_____(1993c), Trois notes sur la théorie des discours, in L. *Althusser, Écrits sur la
psychanalyse. Freud et Lacan*, Paris, STOCK/IMEC.

Gilles Deleuze(1977), *Anti-OEdipus*, Minneapolis, University of Minnesota Press.

H. F. Fulda(1989), Unzugängliche Bemerkung zur Dialektik, in R.-P. Horstmann(ed.),

Seminar: Dialektik in der Philosophie Hegel, Frankfurt am Main, Suhrkamp.

G. W. F. Hegel(1818~1931), *Berliner Schriften, Bd 11*, in *Werke in zwanzig Band*, hg. von E. Nodenhauer and K. M. Michel, Frankurt 1961~1971.

_____(1969), *Wissenschaft der Logik I*, Werke 5, Frankfurt am Main, Suhrkamp.

_____(1970), *Enzyklopädie der philosophischen Wissenschaften I*, Werke, 8, Frankfurt am Main, Suhrkamp.

Vittorio Hösle(1988), *Hegelsystem Band 1*, Hamburg, Felix Meiner Verlag.

Jacque Lacan(1970), Discours à l'E.F.P., in *Scilicet* 1. Paris, Seuil.

_____(1984), Comptes rendus 1964~1968, in *Ornicar? n° 29*, Paris, Navarin.

Français Matheron(1997), la Récurrence du vide chez Louis Althusser, in *Lire Althusser aujourd'hui*, Paris, L'Harmattan.

Charles Tayor(1975), *Hegel*, London/New York/Nelbourne, Cambridge University Press.

상징과 실재의 변증법

—

박찬부

1

정신분석 사상 재현(representation; vorstellung)의 문제와 그것의 한계성에 대한 탐색은 이미 프로이트에게서 이루어졌다. 그는 꿈의 작업 중 '재현 가능성의 고려'(Rücksicht auf Darstellbarkeit)를 중심 개념으로 채택해 모든 무의식의 형성 과정이 바로 재현 과정임을 역설하면서도 무의식에는 그것의 해석에 저항하는 어떤 것이 존재함을 말함으로써 재현의 한계성을 동시에 지적했다. 예컨대『꿈의 해석』에 나오는 유명한 말에 따르면 "심지어는 아주 철저하게 해석된 꿈에서조차도 불투명의 상태로 남겨두어야 하는 구절이 자주 눈에 띈다. 그것은 매듭을 풀 수 없거나 꿈의 내용에 대한 우리의 앎에 하등 보탬이 되지 않는 엉클어진 꿈의 사고가 그 지점에 존재한다는 사실을 우리가 해석 작업 도중 인식하기 때문이다. 이것이 꿈의 배꼽이고 그것이 미지의 세계로 연결되는 지점이다."(SE 5: 525) 무의식 속에 있는 이 '매듭점'에 우리가 접근할 수 없는 것은 우리의 해석이 불충분해서가 아니라 그것은 그대로 불투명과 불투과성의 상태로 남아 있어야 하고 따라서 그것은 우리의 앎의 대상이 될 수 없다는 어떤 원칙론적 차원에서 그렇다. 꿈의 '배꼽'과 마찬가지로 무의식의 어떤 차원은 재현의 너머, 재현의 그물망을 항상 벗어나 있다.

라깡의 사상 체계에서 대체적으로 1950년대 말 이전까지는 질서론, 혹은 범주론의 대극의 구조가 '두 개의 위대한 재현 양식'(Boothby 2001: 289)인 상상계와 상징계 사이에서 발생했다. '재현의 내적 양립 불가능성'을 말해주는 이 대극의 구조는 라깡의 유명한 L 도형에서 상징계의 축 S─O와 상상계의 축 o-o´가 교차적으로 부딪히는 상황을 통해 잘 제시되었다. 그러다가 1960년을 전후하여 라깡의 관심이 실재계 쪽에 쏠리면서 이 대극의 구도가 재현계 전반과 실재계 사이에 형성되게 된다. 두 개의 위대한 재현체계 중 특히 상징적 재현(symbolic representation)과 그것의 실패와 한계로서 드러나는 실재의 문제는 바로 라깡의 말년에 집중적으로 부각된 정신분석학의 핵심 문제로 떠올랐다. 라깡 이론의 전지구적 전파자 슬라브예 지젝이 이론의 틀로 채택한 것도 바로 이 부분이다. 브루스 핑크는 이렇게 새로이 형성된 대극의 축을 표현하기 위하여 수정된 L 모형을 제시하고 있는데 그것은 원래의 상상계의 축 o-o´자리에 상징계의 축 '욕망으로서의 주체-대타자'를 위치시키고 원래의 상징계의 축에는 실재계의 축 '욕동(drive)으로서의 주체-오브제 a'를 교차적으로 위치시키고 있다.(Fink 1997: 212) 여기서 상징계의 축이 욕망의 주체가 운행하는 재현의 축이고 반면에 실재계의 축은 재현의 실패로서 드러나는 욕동과 주이상스의 주체가 운행하는 곳이다.

라깡은 프로이트의 무의식론을 소쉬르와 레비스트로스의 구조주의 언어학, 인류학과 연결시켜 연구하던 1950년대에 '로마 담론'(Rome discourse, 1953)을 시작으로 상징질서를 정면에 부각시키며 언어와 상징의 시대를 열었다. 지금까지도 라깡의 유명세와 연결시켜 인구에 회자되는 여러 금언적 담론들, "무의식은 언어와 같이 구조화되어 있다" "주체의 무의식은 대타자의 담론이다" "기표는 다른 기표를 위해서 주체를 재현한다"와 같은 표현들이 모두 이 시기에 나왔다. 그리고 "무의식은 주체가 의식적 담론의 연속성을 재확립하려 할 때 주체가 마음대로 할 수 없는 구체적 담론—그것이 개인을 뛰어넘는(transindividual) 것인 한—의 일부이다"(Lacan 1977a: 49)라는 말도 같은 맥락에서 논의될 수 있다. 이때에 나온 '아버지의 법,' '아버지의 메타포,' 혹은 '아버지 이름의 메타포' 등등의 표현도 상징적 대타자(O)로서의 부성적 기표를 앞세워 상징질서에의 진입을 통한 주체 탄생이라는 공식을 이끌어냄으로써 인간주체의 문제에 얼마나 상징질서가 핵심적으로 관여하는가를 강조한 대목이다.

그러다가 『세미나 VII: 정신분석의 윤리학』(1959), 『주체의 전복과 욕망의 변증법』(1960)을 거치면서, 그리고 좀더 결정적으로는 『정신분석학의 네 가지 기본 개념』(1964)에 오면서 라깡은 상징질서의 완전성, 전체성, 닫힌 구조에 대해서 회의하기 시작한다. 이른바 상징질서의 '불일치성'(inconsistency), '불완전성'(incompleteness)이 그것이다. 상징질서의 다른 이름인 대타자에 대해서 'The (W)hole in the Other'라는 표현은 이러한 상황을 잘 전달하고 있다. 대타자가 전체성(whole)을 유지하면서 동시에 그곳에 구멍(hole)이 뚫려 있어 비전체성을 드러낸다는 것이다. 상징질서의 전성기 때의 대타자가 O로 표기된 반면 이것의 불완전성을 나타낼 때는 이것에 사선을 첨가하여 Ø로 표기되었다. 라깡의 욕망의 그래프에서 상상질서와 상징질서의 두 재현의 축으로만 설명되던 그래프 II에서의 s(O)의 표기가 주이상스와 실재의 문제가 부각된 그래프 IV에서는 S($\emptyset$)로 바뀌는 과정은 이러한 상황을 잘 설명해준다. 『정신분석의 윤리학』에 나오는 표현을 빌면 우리는 '더 이상 아버지의 보증(the Father's guarantee)에 의존할 수 없게'(Lacan 1992: 100) 되었다. 철옹성같이 견고하게 보였던 상징질서의 대변자, 아버지의 법에 구멍이 뚫린 것이다. 이 뚫린 틈 사이로 실재계의 온갖 개념들, 주이상스, 물(das Ding), 오브제 a가 출몰한다. "여기서 라깡의 입장은 언어 속에는 변칙적인 어떤 것, 말할 수 없고 설명할 수 없는 어떤 것, 즉 아포리아가 '항상' 나타난다는 것이다. 이 아포리아는 상징질서 내에 실재계(the Real)가 존재한다는 것과 상징질서에 대한 실재의 영향을 동시에 가리키는 것이다."(Fink 1995: 30) 이렇게 상징질서의 변칙성, 위반성, 불완전성은 바로 실재의 출현하고 맞물려 있다. 라깡은 그의 말년의 중요한 에세이 『세미나 XX: 앙코르』(1972)에서 "실재는 형식화(formalization)의 한계성(impasse)을 바탕으로 하고서만 기록될 수 있다"(93)는 확인성 발언을 남겨놓고 있다. 여기서의 '형식화'는 '상징화'(symbolization), 혹은 '재현'의 다른 이름이다. 따라서 이 말은 상징적 재현의 한계 지점에서 실재가 숨 쉬고 있다는 그의 지론을 다시 한 번 표명한 것이다. 이하에서 이러한 상징과 실재의 관계, 좀더 정확하게 말해서 상징질서에 내재하면서(internal) 동시에 이것에 환원 불가능한(irreducible), 그것에 '외-존재'(ex-sistence)하는 실재계의 양상과 메커니즘을 좀 더 체계적으로 서술해보려고 한다. 서술 방식은 대체적으로 셰퍼드슨이 암시한 대로 '안/밖,' '공식화의 한계 지점,' '두 종류의 실재'의 순으로 진행된다.(Sheperdson 1996: 3)

2

라깡 관련 글들에서 상징과 실재와의 관계, 혹은 실재의 존재성을 다룰 때마다 산견되는 '역설,' '막다른 골목,' '변칙성' 등등의 말들이 얼마나 이것을 전통적 형식 논리나 유클리드 기하학만으로 설명할 수 없는가를 단적으로 말해준다. 이러한 역설적 표현 중의 하나가 실재는 상징구조의 '안'에 존재하는가, 혹은 '밖'에 존재하는가의 문제와 연결되어 있다. '언어가 모든 것을 빨아먹고 핥아 버리는' 포스트모던 상황하에서 모든 것이 언어적 상징의 산물이요, 담론의 구성체라면 이것의 저항으로서, 이것의 너머에 있다고 생각되는 실재의 세계는 이것의 '밖'에 위치시킬 수밖에 없지 않은가. 그렇다면 우리는 다시 소박한 리얼리즘의 차원을 전제해야 되는 것인가, 아니면 상징질서 '안'에 이미, 벌써 실재계가 포함되어 있어 우리는 '상징적 리얼-이즘'을 말할 수 있는 것인가. 다시 말해서 라깡의 질서론에서 독립된 범주로서의 실재계를 우리는 어떻게 설명할 것인가.

라깡은 실재계의 개념인 물(das Ding)을 다루고 있는 세미나 VII에서 "물은 제외된다는 의미에서만 중앙에 위치하고 있다"(71)면서 '내부 속에서 제외된 것'(excluded in the interior, 101)이라는 모순어법적 표현을 쓰고 있다. 어떻게 현장에서 제외된 것이 중앙에 위치할 수 있으며 안에 있으면서 동시에 밖에 존재할 수 있는가. 라깡의 후계자격인 자끄 알랭 밀레르는 라깡의 '외밀성'(extimité)이라는 용어를 발전시켜 실재는 밖에 있는 것도 아니고 안에 있는 것도 아닌 일종의 '제외된 내부(excluded interior), 혹은 '내밀한 외부'(intimate exterior)라고 말함으로써(Miller 1994: 74~76) 모순어법적 역설의 언어를 극단으로 밀어붙이고 있다. 안에 있다는 의미의 '내밀성'이라는 단어를 유추적으로 떠올린 조어 '외밀성'은 그러나 전자의 반대

개념으로서 '밖'만을 지칭하는 개념이 아니다. 그것은 차라리 '내부적 외부,' 혹은 '외부적 내부'라고 모순어법으로 밖에는 달리 표현할 수 없는 것으로서 안과 밖을 동시에 껴안는 개념이다.

　라깡은 이러한 상징과 실재, 혹은 재현계와 비재현계의 특별한 관계를 묘사하기 위해서 '위상학'(topology)을 도입한다. 1950~60년대에는 '토루스'(torus), '뫼비우스의 띠,' '클라인 병,' '크로스-캡'(cross-cap) 등 표면의 위상학을 개발했고 1972년 이후로는 '브로이언 매듭'과 같은 매듭의 위상학에 관심을 가졌다. 예컨대, 유클리드 기하학에서 한 원의 안과 밖은 분명한 경계선을 기준으로 하여 대극적으로 위치하고 있지만 도너츠같이 생겼고 그 중심에 구멍이 뚫린 구조를 갖고 있는 '토루스'에 의해 이러한 안과 밖의 이분적 구도는 해체되고 만다. 이러한 상황은 '뫼비우스의 띠'를 통해 특히 극명하게 드러난다. 안에서 출발한 것이 밖에서 끝나고 밖인 줄 알았는데 안으로 귀결되는 상황이 벌어지니 어느 것이 안이고 어느 것이 밖이라고 말할 수 없는 해체론적 미결정의 상태가 된다.

　최근에 나온 라깡 이론서 『라깡: 위상학적으로 말하기』(*Lacan: Topologically Speaking*, 2004)는 바로 라깡의 이러한 생각들을 모은 글들이다. 이 책의 서문에서 래글랜드 교수는 라깡의 토폴로지가 "인간의 정신생활에 있어서 (겉으로 보기에는 모순적인) 역설의 기능에 의해 야기되는 복잡성을 지적하기 위한 것"(Ragland: xiv)이라고 말하면서 라깡의 위상학적 접근이 구체적으로 그의 '두 가지 의미 체계'의 문제하고 직결되어 있음을 강조한다. 그 두 가지 의미 체계란 '첫째가 재현 체계이고 둘째가 언어 속에 욕망, 환상, (부분적) 욕동을 위치시킴으로써 언어를 물질화하는 리비도적 의미의 주이상스 체계'(xiii)이다. 다시 말해서 라깡이 그의 말년에 위상학적 접근을 통해서 보여주려 했던 것은 재현계와 비재현계, 혹은 상징과 실재의 모순어법적 '외밀한' 위상 관계, 다시 말해서 상징적 구조에 내재하면서 그것에 환원될 수 없는 실재의 타자적 존재성, 즉 실재의 '내밀한 타자성'(intimate alterity)에 대한 탐색이었다. 이와 관련하여 나지오 교수는 이 토폴로지를 라깡 이론 전반과 연결시켜 '토루스'는 요구와 욕망 사이의 관계를, '뫼비우스의 띠'는 주체와 언어의 관계를, '클라인 병'은 주인 기표와 대타자와의 관계를, 그리고 '크로스-캡'은 주체와 대상과의 관계를 함유한 환상의 구조를 드러낸다고 말하고 있는데(Sheperdson 1996: 4) 이러한 견해도 '비재현적 재현'(non-representative representation, Lacan 1977b: 218)이라는 라깡의 재현의 역설과 연관시켜 논의되어야 할 것이다.

우리는 이 문제를 구조와 탈구조, 아리스토텔레스가 말하는 자동(Auto-maton)과 원인(Tuchè)이라는 관점에서 접근할 수 있을 것이다.(Sheperdson 1996: 10) 한편으로는 상징질서로 대변되는 의미화 고리의 자동적, 혹은 자율적 운행 방식이 있고 다른 한편으로는 이러한 자동화 운동에 제동을 거는 어떤 원인체가 작동한다. 라깡이 프로이트의 반복강박(Wiederholungszwang)을 반복자동(automatisme de répétition)으로 번역한 것도 상징질서의 자동적 성격을 강조한 것이다. 그리고 "기표는 다른 기표를 '위해서' 주체를 재현한다"는 유명한 말도 '위해서'라는 전치사가 갖고 있을 수도 있는 어떤 목적론적 함의에도 불구하고 한 기표(S_1)가 다른 기표(S_2)로 자동적으로, 자율적으로 연결되는 상징질서의 운행 원리를 강조한 것이다. 이러한 상징질서의 자동적 성격만을 보아서는 의미화 고리 그 자체는 주체나 객체의 문제에 어떠한 관련도 없어 보이나 사실은 그것이 주체를 재현하고 객체, 혹은 대상을 산출한다는 것이 라깡의 주체론이고 실재계적 인과론이다. 여기서 라깡의 질서론은 전통적 구조주의 경계를 넘어선다.

어떤 원인이 상징질서의 '밖'에 존재하고 그것이 상징질서에 어떤 영향을 끼친다면 이러한 사유 체계는 고전적 구조주의에 해당하고 과학적 인과론하고도 맥락을 같이한다. 어떤 원인이 있어 그것에 상응하는 결과를 낳았고 이 원인과 결과 사이에는 불가침의 연속성이 존재한다. 그러나 이 양자 사이의 '불연속성'(discontinuity)을 강조하는 것이 라깡적 인과론이다. 그는 세미나 XI에서 "법이 실패하는 곳에서만 원인이 존재한다"고 말한다. 일반적으로 우리가 어떤 현상의 원인을 설명하려면 그것을 지배하고 있는 법을 말하면 된다. 그러나 라깡의 경우 법의 실패가 원인의 존재를 담보한다. 따라서 '욕망의 원인'에 대해서 말한다는 것은 언제나 주체와 대타자 사이에서 드러나는 어떤 '넘침'이나 '부족함'에 대해서 말하는 것이고 의미화 고리의 차원에서 포착될 수 없는 어떤 '결핍'에 대해서 말하는 것이다.

라깡의 주체 개념도 이 같은 원인과 법 사이의 괴리, 혹은 법의 실패로서의 원인의 문제를 고려에 넣지 않고서는 생각할 수 없다. 만약 우리가 구조주의 언어학자 소쉬르에게서부터 출발한다면 우리는 법의 문제는 말할 수 있어도 원인에 대해서는 별로 할 말이 없다. 소쉬르에 따르면 언어적 상징질서의 법은 각 구성 요소들 사이의 관계를 통해 '내적으로,' '상호 비판적으로'(diacritically) 작용한다. 언어 체계 내에서 작용하는 이 언어 기호의 상호 비판적 기능은 그 체계나 구조의 '밖'의 문제를 괄호로 묶어두거나 처음부터 사상해버린다. 그래서 구조주의에서 구조의 원인은 그 구조 자체라는 역설이 성립한다. 구조주의에서 강조하는 것이 전체성의 개념이다. 전체는 부분의 합과 일치하지 않는다. 따라서 구조적 체계는 결코 부분들의 집합체가 아니다. 구조주의 언어학자 소쉬르의 경우도 구조, 혹은 구조적으로 정의된 기표를 이해하기 위해서는 체계로서의 전체, 전체로서의 체계를 우선적으로 고려해야 한다고 말한다. 모든 의미 현상이 전체적 구조 내에서의 상호 비판적 차이의 관계를 통해서 발생하기 때문이다. 그러므로 소쉬르의 경우 일정한 기표가 전체적 체계 밖에 그것의 '원인'을 갖고 있다고 말하는 것은 잘못이다. 그것은 조직 밖의 어떤 외부적 실체의 존재를 인정하는 것이고 그 기표는 따라서 그 밖의 실체로부터 유래한 것이며 그것에 이름 붙이기의 결과로 나타난 것이라는 사실을 인정하는 문제이기 때문이다. 그에게 언어는 차이로 구성된 기호적 체계이며 그 체계 밖에는 아무것도 없다. 미셸 푸코도 그의 『사물의 질서』에서 계몽주의 시대 말에 일어난 이름 붙이기에서 조직체 개념으로의 사상적 변화를 말하면서 "고전주의 시대에는 언어가 재현 능력을 가지고 있어 어떤 문법을 지니고 있었는데 이제는 언어가 그 문법을 바탕으로 재현한다"(Foucault: 237)고 했다. 다시 말해서 사물에 이름 붙이던 과거에 비해 조직과 체계의 시대에 재현과 피재현체 사이의 거리가 사라진 것이다. 이 경우 이름 붙이기 작업이 아직도 가능하다면 그것은 그 조직 자체로부터 유래한 것이다. 전체로서의 그 조직은 '언제나 이미' 존재한다고 전제되고 이 전제 조건이 이름 붙이기와 의미 현상을 가능의 공간으로 인도한다. 그러므로 전체 조직이 그 자신의 원인으로 작용한다. 여기에 '근원'에의 물음은 지양된다. '비근원적 근원,' '근원적 비근원'이 있을 뿐이다. 처음부터 있었던 것은 근원이 아니라 언제나 이미, 벌써 존재하는 전체로서의 조직과 체계이다.

라깡이 구조주의적 사유 체계에 몸담고 있는 한 이러한 생각이 그에게 그리 낯설지 않다. 그에게는 언어란 결코 사물에 이름 붙이기가 아니며 따라서 '자연적으로' 접근할 수 있는 성질의 것이 아니다. '대타자에 대한 또 다른 대타자는 존재하지 않는다'는 것이 그의 지론이다. 그러나 그의 사유가 여기서 멈추지 않는다. 구조적 상징체계는 구조주의자들이 믿어왔던 대로 그렇게 완벽하거나 온전한 것이 아니었다. 상징적 대타자는 특별한 '대상'을 제외시키고서야 작동할 수 있고 이것은 법의 기능이 언제라도 어떤 '원인'에 의해서 도전받을 수 있다는 사실을 환기시킨다. 이 원인은 '욕망의 원인'으로서 언어의 밖에 있는 어떤 실체라는 의미의 욕망의 대상이 아니다. 그것은 차라리 '욕망의 대상-원인'으로서 욕망을 불러일으키는 어떤 '결핍'과 같은 것이다. 그러나 이 결핍, 욕망의 대상-원인은 상징질서에 내재하면서도 그 질서에 환원시킬 수 없는, 따라서 기표의 질서에 위치시킬 수 없는 어떤 것이다. 법과 원인 사이에 안과 밖의 문제와 관련된 위상학적 역설이 야기되는 곳이 바로 이 지점이다.

3

상징질서 너머에 원인으로서의 실재적 차원을 설정한다는 것은 정신분석학의 제일 중요한 개념인 무의식과 주체의 문제에 대해서 새롭게 접근할 것을 요구한다. 일반적으로 라깡의 주체는 "한 기표는 다른 기표를 위해서 주체를 재현한다"는 유명한 진술이 말하고 있듯이 한 기표(S_1)와 다른 기표(S_2)와의 관계를 통해서 생성된다. 다시 말해서 그것은 상징질서 속에서 구성되고 재현된다. 그러나 라깡의 주체가 담론적 구성론자들(discoursive constructionists)이 생각하고 있듯이 상징질서의 전유물이 아니라는 것이 '상징적 리얼-이즘'(symbolic real-ism)을 주장하는 후기 라깡주의자들의 지론이다. 기표들의 자동적, 자율적 연쇄 작용이 소쉬르의 생각대로 상징질서의 '내적' 법칙이나 각 구성요소들의 '상호 비판적' 관계망에 의해서 지배를 받는 어떤 움직임이라면 주체란 그 상징적 구성 요소들(S_1—S_2) 사이에 위치한 어떤 '빠진 고리'(missing link), 즉 상징질서를 '통해서' 현현되고 자리매김된,(Sheperdson 1996: 13) 그러나 그 상징질서 자체에는 속하지 않는 어떤 '자리' 같은 것이라는 말이다. 이렇게 주체의 자리, 주체의 위치는 부분적으로는 상징질서에, 그리고 부분적으로는 실재계에 뿌리를 두고 있는, 상징계에 내재하고 있는 어떤 변증법적 부정성의 논리 같은 것으로 설명된다.

프로이트의 경우도 주체의 자리는 중요한 의미에 있어서 꿈이나 언어의 실착, 자유연상과 같은 상징적 구성체 속에 위치시킬 수 있었다. 이것들이 억압된 무의식의 생각으로서 '관념적 표상체'(Vorstellungsrepräsentanz)로 구성되어 있다. 이것이 바로 프로이트적 무의식의 상징적 측면으로서 예컨대 말실수의 경우, 무의식적 담론으로서의 그 실착의 언어는 의식적 담론에 어떤 균열을 가져오고 기표들의 의미 고리에 어떤 불연속성을 도입한다. 이것은 라깡이 무의식의 상징적 차원을 강조하여 "주체의 무의식은 대타자의 담론이다"라고 한 말의 다른 표현이고 "무의식은 주체가 의식적 담론의 연속성을 재확립하려 할 때 주체가 마음대로 할 수 없는 구체적 담론의 (…) 일부이다"(Lacan 1977: 49)라는 진술과 정확하게 일치한다.

그러나 이 글의 모두에서 인용했던 프로이트의 말, 즉 아무리 철저하게 해석된 꿈에서조차도 불투명과 불투과성의 상태로 남겨질 수밖에 없는 어떤 '꿈의 배꼽,' 미지의 상태를 예견했던 프로이트의 입장이나 "더 이상 아버지의 보증에 의존할 수 없다"며 상징화, 형식화의 한계성, 아포리아를 선언한 후기 라깡에 있어서 무의식과 주체의 문제를 단순히 상징질서의 차원으로 묶어둘 수는 없다. 상징적 기표들 사이의 빠진 고리로서의 그 주체의 자리가 결국 상징적인 것으로 표시되고 채워진다 하더라도 주체 그 자체는 상징질서에 속하지 않는다. 그것은 차라리 상징질서의 비전체성, 몰기능성의 어떤 지점에 위치하고 있다고 표현하는 쪽이 맞으리라. 무의식의 주체가 기표들의 연쇄 작용을 통해서 상징질서 속에 재현되는 것은 사실이다. 그러나 주체의 '존재'(being)가 제외된다는 조건에서 그렇다. 실재로서의 그 주체의 존재는 '부재'(absent)하나 어떤 '힘'을 가지고 전방위적으로 영향력을 행사한다. 이것이 기표의 '물질성과 무게'와 관련된 것이며 주체의 기호 $ꞵ$에 간 사선이 뜻하는 것이기도 하다. 그래서 라깡은 「주체의 전복과 욕망의 변증법」에서 "우리는 모든 것을 담론 속의 절단 기능, 즉 기표와 기의 사이의 가름대로 돌려놓아야 한다. (…) 의미화 고리 속에 있는 이 절단(cut) 작용만이 실재계 속에 있는 불연속성으로서의 주체의 구조를 확인시켜 준다"(Lacan 1977a: 299)라고 말한다.

형식화의 한계성, 혹은 상징적 자동과 실재적 원인의 변증법적 과정과 관련하여 "기표들의 자동적 작동 과정에는 반드시 그것의 자료, 그것의 '물질적' 성격과 관련된 어떤 초과분(excess)이나 잉여(surplus)가 있기 마련이다. 다시 말해서 기표들 속에 내재한 그 무엇, 기표 그 자체 '내'에 있는 그 무엇이 (그것이 발음이든 글자이든 간에) 그 자신을 넘어서고, 능가하고, 추월하는 상황으로 이끈다."(Fink 1995: 183) 순수 차이로 구성된 상징질서의 상징화 과정이 결코 '순수하게' 진행되지 않는다는 것이다. 그것은 반드시 어떤 효과나 결과를 산출하는데 이 물질적 성격과 관련된 초과나 잉여로서의 실재계적 산물이 다름 아닌 라깡의 '오브제 a'(*objet petit a*)이다. 오브제 *a*는 그러므로 상징질서를 통해서 드러난 주체와 실재로서의 주체를 구별하기 위해서 도입된 개념이라고 할 수 있다. 라깡의 비교 용어 중 '무의식의 형성'과 '환타지의 형성'은 이러한 대조법을 잘 보여주고 있다.(Sheperdson 1996: 14) 언어적 실착이나 꿈, 증상 등 대타자의 담론으로서의 무의식의 형성체는 상징질서를 통해서 드러나는 상징적 주체를 잘 반영한다. 반면에 보통 $ꞵ$로 표기되는 이 소외와 분열의 상징적 주체와 상징질서의 한계 지점에서 그것의 잉여로서 드러나는 환타지의 형성은 실재계적 오브제 a와의 관계를 $\$\diamond a$로 표현한 것이다. 다시 말해서 환타지는 주체와 어떤 대상—그것이 의미화 질서 속에 나타나지 않고 몸의 '실재'에 부착되어 있는 어떤 실재계적 대상과의 관계를 가리킨다. 환타지와 비슷하게 '욕동의 대상'도 역시 기표들의 질서에 나타나지 않는, 따라서 상징질서에 환원 불가능한 어떤 리비도적 부착물, 몸의 주이상스가 숨쉬는 지점이다. 이것이 프로이트가 말하는 죽음욕동(Todestrieb)의 '침묵'과 관계된다. 오브제 a와 같은 '텅 빈 공허의 존재'(presence of a hollow, avoid; Lacan 1977b: 180)인 이러한 대상은 상징과 법의 테두리 안에 존재하는 것도 아니고 그 밖에 존재하는 것도 아니다. 그것은 '상징화의 노역'(labor of symbolization)이 빚어낸 어떤 나머지이고 부스럼으로서 법의 실패와 '형식화의 한계성'을 체현하고 있는 실재계적 산물이다.

앞에서 말했듯이 상징질서의 중요성을 한껏 강조하며 정신분석의 새로운 지평을 열었던 '로마 담론'에서 라깡은 자아의 형성과 관련된 상상질서와 언어를 통한 분열된 주체의 탄생과 관련된 상징질서의 차이와 후자에 의한 전자의 극복을 역설했다. 미국의 자아 심리학과 일전을 불사하면서 프로이트에게의 귀환을 선언했을 때 그 귀환은 무엇보다도 대타자의 담론으로서 해석된 프로이트의 무의식으로 돌아가는 것이었다. 도형 L에 암시되어 있듯이 고전적 정신분석은 '자유 연상'을 바탕으로 하고 있으며 그것은 꿈이나 증상, 언어의 실착과 같은 상징적 형태로 대타자의 무의식적 담론을 드러낸다고 생각되었다. 이러한 생각에 문제가 제기된 것은 상징화 작업이 난관에 부딪혔을 때, 즉 상징질서 너머에 어떤 것, 예컨대 죽음욕동의 '말없는 작업'이 있고 따라서 인간 존재가 '죽음을 향한 존재'(Sheperdson 1996: 4)라는 인식에 생각이 미쳤을 때였다. 여기서 라깡은 '전이'(transference) 현상이 더 이상 대타자 담론으로서의 무의식과 관련된 상호 주체적 상징 차원의 문제만이 아님을 알아차리게 된다: "전이는 무의식의 의사소통이 제지받고 무의식이 닫히는 메커니즘이다."(Lacan 1977b: 130) 오히려 전이 현상은 상징질서만으로는 설명이 되지 않는, 상징화의 금기와 같은 어떤 실재계적 대상, 혹은 '정서적 유대'를 드러내 보여주었다. 프로이트도 분석 현장에서 분석가와 피분석가 사이에 일종의 사랑의 관계가 형성되는 것을 관찰했고 이 '전이적 사랑'이 분석에 장애가 될 수도 있음을 경고했다. 라깡의 경우도 전이적 사랑이 실재계적 대상과의 동일시와 관계되면서 전통적 분석의 목표인 상징적 동일시와 대치된다는 사실을 깨닫게 되었고 이에 따라 그의 분석 태도와 정신분석이론 전반에 관해서 '문제 있는 입장'에 처하게 된다.

> 이러한 제언을 하면서 나 자신도 내가 지금까지 무의식에 관해서 가르쳐온 것 때문에 문제 있는 입장에 처해 있음을 알게 된다. 무의식은 말의 효과에 의해서 구성된다. (…) 무의식은 언어와 같이 구조화되어 있다. (…) 그러나 이러한 가르침에는 그 접근법 속에 내가 전이적이라고 불러온 목표를 지니고 있었다.(Lacan 1977b: 149)

여기서 우리는 '몸'(body)과 '성'(sexuality)의 문제와 만나게 된다. 이것은 무의식은 항상 성의 문제와 관련 있다는, 따라서 '무의식의 리얼리티는 곧 성적 리얼리티'라는 프로이트의 생각과 일치하는 것이다.

이와 같이 자유연상과 전이 현상에 대한 라깡의 재해석은 상징과 실재의 관계, 혹은 상징화의 한계 지점을 넘나드는 실재의 문제를 새로운 각도로 접근할 수 있는 계기를 마련해주었다. 전통적인 자유연상이 대타자의 담론으로서의 무의식에 접근할 수 있는 길을 열어 보여주었다면 전이 현상은 이러한 상징적 과정에 저항하면서 의미와 해석의 '해석학적 요구'에 맞섰다: "전이는 무의식의 의사소통이 제지받고 무의식이 닫히는 메커니즘이다." 이와 같은 과정을 거쳐 라깡의 정신분석학은 인문과학의 특징인 해석학적 요구를 거절하면서 상징질서의 경계 지점에서 비재현적으로 현현하는 실재계의 모습, 몸과 성의 문제에 초점을 맞춰갔다.

프로이트의 무의식론에도 해석학적 요구인 의미와 해석의 경계를 넘어서는 실재계적 영역이 문제시되어 있다. 앞에서 본 대로 그는 『꿈의 해석』에서(*SE* 5: 525) 아무리 철저하게 해석된 꿈이라도 거기에는 불투명과 불투과성의 상태로 남아 있는 부분이 있고 따라서 꿈에는 해석 불가능한 '꿈의 배꼽'이 존재하고 있음을 인정해야 할 것이라고 말하고 있다. 이 해석 불가능한 꿈의 배꼽, 즉 '부재하는 중심'(absent center)에 부딪히게 되면 분석은 '끝낼 수 없는'(interminable) 상태가 된다. 이렇게 상징적 해석과 의미화 작업을 불가능하게 하고 '우리의 지식에 아무런 보탬이 되지 않는' 실재계적 흔적, 어떤 '매듭점'이나 '핵'을 라깡은 오브제 *a*의 개념으로 연결시키고 있다.

이 오브제 *a*는 상징적 법의 질서가 실패하고 '더 이상 아버지의 보증'에 의존할 수 없는 상태에서 발현된다. 자크-알랭 밀레르가 상징적 법이 지배하는 정통 아버지의 메타포에 이어 '제2의 부성적 메타포 공식'을 제언한 것도 이런 이유에서이다.(Sheperdson 2000: 223~24) 이 제2의 메타포는 '아버지의 이름의 공식하고 하나하나 일치하나' '대타자의 비존재성과 불일치성(the inexistence and the inconsistency of the Other)과 같이 운행되도록 하는' 변형을 가한 것이다. 무의식이 대타자의 담론이라는 말과 함께 대타자의 온전성과 전체성을 부각시키는 대타자의 표기 방식이 'O(불어로는 A)'였다면 '대타자의 비존재성과 불일치성'을 강조하는 라깡 후기의 대타자 표기 방식은 사선이 첨가된 'Ø(A)'이다. 상징적 대타자 속의 '상실'과 '결핍'에서 드러난 것이 실재계적 오브제 a이다. 그러므로 후기 라깡의 실재론에서 정통의 대타자 O가 사선의 대타자 Ø와 오브제 a로 양분되어 나타났다고 볼 수 있다. 이러한 대타자, 혹은 아버지 이름의 메타포의 변화와 관련하여 라깡은 'père-version'이라는 표현을 쓰고 있다. 이 양의적 표현은 첫째로 '아버지를 향하기'(turning toward the father)와 둘째로 '아버지의 도착증'(perversion of the father)으로 풀이될 수 있다. '아버지를 향하기'라는 표현은 프로이트가 정상적인 오이디푸스적 삼각 구도의 진행과정의 일부로서 한 말로 아버지의 역할이 성적 주체의 형성에 얼마나 결정적인가를 지적한 것과 관련된다. 이것을 라깡의 말로 바꾸면 주체의 형성과정에서 아버지의 이름, 혹은 대타자가 갖는 절대적 중요성과 관련될 수 있을 것이다. 그러나 이러한 '아버지를 향하여 돌기'의 결과가 '아버지의 도착증'으로 연결된다는 데 이 편 'père-version'의 재치와 역설이 있다. 이것은 상징적 아버지/대타자가 상징화, 형식화 작업 과정에서 빚어내는 상징질서 '내'의 어떤 도착적 성격을 지칭하는 것으로서 정신 병리의 세 유형 중 신경증, 정신병과 구별되는 도착증을 말하지 않는다. 정상적인 상징적 주체화 과정 속에 내재한 어떤 도착 현상, 상징적 법의 운행 원리 속에 포함되는 어떤 체질적 도착증, 법 그 자체에 내재한 '도착적 나머지'(perverse remainder), '잉여효과'(surplus effect)—이것이 라깡이 'père-version'이라는 언어적 편을 통해 전달하려는 속뜻이다. 그리고 이 뜻은 바로 상징질서 속에 내재한 부정성의 원리로서의 '죽음욕동'으로 통한다. 인간 주체는 그 존립 근거로서 절대적 대타자를 필요로 하는 동시에 한가운데에 균열이 간 대타자(Ø), 대타자 속의 결핍의 기표(S(Ø))라는 표현이 말하고 있듯이 그 상징적 대타자가 실패하고 낭패(impasse)하는 곳에서 '죽음으로 향한 존재'(being-toward-death)를 실현한다. 이때 작동하는 것이 실재계와 접맥된 죽음욕동이다.

4

지금까지는 세미나 『XI: 정신분석학의 네 가지 기본 개념』에서 중점으로 제기되고 있는 상징적 재현과 그 불만, 상징화 과정의 효과로서 드러난 결과물이면서도 그 상징질서에 환원될 수 없는 실재적 잉여 잔재물(*caput mortuum*), 대타자 속의 결핍의 흔적으로서 드러나는 오브제 *a*, 상징질서의 안도 밖도 아닌 그것의 '외-존재적' '외밀성'으로서의 실재의 문제 등을 논리적, 구조적 아포리아라는 측면에서 살펴보았다. 여기서는 셰퍼드슨이 제시하고 있듯이(Sheperdson 1996: 20~23) 이러한 정신분석학 '내부의 문제'를 그것의 외재적 '아포리아 과학'과 연계해서 관찰해볼 것이다.

우선적으로 고려의 대상이 되는 것이 인류학에서 말하는 '근친상간 금기'(incest taboo)의 문제이다. 고대 사회 이래로 인간들의 친족 관계를 지배해온 이 성적 금기시 법령의 논리는 위에서 말한 정신분석학적 아포리아에 비견할 만한 해체적 모순 관계에 바탕하고 있음에 주목할 필요가 있다. 한편으로는 그 법령이 친족 사회의 질서 유지를 위한 사회적 금지나 제약의 성격을 띠고 있어 이 법령의 발효 이전에 있을 수 있다고 생각되는 근친상간적 '자연'의 상태에 가하는 '문화'적 구속력이라는 관점에서 접근할 수 있다. 그러나 다른 한편으로 그 근친상간 금기는, 인류학자 레비-스트로스가 힘주어 말하고 있듯이, 현대 사회뿐 아니라 고대 원시 사회에도 존재하는, 시간과 공간의 차이에도 불구하고 어느 때, 어느 곳에서도 나타나는 '보편적' 성격을 띠고 있다. 이 보편성은 자연 법칙과 같이, 후천적으로 만들어진 것이 아니라 선천적으로 주어진 어떤 자연의 질서라는 생각을 주기에 충분하다. 여기서 자연과 문화의 개념이 충돌한다. 이것이 이 금기의 '역설'이고 '스캔들'이다. 레비스트로스에 따르면 "그것은 한 법칙을 구성한다. 그러나 그것은 사회의 모든 법칙들 가운데서도 유독 보편적 성격을 띠는 법칙이다." 데리다는 그의 초기 에세이, 「구조, 기호, 유희」에서 이 구문을 인용하면서 이러한 논리적 뒤틀림이 단순한 모순이 아니란 점을 지적하고 있다. 그것은 그 법칙이 자연이냐 문화냐, 그것이 인간이 만든 인위적 산물이냐 혹은 생래적으로 주어진 생물학적 원리 같은 것이냐의 이원론적 선택 중 어느 하나를 택함으로써 논리의 양가적 애매성으로부터 벗어난다 해서 해결될 수 있는 그런 성질의 것이 아니다.

> 근친상간 금지령은 더 이상 우리가 전통적 개념들의 영역에서 만나거나 부딪히는 스캔들이 아니다. 그것은 이러한 개념들을 피하여 존재하는 그 무엇이고 그 개념들의 이전에 존재하는 그 어떤 것이다.(Derrida: 283)

여기서 전통적 개념들이란 자연과 문화와 같이 이분법적 개념들이다. 그러므로 근친상간의 금기는 이러한 이분법적 사고의 너머에, 그것의 이전에 존재하는 어떤 해체론적 사유 같은 것이다. 프로이트의 꿈의 배꼽과 같이 그 금기는 아무리 해석해도 미지와 불투명의 상태로 남아 있는 어떤 영역, 그것이 우리의 지식에는 아무런 보탬이 되지 않지만 꿈의 구성에는 필수불가결한 그 어떤 영역을 향하고 있다고 할 수 있다. 여기서 우리는 다시 언어적 형식화의 한계성, 상징체계와 문화적 법칙 속에 내재되어 있는 논리적 아포리아, 피할 수 있는 잘못이나 실수가 아니라 이상하게도 어떤 지상 명령과 같은 '불가피한 환상'으로서의 정신분석의 난문제들과 만나고 있는 것이다.

그런데 여기서 주목해야 될 점은 논리적 아포리아와 '오브제 *a*'와의 관계이다. 다시 말해서 자연/문화의 논리적 꼬임과 비틀림에 입각해 있는 근친상간적 금기 신화는 그 자체로 하나의 역설과 아포리아를 형성하고 있을 뿐만 아니라 그 추상적 논리/무논리가 '물질화'(materialization)하여 프로이트가 '금기 대상'(taboo object)이라고 부른 어떤 수수께끼 같은 사물을 산출한다는 것이다. 프로이트는 『토템과 터부』(1913)에서 토템이즘의 상징체계와 그 체계에 부수하는 금기 대상 사이의 특별한 관계에 주의를 환기시킨 바 있다. 이것은 상징질서의 한계 지점에서 상징화 작업의 반작용으로서 드러나는, 어떤 실재계적 '물질성과 무게'를 지닌 오브제 *a*의 출현과 비견될 수 있을 것이다. 데리다도 위에서 말한 에세이에서 전체화, 혹은 형식화의 문제성을 지적하면서 그것이 단순히 논리적 모순의 문제뿐만 아니라 그 모순 속에서 배태되는 어떤 물질적 '잃어버린 대상'(missing object)을 말하고 있다.

> 만약 전체화(totalization)가 더 이상 어떤 의미도 띨 수 없다면, 그것은 어떤 분야의 무한성이 유한한 눈길과 유한한 담론에 의해서 커버될 수 없기 때문이 아니라 그 분야—즉, 언어와 유한한 언어—의 성격이 전체화를 제외시키기 때문이다 (…) 고전적 가설에 있어서와 같이 어떤 분야가 무한하고 그 폭이 너무 넓다는 말이 아니고 그것으로부터 잃어버린 어떤 것(something missing), 즉 대치적 유희 현상을 억제하고 붙들어 두는 어떤 중심이 존재한다는 것이다.(Derrida: 289)

이 말은 해체론의 시대를 여는 데리다의 초기 에세이에서 나온 것임에도 불구하고 해체론의 한계까지를 넘겨다보는 통찰력을 보이고 있다. 일반적으로 해석되는 해체론이 '대치적 유희 현상'(play of the substitutions), 즉 기표들의 끝없는 유희성을 극단으로 밀어붙인 현상이 아니던가. 라깡이 아버지 이름의 메타포를 '의미화 대치 과정'(signifying substitution)이라고 명명한 것도 같은 맥락에서이다. 이러한 말들은 다 같이 언어 기호적 상징화 작업을 강조하는 데서부터 유래한다. 그런데 데리다가 이러한 언어의 대치적 유희 현상을 '억제하고 붙들어 두는' 어떤 잃어버린 대상을 거론하는 것은 기표들의 끝없는 미끄러짐을 막아주는 라깡의 고정점(point de capiton) 개념과 같이 '상징적 재현과 그것의 불만'을 한 눈에 읽을 수 있게 해준다.

여기서 인용된 데리다의 경우, 전체론적 재현 불가능이 두 가지로 제시되고 있다. 하나는 '고전적 가설'로서 경험론적 다양성을 하나의 법칙이나 체계와 같은 전체론적 관점으로 전부 포착할 수 없다는 것이다. 부분의 합이 반드시 전체와 일치하지는 않는다. 둘째는 바로 위에서 말하는 해체론적 관점의 한계성과도 관련된 것으로서 이론적 틀, '응시'(gaze)가 갖고 있는 내재적 불완전성이다. 다시 말해서 상징적 체계가 아무리 전체론적으로 완벽하다하더라도 그것에는 '언제나, 이미' 그것의 전체성, 완전성을 안으로부터 흔들어놓는 어떤 전복적 요소가 작동하고 있다는 것이다. 라깡이 말하는 상징질서의 불완전성, 대타자의 구멍/전체성([w]hole of the Other)과 상응하는 개념이다. 라깡은 이 재현 불가능성의 전복적 요소를 실재계적 '오브제 a'라 했고 데리다는 언어 기호들의 대치적 유희 현상을 억제하고 붙들어 두는 '잃어버린 어떤 것'이라고 표현했다. 이 작은 대상 a와 잃어버린 대상이 정신분석적 의미의 어떤 '물질적' 차원을 형성한다. 그러나 이 물질성의 회복은 단순히 상징화 과정 이전의 상태로 돌아가는 '전상징적 현실'(presymbolic reality)을 의미하지 않고 상징화 과정을 '통해서' 드러난 결과/효과이면서 동시에 상징질서 그 자체에는 '환원 불가능한' '내/외재적' 문제와 관련된다. 따라서 "정신분석학은 이른바 생물학적 '성'(sexuality)이라는 것과 이러한 원래의 '자연' 상태에 부과되는 생물학적 코드 사이의 관계를 서술하는 것을 목표로 하지 않고 이러한 논리적 모순(impasse)의 육체적 물질화, 즉 언어의 법칙에 수반하는 '제외된 대상'의 구체적 육체 효과를 목표로 하는 이론이다."(Sheperdson 1996: 22)

셰퍼드슨이 두번째로 들고 있는 금 본위제에서의 금융 체계에 대한 은유적 비유는 상징적 재현과 그 불만의 문제를 더욱 극명하게 보여준다.(Sheperdson 1996: 22~23) 우리가 돈의 문제를 일종의 '상징질서,' 즉 일정한 법칙에 의해서 지배되는 관습적 재현 체계로 파악할 때 그것은 순전히 '내적 관계'의 문제이다. 소쉬르의 기호 개념에 있어서와 마찬가지로 중요한 것은 기호와 지시 대상과의 관계, 즉 하나의 기호가 그 기호 체계 밖에 있는 것을 어떻게 재현하는가의 문제가 아니라 하나의 언어적 기호 체계로서의 상징질서, 즉 기표들의 '상호비판적' 내적 관계의 문제로 집약된다. 따라서 우리 돈 1,000원은 그것으로 무엇을 얼마큼 살 수 있느냐의 문제, 즉 그것이 그것의 외적 현실과 맺는 우연적 관계로 정의되지 않고 금전 질서 내의 상호 관련성, 예컨대 그것은 500원의 배이고 2,000원의 반이라는 상호비판적 기능으로 설명된다.

그렇지만 그 구조적 상징체계가 한편으로는 그것이 대표한다고 생각되는 외재적 현실을 제외시키려는 시도를 하면서도 다른 한편으로는 그것에 어떤 식으로든 의존하고 있다는 데 이 구조의 역설이 존재한다. 돈 1,000원이 외적 현실과의 본질적 관계에 의해서 결정되지 않고 '내재적으로' 정의되는 것은 사실이지만 그것은 또한 그 구조와 체계를 보증하고 떠받들고 있다고 생각되는 외재적 '자연,' 금 본위제에 의존하고 있기 때문이다(금 본위제를 채택하고 있을 경우). 이 경우 '금'은 '자연'이면서 동시에 '상징'이다. 한편으로 그것은 우리가 먹는 빵과 달리 그 자체로는 아무런 가치가 없는 순수한 관습이고 상징이다. 어떠한 '사용 가치'도 지니지 않은 순수 '기표'로서 작용한다. 그러나 다른 한편으로 그것은 돈의 상징체계 '내'에 있는 어떤 요소, 다른 것들과의 내적 관계를 통해서만 설명될 수 있는 것은 아니다. 그것은 S_1-S_2의 의미 고리 속의 하나의 기표로 작용하는 상징적 차원이 아니라 상징적 교환체계 '밖'에서 그 상징성을 담보해주는 어떤 '자연적' 근거이고 바탕이다. 여기서 우리는 앞에서 인세스트 금기와 관련하여 자연/문화 사이에 벌어진 논리적 아포리아와 비슷한 난문제에 부딪힌 것이다. 앞의 '금기 대상'과 같이 여기의 '금'은 또 다른 '대상'(object)으로서 라깡의 오브제 a와 같은 논리적 모순, 불일치, 역설적 성격을 보여준다. "따라서 '금'은 일종의 '매듭점,' 즉 구조의 '안'에도 '밖'에도 존재하지 않는 역설적 요소로서 기능한다."(Sheperdson 1996: 23)

여기서 다시 한 번 강조되어야 할 점은 금 본위 제도하에서의 금융체계에서 '금'은 앞의 인세스트 금기에서 '금기시 대상물'과 같이 단순히 상징과 재현체계를 밖으로부터 떠받들고 있는, 그것의 바탕이 되는 '자연'이 아니라는 것이다. 꿈의 매듭점과 마찬가지로 그것은 그 상징과 재현체계를 '통해서' 사후적으로 그 존재성을 보장받는 것이다. 다시 말해서 하나의 '고정점'으로서 그 금은 그 자체로 자연적 가치와 무게를 지닌 것이 아니라 역설적이게도 상징적 재현체계로부터 그 '자연적 가치와 무게'를 획득한 것이다. 상징체계의 '산물'이며 '잉여효과'인 이 사후적 획득물은 다시 금기시의 대상물과 마찬가지로 그 조직과 체계로부터 비롯된 것이지만 일단 그것이 '원인자'로서의 존재성을 획득하면 그 체계에 환원될 수 없는 상태로 그것의 '밖'에 존재한다. 이러한 외재적 존재성이 그것이 '자연'스럽고 '기초'가 된다는 어떤 '환상'을 떠올리게 한다. 그러나 이 환상은 상징질서가 그것의 내재적 자율성에도 불구하고 필연적으로 요구하는 '불가피한 환상'이라는 데에 이것의 중요성이 있다. 이 환상은 상징질서가 지배하는 상황하에서 금기시 대상물이 작동하고 금융체계가 돌아가게 해준다. 그러므로 이것과 관련하여 중요한 것은 이러한 환상을 제거하고 순수차이로 구성된 상징질서로 돌아가는 것이 아니라 처음에는 완벽하게 보였던 상징적 대타자가 어떻게 틈새를 보이며 '오브제 *a*'와 같은 특유의 대상물을 생산해내는가, 그리고 이 대상물이 어떻게 '자연적' 상태, 환상적 외재성을 획득하는가를 관찰하는 것이다.

칸트는 『순수이성 비판』에서 이성 그 자체에 내재한, 이성 자체의 속성인 환상(illusion)에 대해서 말하고 있다. 환상이 이성의 속성인 것은 "[그 환상이] 탐지되고 그것의 불법성이 분명히 밝혀진 연후에도 그치질 않기"(Sheperdson 1996: 24에서 재인용) 때문이다. 그것은 피할 수 있는 애매성이 아니라 '인간의 이성과 떼어서 생각할 수 없고' '그것의 허구성이 폭로된 후에도 이성과 장난치기를 그치지 않는' '자연스럽고 불가피한 '환상''이며 '피할 수 없는 변증법'이다.(같은 곳) 따라서 그것은 경험론적 오류와 관련된, 따라서 교정 가능한, '망상'(delusion)과 구분되고 형식적 오류와 관련된 논리적 에러하고도 구별된다. '초월적 환상의 자리'로서의 이성에 대한 칸트의 비판은 상징질서의 온전성, 대타자의 전체성에 대한 지젝의 비판으로 연결된다. 지젝에 따르면 전체성(totality)의 개념은 반드시 모순을 낳고 이 모순은 어떤 특별한 '잉여 대상'의 생성으로 연결된다. 이 '숭고한 대상'이 칸트의 '변증법적 환상'의 이율배반(antinomy)이 만들어낸 결과라는 것이다. 지젝은 그의 사변적 이론서 『부정적인 것과 함께 머물기』(1993)에서 상징과 재현체계의 잉여효과로서 드러난 이 '작은 대상 a'가 상징질서의 산물이지만 그 상징질서에 환원 불가능한 외재적 성격을 띠고 있어 '거기에 전에 이미 있었다'(already-being-there-before)라는 자연적, 실재적 환상을 주어 처음의 발견이 곧 재발견이라는 효과를 준다는 점을 지적한다. 지젝의 초기 이론서 『이데올로기의 숭고한 대상』(1989)에 나오는 이 '숭고한 대상'도 바로 상징화, 형식화의 한계 지점에서 드러난 실재계적 '오브제 a'의 다른 표현임은 물론이다.

5

자크-알랭 밀레르가 라깡의 아버지 이름의 메타포에 대해서 제시하고 있는 수정본은 다음과 같다.(Sheperdson 2000: 120)

$$\frac{F}{M} \rightarrow \frac{\Phi}{x} \rightarrow \frac{A}{J} \rightarrow a$$

여기서 '아버지의 이름(F)'이 '어머니의 욕망(M)'에 대해서 상징적 틀을 형성하는 것은 이 메타포의 기본적 구도이다. 이것은 다시 어머니의 욕망에 대한 미지의 대상(x)이 기표로서의 팔루스(Φ)로 의미론적으로 대치된다. 이 대치 현상은 오이디푸스 삼각구도의 제3의 축을 형성하고 있는 아이에게는 하나의 금제의 논리로 받아들여지고 이것은 바로 상징적 개입과 차이의 인식으로 연결되어 그가 일차적 나르시시즘의 '대양과 같은 감정'(oceanic feeling)으로부터 벗어나는 계기를 마련해준다. 이것은 그에게 상징적 대타자 A(혹은 O)의 욕망계와 실재계적 주이상스(J)의 영역 사이에

어떤 구별이 생기고 이 둘 사이의 차이를 통해 '작은 대상 a'가 생성됨을 의미한다.($J-A=a$)

  이 오이디푸스 구도의 네 요소 중 마지막 a를 제외한 앞의 세 단계가 대체적으로 라깡이 상징질서와 대타자의 의미 생성과 억제 기능을 강조하던 1950년대의 부성적 메타포와 일치하고 그것은 또한 프로이트의 오이디푸스 신화의 서사적 구조하고도 일맥상통한다. 그러다가 대략 50년대 말쯤, 특히 세미나 VII에 오면서 그러한 의미화의 대치 현상이 어떤 '나머지,' 그 대치 현상을 통해서 극복하려 했던 바로 그 주이상스의 나머지를 산출하지 않고는 이루어지지 않음을 관찰하기 시작했다. 더욱이 그는 그 잃어버린 주이상스의 '흔적'으로 드러난 그 부스럼과 찌꺼기, 연금술사들의 금제조과정 후에 용기의 밑바닥에 가라앉은 침전물(*caput mortuum*)과 같은 그 실재계적 나머지 a가 상징적 재현 과정의 효과로서 산출된 결과물이면서도 그것이 상징질서와 맺게 되는 '내/외재적' 특별한 관계에 주목하게 된다. 그래서 라깡은 그의 첫번째 메타포 공식이 제대로 대처하지 못한 이 역설적 존재, 상징과 실재의 틈 사이에서 부재로 존재하는 이 오브제 a를 '잉여효과'(surplus-effect), 혹은 '잉여 주이상스'라고 불렀다: "그것이 바로 라깡이 오브제 a라고 부르는 것이고, 이 a를 나머지 $J-A=a$로 산출하는 리비도와 언어 사이의 차이로서의 '잉여 주이상스'(*plus de jouir*)이다."(Miller 1989: 49)

  상징질서의 잉여효과로서의 오브제 a에 대한 고려는 이 개념과 프로이트의 초자아(Über-Ich) 사이의 어떤 친족관계를 떠올린다. 일반적으로 고전적 정신분석 라인에서 초자아의 대극 관계는 이것과 원초적 자아(Id) 사이에 형성된다. 리비도의 원초적 충동과 원시적 힘들의 집합체로 생각되는 이 '자연적' 이드의 세계는 이것에 억제 장치를 작동하며 금제와 질서, 양심을 강조하는 '문화적' 영역의 초자아와 대극적 관계를 이루는 것으로 이해되어 왔다. 이것은 오이디푸스적 서사 구조와 일치하며 특히 법과 위반(transgression)의 논리가 상호 배타적으로 작용하는 푸코의 '억압 가설'(repressive hypothesis)과 상응한다.

그러나 이러한 '자연적' 이드와 '문화적' 초자아 사이에는 대극성 못지 않게 친화성도 존재한다는 사실이 프로이트가 이 이론을 제시할 때부터 이미 암시되어 있었다. 프로이트는 의식, 전의식, 무의식의 3각 구도로 구성된 제1의 지형학 이론에서 자아, 초자아, 이드로 구성된 제2의 지형학 이론, 혹은 '구조 이론'으로 옮아가는 과정에서 씌어진 중요한 저서 『자아와 이드』(1923)에 그린 삽화에 이어 이것의 변형으로 『정신분석학 신 입문강의』(1933)에서 제시한 지형도에서 최상층의 초자아가 최하층의 이드와 연결되도록 실선을 넣음으로써(SE 22: 78) 이 두 정신 기능 사이의 친화적 성격을 떠올렸다. 이런 상황을 고려해서 라깡 이론가 밀로는 "초자아는 잃어버린 주이상스의 대변자이다"(Millot: 74)라는 파격적인 선언을 하기에 이르렀다. 이 말은 초자아가 단순히 법의 대변자로서 도덕과 양심의 금제의 목소리를 대변할 뿐만 아니라 주이상스적 이드를 이것의 문화적 '경작' 이후에도 상징질서 속에 존속시키는 거점으로서 기능한다는 것이다. 만약 우리가 여기서 법과 그것의 위반 사이의 논리적 관계나 초자아와 '잃어버린 주이상스' 사이의 구조적 관계를 심각하게 받아들인다면 우리는 실재계적 주이상스를 더 이상 '자연적 리비도'가 아닌 문화와 상징의 법이 만들어낸 산물—그러나 그 법을 '뒤따르지' 않고 그 법 속에 내재하면서 동시에 그 법과는 모순되는 어떤 '문화적 산물'로 이해해야 할 것이다. 그러므로 '잃어버린 주이상스'나 '나머지'로서의 오브제 *a*를 말할 때 잃어버리기 이전의 원상태, 나머지를 낳게 하는 원형으로서의 '원자료'(Ur-stoff)를 전제하는 것은 엄격한 의미에서 잘못이다. 양심하고 관련된 초자아라는 단어가 암시하고 있듯이 그것은 상징질서와 재현체계를 '통해서' 생성된 사후적 산물이면서 잉여효과이다. 밀레르의 말대로 "초자아를 떠받들고 있는 것은 잃어버린 대상을 '대신하는' 오브제 a이다."(Miller 1994: 49) 초자아, 잃어버린 대상, 오브제 a를 등식 관계로 묶고 있는 이 진술에서 '대신한다'는 말이 떠올리는 것은 "오브제 a는 상징 이전 상태의 나머지가 아니고, 사회 계약서에 서명하기를 거부하는 생물학적 과거('자연의 상태'로 남아 있는 것)의 파편이나 문화적 법칙을 위반하는 어떤 '리비도'('억압 가설')가 아니라 상징화 그 자체의 잉여적 효과이다"(Shepherdson 2000, 121)라는 것이다. 이러한 상황을 시간적 관점에서 접근해보면 오브제 a와 같은 대상물의 생성이 초자아의 경우와 같이 상징적 법의 산물이고 결과이지만, 그럼에도 불구하고—이것이 중요하다— 이 상징화 과정에서 어떤 '신화적 과거'가 창출되고 그 대상이 이 과거를 재현한다고 생각된다. "상징화의 사후적 효과로서의 그 오브제 a는 그러므로 '현존해본 적이 없는 과거' '언제나 이미 사라진' 것으로 구성되는 상징화 작업을 통해서만 생성되는 과거의 '나머지'라는 의미에서 '흔적'의 시간적 구조를 갖는다."(121)

셰퍼드슨은 그의 역저 『생명기호』에 실린 「『오이디푸스 왕』에서 『토템과 터부』」라는 글에서 부친의 살해를 다룬 이 두 고전물의 같음과 차이를 통해 상징질서의 진입을 통한 주체의 탄생과 그것의 불만의 문제를 예리하게 추적하고 있다. 그는 프로이트의 『토템과 터부』에서 무소불위의 권력을 행사하는 부친의 살해를 통해 질서가 회복되고 법통이 세워져 정의로운 사회의 실현에 성공한 인물들의 마음속에 지워지지 않는 초자아로서의 '죄의식'의 문제에 주목하면서 오이디푸스 내러티브에서는 근친상간적 주이상스와 법의 이분법적 대립각이 문제였다면 후자의 에세이에서는 좀더 복잡한 문제, '법 그 자체에 내재한 모순,' 즉 법이 칸트가 말하는 '이율배

반'을 만들어내는 문제를 다룬다고 말한다. 다시 말해서 상징질서의 진입을 통한 주체의 탄생은 필연적으로 어떤 원초적 죄의식, 병리적 주이상스, 라깡의 표현대로 어떤 '도착증'을 수반하도록 운명지어져 있다는 것이다. 이 도착증(perversion)은 물론 '아버지로 향하기'(père-version)로서 아버지의 법의 실현에 불가피하게, 필연적으로 따라붙는 어떤 '찌꺼기' '나머지' '무늬' '침전물'이다. 다시 말해서 그것은 상징화 작업의 한계 지점에서 부수적으로 생성되는, 상징질서의 효과/결과이면서도 그 질서에 환원 불가능한, 상징질서 그 자체에 내재한 모순으로서의 작은 대상인 '오브제 *a*'이다.

6

이제 실재계의 대표적 개념이며 재현적 불만의 동인인 이 작은 대상 오브제 *a*가 재현체계 내에서 갖는 위상을 상징과 실재의 상관관계를 통해 설명할 단계에 와 있다. 이 상징과 실재의 관계는 밀레르–핑크 교수가 작성한,

$$\text{실재}_1(R_1) \rightarrow \text{상징화}(S) \rightarrow \text{실재}_2(R_2)$$

라는 도식을 통해 그 대강의 뜻이 전달된다.(Fink: 27) 우리는 두 차원의 실재를 설정할 수 있는데 '글자 이전의 실재, 즉 전상징적 실재'(presymbolic real)인 실재 R_1과 글자 이후의 실재, 즉 '논리적 모순과 불가능'을 특징으로 하고 있는 후상징적 실재(postsymbolic real)인 실재 R_2가 그것이다.

우리는 거의 '자연적으로' 상징질서 이전의 '순수한' 상태를 가설적으로 떠올릴 수 있다. 그것은 프로이트의 메타포를 빌려, 해도가 그려져 있

지 않은 태고의 바다와 전인미답의 처녀림과 같고 칸트의 '물 자체'(Ding an sich)와 같이 범주론적 질서가 개입하지 않은 비상징적 미지의 영역이다. 여기에 킬러 본능('글자는 죽인다')의 상징질서가 작동하여 '사물에 대한 타살'을 감행한다. 이것이 '존재 차원'에서 '의미 차원'으로, 또는 자연에서 문화로의 이행 과정을 겪는 주체가 필연적으로 지불해야 되는 대가로서 이 과정을 통과한 주체는 결핍과 상실의 분열된 주체 $로 탄생한다. 그리고 상징 이전의 원초적 실재에 탈에덴적 '타살'을 가하는 상징화 작업은 상징질서가 정면에 부각되고 실재에는 사선이 간 S/R̶의 다이어그램으로 가시화된다. 이것이 상징 이전의 실재와 상징질서를 도식화한 $R_1{\rightarrow}S$가 전달하는 메시지이다.

반면에 라깡의 실재는 상징 이전이 아니라 상징 이후의 사건으로 이해될 수 있다. 앞의 논의에서 반복적으로 언급되었듯이 후상징 실재로서의 오브제 a는 상징질서가 만들어낸 결과요 '잉여효과'이다. 라깡은 이것을 연금술 과정 후 실험관 튜브 밑에서 발견되는 잔재물인 '승화 앙금'(*caput mortuum*)에 비유하고 있다. 상징화 과정이 연금술 과정과 비유되었다면 이들 각각은 그 '산물'인 '오브제 a'와 '카푸트 모르튬'을 만들어낸 것이다.

좀더 구체적으로 라깡은 이 연금술적 용어를 『도난당한 편지』에 관한 세미나』 후기에서 상징질서의 법칙성과 그것의 변칙성을 지적하는 가운데 사용하고 있다.(Fink: 16~19) 동전을 일정 횟수 던져 그것의 앞면(+)과 뒷면(−)이 나오는 확률을 조사하는 실험에서 앞면과 앞면이 연이어 나오는 경우(++)를 1로, 앞면과 뒷면, 혹은 뒷면과 앞면이 이어지는 경우(+−, −+)를 2로, 뒷면과 뒷면이 연이어 나오는 경우(−−)를 3으로 표기하고 이것을 무작위로 배열했을 때 이 속에서 일정한 법칙성과 변칙성이 발견되었다. 1 다음에는 3이 오지 않고 3 다음에는 1이 올 수 없는 상징적 '통사론'이 형성된 것이다. 라깡은 이 '제외된' '불가능'의 숫자를 상징화 과정의 '카푸트 모르튬'이라 말하고 그것을 연금술 과정에서 생성되는 잉여적 잔재물에 비유한 것이다. 그가 여기서 숫자와 알파벳의 여러 배열을 통해서 보여주려 했던 것은 "상징질서가 그것의 자동적 운행 과정에서 상징질서 그 자체를 뛰어 넘는 그 무엇을 산출한다"(Fink: 27)는 사실이다. 이 말 중 '자동적 운행 과정'은 바로 라깡이 "무의식은 언어와 같이 구조화되어 있다." 혹은 "무의식은 대타자의 담론이다"라고 주장하면서 상징질서를 한껏 강조하던 시기에 그가 보여주었던 상징질서의 운행 방식이다. 위에서 보여준 1, 2, 3 매트릭스의 이 '의미화 고리의 자동적 기능'은 아리스토텔레스의 '자동' (automaton) 과정에 해당하고 프로이트의 반복강박(Wiederholungszwang) 을 라깡이 반복자동(automatisme de répétition)이라고 번역한 것과 관련된다. 이러한 상징질서의 자동적, 자율적 운행 과정에서 그 상징질서를 뛰어 넘는 그 무엇이 '산출'되었다면 그것이 실재계적 오브제 a이다. 다시 말해서 "언어 속에는 변칙적인 어떤 것, 말할 수 없고 설명할 수 없는 그 무엇, 즉 아포리아가 '항상' 나타난다. 이러한 아포리아는 상징계 내에 실재계가 존재함을 나타내는 동시에 상징계에 대한 실재계의 영향력을 말해준다." (30) 이렇게 하여 우리는 상징질서 이전의 전상징적 실재(R_1)와 대비되는 상징질서 이후의 후상징적 실재(R_2)의 개념을 살펴보았고 이것은 앞의 도식 S→R_2의 관계로 설명된다.

실재의 영역 자체는 '쓰지 않기를 그치지 않는' 비재현계에 속한다. 하이데거의 표현대로 그것은 '존재'하지 않고 '외-존재'(ex-sist)한다. 이렇게 외-존재하는 비재현계적 실재와 상징적 재현체계와의 관련성을 현대의 대별되는 두 재현 이론으로 표현한다면 R_1→S의 관계가 본질주의자들이 말하는 '모방적 재현론'(mimetic theory of representation)에 해당할 것이고 $S \rightarrow R_2$의 관계는 상징적 구성론자들이 말하는 '기호적 재현론'(semiotic theory of representation)에 속할 것이다. 그리고 이 두 재현론은 '언어의 감옥'에 갇혀 있는 포스트모더니즘에 대한 저항으로 등장하고 있는 두 대안들—상징과 담론의 세계를 버리고 원초적 야성과 자연으로 돌아가자는 움직임과 포스트모던 상황이 제공하는 '언어적 전향'을 뚫고 그것을 '통해서' 언어적 한계 상황을 극복하려는 움직임과 조응한다. 그러나 라깡의 재현론과 관련하여 이처럼 서로 다른 두 접근법을 놓고 이것도 옳고 저것도 옳다는 식의 양시론적 (혹은 양비론적) 접근법은 사실상 그것에 대해서 거의 아무것도 말하지 않는 것이다. 그렇다면 $R_1 \rightarrow S$와 $S \rightarrow R_2$의 관계는 무엇이며 라깡의 실재 개념 오브제 a가 그의 재현론에서 차지하는 자리는 무엇인가?

이에 대한 논의의 시작으로 버틀러의 지젝 비판 과정을 검토해보면 유익할 것이다. 버틀러는 그의 주요 논저 『몸의 문제』(*Bodies That Matter*, 1993)에 실린 「실재와 논변하기」라는 에세이에서 바로 이 두 가지 종류의 실재를 문제 삼고 있다. 지젝의 여러 글에서 산견되는 라깡적 실재 개념이 전담론적(prediscursive) '물질적' 영역이나 상징의 밖에 위치한 견고한 '핵'을 지칭할지, 혹은 상징질서의 '산물'이나 법의 '효과'를 지칭할지 불명확하다면서 유명한 'rock(바위)/lack(결핍)' 논쟁을 제기하고 있다.

> '바위'나 '핵,' 때로는 '물질'이기도 한 '실재'가 또한, 이따금씩은 동일한 문장 내에서, '상실'이나 부정성이 된다.(Butler: 198)

이러한 'rock/lack' 논쟁은 지젝에 대한 비판이라기보다는 앞에서 제기한 두 종류의 실재, 상징질서 이전 실재 R_1과 그 질서 이후의 실재 R2에 대한 정확한 지적이라고 생각된다. 그가 라깡/지젝의 실재 개념이 '물질'

(substance)에서 '비물질'(dissolution)로 미끄러지고 있다고 말했을 때 이 물질은 상징 이전에 존재한다고 가정되는 '바위'와 '핵'으로서의 원초적 차원의 실재를 의미한다. 그리고 비물질은 '담론적으로 구성된 현실'의 포스트모더니즘과 기호적 재현론에서 제기되는 상실과 결핍, 부정성의 논리하고 관련된다. 이런 점에서 물질성에서 비물질성으로 미끄러지는 실재의 개념은 전담론적 R_1에서 후담론적 R_2로의 이행 과정을 제대로 전달한 것이라고 말할 수 있다.

그러나 라깡의 이론 틀에서 결핍과 물질성(materiality)의 개념은 두 종류의 실재 개념 사이에서 뿐만 아니라 상징후의 실재 R_2 '내'에서 발생하는 사건이라는 사실에 주목할 필요가 있다. 상징 이전의 실재 R_1은 정의상 '충만'이다. 따라서 라깡의 실재 개념과 관련하여 결핍이나 상실, 부정성을 말할 때 그것은 필연적으로 후상징적 R_2와 관련해서이다. 그러나 오브제 a로서의 이 실재$_2$는 앞에서 여러 차례 강조하였듯이 상징적 재현체계가 빚어낸 결과적 산물이고 잉여효과이며 초과적 잔재물로서 특별한 '물질성과 무게'를 지닌다. 라깡의 주체가 '실락원'과 같은 언어의 사막 위에서 '복락원'적 생명 부활의 가능성까지를 넘보는 탈포스트모더니즘을 지향하는 것도 이 오브제 a의 물질성과 무게 덕분이다. 그러므로 우리는 상징 후의 실재 R_2에 대해서 결핍과 충만, '너무 작음'과 '너무 많음'을 동시에 말할 수 있게 되었고 따라서 바위와 같은 견고함이냐, 혹은 부정의 논리처럼 상실과 결핍의 산물이냐를 묻는 'Rock/lack' 논쟁도 이런 차원으로 승화시켜야 할 것이다. 왜냐하면 버틀러 자신의 말처럼 "주체의 형성 과정에서 거절되거나 폐제된 것이 계속해서 그 주체를 결정해가기"(190) 때문이다.

언어적 기호와 상징 이전의 어떤 '원자료'나 원초적 상태를 상정한다는 것은 비소쉬르적이다. 그에게서 의미는 구조적 조직체로서의 언어 기호의

98

'내적 관계,' 혹은 '상호 비판적' 차이의 기능에 의해서 결정되는 것이지 언어 밖의 자연적 실재와의 대응 관계에 의존하지 않는다는 사실이 이미 알려졌다. 따라서 담론 이전, 상징 이전 상태를 설정한 첫번째 실재 R_1은 하나의 "가설에 불과하다"고 할 수 있을 것이다. 그것의 가설적 성격은 프로이트의 유명한 개념, '사후성'(Nachträglichkeit)의 역설을 통해 더욱 잘 드러난다. 나는 이미 「사후성의 논리와 근원의 문제」라는 글을 통해 시간성, 인과성과 관련된 이 사후성의 문제를 꽤 상세하게 논했으므로(박찬부 1996: 268~30) 여기서는 R. 부스바이가 그의 중요 논저 『죽음과 욕망』(1991)에 대한 지젝의 비판적 글을 읽고 다시 집필한 『철학자 프로이트』(2001)의 '사후성의 역설과 실재의 시간'이라는 제하의 글에서 제기한 몇 가지 문제점을 지적하는 것으로 만족한다. 부스바이에 의하면 언어적 기표와 자연적 실재의 관계를 잘못 이해할 두 가지 위험이 있는데 그중 하나가,

사후성 논리의 함의를 충분히 이해하지 못하는 것과 관련이 있다. 어떤 잃어버린 유년기의 에덴 상태나 무의식적 동물성의 직접성 상태나—여기서 욕동의 힘에 '언제나, 이미' 상징화의 도장이 찍힌 상태가 아니다—원시적 상태로 되돌아가는 것은 불가능하다. 재현의 그물망에 의해 이미 격자 울타리가 쳐지지 않은 생경하고 순수한 상태의 충동은 존재하지 않는다. 상상계와 상징계라는 양대 재현 기구 밖에 존재하는 것은 아무것도 없다. 이것은 원초적 대상에 대한 직접적인 접근법이 있을 수 없다는 것을 의미한다. 달리 말해서 '오브제 a'가 바로 '불가능성으로서의' 원초적 대상이 위치할 자리이다.(Boothby 2001: 293~94)

상상계와 상징계라는 양대 재현체계를 벗어나 그것의 밖에 존재한다고 생

각되는 원초적 대상과의 어떠한 비매개적, 직접적 접근도 원천적으로 폐제되어 있다는 것이다. 그렇지 않다고 생각되는 것은 바로 시간성과 인과론의 역설적 사후성의 논리가 떠올린 하나의 '환상'(illusion)에 불과하다는 것이다. 그러나 또한 역설적이게도 그 환상이 라깡의 실재 개념을 유지하는 데 필요한 '불가피한 환상'이라는 점에서 비재현적 실재 R_1의 설정이 '하나의 가설에 불과하다'는 비판에도 불구하고 그 존재성이 인정되는 것이다.

부스바이가 말하는 두번째 위험도 바로 이것과 관련된 '라깡적 실재의 실체성'의 부재에 관한 문제이다. "기표의 영향권 밖에 있는 욕망의 원초적 상태를 설정하는 것이 불가능한 것처럼 실재의 '원자료'(Ur-stoff)는 존재하지 않는다"(294)는 것이다. 이 라깡적 실재의 실체성과 원자료의 부재의 문제는 전언어적 R_1의 설정을 불가능하게 하는 또 다른 이유가 되지만 프로이트가 이미『늑대 인간』의 사례 보고서에서 사후성의 논리를 통한 근원에의 탐색으로 '근원적 비근원,' '비근원적 근원'이라는 해체론적 사유를 한 적이 있다.

실재의 정체성과 관련하여 더욱 중요한 것은 부스바이의 다음 말이다: "실재는 오직 상상계의 탈골이나 상징계의 실패를 통해서만 인간계에 분출한다. 실재가 정신계의 밖에서 오는 어떤 힘과 같이 재현체계 너머로부터 주체를 외상적으로 침범한다고 가정하지 않을 수 없다."(294) 이 말 다음에 붙인 각주를 통해 부스바이는 자신의『죽음과 욕망』에 대해서 지젝이『부정성에 머무르기』(1993: 178~80)에서 서평 형식으로 지적한 과오의 과오를 말하면서 라깡의 실재 개념이 결코 '생의 철학'(Lebensphilosphie)에서 말하는 순수하고 미개재된 생명의 흐름인 '엘랑 비탈'(élan vital)(312)일 수 없다고 말한다. 내가 보기에 부스바이의 저서에 대한 지젝의 비판은 균형감과 정당성을 잃지 않았고 그것은 그가 그의 두번째 책에서 전담론적, 전

상징적 실재의 존재성에 대해 전진적 사고를 하는 데 기여한 것 같다.

문제는 이러한 자신의 부인에도 불구하고 위에서 말한 것처럼 실재가 재현체계의 밖에 위치한 어떤 전복적인 힘으로서 언제든지 이 체계의 벌어진 틈을 통해 '분출'하거나 '침범'할 수 있다는 것이다. 그리고 이 힘과 주체의 조우는 외상적 '죽음'으로 경험된다는 것이다. 그는 이러한 정신분석적 현상을 프로이트의 '억압된 것의 귀환'(return of the repressed)이란 메커니즘과 관련지어 '실재의 귀환'(return of the real)이라 부른다. 라깡의 말대로 "상징은 사물에 대한 타살이다." 그것은 주체의 실재적 사물과의 접촉을 중재하고 그것을 '부정'시키며 그것을 재현적 기호로 대체시킨다. '상징'이 정면에 포진하고 '실재'가 사선이 간 상태로 가름대 아래에 위치한 S/R의 도식은 이러한 상황을 정확하게 포착하고 있다. 그러나 이렇게 상징에 의해서 타살된 실재는 철저하게 타살되지 않는다. 그것은 결코 "완전히 사라지는 것이 아니다." 그것의 잔재는 엄연히 살아 있어 끈질기게 자기주장을 하면서 자신을 상징화하고 기호적으로 입력화하려 했던 재현체계 자체를 뒤흔들어 전복시키려는 시도를 끊임없이 한다. 이것이 '실재의 귀환' 논리이다. 그것은 프로이트가 억압된 것의 다시 돌아옴의 메커니즘을 설명하면서 신의 저주로 산속에 묻힌 거대 세력이 거산을 뒤흔들며 요동친다는 고대 신화로써 되돌아오는 세력의 막강함을 은유화했던 것과 맥락을 같이한다. 그러나 이러한 돌아옴의 논리가 앞에서 말한 근원과 원자료의 문제, 전담론적, 전상징적 실재의 존재를 묻는 물음하고 그리 멀리 떨어져 있지 않다.

그러면 우리는 어떻게 이러한 상징과 기호 이전의 실재―그것도 상징화 과정에서 완전히 상실되거나 상실을 피한 잔여 세력이 언제든지 재현체계를 외상적으로 위협할 수 있는데―와 그것의 재현체계 사이의 고전적

이분법, 혹은 '모방론적 재현론'으로부터 벗어날 수 있는가? 다시 말해서 라깡이 말하는 실재 개념의 본령이 충만이라기보다는 결핍에 있다고 보았을 때 상상계와 상징계에 환원될 수 없는, 그래서 재현체계에 부재하는, '외-존재적' 결핍과 공허의 실재$_2$로 돌아가는 길은 무엇인가? 이제는 상징화의 효과로서 상징질서를 '통해서' 생성된 결과물이면서도 동시에 그 상징적 재현체계에 환원될 수 없는 역설적 존재로서의 이 후상징적 실재의 모색에 나설 때이다.

7

이에 대한 시도로서 '트라우마'(trauma) 이론에 주목해볼 필요가 있다. 트라우마의 개념은 프로이트가『쾌락원칙을 넘어서』(1920)에서 제기한 이래로 정신분석치료의 핵심적 용어로 자리 잡았다. 거기서 그는 이것을 자아가 감당할 수 없는 강한 자극에 노출되었을 때 이것의 방어적 '방패'가 뚫려 정신계의 질서에 혼란이 생기는 사건으로 설명했다. 프로이트도 사후성의 논리 등을 통해 이 외부적 자극이 단순한 '거친 야생적 리얼리티'에 불과한 것이 아니라 거기에는 의미의 문제가 개재되어 있음을 말했지만 라깡에 오면서 트라우마 현상의 의미론적 관점은 더욱 강화되었다. 그래서 정신분석에 있어서 이 정신적 외상성의 문제는 단순히 객관적으로 존재하는 외재적 실재와의 관계에서가 아니라 상징과 기호의 재현체계의 그물망을 통해서 그 의미를 획득하게 되었다. 지젝도『그들은 그들이 하는 것을 알지 못하기에』(1991)에서 트라우마를 1차적으로 '상징적 우주' 속에 쉽게 위치시킬 수 없는 실체에 대한 급작스런 자기분열적 경험이라고 정의하였으나 곧 이에 대한 수정안을 내고 우리가 '트라우마의 상징적 통합 과정'을 말할 때 중요한 사실을 잊고 있다면서 이렇게 말한다.

> 프로이트의 '사후 작용' 개념의 논리는 어떤 외상적 경험에 대해 그것을 상징적 우주의 정상적 요소로 변형시킴으로써 그 경험을 계속해서 '순치'시키는 데 있지 않고 오히려 그것의 정반대에 있다고 할 수 있다. 즉 처음에는 의미 없고 중립적인 사건으로 생각되었던 것이 어떤 새로운 상징적 그물망의 도입으로 통합될 수 없는 트라우마로 사후적으로 변한다.(221~22)

우선 여기서 '사후 작용'(deferred action)이나 '사후적으로'(retroactively)라는 단어가 앞에서 말한 사후성의 논리를 통한 트라우마 이론에의 접근이라는 사실을 말해주고 있다. 프로이트의 시간성과 인과론에 관한 이 사후성의 논리는 어린 세르게이('늑대 인간'의 본명)가 1살 반 때 겪었다는 원초적 장면과 관련된 외상적 사건이 과연 과거에 실증적으로 발생한 역사적 사건인가, 혹은 4살 때 꾼 '늑대 꿈'이나 그 후 프로이트와의 분석 과정에서 사후적으로 구성된 허구적 사건인가를 놓고 고민했던 것과 관련된다. "처음에는 의미 없고 중립적인 사건으로 생각되었던 것이 어떤 새로운 상징적 그물망의 도입으로 통합될 수 없는 트라우마로 사후적으로 변한다"라는 지젝의 말은 정확하게 프로이트의 두번째 고민, 즉 그 원초적 사건이 사후적으로 구성된 허구적 사건이 아닌가 하는 문제와 일치한다. 이 사후성의 논리에 따라 세르게이의 원초적 경험은 과거 어느 때 역사적으로 발생한 사건이라기보다는 그 후 성장 과정 중에 습득한 성에 대한 지식이나 여러 세상적 경험을 통해 역시간적으로 산출해낸 허구적 사건이거나 경험 당시의 의미 없는 가치중립적 사건이 새로운 상징망의 도입으로 중요한 의미가 부여된 '사후적으로 변한' 사건이다.

이것을 일반화해보면 원래 '외상적'이라고 생각되는 '상징 이전의 사건'이 일차적으로 발생하고 이것을 상징질서 속으로 통합하고 수용하는 작업이 그 뒤를 따른다는 전통적인 사고방식 대신에 그 외상성 자체가 상징화의 효과로서 발생한 사후적 사건이라는 생각이 자리 잡은 것이다. 비슷한 사례로 문학적 정전(canon)의 경우를 들 수 있을 것이다. 일반적으로 위대한 이름들의 집결체인 정전의 작품들은 그 자체가 충만으로 받아들여진다. 그러나 문학적 담론의 상징질서에 일대 변혁이 생겨 정전의 질서가 흔들릴 때―예컨대 서구 문학의 정전은 종족별로는 백인, 성별로는 남성, 계층별로는 상류층을 중심으로 형성된 것이며 그것은 용서받지 못할 독선과 편견에 의한 것이라는 정전 비판론과 같은―충만으로 생각되던 정전의 과거는 갑자기 구멍이 뚫린 결핍과 공허의 외상적 사건으로 드러난다. 그러므로 이 외상적 사건은 어떤 외부적 현실과의 직접적 접촉이나 역사적 실체와의 우연한 조우로부터 비롯된 것이라기보다는 과거에 대해서 회고적으로(retroactively) 막강한 영향력을 행사하는 새로운 의미화 작용, '의미의 힘' 때문이다. 푸코의 현대 지성 담론이 갖는 역사적 외상성의 문제도 이런 관점에서 읽을 수 있을 것이다. 그의 해체적 글쓰기를 통해 가지런하고 일관성 있는 과거, '거대 서사'(grand narrative)의 충만성과 통합성을 지닌 과거가 갑자기 거짓되고 광기어린 외상적 사건으로 드러난 것이다. 셰퍼드슨은 상징질서의 한계 지점에서 출몰하는 실재의 문제라는 라깡적 관점에서 푸코의 법과 위반, 이성과 광기의 문제를 접근한 「역사와 실재: 라깡과 함께 읽는 푸코」라는 글에서 "어떠한 상상적, 상징적 형태도 갖추지 않은, 그래서 재현성을 결여하고 있는, 그러나 의식의 사유 체계에 출몰해서 그것의 불완성과 그것의 닫힘의 불가능성을 고발하며 광기는 광기에 대한 담론에 불과하다는 사실을 일깨워주는 외상적 요소인 실재"(Shepherdson 2000, 181)를 지적하고 있다.

이와 같이 외상성의 개념을 실재의 문제에 도입했을 때 이것에 대한 새로운 관점을 얻을 수 있다. 무엇에 의해서도 매개되지 않은 직접적이고 원초적인 자연 상태의 실재가 존재하고 그 위에 재현체계의 질서화 작업이 이루어져 전자에 대한 굴절과 왜곡, '상징적 타살'이라는 관점에서 실재의 문제에 접근하는 것 대신에 실재와 재현체계 그 자체—그것이 상상적 재현이든, 상징적 재현이든 간에—의 관계를 좀더 심각하게 문제 삼아야 한다. 사후성의 논리에 따르면 실재는 '전제'(presupposed)되는 것이 아니라 '후제'(supposed)되는 것이다. 사후적으로 구성된 생성물이다. 실재가 파괴적이고 '전복적인' 속성을 지녔다고 말하는 것도 상징적 재현체계와 관련해서 이것의 사후 작용의 결과로 빚어진 자질로 보아야 할 것이다. 다시 말해서 실재와의 조우가 외상적이라고 말하는 것은 실재의 성격 그 자체에서 비롯되는 것이라기보다는 그 조우가 '낯설은' 경험으로 인식되기 때문이다. 그리고 그 '낯설음'은 불충분하고 왜곡된 상상계 및 상징계의 그물망, 즉 재현체계의 불완전성에서 오는 것이다. 그러므로 실재와의 외상적 조우의 문제는 기존 질서로 확립된 재현체와의 관련성 속에서 접근되어야지 실재 그 자체의 '본성'을 심문해서 풀릴 문제가 아니다. 이런 관점에서 본다면 언어 이전, 전상징적 실재의 존재는 부정되는 것이다.

우리는 이 문제를 새무얼스가 『철학과 정신분석학 사이』(1993)의 「토템과 터부의 논리」 제하의 글에서 제기한 논의를 통해 새로운 각도에서 접근할 수 있을 것이다. 우선 그는 '전상징적' 실재와 '후상징적' 실재를 구별함으로써 우리가 앞에서 개진해온 논의와의 관련성을 시사한다.

라깡이 주이상스의 원시적 실재라고 부르는 것—그것은 논리적으로 언어와 법의 상징질서 이전에 위치한다—과 오브제 (*a*) 속에 육화된 후상징적 형태의 실재 사이에는 구별이 있어야 한다.(Samuels: 83)

여기서 '주이상스'는 바로 앞 문장에서 '유아의 성'(infantile sexuality)과 동일시되어 있고 이 책의 다른 곳에서 "실재의 자리에 상징질서의 밖에 존재하는 무의식과 유아적 성의 주체가 위치한다"(81)고 말한다. 여기서 새무엘스는 프로이트가 유아기의 성이라 한 것을 상징질서의 밖에 위치시키고 그것을 실재, 정확하게 말해서 '전상징적' 실재 R₁과 연결시킨다. 그런데 이 전상징적, 전담론적 실재로서의 유아기의 성이 '실재의 귀환' 논리에 따라 '근친상간적 욕망'의 형태로 상징질서, 재현체계의 구조 내에 나타나면 그것의 정체성은 무엇인가? 근친상간적 욕망의 "고착은 유아기의 성(주이상스)의 존재가 아니라 상징질서의 구조 내에 원시적 실재의 기억체/잔재물(rem(a)inder)이 존재함을 말한다."(83) 여기서도 유아기의 성이 상징질서 밖에 존재하는 전상징적 실재 현상임을 분명히 하는 동시에 그것이 어떻게 그 원시적 실재의 잔재물(remainder)이면서 그것을 기억나게 하는 실체(reminder)로서 상징질서의 구조 내에 위치할 수 있는가가 문제로 남는다. 새무엘스는 이 실재의 '기억체/잔재물'을 '오브제 (*a*)'와 동일시하면서 "오브제 (*a*)는 상징질서 그 자체 구조 내에 있는 비상징적 실재적 요소의 존재를 나타낸다"(81)고 말함으로써 상징과 실재, 재현체계와 오브제 *a*의 관계를 다시 한 번 분명히 하고 있다. 여기서 원초적 실재인 상징 이전의 실재 R₁은 그것의 잔재물이면서 그것을 기억나게 하는 후상징적 실재인 R₂, 즉 오브제 *a*와 분명히 구별되면서 이 오브제 *a*가 실재의 속성을 지니면서도 상징질서의 구조 내에 존재하는 사건이라는 역설을 전달하고 있다. 나중에 보겠지만 오브제 *a*에 대해서 더욱 역설적인 것은 그것이 상징질서의 효과/결과로서 출현한 산물이면서도 그 상징질서에 환원 불가능한 상태로 남아 있다는 사실이다. 따라서 그것은 실재와 상징 양쪽에 속해 있으면서 동시에 그 어느 쪽에도 속해 있지 않은 존재 아닌 존재, 존재적 부재, 부재적 존재라는 모순 어법으로밖에는 달리 표현할 수 없는 그 무엇이다.

실재의 '생환'(resurgence)과 관련하여 그 '되돌아오는 것'이 상징질서가 개입하기 이전의 원초적 유아기 성 그 자체인지, 혹은 상징화 작업 이후에 드러난 그것의 '흔적'인지를 물어보는 것은 전상징적 실재 R₁과 후상징적 실재 R₂의 구별을 위해서 중요하다. 만약 전자의 경우라면, 다시 말해서 문제의 유아기 성이 순수이고 그 위에 상징화의 질서화 작업이 이루어진 경우라면, 푸코의 '억압 가설'에 있어서와 같이 그 순수성의 회복은 일종의 '해방'의 논리로 받아들여질 수 있을 것이다. 그러나 그것이 후자의 경우라면—이 경우 '유아적'이라는 말 자체가 상징적 법 이전의 실재적 욕망의 존재와 관련된 은유적 표현으로서만 가능한 데—그 '되돌아온 것'은 원래의 자연적 순수 그 자체가 아니라 상징적 재현 과정의 산물이요 결과이다. 그러므로 이때 '다시' 돌아온 것은 '처음' 나타난 것이다. 프로이트가 그의 문제의 에세이 「부정」(negation)에서 대상의 발견(Objectfindung)이 곧 재발견(Wiederzufindung)이라 한 말과 일맥상통한다.(*SE* 19: 237~38) 이 경우 원초적 성과 관련된 '근친상간적 욕망'과의 조우는 프로이트의 『토템과 터부』에서 부친 살해 후 아들들이 느끼는 '죄의식'과 같이 상징적 질서화의 사후적 잉여효과로서 해방의 논리로 경험되지 않는다. 이 후자의 경우가 상징질서의 불완전성과 대타자의 균열을 말하면서 '아버지로 향하기,' '부성적 도착'(père-version)을 말하던 후기 라깡이 관심한 것이다. 이것에 따르면 "법의 작용 그 자체 속에 있는 그 무엇이 아버지의 기능을 양립할

수 없는 두 기능으로 '분열'시키는데 그중 하나가 '상징적 중재'의 필연성
과 관련되고 다른 하나는 '도착증의 특성'과 관련되는데 후자의 경우 그것
이 '자연적' 성의 생환이라기보다는 법 그 자체에 따라붙는 고통을 뜻한다.
이것이 '주이상스'의 개념이 말하고자 하는 것이다."(Sheperdson 1996: 44)

8

전상징적(pre-symbolic)/후상징적(post-symbolic) 실재의 구별이 갖는 문
제, 즉 상징적 재현체계 속에 실재계를 어떻게 위치시키느냐의 문제는 결
국 실재가 "상징계나 상상계의 형태로 '재현'(representation)되지는 않지
만 어떻게든 그 속에 '현현'(presentation)한다"(Shepherdson 1996: 45)는 사
실에 기인한다. 라깡이 정의하고 있는 실재는 '상징화에 절대적으로 저항
하며'(Lacan 1988: 66) '글쓰지 않기를 그치지 않는다.'(Lacan 1998: 94) 따라서
라깡의 실재는 정의상 상상적으로나 상징적으로 '재현'되지 않는다. 그러
나 이 재현 불가능성이 어떤 식으로든 재현계에 그 모습을 드러낸다는 것
은 무엇을 의미하는가? 그것은 단순히 모습을 드러내는 데 그치지 않고 프
로이트의 무의식적 '나머지'와 같이 재현체계 자체에 어떤 의미 있는 '영
향'을 끼친다. 프로이트의 경우 그 나머지가 재현의 영역 밖에 위치하고 있
어 주체가 그것을 알아차리지는 못하지만 그것은 중요한 의미에서 주체의
삶에 영향을 끼친다. 지칭의 틀은 좀 다르지만 다른 이론가들에게서도 이
런 문제로 고민한 흔적을 찾을 수 있다. 예컨대 크리스테바의 '기호계'(the
semiotic)나 칸트의 '숭엄'(the sublime)의 개념에서도 재현 질서의 안/밖에
위치하면서 그 질서에 '교란적' 영향을 끼치는 실재계적 흔적을 찾기는 어

렵지 않다.

이와 같이 재현될 수 없는 것이 제시되는 '비재현적 현현'(non-representative presentation), 혹은 리쾨르가 말하는 '재현론적 환상'(representative illusion)(Ricouer: 137)은 정신계에 하나의 중요한 역설을 구성한다. 그리고 이 역설은 무엇보다도 '상징화될 수 없는 것을 상징화시키려는 분석적 시도가 갖는 역설'이고 상징질서 그 자체에 내/외재하는 어떤 특이한 '현전성'(presence)에서 비롯되는 역설이다. 새무얼스가 말했듯이 실재로서의 "오브제 (a)는 상징질서의 구조 내에 있는 비상징적 실재의 현전성을 가리킨다."(81) 다시 말해서 오브제 a는 재현체계에 속해 있지 않아 상징과 이미지의 세계로부터 '배척'(objected)되어 있으면서도 끈질기게 자신의 현전성을 주장하는, 기호적으로 나타나지 않으면서 실재적으로 현시하는, 구조의 속성이 아니면서도 구조 내에 '외-존재'하는 재현론적 환상을 창출한다. 실재의 현전성에서 비롯되는 이러한 재현의 환상은 무엇보다도 실재의 생환 논리(resurgence of the Real)에서 비롯된다. 프로이트의 '억압된 것의 되돌아옴' 법칙을 유추적으로 적용해보면 앞에서 제시한 $R_1 \to S$의 논리에 따라 어떤 원초적 실재에 상징적 '타살'이 가해진다. 이것이 실재의 상징화 혹은 형식화 작업이다. 그 결과 원래의 전상징적 실재는 죽어 사라졌으나 일정한 조건이 주어지면 그것의 흔적이 되살아나 상징계에 복귀한다는 것이 실재의 생환 논리이다. 이것을 프로이트의 성적 메타포로 설명하면 유아기 성의 '다형태의 도착성'(polymorphous perversity) 그 자체는 재현 이전의 원초적 실재로 받아들일 수 있을 것이다. 그것이 상상적 재현의 몸의 출현과 더불어 덮여 가려지고 상징질서의 중재적 개입을 통해 '부정된다.' 이것이 푸코가 말하는 프로이트적 '억압 가설'인데 이때 억압되어 '철수된' 성은 완전히 죽어 사라지지 않고 그것의 흔적이 '오브제 a'의 이름으로 생환하여 재현질서 속의 비재현적 변칙성과 불가능성으로, 대타자 속의 전복적 요소, 구멍으로 작용한다는 것이다.

이와 같이 실재의 생환 논리는 비재현적 현현, 혹은 재현론적 환상이 주는 논리적 역설의 구조에 시간성의 문제를 더한다. 과거가 현재 속에 모습을 드러낸 것이다. 그런데 여기서 주목해야 할 사실은 시간성이 갖는 또 다른 역설적 구조이다. 현재 속에서 드러난 과거는 과연 상징 이전의 순수와 직접성의 자연 상태 그대로인가? "'되돌아오는 것은' 근원적 상태라고 생각되는 그런 것이 아니다. 재현체계 '내'에서 ('하나의 균열'이나 '비상징적 요소'로서) 되돌아오는 것은 유아적 성의 원초적 상태 그 자체—고고학적 순수성 속에 간직되어 있는 과거의 기억—가 아니라 상징질서로'부터' 드러난 '특성'이다."(Sheperdson 1996: 47) 이것은 중요한 관찰이다. 이러한 시간적 역설을 통해 우리는 앞의 R₁→S에서 S→R₂로, 즉 프리-상징적 실재에서 포스트-상징적 실재로 우리의 관심을 옮겨가는 것이다. 이 논리에 따르면 R₁에서 원초적이라 생각되었던 그 원초성은 '언제나 이미 상실된'(always already lost) 것으로 드러난다. 따라서 그 과거란 것도 '현존해본 적이 없는 과거'(past that has not been present)로 드러난다. 그러나 시간적 역설을 잘 표현하는 이 두 구절, '언제나 이미 상실된'과 '현존해본 적이 없는 과거'라는 표현 속에, 또한 역설적이게도, 비근원적 근원이나 비과거적 과거라는 말이 암시하는 것처럼 생환의 논리에 따라 되돌아온 것이 어떤 상실된 과거의 흔적으로서 자신을 현현한다는 인상을 강하게 전달하고 있다. 다시 말해서 오브제 *a*와 관련하여 현재의 위치에서 되돌아본 과거—그것은 이미 기존적으로 존재해서 상징적 사회계약서에 서명하기를 거부하는 어떤 고집 센 견고한 실체가 아니라 상징질서 그 자체가 산출해낸 사후적 산물이라는 사실을 인지하고 있음에도 불구하고 그것이 '마치' 현존했던 과거의 흔적'처럼' 생각되고 거기에서 어떤 물질성과 무게를 느낄 수 있다는 것이다. 이것은 환상이다. 사후적으로 구성된 회고적 환상이다. 그러나 이 환상은 상징질서 그 자체와 분리해서 생각할 수 없는 불가피한 환상으로서 그것의 비존재성이 증명된 뒤에도 계속해서 영향을 끼치는 환상이다. 이것이 바로 상징 이전의 실재 R_1의 설정이 허구적이고 가설적이라고 말하면서도 상징과 관련된 실재의 설명을 위해 필요한 존재 이유이다.

지젝은 이미 『이데올로기의 숭고한 대상』(1989)에서 이 전/후상징적 실재의 설정의 불가피성을 말하면서 그것은 고전적 '대극의 합일'(*coincidentia oppositorum*)의 논리로 파악하고 있다.(169~73) 이것에 따르면 헤겔의 용어로 실재는 상징에 의해 '전제'(presupposed)되는 동시에 '후제'(supposed)된다는 것이다. 전제의 논리는 R_1과 같이 실재계에서 출발하는 '실재의 상징화' 과정이다. 반면에 후제의 논리는 R_2와 같이 상징질서에서 출발한다. 이것에 따르면 실재라는 것이 상징화 과정의 '산물이고 나머지이며 부스러기'이다. 상징화 과정이 먼저 있고 실재는 그것이 산출한 '잉여효과'이다. 상징과 실재에 관한 이 두 접근법은 서로 '대극'하지만 궁극적으로 '합일'을 이루면서 역설적 존재로서의 실재계를 설명할 수 있다는 것이다. 이 대극의 합일 논리에 따라 한 편으로 "출발점으로서, 기쁨으로서의 실재는 결핍이 없는 적극적 충만성이다." 반면에 "상징화의 산물로서, 나머지로서의 실재는 대조적으로 상징적 구조에 의해서 창출되고 에워싸인 공허이고 텅 빈 공간이다."(170)

결론적으로 우리는 실재라는 것이 재현체계로부터 사후적으로 산출된 잉여효과이면서 동시에 상징질서에 '외-존재'하고 그것에 환원 불가능한 역설적 존재라는 사실을 우선적으로 받아들여야 할 것이다. 그와 함께 존재하지 않던 과거의 충만성에 대한 환상을 주는 상징 이전의 실재적 접

근법에 대해서도 응분의 배려를 해야 할 것이다. 이러한 대극의 합일 전략
을 통해서만 상징적 재현과 그 불만으로서의 실재의 역설적 성격이 드러
날 것이다.

*이 글은 『라캉: 재현과 그 불만』(문학과지성사, 2006) 3부에 실린 것을 재수록한 것이다.

참고문헌

박찬부(1996), 『현대 정신분석 비평』, 민음사.

Richard Boothby(1991), *Death and Desire: Psychoanalytic Theory in Lacan's Return to Freud*, New York, Routledge.

_____(2001), *Freud as Philosopher: Metapsychology after Lacan*, New York, Routledge.

Judith Butler(1993), *Bodies That Matter: On The Discursive Limits of "Sex,"* New York, Routledge.

Jacques Derrida(1978), *Writing and Difference*, trans. Alan Bass, Chicago, U of Chicago P.

Bruce Fink(1995), *The Lacanian Subject: Between Language and Jouissance*, Princeton, Princeton UP.

_____(1997), *A Clinical Introduction to Lacanian Psychoanalysis: Theory and Technique*, Cambridge, Havard UP.

Michel Foucault(1970), *The Order of Things: An Archaeology of the Human Science*, New York, Vintage.

Sigmund Freud(1953~74), *The Standard Edition of the Complete Psychological Works of Sigmund Freud*, 24 vols. Trans. and ed. James Strachey, London, Hogarth. *SE*로 약칭함.

Jacques Lacan(1977a), *Écrits: A Selection*, Trans. Alan Sheridan, New York, W. W. Norton.

_____(1977b), *The Seminar of Jacques Lacan XI: The Four Fundamental Concepts of Psychoanalysis*, Ed. Jacques-Alain Miller, trans. Alan Sheridan, New York, W. W. Norton.

_____(1988), *The Seminar of Jacques Lacan I: Freud's Papers on Technique*, 1953~54, Ed. Jacques-Alain Miller, trans. John Forrester, New York, W. W. Norton.

_____(1992), *The Seminar of Jacques Lacan VII: The Ethics of Psychoanalysis*, 1959~60, trans. Denis Porter, New York, W. W. Norton.

_____(1998), *The Seminar of Jacques Lacan XX: Encore: On Feminine Sexuality, the Limits of Love and Knowledge*, 1972~73, trans. Bruce Fink, New York, W. W. Norton.

Jacques-Alain Miller(1989), 'To Interpret the Cause: From Freud to Lacan,' *Newsletter of the Freudian Field*, 3: 30~50.

_____(1994), 'Extimité,' *Lacanian Theory of Discourse: Subject, Structure, and Society*, Ed. Mark Bracher, *et al*, New York, New York UP.

Catherine Millot(1988), *Nobodaddy*, Paris, Point Hors Ligne.

Juan-David Nasio(1998), *Five Lectures on the Psychoanalytic Theory of Jacques Lacan*, trans. David Pettigrew and François Raffoul, New York, SUNY P.

Ellie Ragland and Dragan Milovanovic(2004), Ed. *Lacan: Topologically Speaking*, New York, Other P.

Paul Ricoeur(1991), *A Ricoeur Reader: Reflection and Imagination*, Ed. Mario J. Valdés, New York, Harvester Wheatsheaf.

Robert Samuels(1993), *Between Philosophy and Psychoanalysis: Freud's Reconstruction of Lacan*, New York, Routledge.

Charles Shepherdson(1996), 'The Intimate Alterity of the Real.' *PMC* 6. 3.

_____(2000), *The Vital Signs: Nature, Culture, Psychoanalysis*, New York, Routledge.

Slavoj Žižek(1989), *The Sublime Object of Ideology*, London, Verso.

_____(1991), *For They Know Not What They Do*, New York, Verso.

철학과 정신분석

사랑의 둘(Le Deux)에 대한 사유의 쟁점

-

서용순

1 긴장 속에 놓인 철학과 정신분석 — 바디우와 라깡

철학과 정신분석. 이 둘 사이의 긴장을 무엇으로 설명할 수 있을까? 프로이트가 정신분석학을 정초한 이후, 철학과 정신분석은 모종의 혐오/협력 관계를 지속적으로 유지해 왔다. 일례로, 유물론적 철학에 근거하는 마르크스주의의 정신분석에 대한 혐오와 경멸은 잘 알려진 것이다. 모든 유물론적 철학은 정신분석을(특히 프로이트 사후에 벌어진 정신분석의 관념론적 선회를) 관념론적 철학의 연장선상으로 간주할 수밖에 없었다. 일찍이 양자의 접맥을 시도했던 라이히는 국제정신분석학회와 공산당에서 동시에 파문당하지 않았는가? 그러나 철학의 또 다른 경향들은 정신분석을 적극적으로 수용하기도 했다. 바슐라르와 사르트르, 베르크손 등의 저작에서 우리는 분명 정신분석의 영향과 흔적을 읽어낼 수 있다. 비록 그것이 정신분석의 일부분 또는 심리학적 개념들의 차용/착취에 그치고 있다고 할지라도 이러한 경향들은 철학과 정신분석의 어떤 접근을 보여준다. 이 두 가지 예증은 모두 철학과 정신분석이 어떤 팽팽한 긴장 속에 있다는 것을 말한다. 이 긴장은 결코 우연적이거나 자의적인 것이 아니다. 프로이트 이후 오늘날까지 이어지는 이러한 긴장관계의 형성은 철학과 정신분석이 어떤 관련 아래 놓여 있다는 것을 말해 주는 징후인 것이다. 과연 그것은 어떠한 관련인가? 무엇이 철학과 정신분석을 어떤 긴장 아래 묶어 두는가?

분명 정신분석은 철학에 외적이다. 우리는 어느 하나를 다른 하나로 환원시킬 수 없다. 철학은 그 자체로 정신분석이 될 수 없으며, 정신분석은 분명 철학과 구분되는 분과이다. 아카데미적인 기준에 따라 두 학문을 어떤 인접학문이라고 보기에도 무리가 있다. '인문학적' 학문이라는 분류상의 일치에도 불구하고, 실제적으로 이 두 분과는 이질적이다. 과연 누가 철학과 정신분석이 같은 것을 추구한다고 말할 수 있겠는가? 이렇듯 이질적인 두 분과는 그 차이 속에서 어떤 긴장을 표시한다. 만약 우리가 그 긴장을 단순히 인접 학문 사이의 긴장으로 파악할 수 없다면 철학과 정신분석사이에 놓인 긴장은 무엇으로 표시되어야 하는가? 잠시 눈을 돌려 철학이 갖는 다른 긴장들에 대해 말해 보자. 우리는 철학과 정치 사이, 철학과 과학 사이, 철학과 예술 사이에 존재하는 다른 긴장들을 목격한다. 17세기 이래로 철학은 끊임없이 정치와의 긴장을 유지해 왔다. 그 긴장은 마침내 마르크스주의라는 특이한 사유 속에서 종합되었고, 철학이 정치에 '봉합'되는 결과를 야기했다.[1] 그리고 그 봉합(suture)은 마르크스주의의 혁명적 정치가 해체될 때까지 유지되었다. 역시 동일한 시기에 진행된 또 하나의 긴장이 바로 철학과 과학의 긴장이다. 근대라고 일컬어지는 새로운 사유의 경향은 과학과 철학의 긴장 속에서 이루어진 것이었다고 말해도 과언은 아니다. 이 긴장은 합리주의 철학을 통해 종합되고, 그 철학은 과학에 봉합된다. 이보다 더 오랜 긴장이 철학과 시(예술) 사이에 있었다. 플라톤은 철학과 시가 가졌던 긴장을 시를 파면함으로써 해소시켰다. 그 이후의 시기는 사실상 철학에 의해 도시국가(Cité)에서 추방당한 시의 '디아스포라' (Diaspora)를 보여준다. 시를 비롯한 예술은 기껏해야 '미학'이라는 개별적인 영역에 자신의 자리를 마련했을 뿐, 진리와는 확실히 거리가 있는 것으로 여겨져 왔다.[2] 이렇게 부분적으로 해소된 긴장이 부활하는 것은 바로 하이데거에 이르러서이다. 낭만주의라는 신호탄을 쏘아올린 시는 하이데거의 철학 속에서 과학과의 대립지점을, 그리고 과학에 봉합되어 있던 근대 철학과의 대립 지점을 확보하고 마침내 '시인들의 시대'를 열어젖힌다. 이제 철학과 시의 긴장은 하이데거에 의해 종합되고, 그 결과 철학은 시에(더 넓게는 예술에) 봉합된다. 그러니, 여러 긴장들은 철학을 중심으로 항상 존재하고 있었던 것이다.

이러한 긴장들이 말해 주는 것은 무엇인가? 그것은 철학이라는 담론

---

1 '봉합'이라는 용어는 알랭 바디우가 자신의 진리 철학(philosophie des vérités)을 구성해 내기 위해 철학사에 적용시킨 개념이다. 바디우에 따르면 진리는 다수인데 반해 전통 철학은 이러한 진리의 다수성을 인정하지 않고 어느 하나 또는 일부의 영역에 진리 생산의 특권을 부여하곤 했다. 이것이 바로 철학의 봉합이다.(Badiou 1989: 41~8) 우리는 이 봉합 개념을 종합과 불가분한 것으로 취급하려 한다. 철학의 봉합은 항상 '종합'의 형태를 띠면서 특정한 진리 생산 절차에 진리 생산의 독점권을 부여했기 때문에 종합은 종종 봉합으로 이어진다. 진리를 생산하는 절차들은 철학과의 긴장을 조성하고, 새로운 철학적 언명의 출현을 유도한다. 이러한 철학적 언명은 긴장을 해소하기 위해 종합을 시도하고 이 가운데 특권화된 진리가 출현하며, 바로 그때 철학은 '봉합'된다. 이는 우리가 상정한 임시 테제이므로 이후의 이론적인 발전이 뒤따라야 할 것이다.

2 실제로 예술은 니체와 하이데거 이전까지 철학의 한 부분을 차지하고 있었지만, 진리를 생산하는 영역으로 취급되지는 않았다. 예술작품은 유사물의 질서 속에서 철학의 주변적인 분과인 미학 속에 머물렀던 것이다. 이에 대해서는 바디우의 저작인 『비미학』의 제1장을 참고하라.

이 다른 절차의 담론에 깊게 개입하고 있음을 말한다. 철학이 행하는 개입들은 실제로 정당한 개입이다. 왜냐하면 철학이 성립되게 하는 철학의 중심 범주는 다름 아닌 진리이고, 그 진리는 철학이 아닌 다른 영역에서 생산되기 때문이다. 결국 철학은 진리를 생산하는 다른 영역과의 긴장을 전제로 성립한다. 전적으로 어떤 특정 영역이 진리를 생산하는 한에서만 철학은 그 영역에 관심을 갖는다. 이것이 철학과 정신분석 사이에 존재하는 긴장의 원인이다. 다시 말해, 정신분석의 탄생으로부터 오늘날에 이르기까지 철학과 정신분석 사이에 조성되곤 하는 긴장은 정신분석이 진리와 같은 무엇을 드러내고 있다는 가정 하에서만 이해 가능하다. 진리를 둘러싼 어떤 끊임없는 이어짐과 주고받음이 양자의 긴장을 만들어내고 유지시키는 것이다. 우리는 바로 오늘날 진리를 둘러싸고 양자 사이에 놓여 있는 중요한 긴장에 대해 살펴보고자 한다.

그것은 다름 아닌 라깡의 정신분석과 바디우의 진리철학 사이의 긴장이다. 바디우의 철학과 라깡의 정신분석은 실제로 진리를 중심으로 관계를 맺고 있는데, 그 진리는 다름 아닌 '사랑의 진리'이다. 오랜 철학적 테마이면서 항상 부차적인 것으로 취급되곤 했던 사랑의 문제는 우리 시대에 라깡의 정신분석 속에서 다시 다루어진다. 여기서 문제가 되는 것은 라깡의 정신분석이 행하는 사랑에 대한 담론은 무엇이며, 그것을 어떻게 바디우가 수용하고, 개작하는가이다.

그렇다면 문제가 되는 것은 '사랑'이다. 철학사의 흐름 속에서 철학은 사랑에 대하여 어떠한 입장을 취하는가? 플라톤의 에로스로부터 레비나스의 사랑의 철학에 이르기까지 많은 철학자들은 사랑을 사유해 왔다. 그러나 고대 그리스 철학의 황금기를 제외한다면 철학이 사랑에 대하여 명확한 입장을 가진 적은 그리 많지 않다고 말해야 할 것이다. 오히려 사랑은 종교, 예술, 정신분석학 등 철학 외적인 영역에서 사유되었고 다양한 형태로 정식화되었다. 여기서 우리는 사랑이 철학적 사유에 하나의 장애물로 작용해 왔다고 말할 수도 있다. 분명 철학적 사유에 사랑은 딜레마이다. 이는 일관적이고 정합적인 담론으로서의 철학이 어떻게 급작스런 격정의 형태인 사랑에 사유의 지위를 부여할 수 있느냐 하는 문제와 관련된다. 이 어려운 작업을 최초로 시도하였던 플라톤은 사랑을 일자로 나아가는 상승의 변증법을 통해 사유로 승화시켰고, 아리스토텔레스는 진정한 사랑을 구체적인 관계의 틀을 통해 구분함으로써 인격적인 틀 안에서 사랑의 관계를 밝히고자 했다. 또한 근자에 회자되는 레비나스는 사랑을 초월적 일자(신)의 강림이라는 신학적인 테마(이른바 아가페의 사랑)를 통해 사랑을 보편적인 사유로 격상시키고자 한다.

이들은 사랑을 통해 발견할 수 있는 정합적인 특성을 철학적 사유의 과정을 통하여 드러낸다는 점에서는 사랑에 대한 사유를 진전시켰음에 틀림없다. 그러나 그들은 분명히 놓치고 있는 것이 있다. 그것은 바로 양성 간의 사랑이다. 실제로 철학은 가장 보편적인 사랑의 형태인 양성 간의 사랑—이른바 성애(性愛)—에 대해서는 거의 말하고 있지 않다. 이 부분에 대한 성찰은 라깡이 정신분석을 발전시키기 이전에는 사실상 예술에 의해서만 다루어졌다. 예술은 사랑의 성립으로서의 만남과 그것의 난관으로서의 비-관계, 둘의 융합을 통한 사랑의 숭고함, 단적으로 말해 사랑의 다양한 과정을 보여줌으로써 사랑에 대한 사유를 다양한 방식으로 전유한 셈이다.

정신분석학의 공헌은 병리학적 분석을 통해 사랑에 대한 실재적인 사유를 기초했다는 데 있을 것이다. 예술이 사랑의 과정에 대한 묘사적 사유를 보여주었다면, 라깡의 정신분석학은 사랑을 지배하는 관계의 형태와 그

곤경, 그것과 연루된 향유의 양상을 드러냄으로써 성차의 진리를 생산하는 데까지 나아간다.[3] 이것은 실제로 라깡의 정신분석을 통해 사랑에 대한 사유가 진일보하였음을 말해 준다. 그리고 그 사유는 철학을 혁신하는 계기를 마련하는데, 이는 역설적으로 사랑의 딜레마를 드러냄으로써만 가능하다. 이 딜레마는 대상에 포획되는 과정으로서의 사랑(이는 종종 병리적인 모습을 띤다)과 그것을 넘어서는 그 무엇(라깡이 종종 '다른 향유'라고 말하는 것)으로서의 사랑 사이에서 드러나는 아포리아이다. 그것은 또한 존재하지 않는 성관계, 그리고 보완(complément)이 아닌 보충(suppléance)이 드러내는 곤경이기도 하다. 라깡은 실제로 사랑을 관계가 아닌 비-관계로, 결합이 아닌 분리로 사유함으로써 사랑의 실재적인 모습을 드러내어 역설적인 둘의 성립을 보여준다.

우리의 논의는 바로 이 지점에서 출발한다. 우리는 라깡이 제기하는 분리와 비-관계의 문제를 일별한 후 그것을 종합하는 바디우의 형식적 사유로 나아가고자 한다. 라깡이 말하는 '부재의 보충'과 '존재하지 않는 성관계', '만남'을 통한 '존재에의 접근' 등의 테마는 바디우의 손에서 철학적 사유로 다시 우리에게 다가온다. 『철학을 위한 선언』에서 확실하게 드러나는 것처럼 바디우가 라깡에게서 이어받는 것은 초월적 일자와 변증법을 뛰어넘는 '둘'(le Deux)의 문제이다.(Badiou 1989: 63~4) 우리는 라깡이 제기

---

3 이는 라깡에 대한 바디우의 평가이다. 바디우는 라깡의 정신분석학을 사랑의 진리를 생산한 진리 생산 절차로 규정하고 있다. 이에 대해서는 Badiou 1989: 62~4를 보라. 바디우는 정신분석 일반을 제도화된 실천에 기대는 의견의 기제로 규정하면서, 프로이트와 라깡만이 이러한 실천적 기제를 통하여 개념화의 공간을 마련하는 데 기여했다고 말한다. 바디우는 라깡을 사랑에 대한 사유를 생산하면서 철학적 범주를 재조직하고 성차의 진리를 보여준 철학자로 간주한다.

하는 '성적 비-관계'에서 드러나는 '사랑의 둘'의 문제를 검토하고, 이것을 계승하여 '둘'을 사랑의 진리로 명명하는 바디우의 철학적 논변을 재조명할 것이다. 이 과정은 그 자체로 철학과 정신분석의 긴장이 드러나는 지점이다. 그러한 철학적 작업은 단순한 정신분석의 답습이 아니다. 그렇다고 해서 정신분석과의 대립과 투쟁은 더더욱 아니다. 바디우의 철학은 라깡의 정신분석이 이룩해 놓은 성과를 '철학적으로' 계승하며, 정신분석이 제기한 문제, 정신분석이 열어놓은 통로를 탐색하여 새로운 철학적 담론을 전개하고 있는 것이다.

2 '하나'의 길과 '둘'의 길

철학과 정신분석이 갖는 긴장은 결국 진리를 둘러싼 긴장이다. 결국 우리는 그 긴장을 해명하기 위해 진리에 대해 논해야 한다. 전통 철학이 추구하는 진리의 형상과 그것에 대한 포스트-근대의 비판, 그리고 라깡의 정신분석이 가져온 혁신의 양상에 대해 논할 때 이 긴장은 비로소 구체적인 모습을 드러낼 것이다.

'하나'의 진리(La vérité). 그것은 전통 철학의 주요한 과제였다. 세계에 어떠한 통일성을 부여하기 위해 지배의 구조를 마련하고 그 지배의 정점에 진리를 위치 짓는 것이야말로 모든 전통 철학의 욕망이었다고 말할 수 있다. 다소 도식적인 방식으로 이야기하자면, 진리는 마치 '상징적 아버지'와 같아서, 모든 현상 세계를 벗어나 있는 예외적인 존재(선의 이데아를 보라)인 동시에 모든 현상 세계를 지배하는 지고의 존재이다. 철학, 적어도 주류를 이루고 있던 대부분의 철학적 사유는 끊임없이 최초의 원인을 찾아 이를 모든 것의 본질로 간주하고자 했다. 이것은 '하나' 또는 '일자'의 길, 일관성과 통일성, 정합성을 갖춘 진리를 '하나'로 간주하는 길이 었으며, 그 '하나'는 곧 세계였다. 이러한 진리의 수립은 아주 비싼 대가를 치르게 된다. 그것은 바로 봉합이라는 대가이다. 무엇인가를 (절대적인) 진리라고 선언하는 순간, 철학은 나머지의 가능성을 배제하고 '하나의 진리' 안에 결박당하고 마는 것이다. 이것이야말로 바로 바디우가 역설하는 봉합의 형상이다. 이러한 봉합은 근대 이후 합리적인 것의 지배로 향한다. 마르크스주의가 정치/과학에 봉합된 것, 실증주의 철학이 과학에 봉합된 것은 바로 이러한 합리적/객관적인 것의 지배에서 연유한다고 말할 수 있다.(Badiou 1989: 42~4) 이러한 '하나'의 길은 심각한 비판에 직면하게 된다.

실제로 프랑스의 포스트-근대 철학은 이러한 근대 비판에서 출발하여 자신의 영역을 구축했다고 말할 수 있다. 이 새로운 시도를 통하여 근대를 특징짓던 '하나'의 길은 철저히 비판받았고 마침내 철학은 스스로를 파면하기에 이르렀다. 합리주의 철학에 대한 하이데거의 비판은 프랑스에서 일어난 새로운 사유에 의해 더욱 근본적인 형태로 이루어졌다. 데리다의 모든 시도는 이성 중심주의 철학에 대한 비판이었다. 그는 모든 철학사를 의미의 확정을 통한 동일성의 확립으로 규정하며 전통 철학이 주장했던 동일성의 논리를 파괴하고 모든 기원의 신화를 해체한다. 또한 리오타르는 어떠한 보편도 실제 대상과 상응하지 않는다고 주장하며 보편과 실제 대상을 결합하려는 모든 철학적 시도는 전체주의와 타자의 배제를 초래할 뿐이라고 말한다. 결국 보편적 진리를 추구했던 서구의 형이상학은 포기되어야 한다는 것이다. 또한 푸코는 '인간'과 '주체'의 개념을 비판하는 동시에 서구의 합리주의가 가지는 폭력성을 권력관계 분석을 통해 잘 드러냈다. 이러한 모든 시도는 전통 철학에게 치명상을 입힌 것이나 다름없었다.

하나의 길은 포기되거나 변형되어야 했다.

이러한 포스트-근대의 철학은 '다수의 길'로 이어지는 것처럼 보였고, 소피스트적 사유로의 복귀를 의미했다. 이제 '다수'를 사유하는 철학은 상대주의적 경향을 강하게 띠기 시작한다. 오늘날 유행처럼 번지는 다문화주의는 이러한 상대주의의 세속적 판본에 다름 아니다. 진리의 해체와 더불어 수립된 다수의 사유는 명백히 수동적으로 수립된 사유이다. 다수의 사유란 '진리의 해체'가 낳은 즉각적인 결과로 간주될 수 있기 때문이다. 다른 한편으로 이러한 사유는 가치 상대주의와 연동하여 진정한 보편성(폭력적인 동일성에서 벗어나는 혁명적 보편성)의 담론을 불가능하게 하는 부정적인 결과를 초래하였다. 전제적인 진리는 포스트-근대의 비판 속으로 사라졌지만 문제는 이와 함께 어떤 '해방의 보편성'을 사유하는 가능성도 사라졌다는 데 있다.

물론 포스트-근대의 철학이 가져오는 부정성은 단지 부정적인 것만은 아니다. 넓은 틀에서 바라볼 때 포스트-근대의 비판은 분명 정당한 문제의식에서 비롯된 것이다. 근대적 진리의 형상은 분명 억압적 일자의 폭력적 동일성과 분리 불가능하다. 결국 문제는 이것을 유지하는 것이 아니라, 이러한 부정성에서 벗어나 새로운 가능성을 열어나가는 데 있다. 그러한 부정성들을 부인하고 전통 철학의 고전적 틀을 고수하는 것은 포스트-근대에 대한 진지한 대답이 될 수 없다. 그러나 그 부정성을 단지 부정성으로만 남겨 두는 것 역시 적절한 대답은 아니다. '하나'의 길의 부정으로서의 '다수'의 길은 지나치게 소박한 결론이다. '다수'의 길은 '하나'의 길에 대한 단순한 반사적 대립일 뿐 어떠한 전환의 가능성도 보여주지 않기 때문이다. '다수'의 길을 택하는 것은 결코 '하나'의 길에 대한 비판적 전환일 수 없다. 오히려 다수의 길은 철학의 자포자기로 간주될 것이다. 어떤 망설임도 없이 모든 진리의 범주를 포기하는 것, 그와 함께 모든 대안적 보편성의 탐색을 중단하는 것, 그리하여 철학을 다수의 상대성이라는 제단 앞에 희생시키는 것이 어찌 철학의 자포자기가 아니라 말할 것인가? 철학에게 필요한 것은 그러한 자포자기가 아닌 전환, 다시 말해 새로운 철학의 길이다. 이는 포스트-근대가 제기한 문제를 적극적으로 수용하면서 또 다른 철학의 가능성을 발견하는 길이고, 동일성의 폭력에서 벗어나는 대안적 보편성을 새로이 모색하는 길이다. 철학의 전환을 올바른 방향에서 새롭게 사유하는 것이야말로 포스트-근대의 비판 이후 철학의 중심 과제가 된다.

라깡이 행한 혁신적 정신분석의 중요성이 부각되는 것은 바로 이러한 특수한 맥락, 철학의 전환이라는 특수한 맥락 속에서이다. 정신분석과 철학이 갖는 긴장은 라깡의 혁신적 사유 속에서 더욱 날카로운 방식으로 드러난다. 실제로 라깡의 혁신, 즉 정신분석의 포스트 프로이트적 혁신은 포스트-근대 철학에 많은 영감을 던져 주었고 나아가 그의 테제들은 철학에 수입되거나 참조되었다. 주체, 존재, 진리 등의 철학적 테마들에 대한 라깡의 논의는 철학자들의 다양한 반응을 끌어내기에 충분했던 것이다. 라깡과 직접적인 동맹관계를 요구했던 알튀세르, 지속적으로 정신분석과 논쟁적 관계를 유지했던 데리다, 푸코 등을 보라. 이런 사실들은 징후적이다. 철학과 정신분석을 잇는 무엇인가가 양자 사이의 긴장을 조성하고 있음을 포스트-근대의 철학이 잘 드러내고 있는 것이다. 정신분석의 혁신 속에서 라깡은 추상적이고 암시적인 수준에 머물러 있었던 철학과 정신분석의 긴장을 구체적으로 드러낸다. 그리고 그 긴장은 철학에 포스트-근대와 그 이후의 계기들을 제공한다. 라깡이 정신분석 속에서 제기했던 문제들과 그 혁신 속에는 철학의 혁신적 전환의 가능성이 담겨 있었던 것이다.

라깡이 철학의 전환에 어떤 가능성을 제시할 수 있는가? 크게 보아 그것은 존재론의 문제와 연결되어 있다. 우리는 그 중에서도 '하나의 길'을 넘어서는 **둘의 길**이 제기하는 문제에 주목한다. 라깡이 제시한 '하나의 길'의 파괴와 '둘의 길'의 가능성은 사랑에 대한 새로운 철학적 담론이 출발하는 지점이며, 철학과 정신분석이 갖는 가장 날카로운 긴장이라 할 수 있다. 이제 라깡이 행한 정신분석의 혁신을 살펴봄으로써 이 철학적 문제에 대한 긴 우회를 시도하자.

3 둘의 사유로서의 라깡의 정신분석

우리는 라깡을 따라 그의 사유를 **반(反)-철학**이라고 말할 수 있다. 바디우가 올바로 지적하듯이 라깡은 정신분석과 철학을 구분하는 것을 넘어서 정신분석을 통하여 철학을 판단하고자 했던 것이 사실이다.(Badiou 1992: 307) 플라톤에서 데카르트를 거쳐 하이데거에 이르기까지 라깡은 많은 철학자들을 자신의 이론적 작업 속에 끌어들였고 그들에 대한 비판적 해석을 통하여 정신분석의 이론적 근거를 수립해냈다. 그의 작업은 많은 부분에서 '철학적'이다. 그러나 그 작업이 곧바로 철학으로 환원되는 것은 아니다. 오히려 그의 철학적 해석은 철저히 정신분석에 복무한다. 그러한 철학과의 거리로 표시되는 그의 반-철학은 정신분석의 화려한 등장에 길을 열어주고 있는 것이다. 철학은 그에게 정신분석의 가능성을 타진하는 수단에 지나지 않는다고 말하더라도 전혀 무리는 아닐지 모른다. 그러나 거꾸로 반-철학이 역시 넓은 의미의 철학에 포섭될 수 있다고 말하는 것 역시 가능할 수 있다. 바디우에게 반-철학이란 소피스트적 사유(sophistique)를 가리키는 것이다. 그것은 플라톤이 그었던 경계를 (어쩌면 완전히 동일한 방식으로) 다시 플라톤에게로 가져가는 시도이다. 다시 말해 진리라는 철학적 테마를 통해 소피스트의 상대주의를 논파하려 했던 플라톤과 마찬가지로 오늘날의 반-철학은 근대의 철학적 입론을 비판함으로써 전통 철학의 형이상학적 진리를 파면하고자 하는 것이다. 라깡의 반-철학 역시 이러한 철학 비판으로 이어지는 것처럼 보인다. 그러나 라깡의 반-철학적 담론은 다른 포스트-근대의 비판과 분명히 구분된다. 이 차이점은 비단 라깡의 철학 비판이 정신분석의 가능성을 위한 수단으로 작용한다는 표면적인 차이가 아니다. 라깡의 담론은 철학의 바깥으로 빠져나가며 동시에 새로운 철학을 가능하게 하는 효과를 산출한다. 이런 점에서 라깡의 반-철학은 현대의 소피스트적 사유와는 분명 거리가 있다. 우리가 주목하는 것은 이러한 역설적인 결과를 만들어내는 라깡의 이론적 혁신이다. 그리고 그 이론적 혁신은 정확하게 '사랑'이라는 테마와 연결되어 있다.

과연 사랑이라는 급작스런 열정은 순조로운 것인가? 향유의 절차로서의 사랑은 온전한 향유를 보증할 수 있는가? 여기에 대한 대답은 부정적일 수밖에 없을 것 같다. 이는 라깡의 정신분석에서 아주 명확하게 드러난다. 사랑을 심층적으로 사유하기 이전의 라깡은 부분적으로 사랑에 대한 부정적인 관점에 노출되어 있다. 그는 사랑을 성적 욕망을 장식하기 위한 상부구조로 간주하여 사랑을 욕망으로 환원시키는 것이다. 그에 따르면 사랑이란 타자 속에서 욕망의 대상을 발견하는 것이고, 그 본질은 기본적으로 환상이다. 알키비아데스는 그렇게 소크라테스를 사랑했지만 소크라테스는 알키비아데스가 욕망했던 그 무엇, 다시 말해 사랑받을 만한 무엇인가를 가지고 있지 못했기 때문에 그 사랑은 거부될 수밖에 없었다.(Lacan 1991: 184~5) 그 욕망의 대상이 실제로 타자가 소유하고 있지 못한 것이라면 '사랑은 가지고 있지 않은 것을 주는 것'이다.(Lacan 1991: 147) 이때 라깡은 사랑을 환상과 결부된 대상의 관점에서만 다루고 있다. 욕망의 대상을 통해 매개되는 사랑을 사실상 욕망을 장식하는 기제로 해석하는 것은 얼핏 보기에 가능해 보인다.

그런 점에서 『세미나』 20권(1972~73년의 세미나)은 라깡에게 어떤 전환점처럼 여겨질 수도 있다. 그러나 이는 엄밀히 말해 입장의 전면적인 전환은 아니다. 이미 이전부터 라깡은 사랑에 성적 욕망의 층위를 넘어서는 무엇인가가 있다는 것을 예감하고 있었다. 예를 들어 1962년 2월의 세미나에서 라깡은 욕망과 사랑을 분리시키는 경계에 대해 말하며 욕망이 사랑을 조건 짓지 않는다는 것을 언급하고 있다.(Joël Dor 1992: 83~4) 사실상 욕망은 자기 자신에게로 향하기 때문이다. 『세미나』 20권은 오히려 사랑에 대한 라깡적 담론의 완성을 의미한다고 말해야 한다. 여기서 혹자는 어떤 의문을 제기할 수도 있다. 확실히 라깡은 이 기념비적인 세미나에서 어떤 '다른 향유'(Autre jouissance)의 가능성을 수립하지만, 정확하게 개념화하지는 않기 때문이다. 정신분석을 과학의 층위에서만 다룬다면 이는 가능한 의문으로 남을 것이다. 그러나 이를 철학적으로 읽어 내려가면 아주 다른 결론을 얻어낼 수 있다. 이 파악하기 어려운 담론은 사랑이 가질 수 있는 곤경과 장애를 드러낸 것으로 간주되고, 그것을 통해 사랑의 범주는 재조직된다. 다시 말해 라깡은 사랑에 대한 철학적 언명(philosophème)을 수립해 내는 것이다. 우리가 살펴볼 라깡은 바로 이러한 사랑에 대해 전환적인 언명을 수립함으로써 철학을 추동하는 라깡이다.

라깡은 『세미나』 20권에서 사랑과 여성적 향유에 대한 중요한 이론적 정식화를 시도한다. 여기서 그는 이전의 사랑에 대한 포괄적인 논의를 아주 구체적인 수준에서 발전시킨다. 이 담론의 단독성은 다름 아닌 일자의 길을 거부하는 것이다. 라깡은 사랑을 남성의 향유와 여성의 향유라는 관점을 통해 파악한다. 라깡의 의도는 이 두 가지 향유가 서로 분리된 것임을 보여주는 데 있다. 이러한 성의 분리를 드러내기 위해 라깡이 동원하는 것이 그 유명한 성 구분(sexuation) 정식이다. 이는 남성과 여성을 각각 두 가지 명제를 통하여 특징화시키는 것이다.(Lacan, 1975: 73)

남성	여성
$\exists x \ \overline{\Phi}x$	$\text{-}\exists x \ \overline{\Phi}x$
$\forall x \ \ \Phi x$	$\text{-}\forall x \ \ \Phi x$

이때 매개가 되는 것은 팔루스적 거세 함수 Φ이다. 라깡은 거세 함수 Φ를 통하여 각 성의 입장을 표기하고 있다. 남성의 입장은 보편성의 입장이다. 그것은 $\exists x \ \overline{\Phi}x$와 $\forall x \ \Phi x$로 표기된다. 다시 말해 모든 남성은 거세 함수 Φ의 지배를 받으면서, 그것에서 벗어나는 적어도 한명의 남자가 있다는 것이다. 전칭양화기호($\forall x$)와 특칭양화기호($\exists x$)로 구성된 이 정식화에서 중요한 것은 모든 남성에게 팔루스적 함수가 적용되며, 그 한계점으로서 구성되는 특칭 부정명제가 절대적이고 금지된 향유, 거세에 복종하지 않는 향유를 표시하고 있다는 것이다.(Dor 1992: 251) 이것은 남성의 향유가 철저히 팔루스적 향유를 통하여 이루어진다는 주장에 다름 아니다. 긍정된 특칭 양화기호($\exists x$)는 팔루스적 함수에 복종하지 않는 아버지의 기능을 수

행하며 팔루스적 거세 함수는 이를 정점으로 보편적으로 분배된다. 이는 상징적 아버지의 지배이며, 그 자체로 보편성의 근거이다. 결국 모든 남성이 거세의 팔루스적 함수에 복종하는 것은 그 팔루스적 함수에서 벗어난 '적어도 하나의 남자'(hommoinzin)라는 예외적 존재가 상정되기 때문이다. 그러므로 남성의 입장은 철저히 보편성, 즉 일자의 형상에 귀속되고 있는 것이다. 홍준기가 잘 지적하듯이 "남자는 예외적 존재가 되고자하는 환상을 가지고 있다."(홍준기 1999: 287) 이러한 예외적 존재의 추구는 남성으로 하여금 보편적인 팔루스적 향유 안에 있게 하는 것이다.

그러나 여성의 입장은 아주 다르다. 여성의 성 구분 정식은 남성의 그것을 부정한 것으로 나타난다. 그것은 $-\exists x \ -\Phi x$와 $-\forall x \ \Phi x$로 표시되는데, 이는 전칭양화기호와 특칭양화기호의 부정이다. 이에 비추어 여성의 입장은 남성의 보편성을 부정하는 것이라고 말할 수 있다. 즉, 팔루스적 함수 Φ에서 벗어나는 어떤 여성은 없다는 것이고, 그 함수는 모든 여성에게 적용되는 것이 아니라는 것이다. 이는 아주 의미심장한 정식화이다. 여성의 입장은 분명 남성의 입장의 반대항으로 나타난다. 그러나 이는 전통 형식 논리에 따른 부정은 아니다. 모든 남성에게 팔루스적 함수가 적용된다고 할 때 그 반대는 모든 여성에게 팔루스적 함수가 적용되지 않는다($\forall x \ -\Phi x$)는 명제가 되어야 할 것이다. 그러나 라깡은 그러한 형식 논리에서 벗어나 전칭양화기호 자체를 부정한다. 그러므로 이 정식은 모든 여성에게 팔루스적 함수가 적용되는 것은 아니라는 의미를 갖는다. 여기서 여성은 '**비-전체**'(pas-toute)라는 잘 알려진 테제가 나온다. 부정된 것은 전칭양화기호이지 팔루스적 함수가 아니다. 이는 특칭양화기호의 부정을 통한 정식화와 적절히 조우한다. 팔루스적 함수에 복종하지 않는 어떤 여성도 없다는 것이다($-\exists x \ -\Phi x$).[4] 결국 여성은 팔루스적 거세 함수에서 벗어날 수 없다. 여성은 거세 함수에 예외 없이 종속되어 있는 것이다. 이는 아주 역설적인 결론을 가져온다. 이러한 예외 없음을 통하여 라깡은 여성에게 있어서의 상징적 아버지와 같은 초월적 일자의 존재를 부정한다고 볼 수 있기 때문이다. 여성의 입장은 결국 '일자(Un)를 전제로 하는 전체(Tout)'라는 남성의 입장과 정 반대로 어떠한 일자도 없는(pas-une) 비-전체(pas-toute)인 것이다. 남성과는 반대로 여성은 어떤 초월적 일자를 가지지 않고, 따라서 전체를 구성하지 않는다.[5] 바로 여기서 '여성은 존재하지 않는다'라는 유명한 테제가 나온다. 어떤 보편성을 갖는 것이 남성이라면 그 보편성을 수립시키는 것은 팔루스적 거세 함수의 보편성이다. 남성은 이 함수를 통하여 전체로 수립되고 보편성을 갖는다. 여성은 그러한 팔루스적 함수에서 벗어날 가능성을 가진 존재이기 때문에 보편성으로서의 여성(La femme)은 존재할 수 없다. 다시 말해 (보편성으로서의) "여성은 없다"(Il n'y a pas La femme). 왜냐하면 여성은 전체가 아니기 때문이다. 우리는 여성(La femme)에 대해 말할 수 없는 것이다.(Lacan, 1975: 68) 그래서 라깡은 보편성을 나타내는 기호인 정관사 La에 빗금을 쳐 여성을 $\not L$a femme이라고 표기한다. 이러한 보편성의 부재는 어떤 관계를 불가능하게 한다. 그 관계는 다

---

4 바디우가 잘 지적하듯이 고전적 논리에 따르면 외관상 이 두 명제는 충돌한다. '거세 함수에 복종하지 않는 어떤 x도 없다'는 명제는 '모든 x는 팔루스적 거세 함수가 적용된다'는 말과 다르지 않기 때문이다. 모든 x에 팔루스적 함수가 적용된다면 그것에서 벗어나는 x의 존재는 부정되어야 한다. 이렇게 라깡의 정식화는 전통 논리상 서로 모순되는 것을 병치시킨다. 그러나 이는 고전적 논리의 테두리 안에 있는 것이 아니다. 라깡은 닫힌 체계로서의 고전적 논리를 떠나 배중률(-(-A)=A)을 부정하는 직관주의적 논리에 호소하고 있는 것이다. 이에 대해서는 Badiou 1992: 288~290을 보라.

5 이 정식화에 대해서는 홍준기 1999: 286~7의 설명을 참고하라. 홍준기는 비-일자, 비-전체로서의 여성의 입장을 괴델의 정리를 통하여 훌륭하게 설명하고 있다.

름 아닌 성관계이다 —**"성관계는 없다."**(Lacan 1975: 35) 존재하지 않는 것과
의 관계는 불가능하기 때문이다. 라깡의 성 구분 정식은 이렇게 남성과 여
성의 향유가 분리되어 있음을 보여준다. 이는 서로 다른 관계일 뿐 아니라
완전히 분리된 개별적인 관계이다.

　이것을 라깡의 담론 속에서 여성의 입장이 부재하는 것으로 파악하여
라깡이 여성을 폄하했다고 생각하면 곤란하다. 오히려 그러한 여성의 부
재는 남성의 입장이 만들어내는 보편성을 넘어설 수 있는 가능성과 연결
되어 있다. 이때 여성의 부재란 지배적 보편성의 부재이고 전체와의 분리
를 표시한다. 라깡은 자신이 여성의 향유에 대해 알지 못한다는 사실을 인
정하면서 그것을 남성의 향유인 팔루스적 향유와 구분하여 보충적 향유
(jouissance supplémentaire)라고 표현한다.(Lacan 1975: 68)

　남성은 분열된 주체로서 직접적으로 금지된 대상이 아닌 대상 a(objet
petit a)를 욕망한다($\$ \lozenge a$). 남성은 여성과 관계를 맺는 것이 아니라 여성
에게 투사된 대상 a와 환상적인 관계를 맺는 것이다. 이러한 남성의 팔루
스적 향유에 대비되는 여성의 향유는 어떤 것인가? 라깡의 도표는 여성의
향유가 두 가지 방향을 취하고 있음을 보여준다. 여성 역시 거세 함수 Φ에
관계되어 있다. 그러나 여성의 향유는 팔루스를 넘어선다.(Lacan 1975: 69)
여성의 향유에 팔루스를 넘어서는 것이 있다면 그것은 바로 성 구분 정식
에서 보이는 S(Ⱥ)로 향하는 향유이다. S(Ⱥ)은 절대적으로 분리된 타자를
표기한 것으로 여성이 관계하는 향유의 지표이다. 이 향유는 팔루스적 향
유에서 벗어난 것이지만 라깡은 이를 구체적으로 정의하지는 않는다. 단
지 이 향유는 종종 라깡에 의해 신비한 것으로 표현된다.(Lacan 1975: 70) 바
로 이러한 S(Ⱥ)로 향하는 향유가 여성의 '다른 향유'(Jouissance Autre)이
다. 이러한 여성의 향유는 글자 그대로 남성의 향유와는 근본적으로 다르

다. 라깡은 '다른 향유'에 대해 자세히 설명하지 않은 채 이를 어떤 신비한 것으로 남겨 둔다. 이를 두고 라깡이 남성적 입장을 가진 남자 분석가이기 때문에 여성에 대해 알 수 없었다고 말하는 것은 별반 도움이 되지 않는다. 여기서 라깡이 말하고자 하는 것은 여성의 향유는 남성의 향유에 비추어 비-결정된(indéterminé) 것이라는 사실이다. 그렇기 때문에 우리는 예술이 그런 것처럼 여성의 향유에 대해 지극히 묘사적인 관점에 호소할 수밖에 없는 것이다. 비-전체로서의 여성은 있지 않기 때문에 일자의 논리 안에 포섭될 수도 남성적 입장과 관계를 맺을 수도 없다. 일자로부터 벗어나 있는 비-전체와 S(Ⱥ)로 가 닿는 그 향유는 정확히 말할 수 있는 것이 아니다. 그것은 '불가능한' 것이고 **"쓰이지 않기를 계속하는 것"**(le ne cesse pas de ne pas s'écrire)이다.(Lacan 1975: 87) 확실히 여성과 여성의 향유는 비-결정의 층위에 있다. 바로 이러한 다른 향유야말로 여성의 입장이 남성의 입장과 분리되어 있음을 표시하면서 여성을 남성의 팔루스적 보편성에서 벗어나게 하는 근거가 된다. 철저한 입장 분리가 행해지는 것이다.

바로 이러한 비-관계와 비-결정의 수립이야말로 라깡의 결정적인 공헌이고, 라깡의 정신분석과 바디우의 철학을 연결시키는 매개이다. 우리가 본 것처럼 라깡은 여성의 보편성을 부인하고 그 향유 구조의 단독성을 드러냄으로써 두 성의 완전한 분리를 수립하고, '하나'에서 벗어나 '둘'로 나아간다. 확실히 사랑은 일련의 장애를 내포하고 있다. "사랑은 하나가 되려는 욕망에 불과하기 때문에 두 성 사이의 어떤 관계라는 것을 불가능하게 만드는" 것이다.(Lacan 1975: 12) 그것은 사랑을 '대상과 결부된 어떤 것'으로 간주할 때 발생하는 장애이다. 그러나 여성의 향유에서 볼 수 있듯이 사랑은 어떤 비-결정의 요소에 의해 움직이는 것이기도 하다. 이른바 보충적 향유가 보여주는 것은 이러한 보충이 대상에서 벗어나는 향유, 관계의 공백을 메우는 사유라는 것이다. 그래서 라깡은 "사랑은 성관계의 부재를 보충한다"고 말했던 것이다.(Lacan 1975: 44) 우리는 여기에서 어떠한 대상성도 발견할 수 없고, 어떠한 결정도 끌어낼 수 없다. 이는 결정으로부터 벗어나고, 대상과 결부되지 않은 **비-결정적/탈-대상적 과정**으로서의 사랑이라는 것을 상정할 수 있게 한다.

이러한 라깡의 입장은 하나의 길을 거부하는 것이다. 하나로서의 보편성은 남성에게 속한 것이다. 그러나 여성은 이러한 보편성에 편입되면서(특칭부정)/벗어난다(전칭부정). 결국 여성은 비-전체인 동시에 일자와는 분리된 것으로 간주된다. 이러한 입장의 분리는 사랑에 대한 논변에서 더욱 구체적으로 확인된다. 라깡에게 사랑이란 '하나'의 욕망이다. 상호적으로 일어나는 것임에도 불구하고 사랑은 그저 하나가 되려는 욕망에 머무른다. 결국 사랑은 "두 성의 관계를 확립하는 것을 불가능하게 만드는 것"이다.(Lacan 1975: 12) 라깡이 보는 사랑은 철저하게 팔루스적 질서 속에서 파악된 사랑이다. 그것은 두 성의 상호성에도 불구하고 하나가 되려는 욕망에 지배받는 관계이다. 결국 그 하나를 향한 열망이야말로 팔루스적 질서의 폭력성을 드러내는 것이다. 그래서 라깡은 "사랑이 참화를 보여준다"고 말한다.(Lacan 1975: 11) 이 참화는 일자의 참화이다. 이렇게 볼 때 두 성의 관계 확립의 불가능성은 사랑의 불가능성이다. 라깡은 이러한 사랑의 불가능성을 통해 일자의 길을 거부하고 있다. 우리가 앞서 살펴본 바와 같이, 성 구분 정식으로 드러나는 두 성의 관계 지움은 이러한 불가능성에 대한 라깡의 집요한 추적이라고 말해야 할 것이다. 결국 두 성이 갖는 향유의 이질성을 드러냄으로써 라깡은 하나의 길을 파면하고 둘의 길로 나아가는 것이다.

라깡은 정신분석의 혁신 속에서 묵시적으로 '하나의 길'을 파면시킨다.

모든 통합과 통일성의 논리에서 벗어나 그는 분리의 논리를 확립해 내는 것이다. 이러한 분리는 사랑의 관념에 대한 근본적인 비판을 통하여 이루어진다. 이러한 정신분석의 혁신은 그 철학 비판의 형식 속에서 또 다른 혁신을 가능하게 한다. 그것은 다름 아닌 철학 그 자체의 혁신이다.

4 바디우의 철학적 혁신 — 둘의 확립

잘 알려진 것처럼 바디우는 '사건'과 '진리'의 철학자이다. 그의 진리철학 (la philosophie des vérités)은 사건을 통하여 생산되는 진리들을 중심으로 조직되는 것으로 진리에 선행하는 사건의 돌발을 전제로 한다. 그러한 그의 철학이 사랑을 사건과 진리가 생산되는 네 가지 절차 중의 하나로 배치한다는 사실은 의미심장하다. 사실 사랑을 제외한 나머지 세 가지 진리 생산 절차—정치, 과학, 예술—는 다른 철학자들에게도 어느 정도 공통적으로 드러나는 철학적 지표이다. 바디우의 철학에 뚜렷한 개성을 부여하는 것은 어찌 보면 사랑에 대한 독특한 철학적 논변일 것이다.[6] 돌이켜 보건데 사랑은 플라톤 이후 철학에서 주변적인 테마에 머물러 있었고, 사랑에 대한 논리적인 담론을 생산해 낸 것은 우리가 앞서 살펴본 라깡의 정신분석이라고 말할 수 있다. 그러나 라깡의 담론은 욕망과 성 구분의 테마를 중심으로, 또는 그 테마를 구현하기 위해 사랑에 접근한 것이었고, 사랑에 대한

---

6 플라톤 이후 사랑은 철학사에서 비교적 주변적인 위치를 차지하고 있었다. 그러나 오늘날 성차와 사랑의 중요성은 점점 더 부각되고 있다. 레비나스의 윤리학과 바디우의 진리 철학을 대립시키는 가장 중요한 쟁점은 다름 아닌 사랑이다.

치밀한 분석은 그 속에서 일자의 환상을 드러내기 위한 기제로서 작동했던 것이 사실이다. (물론 라깡에게 존재론적 사명으로서의 사랑이라는 관념이 있기는 하지만 이는 가능성으로만 남아 있다.) 라깡과는 달리 사랑에 대한 철학적 접근을 시도하는 바디우는 이를 통해 인류를 통합하는 진리를 드러내고자 한다.

바디우는 분명 하나의 길을 거부하는 라깡의 후예이다. 그는 한편으로는 라깡에게서 멀어지면서, 다른 한편으로는 라깡의 시도를 더욱 발전시키면서 둘의 길을 구체적으로 수립하는 것이다. 그는 사랑에서 출발하여 둘의 존재를 연역하는데 이는 사랑의 진리를 긍정하기 위한 예비적 절차이다. 바디우는 사랑에 대한 몇 가지 정의를 비판하면서 사랑을 하나의 길에서 벗어나게 한다. 그가 거부하는 사랑의 정의는 1) 융합적 사랑 2) 희생적 사랑 3) 상부구조적 사랑이다.(Badiou 1992: 255~6) 융합적인 사랑의 정의는 사랑을 황홀경의 하나로 간주하는 것이다. 이는 둘이 만나 하나가 된다는 관념에 대한 직접적인 비판이고, 희생적 사랑은 동일자를 타자에게 바치는 타자의 관점(레비나스)이며, 상부구조적 관념은 사랑을 성적 욕망을 장식하는 환상으로 간주하는 것이다. 주목할 만한 것은 바디우가 라깡이 이러한 상부구조적 관점에 종종 노출되는 것으로 여긴다는 사실이다. 물론 이는 라깡이 팔루스적 함수와 사랑을 관련지을 때, 남성의 입장에서의 사랑을 이야기할 때 드러나는 것이다. 그러나 이러한 관계 밖에서 사랑을 말할 때, 라깡의 논의는 존재론적 당위만을 강조한다. 반대로 사랑을 '관계'의

---

7 사랑은 관계라는 잘못된 가정 아래에서만 실패한다. 바디우에게 관계란 사랑을 대상적으로 파악하게 하는 가정이다. 그리고 라깡에게도 이러한 관계의 가정은 사랑을 환상으로 만드는 결정적인 요인이다. 그런 점에서 라깡이 보여주는 이러한 관점은 관계 속에서 파악된 사랑에만 한정된 것이라고 말해야 할 것이다.

가정 속에 밀어 넣을 때, 우리가 앞서 언급한 것처럼 라깡은 이러한 부정적 관점에 부분적으로 노출된다('사랑은 상호적이다').[7](Badiou 1992: 256)

　이런 비판적 전제하에 바디우는 사랑에 대한 공리를 구성하는 네 가지 테제를 내세운다. 이러한 공리적 접근은 필연적이다. 다른 진리의 절차와 달리 사랑하는 주체의 경험은 사랑에 대한 어떠한 지식도 구성하지 않는다. 다시 말해, '사랑은 스스로를(자신의 사유를) 사유하지 않는다(L'amour s'impense).'(Badiou 1992: 257) 결국 사랑에 대한 테제들은 순수하게 논리적인 것이 되어야 한다. 바디우는 다분히 수학적인 증명의 형식 속에서 자신의 테제들을 선언한다. 1) 경험에 대한 두 입장이 있다. 2) 두 입장은 완전히 분리되어 있다. 3) 세 번째 입장은 없다. 이는 명백히 분리의 테제들이다. 남성의 입장과 여성의 입장은 단지 사후에 확립되는 것이고 사랑만이 이 두 입장을 정확히 개별화한다. 그러나 이러한 두 입장의 분리는 내부에서 관찰될 수 없기 때문에 직접적으로 앎의 대상이 될 수 없다. 분리에 대한 지식을 말하려면 제 3의 입장이 필요하다. 그러나 세 번째 테제는 그것을 금지한다. 결국 우리는 제 3의 입장이 없이 분리를 이야기해야 한다. 그러나 그것은 분리된 입장 속에서는 불가능하다.(Badiou 1992: 257~8)

　이러한 분리의 테제들을 확립한 후 바디우는 네 번째 테제에서 이 분리를 통합하는 함수를 수립한다. 그 테제는 이러하다. 4) 오로지 하나의 인류가 있다. 이 인류는 관념적이거나 생물학적인 인류 개념과는 완전히 다르다. 그것은 바디우의 진리 철학을 따라 구성된 개념으로, 진리의 절차를 지탱하는 것으로서의 인류이다. 진리의 절차들은 오로지 인류라는 기호 안에서만 가능한 것이다. 그는 이 함수를 거세 함수 Φx와 대비시킬 목적으로 $H(x)$라고 표기한다. 이는 x라는 항목이 하나의 (진리의)유적 절차 속에서 주체로서 움직이고 있다는 의미이다. 결국 활성화된 주체인 x는 인류 함수가 실존한다는 것을 입증하는 것이다.(Badiou 1992: 259) 주체의 실존을 통하여 입증되는 인류 함수는 진리의 보편성을 지시한다. 이것이 앞의 세 가지 테제와 연결될 때 비로소 그 의미가 드러난다. 분리되어 있는 두 입장을 관통하는 것은 바로 진리이다.(Badiou 1992: 259) 진리를 통해 다른 입장에 속한 x는 그 입장에서 벗어나 인류로서 통합되는 것이다. 진리는 입장의 초월을 가능하게 하는 작동인이다.

바디우는 이렇게 사랑이라는 사건을 말하기 위해 여러 가지 조건을 조성한다. 관건은 세 번째와 네 번째 테제이다. '제3의 입장은 없다'는 세 번째 테제는 이러한 성의 분리에 대해 말하기 위해 다른 무엇인가가 외부로부터 들어와야 한다는 결론, 즉 이 분리에 무엇인가가 보충되어야(supplémenter) 한다는 결론을 끌어낸다.(Badiou 1992: 258) 이것이 바로 **만남이라는 사건**이다. 만남의 사건은 분리 위에 얹어져 사랑의 절차를 유도해 내는 계기이다. 바로 이 만남이라는 사건이 만들어 내는 진리야말로 진정한 '둘'을 도래하게 하는 것이다.

그러나 이 둘은 두 입장의 셈으로서의 둘이 아니다. 이것은 그저 분리된 둘, 주어져 있는 것으로서의 둘이다. 두 연인은 밖에서 바라본 무차별적인 둘이지 결코 분리된 둘이라고 볼 수 없다. 분리된 둘이란 전체적인 분리, 즉 제3의 입장이 없는 분리이다. 다시 말해 "두 입장은 둘로 셈해질 수 없다."(Badiou 1992: 262) 사랑은 셋을 모르기 때문에 결코 둘로 셈해지지 않는다는 것이다. 결국 바디우는 이러한 셈의 불가능성으로 인하여 첫 번째 테제를 수정한다. 1-1) 하나의 입장이 있고 또 하나의 입장이 있다. 이 수정된 테제는 완전한 분리를 표현하는 것이다. 완전한 분리 속에 있는 두 가지 입장은 서로 식별불가능한 입장이다. 달리 말하면 이 두 입장은 서로를 알지 못한다. 만약 다른 입장에 대한 경험을 가정한다면 그것은 분리된 둘일 수 없다. 그럴 경우 둘은 내재화되기 때문이다.(Badiou 1992: 262) 둘은 철저히 분리된 둘이고 그렇기에 (분리된) 둘의 '존재'는 알려지지 않는다.

5 사랑의 사건과 인류의 함수

결국 이렇게 분리된 둘의 만남으로 엮이는 것이 바로 사랑의 사건이다. 그것은 만남을 통해 진정한 둘을 도래하게 한다. 만남, 이 우발적인 엮어짐은 하나의 선언, '사랑한다'는 선언을 통하여 고정되며 공백을 호출한다. 그 공백은 다름 아닌 '분리된 둘'이라는 공백이다. 공백으로서의 둘은 사건과 함께 도래하는 것이다. 그 사건적 언표는 확실히 하나를 파괴하고 '둘'을 상황 속에 성립시킨다. 이제 바디우는 분리를 넘어 분리의 진리로 나아가는 것이다. 둘의 성립에 있어서 '나는 너를 사랑한다'는 선언은 둘을 위해 하나를 파괴하는 언표로서의 사랑을 상황 속에 유통시킨다. 사랑은 이 최초의 명명(나/너/사랑의 관계지음)에 대한 **끝날 수 없는 충실성**이다.(Badiou 1992: 263) '나는 너를 사랑한다'는 첫 번째 언명에 대한 지속적인 충실성(비록 결별에 이르더라도). 그것이야말로 둘의 만남이라는 사랑의 사건이 둘에게 돌려놓는 무한한 과정의 지표이다. 이제 나와 너라는 둘은 비로소 상황 속에서 '둘'로 성립되고 무한으로 나아간다. 그러나 그 상황은 하나이다. 사랑을 통해 분리의 존재는 상황의 분리로 나아가지 않는다. 그것은 연인들에게 유일한 상황이고 분리는 이 상황의 법칙이 된다. 여기서 두 입장을 관통하는 인류 함수 $H(x)$의 효과는 단일하다. 이 진리는 모든 사람에 관계하기 때문이다. 이제 둘의 진리는 상황의 통일성을 보장한다. 이렇게 분리에 의해 사유된 사랑의 진리는 하나로서의 다수(multiple-un, 하나에 의

해 관통된 다수)에 의해 성립된다.(Badiou 1992: 263~4)

이러한 사랑의 사건으로서의 둘의 출현은 결코 사랑의 상부구조적 관점에 포섭되지 않는다. 사랑과 욕망은 상/하부구조의 구분을 넘어 완전히 다른 것이 된다. 바디우에 따르면 사랑은 욕망과는 완전히 이질적인 것이다. 그 둘은 동일한 육체에 관계하지 않는다. 바디우에게 사랑이 없는 성적 행위란 "엄밀한 의미의 자위행위"이다. 욕망의 성행위는 "한 입장 내부에만 관계하는 것이기 때문이다." "오직 사랑만이 성을 둘의 형상으로 드러낸다."(Badiou 1992: 259) 그렇게 사랑의 진리는 엄격히 분리된 '둘'의 진리이다. 그럼에도 불구하고 둘의 진리는 '하나'이다. 둘의 만남 속에서 사랑의 사건의 무한한 상황은 하나의 진리만을 표시한다. 분리를 전제로 하는 사랑의 상황은 둘에게 유일한 것이다.

우리는 여기서 사랑의 사건이 행하는 작용이 무엇인지에 대해 질문할 수 있다. 사랑은 '둘'을 무엇으로 인도하는가? 사랑은 '둘'을 하나로 만드는가? 사랑은 서로에 대해 배우게 하는가? 그렇지 않다. 사랑의 진리가 둘의 형상을 드러내는 분리의 진리라면 그 진리는 결코 둘을 하나로 셈하지 않는다. 둘의 각각은 다른 성에 대해 배우지 않는다. 바디우는 사랑을 "둘의 관점에서 행하는 세계에 대한 탐색"이라고 말한다.(Badiou 1992: 268) 그렇다면 이러한 탐색을 통해 사랑은 무엇을 알게 하는가? 바디우에게 모든 사건은 강제(forçage)와 연결되어 있다. 진리가 출현했을 때 이 무한한 진리는 결코 완전한 방식으로 현시되지 않는다. 따라서 진리는 사후에 (진리에 대해 선취된) 지식으로 강제된다는 것이 바디우가 말하는 후사건적 과정의 핵심이다. 사랑의 경우 진리에 대한 지식은 성별화된 분리에 대한 지식이다. 바로 이러한 지식이 사랑으로부터 강제되는 것이다.(Badiou, 1992: 268~9)

그런데 둘의 입장은 둘로 분리된 것이기에 지식 자체도 분리된 모습으로 나타난다. 사랑에 대한 남성의 입장과 여성의 입장이 서로 다른 것이다. 남성의 입장은 분리의 공백을 고정시키는 둘의 분할, 둘-사이(entre-deux)를 지지한다. 그래서 남성이 확인하는 언표는 "우리는 하나가 아닌 둘이었다는 것"이다. 여성의 입장은 둘이 방랑 속에 지속되는 것을 지지한다. 그리하여 여성이 확인하는 언표는 "우리는 둘이었고 그렇지 않았다면 우리는 있지도 않았다"는 것이다. 바디우는 여성의 언표를 있는 그대로의 존재를 겨누는 것으로 파악하고, 남성의 언표를 둘을 가정함으로써 수의 변화와 하나의 고통스런 난입을 겨누는 것으로 단정한다. 여성의 언표는 존재론적 언표이고, 남성의 언표는 존재론적이라기보다는 논리적인 언표인 것이다.[8] (Badiou 1992: 269) 바디우는 사랑을 통하여 둘의 입장을 분리해내며 그 언표들이 갖는 충돌을 드러낸다. 논리적 언표와 존재론적 언표 사이의 충돌은 필연적이다. 하지만 그 두 언표는 모두 '둘'을 드러낸다. 분리된 입장과 그 입장들을 가로지르는 진리. 이것이 바로 바디우가 말하는 둘의 사건으로서의 사랑에 대한 논리적 담론이다.

　　우리는 비로소 가장 중요한 지점에 도달하였다. 그것은 바로 인류 함수 H(x)와 사랑의 사유에 대한 바디우의 정식화이다. 함수 H(x)는 인류를 표시한다. 이것은 과학, 정치, 예술, 사랑이라는 네 가지 진리 절차의 '잠재적인 윤곽'을 표현하는 함수이다. 결국 H(x)는 진리를 통해서만 성립하는 함

---

8 바디우는 베케트의 저작을 사랑에 대한 사유로 간주하며 그의 희곡에서 두 가지 입장의 분리를 구체화한다. 베케트에게 사랑에 대한 남성의 입장은 명령과 고정성을 결합시킨 입장이며 사랑에 대한 여성의 입장은 방랑과 이야기를 결합시킨 입장이다. 그것에 대해서는, Badiou 1992: 제7장 '유적인 것의 글쓰기', Badiou 1995: 55~60을 보라.

수인 것이다. 분리된 입장들은 이 함수에 대해서도 역시 분리되어 있다. 이러한 분리는 결정적이다. 바디우에 따르면 '남성의 입장에서 각 절차의 유형은 다른 절차의 유형을 고려하지 않은 채 그 자체로 함수 H(x)에 가치를 제공한다.' 다시 말해 남성의 입장에서 '각 진리의 유형은 다른 진리의 유형을 은유적으로 표현한다. 그러한 은유는 각각의 유형에서 인류 H를 내재적으로 긍정하는 것이다.'(Badiou 1992: 271~2) 그러나 여성의 입장은 철저히 다르다. 여성의 입장에서 이 윤곽은 사랑이 네 가지 유형을 하나로 묶고 있고, 인류란 이러한 조건 아래에서만 존재한다. 결국 여성의 입장은 사랑 없이 인류가 성립할 수 없다는 것을 말한다. "함수 H(x)가 가치를 갖는 것은 사랑의 유적 절차가 존재하는 한에서이다."(Badiou 1992: 270~2) 그렇다. 여성의 입장이란 사랑을 기축으로 하여 나머지 진리의 유형을 감싸는 것이다. 사랑이야말로 여성에게 인류를 성립시키는 유일한 절차인 것이다. 여성적 입장으로 파악된 인류, 다시 말해 "인류의 여성적 표상은 전체적인 지각을 가능하게 하고 그것이 실패할 경우 비(非)인류로 가닿는다."(Badiou 1992: 272) 그러나 바디우는 여성의 입장이 갖는 이러한 난점을 이유로 남성의 입장을 보편적인 것으로 승인하지는 않는다. 만남을 피해갈 수는 없다. 결국 보편성에 가 닿는 것, 사랑을 통해서 인류를 성립시키는 보편성을 엮어내는 것은 여성의 입장이다. 바디우의 관심은 둘 중 누가 보편성의 입장을 가지느냐에 있는 것이 아니다. 보편성을 보증하는 것이 무엇인가가 그의 관심이고 해답은 바로 사랑, 모든 진리의 유형들을 H(x)안에서 하나로 묶는 분리의 진리로서의 사랑이다. 여성은 H(x)의 보편성을 보증하기를 원하고 그것은 여성에게 사랑을 통하여 이루어지기 때문에 여성의 입장은 H(x)를 긍정한다. 오로지 여성의 입장에서만 모든 x에 대해 H(x)가 성립한다.(Badiou 1992: 273) 다시 말해 모든 x(주체)는 진리의 절차를 지탱하며 인류를 성립시킨다.

　바디우에게 보편성은 결코 남성의 입장에서 주어지지 않는다. 보편성을 가지는 것은 여성의 입장이다. 여기서 우리는 이 글의 서두에서 잠시 언급했던 철학과 정신분석의 긴장을 목도한다. 우리는 하나에서 출발하여 사랑을 매개로 둘로 나아가 다시 사랑으로 돌아오는 아주 긴 우회를 통해 이 지점에 도달했지만 이러한 우회는 필연적이다. 긴장의 최종 지점은 사랑의 철학적 담론을 통해 파악된 여성의 입장이 보편성을 갖는다는 데 있다. 라깡은 팔루스적 거세 함수 Φx를 통하여 남성의 입장에 보편성을 부여하고 그 보편성의 부정으로서의 여성의 입장을 세운다. 이 보편성이 아무리 허구적이고 억압적이더라도 보편성은 남성에게 닿아 있는 것이다. 여성은 그 보편성에 대한 반란이고 단지 가능한 감산(soustraction)만을 표시한다. 바디우는 이것을 뒤집어 여성의 보편성을 지지한다. 이를 위해서 동원된 것이 바로 인류 함수 $H(x)$이다. 남성의 입장인 거세 함수를 그대로 유지할 수는 없다. 이 관계를 뒤집기 위해서는 하나가 아닌 둘이, 욕망이 아닌 사랑이, Φx가 아닌 $H(x)$이 필요하다. 바디우가 잘 지적하듯, 라깡은 여성을 비(非)전체로 간주하고, 특칭 양화 기호와 부정을 결합시켜 그 입장을 표현한다. 결국 그에게 보편성을 나타내는 전칭양화 기호는 남성의 몫이다. 바디우는 이 관계를 뒤집는다. 이 전복의 기제는 다름 아닌 긍정적인 것으로서의, 진리로서의 사랑이다. "사랑은 $H(x)$를 Φx와 갈라놓으며 진리 절차의 전체 범위 속에서 전칭 양화 기호를 여성들에게 돌려준다."(Badiou 1992: 273)

6 바디우의 철학적 사유: 비-관계의 형식들

그러나 1992년의 바디우는 아직 분리 그 자체에 대한 형식적 성찰을 시도하지는 않고 있다. **비-관계의 형식들**이라고 이름 붙여질 수 있는 성찰은 1999년에 출간된 논문인 「둘의 무대」(La scène du Deux)에서 등장한다. 바디우는 이 논문에서 둘이 존재하는 형식을 보여주는데 그것은 비-관계를 지배하는 기초적인 공리라고 칭할 만한 것이다. 말하자면 바디우는 『조건들』에서 자신이 제시했던 성차에 대한 네 가지 테제에 좀 더 보편적인 형식을 부여하고 있는 것이다. 그러나 이것은 단지 라깡이 진술한 비-관계를 형식화하는 데 그치는 것이 아니다. 바디우의 형식화는 사랑에 대한 더 폭넓은 철학적 담론을 생산하는 지점까지 나아간다. 그것은 바로 '둘'(le Deux)에 대한 철학적 담론이다. 바디우가 그토록 강조했던 둘의 문제(Badiou 1989: 70~2)는 이제 라깡의 연장선상에서 철학적으로 사유되는 것이다.

「둘의 무대」에서 바디우는 '사랑은 성관계의 부재에 대한 보충'이라는 라깡의 언표에 철학적 주석을 가하고자 한다. 바디우는 이 언표를 1973년 6월의 세미나의 끝 부분, 다시 말해 세미나 20권의 마지막 언명과 연결시키는데, 이 대목은 바디우가 사랑에 대한 존재론적 접근을 시도하는 가장 중요한 단서라고 할 수 있다. 그것은 다름 아닌 "존재 그 자체, 만남 속에서 그것에 가 닿게 되는 것은 바로 사랑이다"라는 언명이다.(Lacan 1975: 133) 일별하는 것만으로도 하이데거를 떠올리게 하는 라깡의 이 언급은 사랑이라는 것이 사건의 질서에 속한다는 것을 알아차리게 한다. 바디우에 따르면 이는 너무도 명확한 것이다. 성관계가 구조 속에서 부재하는 것이라면, 만남을 통해 성립되는 '사랑은 사건의 질서에 속하는 것'일 수밖에 없기 때문이다. 사랑의 우연을 일컫는 만남은 "대상을 통해 인도되지만, 동시에 그

대상을 넘어선다." 사랑의 "주체는 대상으로부터 자신의 존재 일부를 끌어내기 때문"이다.(Badiou 1999: 177) 사랑한다는 선언—사랑의 주체화가 이루어지는 순간이다—속에 담긴 대상에서 주체로의 역전이야말로 주체의 존재를 가능하게 하는 것이다. 이렇게 바디우는 라깡의 비-관계를 존재론적으로 사유하고자 한다. 사랑의 만남은 대상의 만남일 수 없다. '대상'에 의해 이끌린다 할지라도 만남에 있어서 주체의 존재는 가히 결정적이라고 할 만한 것이다.

이렇게 만남은 두 주체를 수립해 낸다. 그러나 만남이 수립해 내는 두 주체는 어디까지나 분리된 상태에 놓여 있는 존재이므로 결코 하나로 셈해질 수 없다. 결국 사랑은 둘이 하나가 되는 과정이 아닌 둘이 둘로 셈해지는 실질적인 둘이 꾸며내는 무대적 절차라는 것이 바디우의 주장이다. 둘은 합해지지도 않고, 융합되지도 않는다. 사랑은 둘을 수립해 냄과 동시에 둘을 구성하는 것을 초과하는 절차인 것이다.(Badiou 1999: 178) 잘 알다시피 생물학적 구분과는 관계없이 남성적 입장과 여성적 입장은 이렇게 융합될 수 없는 탈접된(disjonctives) 입장이다. 형식화의 출발점이 되는 양립불가능성의 테제는 바로 이러한 입장의 분리에서 나온다. 바디우는 남성적 입장과 여성적 입장을 성별화된 방식으로 관계 속에 분배할 수 없다는 사실을 분명히 한다. 모든 관계는 순서의 관계이다. 순서의 관계란 어떤 위계의 할당이기 때문에 이 관계를 두 개의 성에 할당하는 것은 불가능한 일이다. 형식화된 순서로 남성적 입장 H과 여성적 입장 F를 표시하는 것은 불가능하다. 결국 H≤F도 F≤H도 성립할 수 없다. 결국 성적인 것과 결부된 관계에 있어 남성적 입장과 여성적 입장은 양립 불가능하다(H⊥F).(Badiou 1999: 182) 여기서 바디우는 [순수한] '분리의 테제'(Thèse ségrégative)에 대해 말한다. 이 테제는 비-관계를 전적인 분리로 사유하는 입장의 표현이다. 남성적 입장과 여성적 입장에 모두 포함된다고 가정되는 항목 t를 공백과 일치시키는 것이다($[(t \leq H)$ et $(t \leq F)] \rightarrow t = 0$).(Badiou 1999: 182)

그러나 바디우는 비-관계를 이러한 순수한 분리로 생각할 수 없다는 사실에 주목한다. 이 테제가 의미하는 바는 남성과 여성은 그저 각자의 편에 머물 뿐이라는 것이다. 여기에는 접근 가능한 존재도, 그 어떤 비결정도 없다. 그저 이미 결정된 각각의 성별화된 입장과 그것의 분리만이 있을 뿐이다. 그래서 바디우는 양립 불가능성의 곁에 두 입장을 관계 짓는 u라는 항목이 있다고 가정한다(이 항목은 0 또는 공백이 아니다).(Badiou 1999: 183) 문제는 관계되지 않는 두 항목 사이에 어떤 관계항을 설정할 수 있는가에 있다. 어떤 항목이 둘 사이에 공유된다면 그것은 그 관계를 설명하는 결정적인 단서가 아니겠는가? 실제로 이는 비-관계에 대한 '인간주의적 테제'(Thèse humaniste)인데, 이는 수많은 술어적 항목을 통하여 두 입장을 인류에 소속시키는 입장에 노출될 수 있는 지점이다. 바디우는 그런 연유로 이 항목을 비결정된(indéterminé) 항목으로 상정한다. 결국 u는 두 가지 입장에 관계하지만, 묘사 불가능하고 조합 불가능한 항목으로서 사실상 원자적이다. 무엇으로도 이 항목을 개별화할 수 없으며, 무엇으로도 이 항목을 조합내낼 수 없다.(Badiou 1999: 183) 성별화된 두 입장은 이렇게 관계된다. 그것은 그들의 비-관계를 무너뜨리며 그들을 국한된 관계로 이끈다. u는 공백이 아니지만 그것 자신과 관계를 맺고 있는 것은 공백뿐이다.

$$(u \leq H \text{ et } u \leq F) \rightarrow [(t \leq u) \rightarrow t = 0]$$

결국 바디우는 **비결정의 항목**인 u를 통하여 두 입장을 곧바로 인류로 통합하지 않으면서 그들의 조우 가능성을 비결정된 교집합을 통해 타진하고 있는 것이다. 비-관계는 전적인 분리도 아니고, 결정가능한 교집합을 통해 개별화될 수 있는 것도 아니다. 그들은 지극히 국한된[점적인] 관계만을 비-관계 안에서 갖는다.

바디우는 마지막으로 플라톤의 입장을 비-관계에 대한 세 번째 입장으로 규정하고 이를 논박한다. 『향연』에서 아리스토파네스가 제시하는 에로스의 신화는 자신을 완성하기 위해 끊임없이 반쪽을 찾아 헤매는 완전성의 욕망을 말한다. 결국 이는 일자를 향한 욕망이다. 이러한 테제는 둘이 만나 하나가 되는 완전한 전체의 구성을 전제하는 것이고, 분리된 동시에 보완적인(complémentaire) 관계를 내포하는 것이다. 이러한 입장을 우리는 '보완테제'라고 명명할 수 있을 것이다. 이 공리는 모든 t는 남성적 입장에 속하거나, 여성적 입장에 속한다는 것이다. 그것을 형식화하면 다음과 같다.

$$(\forall t)\ t \leq H \text{ 또는 } t \leq F (\text{Badiou 1999: 184})$$

이러한 두 입장의 결합은 너무도 자연스럽게 일자(또는 전체)를 구성한다 ($H \cup F = 1$). 바디우는 이러한 보완 테제를 인정하지 않는다. 실제로 두 입장의 만남을 총체성으로 끌고 가는 것은 지나치게 문제를 단순화시키는 것에 불과하다. 이러한 주장을 통해 손쉬운 완전성을 얻어낼 수는 있겠지만 그 결과로 우리는 비-관계를 총체성 속에서 해소시키는 결과만을 얻을 것이다. 그래서 그는 성별화된 입장에서 벗어나는 비-전체의 항목을 상정한다. 그 결과 두 입장의 조합은 전체-일자로 나아가지 못한다. 다시 말하면 남성적 입장에도 속하지 않고, 여성적 입장에도 속하지 않는 어떤 항목 t가 있다는 것이다. 그 경우 두 입장의 합집합은 일자-전체와 등치되지 않는다.

$$(\exists t)[\text{non } (t \leq F) \text{ et non } (t \leq H)]$$

$$H \cup F \neq 1 (\text{Badiou 1999: 184})$$

바디우는 자신의 공리적 테제들을 다음과 같이 요약한다.

1) 남성적 입장 H와 여성적 입장 F는 양립불가능하다. 또는 서로 관계되어 있지 않다(H ⊥ F).
   - (F ≤ H) 그리고 - (H ≤ F)

2) 그들은 u라는 공통의 항목을 가진다.
   $(\exists u)[u \leq F$ 그리고 $u \leq H]$

3) 이 항목은 비복합적이다. 또는 원자적이다.
   $(t \leq u) \longrightarrow (t = 0)$

4) 남성적 입장 H와 여성적 입장 F는 어떠한 전체도 구성하지 않는다.
   $H \cup F \neq 1 (\text{Badiou 1999: 185})$

비-관계의 네 가지 공리로 구성되는 이러한 형식화로부터 바디우는 핵심적인 결론을 끌어낸다. 그가 주목하는 것은 비-관계의 성격이다. 비-관계의 공리는 탈결합된 두 가지 입장 사이에 어떠한 연결이 있다는 것을 보여준다. 그러나 이 연결은 원자적인 연결이다. 그것은 공통의 항목인 u를 통해 가능해지는데 이 항목은 원자적이므로 조합으로서의 분석도 그 기입도 불가능하다. 우리는 그것이 무엇인지 알 수 없다. 사랑에서의 만남은 바로 이러한 비-결정의 항목을 통하여 설명될 수 있다. 두 입장의 교집합이라고 할 수 있는 u는 두 가지 기능을 갖는다. '첫째는 욕망이 그 원인을 구하는 대상의 기능이고, 둘째는 세계에 대한 공동의 탐색을 개시하는 둘이 셈해지는 지점의 기능이다.'(Badiou 1999: 186)

문제는 u를 어떻게 파악하느냐에 달려 있다. 바디우가 우선적으로 주목하는 것은 u의 분석 불가능하고 결정 불가능한 성격이다. u는 남성적 입장과 여성적 입장이라는 각각의 입장 속에 있다. 그들 사이에서 공통의 '일자'가 움직이는 것은 바로 이 u를 통해서이다. "남성적 입장과 여성적 입장은 그들의 공통적인 욕망의 원인인 u에 대한 오해 속에만 있을 뿐이다. 이 오해는 말할 수 있는 어떤 것으로도 제거할 수 없다. 왜냐하면 u는 분석 불가능하기 때문이다."(Badiou 1999: 186) u는 또 다르게 읽힐 수 있다. 이 공통의 원자는 두 가지 입장에서 내적으로 제거됨으로써 둘을 수립하는 것으로 나아간다. 이것은 만남의 둘이 대상의 초과(excès)로 나아감으로써 가능해진다. 실제로 두 가지 입장은 대상에 의해서만 결합하는 것이 아니다.(Badiou 1999: 186) 그 결합의 이면에는 존재 그 자체가 자리 잡고 있고, 성별화된 입장이 엮어내는 '둘'은 그 존재를 따라서만 구성되는 것이다. 실제로 라깡이 말한 '존재에의 접근'은 사랑의 만남이 대상의 지배를 넘어서 성별화된 존재 그 자체에 기댈 수 있음을 보여준다. 바디우는 이러한 '**대상의 초과 = 존재에의 접근**'을 비-관계의 형식화를 통해 보여준다. 우리는 비-관계의 형식화가 드러내는 가장 핵심적인 지점에 와 있다. 원자 u의 확장과 제거라는 이중의 기능은 사랑의 과정을 지배한다. 우리는 그 두 가지 기능 중 하나로 사랑을 환원시킬 수 없다. "사랑이란 [u가 갖는] 이중적 기능의 지속적인 실행인 것이다."(Badiou 1999: 187)

7 이중적 기능의 실행: 다리절기(boiterie)로서의 사랑

비-관계의 이중적 기능이야말로 사랑의 과정을 특징짓는 가장 유효한 기제이다. 대상을 통해 성립되면서 동시에 대상으로부터 벗어나는 사랑의 과정은 필연적으로 어떤 불협화음 속에서 진행되기 마련이다. 그리하여 '둘의 무대'와 성적인 사랑은 결코 조화로운 과정을 이끌어낼 수 없다는 결론이 나온다. 사랑은 그럼에도 불구하고 지속된다. 모든 불협화음과 다툼 속에서 사랑은 힘겹게 걸음을 옮긴다. 이 과정을 바디우는 **다리절기** (boiterie)라고 말한다. 비-관계가 내포하는 이중의 기능은 분명 사랑을 절름발이로 만든다. 특징적인 것은 바디우가 이 다리절기를 그 자체로 **보충** (suppléance)으로 간주한다는 사실이다. 다리절기는 그 자체로 걸음인 동시에 걷기를 금지하는 것이다.(Badiou 1999: 187) 보충은 결코 정상화의 표상일 수 없다. 사랑이 정상화된다는 것은 더 이상 사랑하기를 중지한다는 말에 다름 아니다. 보충은 지속적인 조화의 거부이고, 다리절기를 계속 유지하는 것이다. 사랑에 완전한 걸음이라는 것은 없다. 그것은 항상 다리를 절며 걷는 노고의 과정이다. 절름발이의 걸음은 사랑의 지속적인 실행을 보장하는 난관의 연속이고, 너무나 당연하게도 순조롭지 않다. 이는 경험적으로도 확연하게 드러난다. 사랑은 그 황홀하고 짜릿한 출발점에서부터 모든 역경의 과정을 연인 앞에 던져 놓는다. 모든 연인은 사랑을 하는 동시에 번민에 빠지고 그 즐거움에 괴로워하며, 희열만큼이나 큰 고통에 몸부림친다. 예컨대 사랑은 출발점부터 위기인 것이다. 순조로운 사랑이란 없다. 모든 사랑은 위기의 지속을 통해서만 유지되고, 길이가 다른 두 다리를 질질 끌며 힘겹게 걸음을 옮겨 놓는다.

이러한 바디우의 통찰은 사랑을 신비화하거나 속류화하는 모든 시도와 동시에 거리를 둔다. 실제로 일상 속에서 이러한 두 가지 흐름은 빈번히 목격된다. 이는 역시 이중의 기능 중 어느 하나에 사랑을 팔아넘기면서만 가능한 것인데, 하나는 저속한 사랑으로 간주되는 것으로 대상성만이 지배하는 성적 연애이고 다른 하나는 대상에서 벗어나 있는 숭고한 사랑(플라톤적 사랑)이다. 전자는 다리절기 없이 아주 잘 진행될 수 있지만 어떠한 둘의 무대도 건설하지 않는 단순한 구조의 활성화이고, 후자는 어떠한 걸음의 질서도 가지지 않는 분리 자체 속에서 일어나는 상상적 개별화만을 염두에 둔다. 이른바 숭고한 포기라는 예술적 표상은 이 테마의 지배를 받는다.(Badiou 1999: 187) 이는 모두 보충에 실패하는 사랑이라고 할 수 있다. 바디우에 따르면 **'사랑의 정수(精髓)는 저속하지도 않고 숭고하지도 않다.'** 그렇기 때문에 사랑은 원자 u라는 비결정된 것의 이중의 기능이 가져오는 절뚝거리는 걸음을 감내하는 노고의 질서에 속하는 것이다.(Badiou 1999: 188)

노고의 질서는 내적인 대상으로의 몰입과 외적인 확장이 반복적으로 교대되는 과정으로 설명 가능하다. 사랑은 내적인 대상을 향한다. 이러한 내적 대상으로의 정향은 둘을 지우고 대상에 대한 오해를 재생산하며 성적인 비-관계와 끊임없이 마주친다. 그러나 사랑은 외적으로 확장된다. 이것이야말로 사랑을 통하여 진정한 둘의 무대가 건설되는 과정이다. 둘의 만남은 두 입장을 다(多)의 세계로 인도하여 세계에 대한 끊임없는 탐색을 가능하게 하는 것이다. 바디우는 이러한 다수로의 열림을 둘의 무대가 만들어내는 사랑의 고유한 실천으로 파악한다. "만약 이것이 없다면 사랑은 성적인 정사를 제외한 어떤 고유한 무대도 갖지 않는다"는 것이다.(Badiou 1999: 188) 몰입과 확장이라는 대상을 둘러싼 사랑의 운동은 그 차체로 절름발이의 노고와 비교될 만한 것이다. 여기서 플라톤적 사랑의 숭고함이나 성적 정사의 저속함이 끼어들 자리란 없다. 단지 원자 u의 결합과 제거 속에서 절뚝거리며 걷는 둘의 힘겨움이 있을 뿐이다.

확실히 우리는 그 이중적 기능 중 어느 것도 제거할 수 없다. 그렇게 만남은 둘을 사랑의 주체로 호출하면서 그들을 다수로 나아가게 한다. 앞에서 밝힌 바와 같이 바디우는 세계에 대한 탐사의 조건을 둘의 만남에서 찾는다. 만남이 다수로 나아가는 이유는 타자성에 대한 성찰을 가능하게 하기 때문이다.(서용순 2008: 339) 확실히 '둘'은 최초의 다수로서 무한이 열리는 계기이다. 사랑의 "둘은 자신으로 만족할 수 없고 존재의 한계 없는 다수를 향해 열리는 것이다."(Badiou 1992: 358) 우리가 보기에 이러한 다수로의 열림을 강제하는 것은 여성의 입장이다. 바디우는 베케트에게서 '두 성에 대한 이념'을 발견한다. 우리는 그중 여성적 입장에 배분되는 이념에 주목한다. 여성의 이념은 두 가지 함수로 구성된다. 여행 또는 방랑의 함수와 이야기의 함수. '여행'은 '세계에 대한 끊임없는 횡단'을 제시하고, '이야기'는 둘의 지점에서 '세계의 무한한 펼쳐짐'을 말하는 것이다.(Badiou 1992: 361~2) 이것이야말로 다수를 향한 열림을 가능하게 하는 함수이자 여성의 입장을 구성하는 이념인 것이다. 또한 사랑에 대한 여성적 입장은 마침내 이를 확증하게 한다. 앞서 보았듯 여성이 사랑을 통하여 확인하는 언표는 '우리는 둘이었고 그렇지 않았다면 우리는 있지도 않았다'는 것이다. 다시 말하면, 여성의 입장은 논리적이라기보다는 존재론적이다. 이렇게 여성의 언표는 만남을 있는 그대로의 존재에 접근하는 것으로 표시한다. 만남을 통하여 존재에 가닿는 사랑은 이렇게 여성의 언표를 통하여 드러난다.

이는 라깡의 입장과 상당 부분 일치한다. 라깡은 존재에 대한 접근으로서의 사랑을 논하는 세미나 20권의 마지막 장에서 '진정한 사랑'이라는 표현을 세 번 사용한다. 그런데 그는 아무런 설명 없이 불어에서 남성명사로 사용되는 amour의 성을 여성으로 바꾸어 **'la vraie amour'**라고 표기한다.(Lacan 1975: 133) 언뜻 보기에 이는 사랑이라는 단어의 성을 여성으로 바꾸어 표기함으로써 남성의 사랑과 구분되는 여성의 사랑을 표기한 것으로 해석할 수 있다. 그러나 우리는 이것을 단순히 사랑의 구분을 표시하고자 하는 것만으로 이해할 수는 없다. 프랑스어의 뉘앙스와 미묘함을 곧잘 자신의 정신분석 이론을 정교화하기 위해 이용하는 라깡의 면모를 볼 때, 이 표현은 무엇인가 중요한 함축을 지닌다. 우리는 여기에서 출발하여 라깡과 바디우의 실재적인 접근방향이 일치하고 있음을 추적해 낼 수 있다.

정관사 la와 형용사 vraie의 결합은 (욕망이 아닌) 사랑을 여성적인 보편성이라는 또 다른 보편성의 가능성을 제시하는 것으로 이해해야 한다. 이는 사랑이 여성의 입장에서 가능한 것임을 암묵적으로 드러내는 대목이라고도 해석할 수도 있다. 바디우는 이를 알고 있었던 것 같다. 그래서 그는 사랑을 통해 파악한 여성의 입장을 보편적 총체성과 연관 짓는 것이다.(Badiou 1992: 272) 확실히 라깡에게서나 바디우에게서나 여성적 입장은 무척 독특한 지위를 갖는다. 라깡에게 여성은 비-전체이다. 라깡은 지배적 보편성의 영역을 남성에게 할당하고, 여성을 그 지배적 보편성에서 벗어나는 것으로 파악하기 때문에 여성에게 특칭양화기호를 배분한다. 이는 여성적 입장을 지배적 보편성에서 벗어난 것으로 파악하는 시도이다. 그러나 바디우는 이러한 지배적 보편성에서 벗어나는 또 다른 가능성을 자신의 철학을 통하여 제시한다. 그 가능성은 앞서 보았던 진리를 지탱하는 인류 함수 H(x)에 각인되어 있다. x가 능동적인 주체로서 활성화되어 있는 한, 다시 말해 x가 진리의 주체인 한, 인류의 함수가 실존한다는 것이 증명된다는 바디우의 주장은 바로 진리의 보편성을 옹호하는 철학적 시도인 것이다. 다시 말해 진정 '인간적인 인류'를 구성하는 것은 진리의 사유이고, 그 주체적 활성화이다. 사랑의 진리에 대해 남성의 입장과 여성의 입장이 분리되어 있다고 해도, 이는 상황의 구조적 법칙과 관련된 분리일 따름이다. 두 입장의 만남은 이 둘을 만나게 하고 그리하여 분리는 절대적 분리로 남지 않는다. 사랑의 진리는 성차의 진리이다. 사랑은 이 둘을 하나로 만들지는 않지만 만남을 통해 '하나의 진리'를 만들고, 그 '하나의 진리'는 모든 입장을 가로지르고, 그 입장에서 벗어나는 것이다.(Badiou 1992: 260) 결국 바디우에게 중요한 것은 입장의 분리를 넘어서게 해주는 만남이라는 사건이다. 그 입장의 분리가 어떠한 초월적 일자나 세 번째 항으로 나아가는 변증법적 통합으로 이어지는 것은 아니다. 오로지 만남을 통하여 그 둘은 실질적인 둘로 정립된다. 만나지 않으면 둘은 없다. 하나와 다른 하나만이 있을 뿐이다. 그렇게 만남은 최초의 다수를 가능하게 하는 기제이고, 그래서 사랑의 만남은 무한한 다수의 세계로 확장되는 것이다. 그런데 '다리절기'는 이 지점에서도 일어난다. 진리를 파악하고 종합하는 방식에서도 성차는 드러나는 것이다. 앞에서도 언급했듯이, 남성적 입장은 개개의 진리 절차를 파악하여 그 자체로 H(x)에 가치를 부여하는 데 반해, 여성적 입장에게 진리를 지탱하는 함수 H(x)는 사랑이라는 유적 절차가 존재하는 한에서 가치를 갖는다. 그렇게 여성적 입장은 사랑을 통하여 인류를 긍정한다. 확실히 여성적 입장은 사랑을 통하여 나머지 진리 절차들을 감싸고 그것을 통하여 인류를 성립시킨다. 인류를 성립시키는 보편성은 다름 아닌 여성에게 있는 것이다. 바로 이러한 바디우 철학의 언명이야말로 라깡이 말한 'la vraie amour'를 가장 실재적인 언표로 만드는 시도라고 말해야 한다. 이렇게 바디우는 다시 한번 라깡으로부터 출발하여 사랑의 역설적 과정을 훌륭하게 철학적으로 재구성하고, 진리와 인류를 긍정하는 철학자로서의 임무를 충실히 수행하는 것이다.

8 맺으며 ― 라깡의 재탄생

철학과 정신분석의 긴장이 이렇게 절묘한 방식으로 이어지는 예는 찾아보기 힘들다. 하나와 둘의 변증법을 통하여 조성된 양자의 긴장은 사실상 대립의 형상이 아닌 이어짐과 충실성의 형상으로 표현된다(이 어려운 대면에서 철학자로서의 날카로움을 유지하는 것 또한 철학자의 충실성이다). 우리가 보기에 바디우는 진정 라깡에 충실하다. 라깡의 테제를 전복시킬 때조차 그는 라깡에 충실하다. 라깡이 제기했던 모든 '문제들'은 바디우의 철학에서 근본적으로 다루어지고 있으며 라깡에게 가능성으로, 존재론적 사명으로 여겨졌던 것들은 바디우를 통해 철학적인 범주들 속에서 **재탄생**된다. 하나와 둘 그리고 사랑의 문제들을 집요하게 추적하는 바디우, 남성의 허구적 보편성에서 벗어나는 여성의 존재론적 가능성을 '신비'에서 끌어내 철저히 논리적으로 실현시키는 바디우를 보라. 이것이야말로 소피스트에 대해 플라톤이 유지하지 못했던 긴장의 계속과 이어짐이 아니고 무엇이겠는가? 진정한 긴장 속에서 라깡에 충실한 것이 어떤 것인가를 바디우는 우리에게 보여주고 있다. 정신분석의 문제제기를 심각하게 고려하면서 그는 정신분석에 또 하나의 긴장을 마련해 준다. 이 모든 것은 '둘'에서 나온다. 철학과 정신분석이 갖는 결정적인 관건은 다름 아닌 '둘'의 분리에 있다. 이러한 긴장이야말로 라깡과 바디우를 동시에 일으키며 둘을 모두 무한 속에 머물게 하는 것이다.

우리는 이러한 긴장과 이어짐의 과정을 **라깡의 재탄생**이라 명명할 수 있을 것이다. 이 명명은 라깡의 정신분석과 그것을 비판적으로 이어받는 바디우의 진리철학을 연결해 주는 수사이기도 하다. '비-관계'라는 라깡의 정신분석적 테제는 바디우의 손에서 비-관계와 비-결정의 둘(le Deux)

이라는 철학적 테제로 이어진다. 이 둘, 대문자로 표기되는 '둘'은 이미 본 것처럼 비변증법적인 둘, 하나가 되지 않는 존재론적 둘이다. 이는 더 이상 정신분석에만 머무는 것이 아니라, 진리를 이전과는 전혀 다른 방식으로 사유하게 하는 바디우의 철학적 혁명을 특징짓는 작동인적 개념(concept opérateur)이라고 말할 수 있다. 우리가 주목해야 하는 것은 '둘의 무대'를 건설하고 유지시키는 것이 바로 만남을 통해 이루어지는 비-관계의 활성화라는 사실이다. 비-관계는 실제로 둘의 만남을 통하지 않고서는 이루어지지 않으며, 하나로 셈해지지도 않고, 셋을 전제하지도 않는 것이다. 결국 성별화된 두 입장을 지배하는 **비-관계의 관계**는 만남을 통한 둘의 무대의 건설, 다리를 저는 사랑의 노고를 유지하는 난관을 통해서만 가능해지고, 비로소 사랑이라는 실재적인 과정으로 진입하는 것이다. 이러한 사랑에 대한 바디우의 담론을 가능하게 하는 것은 무엇보다도 그의 진리철학이다. 그에게 사랑은 성차의 진리를 드러내는 절차이고, 사랑을 유지시켜나가는 동력은 진리에의 충실성에 다름 아니다. 성차의 진리에 충실한 과정으로서의 사랑은 '둘'(le Deux)의 어떠한 융합도 상정하지 않는다. 비-관계의 이중적 실행이 보여주는 것과 같이, 사랑은 둘을 둘로서 성립시키는 동시에 그 둘을 유지하며 다수를 향해 나아간다. 어쩌면 이러한 둘의 유지야말로 바디우의 사랑에 대한 담론을 다른 모든 철학과 분리시키는 결정적인 요소이다. 그리고 그 배경에는 라깡의 정신분석이 자리하고 있다. 이때 라깡은 철학자로서 사랑에 대해 이야기한다. 아니, 좀 더 정확히 말하면 라깡이 자임했던 그대로 그는 반-철학자(anti-philosophe)로서 철학에 하나의 심각한 문제를 제기하는 것이고, 그렇게 라깡은 넓은 의미의 철학자로 남는 것이다.

결국 바디우의 담론은 사랑과 관련하여 라깡이 철학에 제기하는 문제에 대한 가장 철학적인 응답이라고 볼 수 있을 것이다. 그렇게 라깡의 반-철학은 바디우의 철학으로 재탄생하는 것이다. 우리는 '라깡의 재탄생'을 그런 방식으로 파악한다. 실제로 라깡은 여러 가지 방식으로 재탄생한다. 온전히 보존되는 라깡? 있는 그대로의 라깡? 그런 것은 없다. 오로지 다양한 장에서 다시 해석되고, 다시 적용되는 라깡, 끊임없이 꿈틀거리고 변화하는 라깡, 무한히 재탄생하는 라깡만이 있을 뿐이다. 만약 라깡주의자라는 것이 있다면, 그 라깡주의자는 지속적으로 시도되는 라깡의 재탄생에 충실한 존재여야 할 것이다. 그것은 라깡에 대한 교조적 교의로부터 충분한 거리를 둘 때만이 가능하다. 바로 이것이 바디우가 자주 말하곤 하는 '독립 라깡주의자'(lacannien indépendant)가 갖는 함의일 것이다.

이러한 라깡의 재탄생은 일종의 긴장을 요구한다. 우리가 살펴본 철학과 정신분석의 긴장은 '이어짐'으로서의 라깡의 재탄생을 위한 전제이다. 그리고 이는 철학의 일보전진을 위해 필수적인 긴장이다. 바디우에게 문제는 이러한 긴장과 이어짐의 끈을 놓지 않고, 라깡의 문제제기에 충실하여 그것을 철학의 영토 안에서 **계속** 사유하는 것이다. 그것이 바디우의 윤리적 정언명령임은 분명하다. 그의 윤리는 '계속하시오!'(continuer!)라는 정언명령에 의해 작동되기 때문이다. 사실상 바디우는 '계속'의 철학자이다. 그는 끊임없는 대화(플라톤의 대화편을 상기하라)를 통해 다른 입장과 맞서기를 원한다. 그러한 맞섬은 상대를 절멸시키기 위한 것이 아니라 진리를 실천하고 방어하기 위한 것이다. 그 와중에 바디우는 여러 가지 긴장을 조성시킨다. 그리고 그 긴장을 이어간다. 라깡과의 긴장 역시 그런 맥락에서 이해되어야 한다. 이러한 긴장은 여기저기에 있다. 실제로 바디우는 정치라는 기표를 둘러싸고 레닌과 긴장을 조성하고 '철학의 종말'이라는 테마를 사이에 두고 하이데거와의 긴장을 유발시킨다. 이러한 긴장들은 대립 속에서 펼쳐지기도 하지만, 다른 한편 그 자체로 긍정적이기도 하다. 특히 바디우가 라깡과 빚어내는 일련의 긴장은 가장 긍정적이고 생산적이다. 철학사는 분명 긴장을 통해 만들어진 역사이다(그런 점에서 긴장은 철학의 고유한 기능이다). 오늘날의 철학과 정신분석의 긴장은 그 어떤 긴장보다도 역동적으로 철학사를 만들어가고 있음이 분명하다. 정신분석의 담론이 지속적으로 문제를 제기하는 이상 철학은 이에 응답할 의무가 있다. 그것이야말로 철학이 '긴장'이라는 자신의 고유한 기능을 통해 스스로를 유지시켜나가는 첩경일 것이다. '라깡의 재탄생'은 이러한 긴장을 통해 지속적으로 일어날 사건이다.

참고문헌

서용순(2005), 「철학의 조건으로서의 정치」, 『철학과 현상학 연구』, 27집.

_____(2007), 「철학의 윤리, 진리의 윤리」, 『사회와 철학』, 13집.

_____(2008), 「바디우의 문학론」, 『프랑스철학과 문학비평』, 문학과지성사.

슬라보예 지젝 외(2005b), 김영찬 외 역, 『성관계는 없다』, 도서출판 b.

홍준기(1999), 「라깡의 성적 주체 개념」, 『라깡과 현대정신분석』 제1권 제1호.

Alain Badiou(1982), *Théorie du sujet*, Paris, Seuil.

_____(1985), *Peut-on penser la politique*, Paris, Seuil.

_____(1988), *L'Etre et l'événement*, Paris, Seuil.

_____(1989), *Manifeste pour la philosophie*, Paris, Seuil.

_____(1992), *Conditions*, Paris, Seuil.

_____(1993), *L'éthique. Essai sur la conscience du Mal*, Paris, Hatier.

_____(1995), *Beckett : L'increvable désir*, Hachette.

_____(1998), *Court Traité d'ontologie transitoire*, Paris.

_____(1999), 'La scène du Deux', in *De l'amour*(sous la direction de l'Ecole de la Cause freudienne), Paris, Flammarion.

_____(2005), *Le Siècle*, Paris, Seuil.

Joël Dor(1992), *Introduction à la lecture de Lacan : 2. La structure du sujet*, Paris, Denoël.

Jacques Lacan(1966), *Écrits*, Paris, Seuil.

_____(1975), *Séminaire I*, Paris, Seuil.

_____(1986), *Séminaire VII*, Paris, Seuil.

_____(1991), *Séminaire VIII*, Paris, Seuil.

_____(1975), *Séminaire XX*, Paris, Seuil.

라깡과 클라인

주체 형성의 변증법과 심리구조화에 관한 연구

-

박선영

I 들어가면서: 주체로의 여정

주체의 죽음을 고하던 20세기 새로운 주체의 탄생을 예고하고 그 서막을 올렸던 라깡에게 주체는 그의 모든 사상이 하나로 응결되는 지점일 것이다. 의식의 자족성에 빗금을 그은 프로이트가 은폐된 틈의 무한한 세계를 우리 앞에 펼친 이래, 라깡은 균열된 그 이름 없는 공간의 거주자인 주체에 눈을 돌린다. 그 '무의식의 주체'는 실체화되지 않는 구조/형식으로서의 주체이다. 여기에서 라깡은 '언어처럼 구조화된 무의식'이라는 새로운 주체 이론을 역설한다. 프로이트에 이어 라깡은 보다 더 철저하고 비판적으로 인간을 해부함으로써 의식중심주의, 선험적 주체성을 극복한다. 무의식의 형성과 더불어 도래하는 주체는 본질적으로 분열과 결핍, 향유의 장소이다. 완결되지 않은 공백, 무로서의 주체는 언제나 욕망의 환유적 흐름 속에서 이를 벗어나 자신의 고유한 주체성을 찾기 위해 분투하는 '과정 중의 주체'이다. 욕망의 소용돌이 속에서 고유한 주체성에 도달하기 위한 끝이 없을 것 같은 여정 속에서 주체는 타자의 욕망과 대면하고 그것에 의해 소외된다. 주체는 결여를 남기며 파고들어오는 타자의 숨결 속에서 그의 욕망을 통해 최초의 모습을 드러낸다. 라깡이 말하듯이 주체의 욕망은 타자의 욕망인 것이다.

근대주체철학에서 말하는 전통적 주체가 아니라 살아 숨 쉬고 언어를 말하며 타인과 소통하며 삶의 항로를 헤쳐 나아가는 인간, 욕망하며 향유하는 그는 어떻게 주체로 탄생하는가? 이 지점에서 우리는 '주체'를 논할 때 반드시 거론해야 하는 또 한명의 정신분석가 멜라니 클라인을 만나게 된다. 주체(자아)는 어떻게 형성되는가? 이는 클라인에게 역설적인 물음이다. 어떠한 존재를 설명하기 위해 우리는 그 존재를 생성해 내는 또 다른 선행하는 심급을 상정할 수밖에 없다. 그것이 자아이든 주체이든 아직 명명되지 않은 그 무엇이든, 우리는 인간 주체를 논할 때 외부 세계와 구분되어야만 하는 존재하는 심급, 즉 '최소한의 발달적' 관점에서 파악될 수 있는 어떤 존재론적 심급을 가정해야만 한다. 이러한 역설적 상황을 클라인은, 자아는 최초 어느 순간부터 존재한다고 간주함으로써 돌파한다. 그러나 여기에서 우리는 클라인이 생후 초기부터 성숙한 자아, 완전한 자아, 선험적 자아를 가정했다는 식으로 소박하게 문자적으로 해석해서는 안 된다. 존재는 있지만 그 존재에게 인격화된 주체라는 지위를 부여하는 것에 다소 망설일 수밖에 없는 우리에게 클라인은 존재가 주체로 변모하는 과정의 구체적 모습을 제시했다. 정신분석사에서 클라인 이론의 탁월함은 명명되지 못한 존재가 어떻게 주체화 과정을 겪어나가는지를 생생하게 보여주었다는 것에 있다.

멜라니 클라인은 프로이트로부터 출발하지만 비판적 관점을 잃지 않고 프로이트의 이론을 철저하게 재구성하면서 자신의 독창적 이론과 세계를 만들었다. 클라인은 프로이트, 라깡과 더불어 인간의 육체와 정신, 언어의 삼항 구조 속에서 이루어지는 주체의 형성 과정을 보여준다. 프로이트가 유아성욕을 발견함으로써 성인에게 잊혀진 아동기를 찾아냈다면, 클라인은 바로 그 아동기에서 존재했으나 감추어진 더 이른 시기, 즉 생후 초기의 시간들을 추적함으로써 또 다른 에피스테메의 기원을 이룬다. 그녀는 보다 구체적인 임상실제를 통해 상상적 자아가 상징적 주체로 변모되어 가는 과정을 그려낸다. 이러한 토대 위에서 확립된 분석적 사유와 이론은 세계 속에서 '주체'와 '타자'가 조우하며 만들어가는 다양한 양태들을 분석하는 개념적 도구로 자리 잡았다.

라깡은 일찍이 클라인의 천재성을 잘 파악한 바 있다. 그는 자신의 글 곳곳에서 클라인의 이론을 언급하고 때로는 재해석 혹은 비판하면서 클라인 이론의 독창성에 깊은 공감을 보인다. 라깡은 1948년 「정신분석에서의 공격성」에서 '조각난 육체이미지', '분열된 육체 이마고' 개념을 클라인의 '내적 대상', '부분 대상'에 대한 '태곳적 환상' 개념과 연결시킨다. 프로이트 이래 죽음충동의 실존적, 임상적 의미를 철저히 사유한 클라인에게서 라깡은 '육체의 분열의 이미지'를 찾아내고, 이를 출발점으로 삼아 (원초적) 공격성이라는 정신분석적 주체론의 한 논제를,(Lacan 1971: 84 참조) 그리고 주체 형성의 시작점으로서의 오인(misrecognition)과 원초적 분열이라는 주체의 근원적인 타자성을 주창한다.

국내에서는 물론 서양에서 조차도 많은 임상가들과 연구자들이 클라인 이론을 종종 기계적으로 해석함으로써 그 이론이 담고 있는 다양한 함의들을 간과하는 경향이 있다. 그렇다면 국내외 클라인주의자들이 보여주는 기계적이고 다분히 교조주의적인 해석을 극복하기 위해서 우리는 클라인의 이론을 어떻게 다시 읽을 것인가? 때로는 혼란스럽고 때로는 가볍게 느껴질 수도 있는 클라인 이론의 '문자적' 의미를 넘어서 새로운 혹은 숨겨진 클라인을 만나는 것은 결코 쉬운 일이 아닐 것이다. 클라인을 프로이트 정신분석에 대한 한 대안으로서 어머니 혹은 모성을 강조한 분석가로 간주하는 것만으로 충분하지 않다. 이러한 접근 방식은 오히려 클라인이 남겨 놓은 정신분석 업적을 은폐하고 왜곡하는 것이다. 클라인의 탁월한 업적과 성취는 무엇보다도 주체 형성에 대한 분석적, 임상적 이해에서 찾아야 한다. 클라인의 사유는 정확히 이 지점에서 라깡에게 영감의 원천이 되었다. 우리는 라깡을 통해 클라인을 더 잘 이해하고 클라인을 통해 라깡을 더 가까이 만날 수 있다. 이제 이하에서 필자는 아버지 프로이트가 세운 정신분석 세계 안에서 그의 상징적 아들과 상징적 딸인 라깡과 클라인의 정신분석이 이론적으로 연결되며 조우하는 교차점을 보다 명확하게 재구성하고 논의하고자 한다.

II 생후 초기의 발달: 자아의식의 출현

라깡의 주체 개념에 대한 많은 글들이 존재하지만 유아의 구체적인 발달 과정, 임상적 사실과 연관시켜 라깡 이론을 이론적으로 재구성하는 작업은 그리 많지 않다. 간혹 대상관계이론가들 혹은 여성주의적 문헌에서 주체의 발달을 '어머니'와 연관시켜 설명하려는 시도들을 다수 발견할 수 있다. 하지만 프로이트와 라깡의 관점에서 볼 때 이러한 접근은 종종 '상상적 이자 관계'에 특권적 의미를 부여하는 경향이 있다고 말할 수 있다. 그렇다면 최초의 어린 주체가 현실적으로 처음 만나는 양육자가 어머니라는 '경험적'

사실을 중시하면서도 이러한 사실을 어떻게 라깡적 관점에서 재구성할 수 있을까?

생후 초기 유아는 자신의 주관성을 갖지 못한다. 자신과 타자의 경계가 미흡한 유아는 '나'라는 자아인식이 없고 자신만의 독립적인 사고조망을 할 수 없으며 자신의 경험을 해석하거나 사고할 수 없다. 영아기와 걸음마기로 구분되는 0~3세의 생후 초기는 신체적 발달뿐 아니라 심리적, 정서적, 인지적 발달에서 극적인 전환이 나타나는 시기이다. 이 시기 유아와 어머니 사이에 나타나는 이른바 모성맞춤(maternal attunement)(스턴)은 어머니가 민감하게 아기의 생체리듬과 활동수준에 맞추어 상호작용함으로써 유아의 내적, 심리적 연속성을 유지시켜 주며 기본적인 자아감을 형성한다. 유아의 신호와 움직임, 옹알이와 발차기, 표정 변화 등에 대해 어머니는 적절한 신체적 접촉과 말소리, 표정과 눈빛으로 반응한다. 이 시기 자기의식이 거의 부재한 유아에게 어머니로 대표되는 타자의 반응은 유아의 신체적, 심리적 연속성과 존재감을 확인해 주는 경험이 된다. 빅의 피부 형성, 위니콧의 모성적 몰입(primary maternal preoccupation)과 거울 역할(mirroring), 안아주기와 보살핌, 비온의 컨테이닝(containing)과 몽상(reverie)의 개념들에서 어머니의 존재가 유아에게 신체적, 심리적 안전감과 함께 자아감 형성의 틀을 마련하는 것을 볼 수 있다. 영아가 생후 초기 주양육자인 어머니로부터 경험하는 정서적 민감성과 반응성, 충분한 보살핌은 거울역할을 하는 어머니를 통해 영아 자신이 좋은 대상을 창조했다는 환각적 경험을 하도록 만든다. 그리고 이러한 나르시시즘적 만족과 환각적 경험은 이후 개별자로서의 자기의식의 발달을 촉진한다.

생후 2~3개월의 영아에게 완벽히 개별화된 자기의식은 없지만 초보적인 자아인식이 시작된다. 아이는 섬세한 감각활동을 통해 자신의 몸이 아닌 대상의 촉감을 느끼고 자신과 타자를 분리하고 지각한다. 신체움직임과 감각활동이 중심이 되는 감각운동적 사고(J. 피아제)가 여전히 지배적이지만 제한적으로나마 초보적인 정신적 표상능력이 조금씩 발달한다. 본격적으로 생후 5~6개월부터 시작되는 '이유'의 경험은 영아와 어머니-타자의 분리를 준비하고 개별화의 근간을 이룬다. 이러한 분리는 신체와 운동능력이 발달하면서 시작되는 걸음마기에 더욱 확장되어 영아는 독립적으로 주변 환경을 탐색하고 경험한다. 신체적 자기통달은 생후 4~5개월 경 이른바 분리-개별화(separation-individuation) 단계(M. 말러)를 거치면서 사물과 환경에 대한 자기주도적 탐색을 자극하고 개별적 주체로서의 정체감 형성을 촉진한다. 영아는 자신과 분리된 외부 대상을 구분하고 점차 나르시시즘적 관계를 탈피하게 된다. 현실감각이 생기고 현실에서는 어머니에 대한 '지각적 동일성'이 아닌 '사유의 동일성'(프로이트)을 추구한다. '나'는 '나 아닌 것'으로부터 점차 분리되기 시작한다. 자기 자신에 대한 인식은 동시에 외부 대상에 대한 호기심을 불러일으키며 자신의 일부로 느껴졌던 어머니(의 몸)는 인식지향적 충동(epistemophilic impulses)(클라인)의 대상이 된다.

항문기(프로이트)와 자율감 대 수치심(에릭슨)의 시기인 생후 24개월 전후로 이루어지는 '배설훈련'은 유아가 자율감을 시험하면서 어머니로 대표되는 사회의 규범과 마찰을 경험하는 과정이다. 어머니와 타인에 모든 것을 의존하던 이전 시기와 달리 자신의 신체근육의 발달과 자율의지 속에서 이루어지는 배설행동은 유아에게 이 시기의 중요한 발달과업인 자율감 발달의 토대를 마련해 준다. 언어의 출현은 사물에 대한 언어적 명명을 촉진하고 이에 초보적인 상징적 사고가 나타난다. 타자와의 분리가 미약하고 자기존재감이 약한 이전 상태에서 유아는 자신을 '나'가 아닌 자신의 이름으로 지칭한다. 그러나 신체에 대한 자기통제에서 비롯되는 자율감은 언어적, 인지적 발달에 힘입어 이후 걸음마기를 지나면서 '내가', '내거야', '싫어', '내가 할 거야' 등의 자기주장적인 행동과 말, 고집피우기, 떼쓰기 행동으로 표출된다. 이른바 'terrible twos', '미운 네 살'로 지칭되는 걸음마기에서 유아는 끊임없이 자신을 주장하고 드러낸다. 특히 걸음마기 유아에게 어머니는 리비도적 애정대상인 동시에 금지와 제재를 부과하는 적대적 대상으로 존재한다. 어머니로부터의 분리는 그녀로부터의 지지와 통제 속에서 이루어지는 양가적 모습을 띤다. 따라서 유아는 어머니에 대한 독립과 의존 사이에서 양가성을 경험하며 거부적 행동과 부정성(negativity)은 욕망 대상인 어머니를 향한다. 어머니와의 분리가 이루어지면서 마술적 사고와 전능성은 조금씩 약화된다. 언제나 현존하는 존재로 아이의 욕구를 충족시켜주었던 어머니는 아이의 부름에 항상 응답하지는 않으며, 마찬가지로 물리적 대상도 항상 유아의 욕구를 충족시키지는 못한다. 유아가 어머니로부터 분리되어 자기인식을 형성해가는 이러한 발달적 과정은 상상적 이자관계로부터 벗어나 제3의 욕망의 항을 찾아가는 행로이다.

항문기 자율감의 과업을 거쳐 남근기로 진입하면서 유아는 본격적으로 성 차이에 직면한다. 남녀의 성 구분을 지각하게 되는 이 시기에서 유아는 프로이트적 거세불안(남근선망)뿐 아니라 때로 신체절단과 손상의 환상을 갖기도 한다(라깡의 '조각난 몸'의 환상). 자기정체감이 확실하게 정립되기 이전의 유아는 자신의 몸이 시간의 흐름 속에서 연속성을 가지고 항상 존재한다는 생각을 하기 어려우며, 몸이 분해되고 사라지는 공포를 느낀다. 유아는 성차와 관련하여 발생하는 오이디푸스 드라마 속에서 점차 주체로서 자신의 존재를 자리매김하게 된다. 자신과 타자의 성정체성을 인지하면서 '성차'라는 채울 수 없는 간극–실재에 대면하게 되는 남근기는 본격적으로 주체화가 이루어지는 지점이다.

III 불안의 출현: 사물, 타자의 현존과 부재, 타자의 시선

1. 8개월 불안과 그 해석

스피츠는 생후 3개월 된 영아가 보여주는 사회적 미소가 주양육자와 일반 사람들을 구분하지 못한다는 점을 들어 영아가 일찍부터 어머니를 인식하지 못한다고 보았다. 그러나 보울비를 비롯하여 애착이론가들과 학자들이 제시하는 연구들에 따르면 영아는 출생 직후부터 활발한 감각활동과 어머니에 대한 타고난 선호도를 보인다.[1] 그러므로 영아는 어머니와의 분리에서 표정과 신체적 반응으로 불편한 정서를 보여준다.

낯가림이 시작되는 생후 7~8개월에 영아는 친숙한 주양육자와 낯선 사람을 구분하고 낯선 사람이나 장소에 대해 불안과 두려움을 나타낸다 (가령 스피츠의 8개월 불안, 스턴의 낯선 사람 반응, 분리불안(separation anxiety) 등). "접촉의 거부, 고개를 돌리기, 손으로 눈을 가리기, 얼굴을 담요 속으로 숨기기, 심지어는 울기 등"(Spitz 1965: 150)은 영아들이 보여주는 대표적인 불안의 표현으로, 새로운 심리적 성취의 증거이자 진정한 대상관계 형성의 뿌리라고 볼 수 있다. 즉 낯가림과 분리불안은 애착발달의 전

---

1 가령 생후 1일이 된 신생아가 다른 여자의 얼굴보다 어머니의 얼굴에 대한 시각적 선호를 보이고 생후 4일된 아기가 어머니가 착용했던 브래지어를 다른 사람의 것보다 더 선호하며, 또 어머니의 자궁에서 익숙했던 어머니의 심장박동 소리에 유아의 활동성이 증가하는 것으로 나타난 점 등, 이를 입증하는 많은 연구들을 고려하건대 다음과 같은 스피츠의 관점은 다소 미흡하다. "생후 8개월 된 영아의 이런 [낯선 사람을 구분하는] 능력은 영아가 이제 진정한 대상관계를 확립했고 어머니가 리비도적 대상, 애정대상이 되었다는 사실을 반영하는 것이라고 생각한다. 이런 구분능력이 생기기 이전에 우리는 사랑에 대해 거의 말할 수 있는 것이 없다."(Spitz 1965: 156) 어머니에 대한 유아의 타고난 인식능력에 비추어 보건대, 어머니와 유아의 사랑관계 역시 보다 빠른 생후 초기에서도 구체화될 수 있다.

조로서 영아가 주양육자(어머니)와 낯선 사람을 구분할 수 있고 더 나아가 낯선 타인과 구분되는 어머니에 대한 배타적이고 안정적인 애착을 형성할 수 있다는 측면에서 이 불안은 위험상황에서 영아 자신을 보호하는 중요한 신호가 된다.

유아의 발달에 대한 경험적 연구들이 보여주었듯이 이 시기 유아의 불안은 생존을 도와주는 적응적 기능을 한다는 점을 부인할 수는 없을 것이다. 그러나 단순히 주양육자와 분리되거나 낯선 사람의 존재로 인해 불안을 느낀다는 식의 발달적 관점만으로는 영아의 8개월 불안을 다 설명할 수 없다. 그러므로 인간발달의 생후 초기, 우리가 쉽게 목도하지만 큰 관심을 기울이지 않는 어린아이의 불안을 발달론적 관점뿐 아니라 정신분석적 관점(프로이트, 라깡, 클라인)에서 고찰할 필요성이 제기된다. 우선 프로이트의 관점에 대해 살펴보자.

프로이트는 초기에 억압된 리비도가 불안으로 전환된다는 견해를 제시했다. 이에 따르면 성행위가 중단되었을 때 억압된 리비도는 '자동적으로' 불안으로 전환된다. 하지만 프로이트는 「억제, 증상 그리고 불안」(1926)에서 이러한 '자동발생론적' 관점을 포기한다. 프로이트의 후기 불안이론에 따르면 불안은 위험상황에 대한 경계(警戒)로서 자아가 발하는 신호이다. 그에 따르면 남아에게는 거세가, 여아에게는 사랑의 상실이 불안을 야기하는 가장 위험한 일이다.(170) "불안은 억압을 통해 새로 생겨나는 것이 아니다. 그것은 이미 존재하는 기억의 이미지와 일치하는 정서적 상태로서 재생산된다."(93) 유아는 아직 남근의 존재를 알지 못하므로 남아와 여아 모두에게 사랑상실이 가장 큰 위험이라고 볼 수 있다면, 보다 구체적으로 영아에게 불안이란 다음 사실을 의미할 것이다. 요컨대 영아는 어머니의 표상을 지금 현실에서 지각적 동일성을 통해 만나지 못하는 것, 즉 어머

니의 '실제적' 상실의 위험 때문에 불안해한다.[2]

　한편 프로이트의 영향을 받아 말러, 스피츠를 비롯한 애착연구자들도 유아는 낯선 사람과의 경험 자체 때문보다는 그 낯선 사람이 유아 자신의 머릿속에 지각되어 있는 어머니 표상과 일치하지 않기 때문에 불안해한다고 보았다. 즉 어머니는 아기를 떠났고 낯선 사람과 대면했을 때 그가 자신의 어머니가 아니라는 점 때문에, 이른바 분리불안 때문에 아기는 반응한다는 것이다. 스피츠는 다음과 같이 말한다.

"(…) 낯선 사람이 8개월 된 영아에게 접근할 때 영아는 어머니를 [다시] 보려는 욕망 속에서 실망한다. [그러므로] 영아가 보이는 불안은 낯선 사람과의 고통스러운 경험의 기억을 환기시키는 지각에 대한 반응이 아니다. 이것은 낯선 사람의 얼굴이 어머니의 얼굴에 대한 기억의 흔적과 일치하지 않는다는 사실의 지각에 대한 반응이다. (…) [8개월 불안은] 재활성화되는 소망의 흥분의 심리내적 지각과 그 결과 따라 나오는 실망에 대한 반응이다."
(Spitz 1965: 155~156)

여기에서 우리는 어머니가 주었던 최초의 만족경험을 현실 속에서 재반복하려는 영아의 욕망을 본다. 프로이트는 「심리학 초고」(1895)에서 어머니의 젖을 찾는 아기의 모습을 통해 최초의 만족경험을 현존하는 실제 대상에서 다시 찾으려는 아이의 욕망충족 과정을 기술한 바 있다. 프로이트에 따르면 아이는 최초로 만족을 느낀 대상을 현실에서 재발견하려고 한다.

---

2 불안에 대한 상세한 정신분석적, 인간학적 설명에 대해서는 홍준기, 2011 참조.

"아기가 소망하는 회상적 이미지는 어머니의 젖가슴과 유두의 정면이고 첫 번째 지각은 유두가 없는 같은 대상의 측면이라고 가정해보자. 아이의 기억 속에는 빨기 과정에서 우연히 특별한 머리 움직임으로 인해 정면상이 측면상 으로 바뀌는 경험이 있다. 지금 보이는 측면상은 이제 머리 움직임을 이끌어 내는 것으로 보인다. 경험은 그 반대되는 것이 수행되어야 하고 정면 시야에 대한 지각이 획득되었음을 보여준다."(Freud 1895: 328~329)

이렇듯 아이는 최초의 만족경험을 반복하려고 하며 그 결과 지각적인 차 원에서 어머니를 다시 만날 수 있다. 이는 곧 영아가 원시적 본능의 주체 에서 의식의 주체로 발달하는 과정에 다름 아니다. 신생아가 보여주는 원 시적 반사들 중 빨기 반사(sucking)는 생후 4개월 이후에는 의도적인 빨기 로 대체되고 먹이 찾기 반사(rooting)는 3~4개월 이후에는 사라진다. 아기 의 뺨에 자극을 조금만 주어도 강렬하게 입술을 빠는 행위가 점차 사라지 고 이제 의도적 빨기가 나온다는 것은 아기가 최초의 만족경험을 오직 현 실적으로 존재하는 지각적 차원에서 추구한다는 사실을 보여준다. 이어 같 은 논문에서 프로이트는 다음과 같이 말한다.

"모든 사고과정의 목표와 끝은 **동일성(identity)의 상태**를 갖고 오는 것이고 외부로부터 생긴 [리비도]점령을 자아로부터 [리비도]점령된 뉴런으로 옮기 는 것이다. **인지적 혹은 판단적** 사고는 신체적 [리비도]점령과의 동일성을 구 하고, **재생적(reproductive)** 사고는 그 자신의 심리적 [리비도]점령과의 동일 성을 구한다. 판단적 사고는 재생적 사고에, 이후의 연상적 탐색을 위한 만들 어진 소통을 제공함으로써 재생적 사고에 앞서 작동한다. 사고행위의 결과 후 현실의 지시가 지각에 도달한다면 **현실판단과 믿음**이 성취되고 전체 행위

가 획득된다."(332~333, 강조는 원문)

이러한 과정을 통해 아이의 '속성판단'(judgement of attribution)은 '존재판단'(judgement of existence)으로 전환되고 상실된 대상은 표상으로 존재한다. 존재판단은 속성판단에 따라 주체가 기억 속에서 경험한 대상을 외부현실에서 재발견하는 과정이다. 잃어버린 대상의 재발견을 통해서만 주체는 상징적 세계에서 존재할 수 있다. 프로이트는 「부정」(1925)에서 다음과 같이 말한다. "사실검증의 첫 번째 직접적인 목적은 표상된 대상과 상응하는 대상을 현실지각에서 **발견**하는 것이 아니라, 그러한 대상이 여전히 존재한다는 것을 확신하기 위해 **재발견**하는 것이다."(Freud 1925: 237~238. 강조는 원문)

지금까지의 논의를 요약해보자. 8개월 불안은 스피츠의 관점에서 분리불안의 한 형태이고, 프로이트적 관점에서 본다면 낯선 사람이 어머니 표상과 일치하지 않는다는 위험상황에서 비롯된다. 이는 유아에게 상징계에 의해 결여—완전한 만족을 준다고 가정되는 어머니의 상실—가 발생했음을 의미하며, 바로 이것이 불안을 일으키는 '위험상황'이 된다. "유아가 어머니 대신에 낯선 사람과 대면하고 있는 상황, 그것은 불안을 초래할 것이고 우리는 이 불안을 대상상실의 위험 때문에 기인하는 것으로 볼 것이다."(Freud 1926: 169) 따라서 유아가 눈을 가리고 머리를 베개에 묻는 것은 낯선 사람을 사라지게 한다는 의미(스피츠), 즉 불안에 대한 방어라는 의미를 갖는다.

발달론적 관점에 따르면 불안은 유아가 인지적으로 성숙함에 따라 자연스럽게 사라진다. 케이건은 분리불안에서 유아의 인지적, 성숙적 요인이 중요한 역할을 하므로 유아가 어머니와의 분리에 대해 스스로를 충분히 인식시킬 수 있을 때 불안이 사라진다고 보았다.(Kagan 1976: 190) 실제로 유아의 언어적 의사소통이 활발해지면서 분리불안은 감소하는 것으로 보고된다. 하지만 이것만으로 유아의 불안현상을 다 설명할 수 있을까? 언어적 유창성이 불안을 완화한다는 전제를 우리는 정신분석적 관점에서 어떻게 해석할 것인가? 이제부터 라깡과 클라인의 관점에서 더 논의를 진행하고자 한다.

2. 보여짐의 불안: 사르트르와 라깡의 시선, 그리고 클라인

영아의 8개월 불안에 대한 또 다른 시각을 살펴볼 필요가 있다. 보울비는 8개월 불안에 대한 스피츠의 해석을 여러 차례 반박한다.(Bowlby 1969 참조) 필자도 충분히 공감하는 그의 논박의 중요한 한 근거는, '낯섦 그 자체'가 영아의 불안과 두려움의 중요한 원인이라는 사실이다.[3] 스피츠는 불쾌한 경험이 불안을 초래한다고 보았지만, 낯선 사람과 대상에서 기인하는 낯섦 자체는 영아의 불안을 일으키는 흔한 이유가 되며 그러한 이유로 낯선 사람에 대한 불안은 분리불안과는 다른 차원의 반응이라고 보울비는 강조한다.

이와 더불어 베르엑의 견해에 대해 언급하고자 한다. 마찬가지로 베르엑에 따르면 스피츠의 해석은 8개월 불안을 명확하게 설명하지는 못한다. 스피츠는 아이가 원하는 만족(어머니의 표상과의 만남)이 이루어지지 못했기 때문에—소원이 성취되지 못하고 실망하기 때문에—불안을 느낀다고 설명한다. 사실 이러한 설명은 메타심리학적 관점을 결여하고 있으므로 보완이 필요하다는 것에는 의심의 여지가 없다. 필자가 위에서 프로이트의 관점을 따라 어머니의 상실을 '위험상황'으로 설명하고 이러한 위험상황에 대한 '방어'가 불안이라는 점을 강조한 것도 스피츠의 이론을 보완적으

---

3 이런 관점에서 낯가림을 영아가 익숙한 얼굴과 낯선 얼굴 간의 표상의 불일치에 대한 반응으로만 보는 인지이론가들(가령 J. Kagan)의 견해도 타당성이 떨어진다.

로 설명하기 위함이었다.

베르엑 역시 스피츠의 설명의 한계를 지적하면서 사르트르의 시선 (gaze) 이론과 라깡의 거울단계를 연결시킨다. 이를 통해 베르엑은 특히, 왜 유아는 어머니의 품에 안겨 있으면서 낯선 사람을 쳐다보는가라는 질문에 대해 답하고자 시도한다. 베르엑의 논지를 간략하게 정리하면 유아가 여전히 낯선 사람을 쳐다보는 이유는 "낯선 사람의 시선이 유아의 불안의 중요 원인"(Ver Eecke 2006: 72)이기 때문이다. 여기에서 그는 사르트르의 『존재와 무』(Being and Nothing)에 나오는 유명한 시선에 관한 분석에 대해 언급한다. 만일 내가 열쇠구멍을 통해 엿보고 있는데 발자국 소리가 들릴 때 나는 수치감에 빠진다. 왜냐하면 그 발자국 소리는 다른 사람이 나를 보고 있을 수 있다는 사실을 상기시키기 때문이다. "타자가 나를 보고 있다는 생각이 나의 수치심의 계기이다. (…) 수치심 속에서 나는 내가 알지 못하는, 나 자신의 어떤 차원을 인식하게 된다."(72) 베르엑에 따르면 사르트르가 말하는 내가 알지 못하는, 나 자신의 어떤 차원이란 다름 아닌 신체 (body)를 의미한다.(73)

베르엑이 사르트르의 시선 이론과 거울단계를 연결시키는 것도 바로 이러한 맥락에서이다. 후에 언급하겠지만 거울단계란 거울에 비친 신체이미지를 동화함으로써 자아가 형성되는 단계이기 때문이다. 하지만 베르엑은 사르트르보다 한 걸음 더 나아가 단순히 주체가 통제할 수 없는 신체에 대한 자각이 수치심을 불러일으키는 것이 아니라 시선이 주체의 분열을 상기시키기 때문에 불안을 야기한다고 해석한다.(79) 거울단계에서 유아는 상상적 통일성을 소유하지만 사실 이렇게 획득된 통일성은 시기상조의 것으로 유아는 여전히 파편화된, 즉 분열된 신체를 소유하고 있기 때문이다. 하지만 베르엑의 8개월 불안에 대한 이러한 설명도 역시 보충이 필요하다.

베르엑은 타인의 시선이 불안을 야기하지만 유아는 어머니의 안전한 품속에서 이 불안을 이길 수 있기 때문에 낯선 사람을 쳐다볼 수 있다고 암시하기 때문이다. 즉 베르엑은 안전한 곳으로서의 어머니, 그리고 불안을 야기하는 타자라는 '과도한' 이분법을 전제하고 있다.

여기에서 필자는 라깡과 클라인의 관점을 덧붙여 설명해야 할 필요가 있다고 본다. 뒤에서 설명하겠지만 클라인에 따르면 생후 6~8개월은 망상-분열적 위치(paranoid-schizoid position)를 지나 우울적 위치(depressive position)에 들어가 있는 시기이다. 그러나 자신을 압도하고 먹어 삼키는 어머니에 대한 박해불안의 잔재가 아직 유아에게 남아 있다. 여전히 우울 불안 속에 박해불안이 잔존해 있고 신비적 '사물'(das Ding)로서의 무서운 어머니에 대한 박해망상이 유아에게 존재한다. 어머니는 사랑의 대상이며 동시에 공포와 불안의 대상이다. 전능한 대타자로서 어머니는 유아를 돌봐주고 충족시켜 주지만 때로 그러한 전능성은 유아의 존재 자체를 무화시킬 수도 있는 멸절의 공포(aphanisis)를 야기한다. 욕망의 공간을 허락하지 않는 자의적인 어머니와의 대면에서 유아는 자신의 존재가 완전히 무화되는 듯한 두려움을 경험한다. 어머니와의 미약한 분리가 시작되었지만 아이는 환상 속에서 여전히 이 '팔루스를 가진 어머니'와 융합하고 있으므로 불안을 느낀다. '현실적' 어머니는 유아의 욕구와 요구를 절대적으로 충족시켜줄 수 없으며 마찬가지로 어머니에 대한 유아의 동일화 시도도 완전히 성공할 수 없다. 클라인이 명확히 서술했듯이 어머니는 유아에 대해 양가적이다. 이 전능하고 위협적인 어머니, 모성적 초자아는 한편으로는 유아의 욕구와 요구를 충족시켜주면서도 다른 한편으로는 박해망상과 우울불안 등 치명적인 불안을 야기하는 근원이기도 하다는 것이다.

본격적으로 언어가 발달하기 이전에 아이는 사물에 대한 감각적 확인과 외부 대상과의 직접적 접촉을 시도한다. 이전의 나르시시즘적 단계에서 욕구의 충족이 중요했다면, 이제 아이는 자신에게 욕구충족을 제공하는 인물, 어머니 자체에 대한 관심을 점차적으로 드러낸다. 즉 욕망이 생겨난다. "그녀는 누구일까?" "그녀는 무엇을 원할까?" 한편 유아의 나르시시즘적 충족을 가능케 했던 어머니의 위대함은 역설적으로 유아의 전능성을 위협하기도 한다. 따라서 어머니는 아기에게 존재하는 동시에 부재해야만 한다.

요약하면 클라인과 라깡의 관점에서 볼 때, 아이가 불안을 야기하는 낯선 사람을 쳐다본다는 것은 다음의 사실을 의미한다. 아이에게 낯선 사람은 불안의 근원이지만 동시에 어머니와의 이자관계에서 발생하는 불안을 벗어날 수 있도록 해주는 최초의 '상징적' 차원이다. 또한 중요한 점은 낯선 사람의 시선이 아이에게 야기하는 불안은, 어머니와 동일화한 아이가 어머니에 대해 갖고 있는 '불안의 투사'일 수 있다는 점이다. 물론 이렇게 말한다고 해서 '안전한 곳으로서의 어머니'라는 개념이 완전히 오류라는 것을 뜻하지는 않는다. 어머니는 안전한 곳인 동시에 불안을 야기하는 장소라는 **양가성**에 대한 이해가 필요하며, 베르엑은 바로 이러한 양가성의 측면을 놓치고 있다는 것이다.

라깡이 『세미나 11: 정신분석의 네 가지 근본개념』에서 사르트르에 대해 제기하는 비판의 핵심적 내용도 바로 그것이다. 라깡은 이렇게 말한다. "사르트르에 따르면 [타인]의 시선 아래 있게 되면 나는 나를 바라보는 눈을 볼 수 없게 되고, 만일 내가 그 눈을 본다면 시선은 사라집니다. 이러한 현상학적 분석은 정확한 것일까요? 그렇지 않습니다."[4] (라깡 2008: 133)여기

---

4 『자크 라캉 세미나11: 정신분석의 네 가지 근본 개념』, 새물결, 2008. 번역 용어 중 '응시'는 '시선'으로, '응시하는'은 '바라보는'으로 수정해 인용함.

에서 라깡이 말하고자 하는 핵심적 내용 중의 하나는 사르트르는 나를 바라보는 '타인의 현존 그 자체'로서의 '시선'을 단순히 주체(유아)를 무화하는 역할만 행하는 시선으로 잘못 분석했다는 것이다.

> "여기에 시선이 개입하는 것은 자신이 바라보다 들켰다고 느끼는 주체가 대상성의 세계의 상관항인 무화의 주체가 아니라 **욕망**의 기능 속에서 유지되는 주체이기 때문임이 분명하지 않나요?"(133~134. 강조는 필자)

이렇듯 주체가 된다는 것은 욕망의 주체가 된다는 것인데 이것이 가능하기 위해서는 제3자의 현존, 즉 타인의 시선이 필요하다. 주체는 이자관계를 벗어날 수 있도록 해주는 타자(의 시선)를 통해서만 주체로 형성될 수 있다는 것이다.

그렇다면 이러한 유아의 초기 발달에서 라깡의 거울단계는 어떤 의미를 갖는가? 거울단계와 8개월 불안이 교차하는 지점은 어디인가? 여기에서 클라인의 사유는 어떻게 기여하는가? 이제 유아의 심리적 불안과 개별화(주체화) 과정을 거울단계 이론과 연관시켜 살펴보자.

IV 거울단계: 주체 탄생의 장

1. 자아인식의 출발로서의 거울 경험: 상상계와 상징계의 교차

> "(…) 이러한 발달은 개인의 형성을 역사 속으로 결정적으로 투사시키는 시간적 변증법으로 체험된다. 거울단계는 하나의 드라마인데, 이 드라마의 내

적 추동력으로 인해 기능적 결함이 예기(anticipation)로 [서둘러 전개된다], 그리고 [주체를] 소외시키는 동일성(정체성, identity)—이 동일성은 주체의 정신적 발달을 자신[동일성]의 엄격한 구조로 각인한다—이라는 갑옷을 마침내 획득하는 것으로 서둘러 전개된다. 그리고 이 드라마는 공간적 동일화의 유혹에 사로잡힌 주체에게 조각난 육체이미지로부터, 우리가 '정형외과적'(orthopedic)이라고 부르는, 육체의 총체성으로 이어지는 환상을 만들어낸다. 그리하여 **내적 세계(Innewelt)**로부터 **환경 세계(Umwelt)**로의 원(circle)의 파열은 자아의 확인(ego's audits)이라는 결코 완성될 수 없는 사각형화(squaring)를 산출한다."(Lacan 1971: 78. 강조는 원문)

생후 초기 영아의 자아인식은 신체에 대한 인식으로부터 출발한다. 일찍부터 존재하는 신체감각은 동일화를 수행하는 과정에서 경험을 받아들이고 객관적 현실을 해석하고 구성하는 기초를 이룬다. 프로이트는, 자아는 먼저 신체자아(body ego)로 존재하며 고유한 의미의 자아는 육체 표면의 투사라는 견해를 제시한 바 있다. 초기의 지각들은 신체적 감각으로 이루어지며 여기에서 아이는 자신에 대한 심리적 표상을 만들어간다.(Freud 1923: 26) 즉 생후 초기부터 유아의 몸은 큰 즐거움을 주는 중요한 쾌락의 원천으로 유아가 '나'를 느끼고 깨닫기 시작하는 출발점이다. 이 점에서 라깡의 거울단계 이론은 신체자아로부터 자아가 형성된다는 프로이트 이론의 재해석으로 볼 수 있다.

유아는 거울이미지에 자신을 동일화함으로써 당시까지 부재했던 정체성을 획득한다. 이때 중요한 것은 단순히 거울이미지와의 동일화만으로 유아의 정체성이 형성되는 것이 아니라 어머니의 승인하는 시선, 즉 제3자로서의 어머니가 필요하다는 사실이다.(비트머 1998: 40) 라깡은 1930~40년대에는 상상계의 측면에 강조점을 두면서 거울단계를 설명했다. "거울단계가 완성되는 순간은 유사한 사람(유사한 것, semblable)의 이마고와의 동일화를 통해, 그리고 원초적 질투의 드라마—이는 어린아이의 이전성(transitivism)이라는 사실 속에서 샤를로트 뷜러 학파가 강조했다—를 통해 그 이후로 자아를 사회적으로 정교화된 상황과 연결시키는 변증법을 설립한다."(Lacan 1971: 79)

하지만 1950년대부터 라깡은 상징계의 우위라는 논제를 전면에 내세우기 시작한다. 특히 『세미나 1』에서 라깡은 다시 한번 거울단계에 대해 길게 논평하는데 여기에서는 거울단계는 상징계의 틀 속에서 주어진다는 점을 강조한다. 아래의 도식에 대해 간략히 설명해보자. 꽃병은 원래 보이지 않는 것이었지만 거울에 비친 이미지 덕택에 사람들은 꽃병을 눈으로 볼 수 있게 된다. 즉 거울 덕택에 원래는 분열되었던 꽃병과 꽃이 하나의 통일적인 모습으로 나타난다는 것이다. 『세미나 1』에서의 거울단계에 대한 라깡의 재해석에서 중요한 점은 이러한 완전한 통일적 이미지를 볼 수 있기 위해서는 어떤 특정한 영역에서 바라보아야 한다는 것이다. 라깡은 두 개의 거울을 사용한 도식을 통해 이를 알기 쉽게 설명한다. 아래 그림에 눈이 그려져 있는데, 바로 눈이 위치한 그 영역 내에서 평면거울을 바라볼 때에만 오목거울을 통해 온전한 이미지(꽃이 꽂혀진 꽃병)를 포착할 수 있다. 라깡이 이 도식을 통해 언급하고 있는, 온전한 이미지를 볼 수 있도록 만드는 특정한 영역, 이것은 다름 아닌 상징계이다. 즉 주체가 자신에 대한 온전한 상상적 이미지를 가질 수 있는 것은 상상계가 이미 상징계 속에 존재하기 때문이다.

라깡의 「'나'의 기능의 형성자로서의 거울단계-정신분석적 경험 속에서 드러난 '나'의 기능에 관하여」에 따르면 유아는 (침팬지와 같은 동물과 달

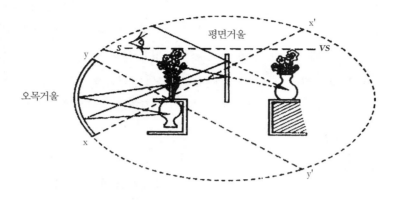

두 개의 거울의 간략화된 도식(Lacan 1991: 139)

리) 거울에 비친 모습이 자신의 모습이라는 사실을 알고 환호한다. 하지만 유아는 그것이 단지 자신의 이미지라는 것을 알고 있다. 침팬지는 그것이 자신의 이미지라는 것을 알고 흥미를 잃고 돌아서지만 아이는 오히려 그 때문에 더욱 환호한다.(Lacan 1971: 75~76) 달리 말하면, 유아는 거울이미지 는 자신의 이미지이기는 하지만 자신과는 분리된 어떤 것이라는 점을 알 고 있으며 바로 그것이 주체화를 낳는다. 이것이 상상계 속에 이미 작동하 고 있는 상징계의 효과인 것이다.

이미 언급했듯이 어린아이가 자신의 거울이미지를 내면화하기 위해서 는 어머니의 승인하는 시선이 필요하다. 거울 경험은 곧 타자―제3자―의 눈에 내가 어떻게 보이는가가 중요하다는 것을 보여주는 근본적 체험이다. 이때 어머니의 시선은 박해불안을 야기하는 시선이기 보다는 상징계를 담 보하는 시선이다. 특히 어머니는 아이를 소외시키는 타자 이전에 아이에게 안정감을 주고 주체화를 이루는 데 기여하는 타자라는 사실은 중요하다.

그러므로 거울이미지 자체가 이미 주체에게 타자의 시선으로 존재하고, 주체를 표상하는 하나의 상징을 재현한다는 점에서 거울단계는 상징화의 출발점이다.

2. 망상-분열적 위치와 우울적 위치, 그리고 거울단계

> "그것은 모든 인간의 지식을 타자의 욕망에 의한 매개 속으로 결정적으로 전복시키며, 타자와의 경쟁을 통한 추상적인 동등성 속에서 인간적 지식의 대상을 구성하며, 본능의 모든 추동력이 만일 자연적 성숙의 과정을 따른다면 그것[장치]에게 위험이 되는 그러한 장치(apparatus)를 **나**'(I)로부터 만들어 내는 순간이다. 인간에게서 자연적 성숙의 정상화 과정 그 자체는 이때부터 문화라는 중개자에 의존한다. 오이디푸스 콤플렉스에서 성적 대상이 형성되는 것에서 볼 수 있듯이 말이다."(Lacan 1971: 79. 강조는 원문)

거울단계가 클라인의 이론을 관통하는 지점을 설명하기에 앞서 먼저 클라인의 탁월한 사유가 돋보이는 망상-분열적 위치와 우울적 위치에 대해 간략하게 보자. 이 개념을 통해 클라인은 프로이트조차도 해명할 수 없었던 생후 초기의 심리 역동을 철저하게 밝혀냈다. 생후 3~4개월의 망상-분열적 위치에서 대상(젖가슴)은 부분대상으로 분열되어 존재한다. 영아는 자신을 (통합된) 주체가 아닌 대상으로 지각하며 사고와 감정은 주체 자신의 것이 아니라 자신을 차지하는 신체적 대상과 힘으로 경험된다. 즉 주체성이 부재하고 오직 대상으로서의 자기인식만이 존재한다. 타자 역시 그 자체로 하나의 주체이기보다는 자신(어린아이) 일부로 경험되며 (진정한) 타자-대상에 대한 사고나 의식은 거의 존재하지 않는다. 주체와 타자간의 이전성(라깡)이 존재하는 이 시기에 최초의 대상으로서 어머니(의 젖가슴)는 사랑과 증오, 시기심과 분노를 동시에 불러일으키는 타자이다. 진정한 타자의 존재를 인정할 수 없는 이러한 나르시시즘적 이자관계 속에 타자에 대한 공격성이 내재해 있으며, 역으로 주체는 다시 대상(타자)의 보복과 공격으로부터의 박해불안을 경험한다.

생후 3~6개월에 시작되는 우울적 위치에서 영아는 대상과의 분리를 어렴풋이 깨닫기 시작하고 이로부터 진정한 의미의 대상관계가 출발한다. 망상-분열적 위치에서는 좋은 젖가슴과 나쁜 젖가슴, 좋은 어머니와 나쁜 어머니, 현존하는 어머니와 부재하는 어머니 등 모든 대상이 분열된 상태로 존재했다면 이제는 이러한 부분대상들이 모두 어머니라는 하나의 전체대상이 보여주는 여러 모습들이라는 새로운 인식이 생겨난다. 이제 대상(어머니)은 좋은 대상과 나쁜 대상으로 분열되지 않으며 영아에게 충족감을 주는 동시에 좌절을 안겨주는 양가적인 존재이다. 나쁜 대상의 공격이 영아 자신의 사디즘의 투사라는 사실을 깨달으면서 자신이 어머니를 공격했다는 사실로부터 나오는 우울불안과 함께 자신이 파괴하고 공격한 대상에 대한 연민과 감사가 나타난다.

"내 경험에 따르면 자아 안에서 대상을 기다리는 위험만큼 거기에는 깊은 불안이 있다. 내부가 애정대상이 소멸할 수도 있는 위험한 곳으로 느껴지는 것처럼 거기에서 [대상이] 안전하게 유지될 수 없다. 여기에서 '애정대상의 상실'에 대해 근본적인 것으로 기술했던 상황을 보게 된다. 그 상황은 말하자면 자아가 좋은 내면화된 대상을 완전히 동일화하게 될 때 그리고 동시에 내면화된 박해적 대상과 이드에 대항해 그 좋은 대상들을 보호하고 보존하지 못하는 자신의 무능함을 지각하게 되는 때이다. 이 불안은 심리적으로 정당화

된다."(Klein 1935: 285)

망상-분열적 위치에서 주체는 불안이 대상으로부터 나온다고 생각하는 반면, 우울적 위치에서 주체는 자신을 불안의 근원으로 경험한다. 생후 초기 영아는 자신의 주관성을 갖지 못한다. 어린 유아는 '나'라는 자아인식이 부재하고 자신만의 독립적인 사고조망을 할 수 없으며 자신의 경험을 해석하거나 사고할 수 없다. 망상-분열적 위치에서 해석하고 매개하는 주체에 대한 인식은 부재하며 다만 '대상으로서의 자기'가 존재한다. 그러나 우울적 위치에서는 상징과 상징되는 것을 매개하는 '해석하는 주체'가 존재한다.(Ogden 1989: 128) 망상-분열적 위치에서 주체는 대상에 대한 증오를 경험하고 우울적 위치에서는 대상에 대한 사랑과 연민을 느낀다. 이로부터 상실한 대상에 대한 회복의 욕구가 나온다. 애정대상의 상실로부터 야기되는 고통을 견디고, 대상을 공격했다는 죄의식과 절망이 생겨난다. 하지만 동시에 그러한 절망적 상태에서도 대상은 남아 있어야 하며 영원히 보존되어야 한다. 여기에서 사디즘이 완화되고 죄의식이 발생하면서 상처 입은 대상에 대한 회복충동과 애도작업이 나타난다.

"그것은 조각나 버린 '완벽한' 대상이다. 이와 같이 그것[완벽한 대상]이 약화되는 붕괴의 상태를 원래대로 되돌리는 노력은 그것[대상]을 아름답고 '완벽하게' 만드는 필요성이 있다는 사실을 전제한다. 완벽의 개념은 게다가 대상의 붕괴를 인정하지 않기 때문에 너무 강제적이다. (…) 아름다운 상[어머니의 상]은 실제 대상과 분리되어 왔지만 절대 포기되지는 않았으며 그 환자들의 구체적인 승화 방식에서 중요한 역할을 담당했다. 완벽함에 대한 욕망은 붕괴의 우울불안에 뿌리를 두고 있는, 그 결과 모든 승화에서 커다란 중요

181

성을 갖고 있는 것으로 보인다."(Klein 1935: 290)

클라인적 관점에서 거울단계는 우울적 위치에 상응한다. 우울적 위치는 부분대상이 전체대상으로 인식될 뿐만 아니라, 제3자의 시선의 중요성을 알게 되는 단계이기 때문이다. 하지만 거울단계는 여러 가지 측면에서 미숙한 시기이므로 망상-분열적 위치로의 퇴행도 쉽게 일어날 수 있다. 거울은 영아의 아직 통합되지 못한 파편화된 육체, 조각난 신체, 부분대상들을 하나의 전체대상, 온전한 육체이미지로 구조화한다. 그러나 '정형외과적' 봉합에 지나지 않는 거울이미지 배후에는 조각난 신체들이 있으며, 이러한 신체의 이미지가 환영과 꿈을 통해 다시 등장하기도 한다. 다시 말하면 거울단계에서 발생하는 어머니와의 신체적 분리는 영아의 독자적 탐색과 이동행동을 가능케 하지만, 어머니는 여전히 영아의 분리와 개별화를 좌우하는 중요한 인물로 존재한다. 영아는 어머니의 미소 짓는 표정을 보고 새로운 장난감에 접근을 하지만 두려운 표정 앞에서는 보통 장난감을 회피한다. 마찬가지로 거울단계는 박해불안과 우울불안이 공존하므로 영아는 어머니에 대한 애착·사랑과 함께 무섭고 잔인한 초자아로서의 어머니에 대한 박해망상적 불안과 두려움을 경험한다.

특히 거울단계 초기는 앞서 분석한 8개월 불안(분리불안)과 맞물리는 시기로서 낯선 사람에 대한 불안이 잘 나타난다. 상상계적 성격이 강한 거울단계 초기에서 어머니와의 완벽한 공생관계를 깨뜨리고 침입해 들어오는 낯선 사람은 유아의 전능한 환상과 충족감에 구멍을 남긴다. 어머니와의 배타적 합일을 꿈꾸는 이 상상계적 단계에서 낯선 타인에 대한 불안은 동시에 어머니와의 분리불안을 초래한다. 주양육자로서 특별한 애착관계에 있는 어머니는 낯선 사람과 대면할 때 유아가 찾는 안전한 곳이며, 유아는 이를 안전기지로 삼아 불안을 야기하는 낯선 사람으로부터 거리를 둔다. 또한 앞에서 언급했듯이 '사물'(das Ding)로서의 무서운 어머니는 유아에게 박해불안을 불러일으키고 아이로 하여금 어머니로부터 거리를 두고 벗어나도록 자극한다. 라깡을 따라 우리는 이 무서운 어머니를 '실재적 어머니'(홍준기 2005: 138)라고 부를 수 있는데, 이 실재적 어머니는 유아에 대해 자의적 태도를 보임으로써 유아의 독립과 상징적 분리를 가로막는다. 불가해한 욕망과 자의성을 드러내는 이 어머니는 아이에게 불안을 야기하고 아이로 하여금 어머니로부터 벗어나게 만드는 동시에 아이의 분리를 막는, 아이의 상징화 작업을 방해하는 양가적 존재이다.

상징적 단계에 완전히 진입하지 못한 유아에게 어머니의 시선은 유아에게 안정감을 주지만 동시에 불안을 불러일으킨다. 앞에서 언급했듯이 8개월(낯선 사람) 불안은 어머니와의 관계에서 존재하는[존재했던] 망상[박해]불안을 재활성화시킨다. 거울단계 초기에 유아가 가졌던 상상적 충족과 전능성의 환상은 낯선 시선 앞에서 무기력한 것임이 드러난다. 하지만 낯선 사람은 상상적 어머니가 주는 박해불안으로부터 일시적인 도피처를 제공하므로 유아는 낯선 사람에 대한 현실적 불안에도 불구하고 그를 욕망한다. 사르트르가 말하는 시선이 주체를 불안하게 만들고 '원초적 추락'(사르트르)을 만들어내는 시선이라면, 라깡이 말하는 시선은 사르트르가 간과했던 측면이 무엇인지를 잘 보여준다. 즉 라깡에게서 타자의 시선은 주체가 박해불안을 벗어나 상징적 구조로 진입하는 주체화 과정을 수행하는 데 조력한다. 이처럼 사물—원초적 어머니—과의 융합에 결여를 도입하는 타자의 시선을 통해 유아는 본격적으로 상징계에 진입한다.

이러한 맥락에서 우리가 거울단계를 편의상 초기와 후기로 구분할 수 있다면, 거울단계 후기는 생후 12~15개월 경 본격적으로 어머니와 분리되어 독자적인 탐색활동이 활발해지는 걸음마기 초기와 대략 일치한다. 전능감과 충족감을 주었던 어머니 품을 떠나 독자적으로 세상을 탐색하는 과정에서 현실인식이 발달하고 자연스럽게 유아의 전능성과 망상적 성향은 극복된다. 여기에서 어머니는 실재적 어머니 혹은 상상적 어머니로부터 유아를 분리시키는 '상징적 어머니'(홍준기 2005: 135)의 역할을 한다. 또 이 시기의 타자는 거울단계 초기의 8개월 불안을 야기하는 타자, 즉 박해불안과 우울불안을 일으키는 박해하는 타자로만 있는 것이 아니라 서서히 상징적 차원을 획득하기 시작한다. 낯선 사람, 타자는 유아가 나르시시즘적 전능성을 극복하고 상상적, 실재적 어머니를 수용할 수 있도록 도와준다. 이러한 과정을 거쳐 유아는 이제 본격적으로 상징계에 진입하며 '아버지의 이름'을 받아들인다. 거울단계 후기를 지나면서 유아가 상상적 어머니를 떠나 상징적 어머니의 지지 속에서(아이의 무의식에 아버지의 이름을 설립하는 사람은 바로 어머니이다!) 상징계로 진입하듯이, 클라인에게서 어린 아이는 우울적 위치를 무사히 통과함으로써 상징의 세계에 진입한다.

이제 어린아이는 대상의 타자성을 인식하고 대상의 결여를 받아들이고 상징화 작업을 통해 대상으로부터 '거리두기'를 취할 수 있게 된다. 기대했던 이상적이고 완벽한 좋은 대상의 불완전함과 결핍을 발견하는 그 순간, 즉 상실의 순간에 명명되지 못한 어린 존재는 주체로 탄생한다. 분리되었지만 포기되지 않은 아름답고 완벽한 '상상적' 어머니와 두렵고 상처받은 '실재적' 어머니 사이의 간극은 **상징**을 통해 매개된다. 결코 가질 수 없는 원초적 대상의 상실, 결여와 불가능한 향유를 촉발하는 절대적 욕망 대상의 포기는 주체로의 탄생을 위한 대전제가 된다.

V 충동과 환상

1. 환상과 무의식의 장: 욕망의 실현 vs. 욕망의 금지

라깡이 코제브의 헤겔 해석을 원용해 말했듯이 인간의 욕망은 단순히 자연적 대상이나 사물을 향한 본능적 필요라는 관점에서가 아니라 **'타자의 욕망의 욕망'**이라는 관점에서 고찰된다. 사물의 단순한 물리적 속성을 넘어서, 즉 대상의 실증적, 자연적 성격과는 독립적으로 그 사물이 인간의 욕망을 자극하며 욕망의 원인이 될 수 있는 까닭은 무엇인가? 그것은, 주체의 자기지각 및 세계지각과 인식을 구성하며 주체의 욕망과 그 대상이 형성하고 구조 짓는 은밀한 장소인 환상이 우리로 하여금 '욕망하는 법'을 가르쳐주기 때문일 것이다.

프로이트가 '유혹설'을 포기하고 신경증의 원인으로서 '환상설'을 주장했을 때 그는 존재하지 않는 어머니의 젖가슴에 대한 무의식적, 환각적 (소망)충족이라는 의미의 환상 개념을 중시했다. 프로이트는 「토템과 터부」(1913)에서 다양한 환상들의 근간이 되는 최소한의 동일성을 제공하는 하나의 상수로서 '원초적 환상'(primal phantasy) 개념을 도입했다. 프로이트가 다소 형이상학적, 생물학적 가정에 근거해 원초적 환상을 바라보았던 것에서 나아가 라플랑슈와 퐁탈리스는 원초적 환상은 "근원(originals)에 관한 환상"(Laplanche & Pontalis 1973: 332)이라는 점을 강조하며, 프로이트가 이해한 바 실제적으로 존재했던 사건으로서의 원초적 장면이라는 개념과 거리를 취한다. 즉 부모의 성행위에 관한 환상은 주체가 자기 자신을 수태하는 부모의 행위에 대한 상상적 목격을 의미하며, 부모의 유혹에 관한 환상은 자신이 수태와 탄생을 자신에게 귀속시키려는 환상인 것이다.

생후 초기 환각(hallucination)에 의한 만족의 시도는 클라인에 따르면 특히 빨기로 대표되는 구순적 충동에 의한 젖가슴의 내사를 유도하면서 가장 원시적인 환상의 모습을 구성한다. 내사(introjection)와 투사(projection) 작용에 의해 수행되는 환각은 경험의 주관적 해석행위로 환상화된 삶의 기초를 형성한다. 프로이트는 내사를 말하면서 무의식적 환상이라는 용어를 사용하지 않았지만『정신기능의 두 개의 원칙에 대한 공식』(1911)에서 무의식적 환상의 개념을 이미 충분히 인식하고 있음을 보여준다.

환상이 처음으로 형성되는 시기를 언제로 간주할 수 있는가? 현실원칙이 적용되어 무한한 충족을 달성할 수 없을 때 어린아이가 현실원칙의 제약으로부터 벗어나 환각 혹은 환상 속에서 무제한의 쾌락원칙을 추구함으로써 환상은 시작된다고 볼 수 있다. 한편 이미 프로이트는 자가성애(auto-eroticism)를 본질적으로 환상 혹은 환각을 동반하는 단계로 설명하면서 환상의 시기를 앞당기고 그 개념을 정교화한다. 즉 자가성애는 단순히 생후 초기, 즉 유아가 어떤 대상도 갖지 않은 상태에서 자기의 육체로부터 만족을 누리는 상태를 의미하지 않는다.(Laplanche & Pontalis 1973: 46 이하) 다시 말하면 무의식적 환상의 출발로서 자가성애란 아이가 현실원칙에 직면해, 즉 상징계에 진입한 후 실재적 대상, 가령 어머니의 젖가슴을 상실한 후 환상 속에서 이 잃어버린 대상을 찾아 그것에서 만족을 누리려는 행위와 연관되어 있다. 요컨대 환상은 대상의 실제적 상실 이후 환각이라는 형태로 그 대상에서 원래 누렸던 만족을 되찾고자 하는 주체의 활동이다. 자가성애적 만족에 동반되는 환상행위는 인간은 순수한 생물학적 욕구충족을 추구하는 것이 아니라는 사실을 보여준다. 바로 그러한 의미에서 프로이트는 '대상의 발견은 (상실한) 대상의 재발견'이라고 말한다.(Freud 1925: 237~238)

무의식적 소망충족으로서의 환상은 단순히 육체적 욕구의 만족이 아니라 성적, 리비도적 충동 혹은 욕망의 실현의 환상을 의미한다. 따라서 이러한 무의식적 소망충족으로서의 환상은 동시에 이 환상의 완벽한 실현을 가로막는 금지의 흔적과 더불어 주체의 무의식 속에서 연출된다. 환상은 상징계, 즉 법과 근친상간 금지법에 의해 어머니로부터 분리되는 것—외상—에 대한 극복인 동시에 이러한 외상 자체의 흔적을 상연하는 이중성을 갖는다. 요컨대 환상은 충동의 정신적 표현이고 또한 그 충동에 대한 방어메커니즘이다. 주체는 환상작용을 통해 외상을 극복하는 동시에 그 외상의 흔적을 환상에 남긴다.

2. 충동과 대상: 클라인의 환상론

프로이트가 무의식적 환상, 곧 심리적 현실이 갖는 중요성을 간파하였다면 클라인은 특히 (죽음)충동과 사디즘, 육체적 활동과 관련해 환상에 관심을 기울였다. 생후 초기부터 유아는 자극에 대해 즉각적인 환상으로 반응한다. 좌절을 포함한 불쾌한 자극에 대해서는 공격적 환상으로, 만족감을 주는 자극에 대해서는 유쾌한 환상으로 세상과 소통한다. 최초의 대상으로서 어머니의 젖가슴이 주는 충족과 좌절은 유아의 내·외적 세계를 구조 짓고 이 역동적 상호과정은 환상 작용과 결부된다. 좋은 외적 경험은 내면의 불안을 감소시키고 내적 세계의 안정감은 현실에 대한 적응력을 높이며, 여기에서 박해적이고 위협적인 환상을 감소시키는 우호적인 순환관계가 형성된다.

유아의 초기 환상에서 대상은 좋은 대상과 나쁜 대상으로 분열되어 존재하지만 이것은 그들의 실제 외적 환경의 반영이기 보다는 어린아이의 죽음충동과 사디즘, 사랑과 증오의 역동에서 출발한다. 요컨대 "심리적 현실은 외적 현실의 전조"(Klein 1932: 152)라는 클라인의 주장에 따르면 인간의 심리적 현실, 내적 세계, 환상은 외적 세계와는 독립적으로 존재할 수 있고 생후 초기부터 부모의 젖가슴과 남근, 내사된 대상 등 부분대상과의 관계가 어린아이의 무의식적 사고를 채운다. 아이작스도 "최초의 환상은 신체적 충동자극(impulse)에서 나오고 신체적 감각과 섞여 짜인다. (…) 환상은 명료한 외부 지식에서 **기인하지 않는다.** 환상의 근원은 내적인 본능적 충동자극에 있다"(Isaacs 1948: 86. 강조는 원문)고 명확하게 밝히듯이 클라인에게서 환상은 근본적으로 유아의 내적 충동, 죽음충동과 사디즘에서 출발한다.

> "부모를 병합(incorporation)해온 유아는 깊은 무의식적 환상이 경험되는 구체적인 방식으로 부모가 자신의 신체 안에서 살아있다고 느낀다. 그것들은 내가 이름 붙인 것처럼 유아의 정신 안에서 '내적'(internal) 혹은 '내부적'(inner) 대상들이다. 이렇게 해서 내적 세계는 아이의 실제적 경험, 그리고 사람들과 외적 세계로부터 얻은 인상들과 상응하여 아이의 무의식적 정신 안에서 세워지지만 또 유아 자신의 환상과 충동자극에 의해 바뀐다."(Klein 1940: 312~313)

환상은 충동 안에 정박하고 충동은 환상을 통해 가시화된다. 주체는 상실한 최초의 만족을 다시 얻고자 하며 여기에서 환상은 곧 욕망과 연결된다. 그렇다면 충동이란 무엇인가?

> "충동은 결코 의식의 대상이 될 수 없다. 오직 충동을 대리하는 관념(idea)만이 의식의 대상이 될 수 있다. 심지어 무의식 안에서도 충동은 관념에 의하지

않고서는 대리될 수 없다. (…) 충동자극의 표상적 대리자는 무의식적이다. 이러한 충동자극 이외에는 다른 어떤 것도 고려 대상이 되지 않는다.”(Freud 1915b: 177)

프로이트는 충동을 모든 심리적 에너지의 근원이자 정신작용을 활성화시키는 자극제로 설명하며 정신과 육체 사이의 경계선에 있는 개념으로, 유기체 안에서 발생하여 정신에 도달하는 심리적 표상물(psychic representative)로, 그리고 정신이 육체와 연관된 결과로 정신에 부과된 일정 수준의 요구로 나타나는 것으로 본다.(Freud 1915a: 121~122) 환상과의 유기적 관계에서 충동이 갖는 이러한 모습은 동물과 구별되는 인간 주체의 존재성을 보여준다. 즉 환상은 타자성을 가지면서 욕구(need)가 아닌 욕망(desire)의 차원에서 움직이는 충동의 표상이며, 그 환상 안에서 주체는 충동의 일시적인 만족을 실현한다. 육체와 관련한 충동과 감각의 경험 등은 자아발달의 중요한 요소로서 신체적 경험이 없다면 정신구조도 없다. 유아에게 이 환상은 너무나 생생하고 강렬하여 마치 현실처럼 구체적으로 지각된다.

'환상이 충동의 정신적 표현'이라는 말은 어떻게 이해할 수 있는가? 예컨대 배고픈 유아나 어머니의 젖가슴을 욕망하는 아기는 '젖꼭지를 빨고 싶다'는 환상을 가질 수 있고, 이 환상이 불안과 결합하여 강렬하게 나타날 경우 '어머니를 모두 먹어버리고 싶다'는 식인적, 사디즘적 환상을 가질 수 있다. 또 어머니의 상실을 회피하거나 자신의 즐거움을 위해 '어머니를 내 안에 들이고 싶다'는 환상을 가질 수 있다. 충동을 상징화하려는 욕망이 무의식적 환상을 만들어내고 억압되지 않은 강렬한 무의식적 충동 혹은 환상은 (육체적) 증상으로 표현된다. 즉 무의식적 환상은 현실적이고 구체적으로 느껴지는 내적 대상과의 관계에서 드러나며 이는 신체발생적인 감각에서 기인한다. 충분히 포만감을 느끼는 유아는 손가락과 입술을 빨면서 실제적으로 자신이 젖가슴을 빨고 젖을 주는 좋은 젖가슴을 자기 안에 소유하는 환상을 갖는다. 배고프거나 불쾌한 감각은 나쁜 대상과의 관계가 표현되는 것으로 이 나쁜 대상은 유아 자신을 공격하는 것으로 느껴진다.

충동의 정신적, 심리적 표현인 환상에는 처음부터 충동의 대상이 존재한다. 젖가슴이나 젖꼭지, 남녀의 성구분과 생식기에 대한 '내재된 지식' (innate knowledge)은 곧 아이들이 갖고 있는 무의식적 지식이다. 비록 클라인이 선천적 지식, 본능 등 타고난 그 무엇을 강조하는 듯한 언급을 남겼지만 사실 클라인 정신분석은 그러한 형이상학적인, 혹은 생물학적인 가정이 없다고 했을 때 더 설득력 있는 이론이 될 수 있다. 말하자면 클라인이 말하는 계통발생적 지식은 타고난 구체적인 지식이 아니라 그러한 지식을 형성할 수 있는 '구조', 즉 충동과 대상과의 관계, 이 관계 속에서 환상을 형성시키는 인간과 대상관계의 구조를 의미한다. 지금까지 기술해왔듯이 모든 충동과 욕망에는 이것들이 지향하는 대상이 존재하며 환상은 이 지점에서 형성된다. 욕망은 도달할 수 없는 대상을 전제하며 여기에서 대상과의 관계가 구성되는 환상이 작동한다. 말하자면 제일 처음 내사되는 어머니의 젖가슴을 빨고 삼키면서 유아는 그 영원한 욕망 대상이 자신 안에 존재함을 느낀다.

앞서 말했듯이 환상은 꿈과 마찬가지로 의식에서 수용될 수 없는 채워지지 않는 소망을 충족하는 것일 뿐 아니라 더 깊은 원초적 불안에 대한 방어메커니즘이기도 하다. 이는 클라인의 시각에서 환상은 욕망충족적일 뿐 아니라 박해적이라는 사실에서 이해할 수 있다. 라깡이 말하듯이 환상은 단순히 충동의 침입으로부터 주체를 지켜주는 스크린의 역할만을 하는 것은 아니다. 동시에 환상은 환상을 통해 방어할 수 없는 충동이 드러나는 장이기도 하다. 즉 환상은 무의식적 소망의 충족이면서도 소망충족의 금지를 동시에 수반한다. 환상으로서의 무의식적 소망충족은 상징적 거세를 통해 일정 정도 향유를 포기하는 것을 동반함으로써만 가능하기 때문이다.

망상-분열적 위치에서 좋은 대상과 나쁜 대상의 분열이 일어나는 것이 주체의 방어메커니즘이기도 하면서 경우에 따라서는 병리적 현상 자체인 것처럼 (혼란스럽게) 서술되는 이유도 거기에 있다. 클라인은 명확하게 서술하지는 못했지만 그럼에도 불구하고 강하게 암시하고 있듯이 망상-분열적 위치에서 등장하는 이원적 구조(좋은 대상/나쁜 대상)는 이미 언어적 대립구조를 전제하는 경우에만 유의미하게 설명될 수 있다. 뿐만 아니라 그러한 한에서 망상-분열적 위치는 이미 우울적 위치를, 즉 상징적 세계를 전제하고 있다고 할 수 있다. 그러므로 망상-분열적 위치에서의 분열 현상은 단순한 환각이 아니라 이미 방어로서의 환상이라고 말할 수 있다. 다른 한편으로는 방어의 기능이 제대로 수행되지 못할 때 분열은 방어가 아니라 병리적 증상의 표출 혹은 환각으로서, 주체는 이를 구체적인 실제적 현상으로 느끼며 심각한 박해불안에 빠져든다.

클라인이 환상과 충동과의 관계를 강조했지만 그렇기 때문에 클라인이 말하는 환상이 전언어적(preverbal) 구조를 가지고 있다고 해석하는 오류를 범해서는 안 된다. 예컨대 아이작스는 일차적 환상(primary phantasy)은 심리적 과정과 결합되어 있으며 따라서 언어와는 거리가 있다고 말한다. 하지만 클라인은 (좁은 의미의) 언어 그 자체로 구성되어 있지는 않지만 대립적 쌍의 이항구조, 즉 좋은 대상/나쁜 대상을 이미 가지고 있는 충동 (의 대상)과 환상을 자신의 정신분석 이론의 핵심적 내용으로 삼고 있다. 따라서 환상의 충동적 활동을 (언어적 구조를 가진) 환상과 독립적인 것으로 간주하는 아이작스의 이론은 클라인의 본래적인 작업과는 거리가 있다고 할 수 있다.

　라깡의 입장에서 클라인의 환상은 육체와 충동, 원초적 감각의 표상이지만 동시에 언어적 구조를 가진 상징적 활동을 의미한다. 즉 클라인의 환상론은 상징화를 내포하는 기표적 차원을 이미 전제하고 있다. 라플랑슈는 다분히 생물학적 개념으로 충동을 해석하는 경향이 있는 클라인 학파를 비판하며, 환상을 (생물학적) 본능이 아니라 이미 '언어적 구조를 가지고 있는 원초적 환상'이라는 관점에서 고찰해야 한다고 말한다.(Laplanche 1968: 14) 이러한 관점은 클라인이 말하는 환상은 대상의 실제적 상실 이후 환각이라는 형태로 원래 그 대상에서 누렸던 만족을 되찾고자 하는 주체의 활동이라는 사실과 일맥상통한다. 이를 달리 표현하면 상징적 세계 속에 존재하므로 근원―실재―으로부터 분리된 어린 주체가 자신의 '결여'를 메우기 위해 상징적 관계를 실재적―육체적, 직접적―관계로 다시 환원하려는 시도라고 할 수 있다. 거세환상에서 실재와 상징적인 것 사이의 거리를 직접적으로 메우려는 시도는 더욱 명확하게 드러난다. 즉 거세환상은 (생물학적 의미의) 거세가 존재하지 않는다면 어머니와 아이와의 불가능한 결합이 가능할 것이라는 근원적 합일에의 환상의 표현이다. 이렇듯 근원적 환상은 상징계―법, 질서, 언어의 세계―속에 존재하는 주체가 자신의 존재결여(manque-à-être)를 채우려는 상상적 노력이라는 의미를 갖는다.

　라깡의 경우와 마찬가지로 클라인에게 환상은 외적 현실과 무관하게 임의적으로 형성되는 것이 아니라 타자의 욕망과 요구, 향유에 직면해 주체가 이 외상을 극복하기 위해 자신을 타자에게 제시하는 방식을 의미한다.(홍준기 2011 참조) 충동의 요구(프로이트), 혹은 타자의 향유(라깡), 혹은 불안(프로이트, 클라인, 라깡)에 대한 방어로서의 환상은 상징화 작업과 더불어 이루어지기에 환상은 이미 상징계를 전제한다. 따라서 환상은 근본적으로 서사적 구조를 갖는다. 라깡에 따르면 환상은 타자와 대면하여 이 타자의 수수께끼와도 같은 욕망과 향유의 의미를 파악하고 규정하고자 하는 주체의 대답이다. 타자의 불가해한 욕망과 향유 앞에서 주체는 "당신이 내게 원하는 것은 무엇인가?"(Che vuoi?) 질문을 던지고 스스로 환상을 조직해서 불안을 방어한다. 이렇듯 클라인의 환상론은 라깡적 관점에서 주체와 타자 간의 조우에서 욕망이 연출되는 지점, 실재가 상상계와 상징계 속으로 편입되는 장소에 대한 사유라고 할 수 있다.

VI 부정성과 상징화

스피츠는 영아기에서 새로운 정신기능과 역량이 출현하는 세 시기를 중심으로 영아의 발달과정을 설명한다. 영아기는 세 가지 정신 조직자(organizer)를 기점으로 발달이 구조화되는데 생후 2~3개월 경의 사회적 미소(social smile), 8개월 경의 분리불안(separation anxiety), 그리고 15개월 경의 아니라고 말하기(no-saying)가 그것이다. 여기에서 심리발달의 세 번째 조직자인 '아니라고 말하기' 단계를 보자.

언어적 발달에 따른 의사소통 능력의 향상과 함께, 걸음마기 유아는 비교적 자유로운 신체활동 속에서 자율감을 경험한다. 유아는 신체 및 운동 능력이 발달하면서 어머니와 분리되어 자유롭게 탐색활동을 수행한다. 인지발달과 함께 주변 사물과 환경에 대한 호기심의 증대는 유아에게 이전과는 다른 새로운 경험과 활동을 가능케 한다. 이러한 유아의 발달과 더불어 어머니와 주변 환경의 통제와 금지가 나타난다. 이전의 수동적인 유아와 적극적인 어머니의 관계는 유아의 적극적 행동과 함께 어머니의 지시적 언행과 제재로 대치된다. 자신에게 부과되는 금지 앞에서 유아는 거부와 거절의 몸짓을 나타내고 언어가 발달하면서 '싫어'라는 단어를 사용한다.

그렇다면 영아기와 걸음마기를 거치면서 본격적으로 나타나는 '싫어', '아니라고 말하기'의 발달적, 분석적 의미는 무엇인가? 문자적 의미에서 거부 혹은 거절을 의미하는 이 단어가 이 시기 영아의 발달에서 중요한 이유는 무엇인가? 먼저 스피츠의 주장대로 이는 자아발달과 함께 의사소통에서의 진보를 의미한다. 언어 이전의 시기에 아이는 표정과 몸짓으로 의사를 전달하는데, 이제 거부와 거절의 언어적 표현이 가능해진다. "부정의 몸짓의 습득과 함께, 행동은 메시지로 대체되고 거리를 둔 의사소통(distance communication)이 시작된다."(Spitz 1965: 189) 그러나 이런 설명만으로는 미흡하다.

이제 필자는 이러한 '거부하기' 단계로의 변화를 이와 같이 단순히 언어적 진보와 자아발달로만 해석하는 것을 넘어서, **주체 형성의 변증법**이라는 관점에서 정신분석적으로 고찰하고자 한다. 프로이트는 「쾌락원칙을 넘어서」(1920)에서 아이의 포르트-다(fort-da) 놀이를 충동의 포기, 즉 어머니의 상실을 허용하는 '문화적 업적'으로, 그리고 더 나아가 능동적인 주체성의 확립과정으로 해석한다. 유아의 '아니라고 말하기'는 능동적 주체 출현의 신호이며, 이러한 주체성이 타자와의 관계에서 어떻게 형성되는지를 함축하는 의미심장한 태도이다. 어머니는 여전히 중요한 애착대상이지만 동시에 분리되어야 할 존재이기도 하다. 같은 말이지만 이를 뒤집어 이야기하면, 어머니는 분리되고 배척되어야 하는 대상(크리스테바)이지만 그럼에도 여전히 우리의 원초적 욕망 대상으로 존재한다.

이러한 변증법적 관계를 어떻게 설명할 수 있을까? 이는 다름 아닌 라깡이 말하는 상징계로의 진입을 의미한다. 이를 부정성 개념과 연관해 살펴보자. 프로이트는 「부정」(1925)이라는 논문에서 '언어적' 부정(성)의 의미를 탐구한다. 물론 프로이트가 탐구하고자 하는 것은 단순히 언어적 사실이 아니라 부정이라는 판단의 한 방식이 갖는 정신분석적 의미이다. 논의의 출발을 위해 프로이트는 어떤 환자가 분석가에게 한 다음의 말을 인용한다. "당신은 꿈속에 등장하는 이 사람이 누구냐고 물으십니다. 그 사람은 나의 어머니가 **아닙니다.**"(Freud 1925: 235. 강조는 원문) 프로이트에 따르면 환자가 부정을 통해 하는 일은 자신이 억압하고자 하는 것을 지적으로 수용하는 것이다. "이와 같이 억압된 이미지나 생각의 내용은 그것이 '부정'된다는 조건으로 의식 속에 떠오를 수 있다. 부정은 억압된 것을 인정하는 방식이다." (235) 하지만 "억압된 것에 대한 [이러한] 일종의 지적 수용"이 일어났다고 해서 "억압의 과정 그 자체가 제거되는(removed) 것은 아니다."(236)

프로이트의 이 논문은 부정이라는 판단 형태를 주체성의 출현과 연결시켜 사고한다는 점에서 매우 흥미로운 논문이다. 앞에서 언급했듯이 판단에는 속성판단과 존재판단이 있다. 이에 대해 부연설명하면 다음과 같다. 속성판단은 '원초적 쾌락자아'(original pleasure-ego)(237)가 내리는 판단이다. 원초적 쾌락자아는 쾌락원리에 의해 작동한다. 이 최초의 자아는 자신에게 '좋은 것'을 흡수하고, '나쁜 것'을 축출함으로써 자아의 영역을 형성한다. 오직 자신에게 좋은 것만이 자아(의 내부)에 속하고 나쁜 것은 외부로 축출되며 따라서 나쁜 것은 자아가 아닌 것이다. 이렇게 만들어진 자아는 아직 상징적 질서 속으로 들어오지 못하고 환상(환각) 속에서 쾌락원리에 따라 내부와 외부를 구분하는 '상상적 자아'에 불과하다.

원초적 쾌락자아가 '현실자아'(reality-ego)(237)가 되기 위해서는 존재판단으로 나아가야 한다. 현실자아에게는 나에게 '좋은 것'이 "외부세계에 실제로 존재하며 필요할 때는 언제나 손에 넣을 수 있는가"(237)의 여부가 중요해진다. 원초적 자아는 현재 자신이 갖고 있는 '표상'만으로 만족할 수 있었으나 현실자아는 이 '표상'을 발생시키는 대상이 외부에 실제로 존재한다는 점을 중시한다('사실검증'(reality-testing)(237)). 그리하여 프로이트는 다음과 같이 말한다.

> "사실검증의 첫 번째 직접적인 목적은 표상된 대상과 상응하는 대상을 현실 지각에서 **발견**하는 것이 아니라, 그러한 대상이 여전히 존재한다는 것을 확신하기 위해 **재발견**하는 것이다."(237~238. 강조는 원문)

이러한 프로이트의 언급으로부터 우리가 도출할 수 있는 라깡적 결론 중 하나는 현실자아, 상징적 주체가 성립할 수 있기 위해서는 완전한 만족을 주는 대상(어머니)이 상실되어 재발견될 수 있어야 한다는 것이다. 그런데 재발견된다는 것은 있는 그대로의 원초적 대상을 다시 손에 넣는다는 점을 의미하는 것이 아닌가? 달리 말하면 그 대상은 상실되지 않은 채 다시 도래하는 것이 아닌가? 바로 이러한 모순의 접점에서 프로이트가 말하는 부정의 기능이 존재한다. 억압되었던 어머니는 '부정성'을 통해서만 주체에게 수용될 수 있다는 것이다. '그것은 나의 어머니가 아닙니다'라는 부정 판단을 경유해서만 주체는 어머니를 재발견한다. 이러한 부정성이 바로 상징계의 기능이다. 상징계는 원초적 어머니를 '상실된 어머니'로서만, 달리 말하면 상징으로서만 다시 전유(긍정)할 수 있다.

프로이트는 판단의 양극성(긍정과 부정)을 각각 에로스와 죽음충동과 관련시켜 설명한다. 프로이트에 따르면 "긍정은 결합의 대체로서 에로스에 속하고 부정은 축출의 계승자로서 파괴충동에 속한다."(239) 여기에서 볼 수 있듯이 프로이트는 주체가 직접적으로 어머니를 긍정(어머니에 도달)하는 것이 아니라 부정을 통해 긍정에 도달하는 지적 판단의 기능을 강조하고 있다. 부정을 통해서이기는 하지만 긍정에 도달한다는 점에서 긍정은 통합하는 에로스에 속하고, 부정은 파괴하고 분리하는 죽음충동의 영역에 속한다.

이제 여기에서 간과해서는 안 될 중요한 점은 프로이트가 말하는 긍정은 직접적 긍정이 아니라 부정을 통해 도달한 긍정이라는 사실이다. 그러므로 그는 그러한 긍정을 "결합의 대체"(substitute for uniting)(239)라고 부른다. 그것은 '원초적 어머니' 그 자체와의 결합이 아니라 '대체', 즉 상징을 통한 결합이다. 따라서 프로이트에 따르면 "부정적 상징의 창조를 통해 억압의 결과에서 벗어나 어느 정도의 자유를 사고 기능에 부여할 때까지 판단 기능은 수행되지 않는다."(239) 이폴리트가 지적하듯이 어머니에 대한 순수한 긍정, 즉 정서적(affective) 차원에서의 긍정과, 부정을 통한 긍정, 즉 지적 긍정 사이에는 '비대칭성'(asymmetry)이 존재한다.(Hyppolite 1954: 292, 297) 원초적 어머니를 실재의 차원에서 만나는 것과 부정성을 경유함으로써 **상실한 어머니를 상징적 차원에서 재발견(긍정)**하는 것은 차이가 있다는 것이다. 물론 이렇게 말한다고 해서 상징적 차원이 정서적 차원과 완전히 분리되어 있다는 것을 의미하지는 않는다. 이러한 맥락에서 크리스테바 다음과 같이 말한다.

"존재판단은 다음 사실을 전제한다. 어떤 대상에 속하는 [표상], 그리고 이때부터 주체—'내'가 바로 그 주체이다—에 대해 부재하는 대상을 지-칭(désigne)하는 표상을 '나'는 '나의' 것으로 귀속시킨다는 것—그러므로 나는 '주체'라는 것—을 '내'가 '나의' 기억 속에서 다시 발견할 수 있다는 것 말이다.

달리 말하면 주체는 상실한 대상과 더불어서만 존재한다. 즉 기억을 사용함으로써 '내'가 그 대상 자체를, 즉 '나에 대해' 상실한 것으로 의미할 수 있을 때에만 '나'는 대상의 그러한 상실 때문에 '주체'로서 정립된다. 존재판단과 속성판단 간의 상호작용은 상상계나 환상과는 구분되는 상징적 사고라는 의미에서 지성의 토대를 형성한다."(크리스테바 2006: 303)

왜 주체는 크리스테바가 말하듯이 '부정', 즉 상실을 토대로 해서만 진정한 주체가 될 수 있는가? 여기에서 우리는 두 가지 종류의 부정을 구분할 수 있다. 하나는 앞에서 언급한 바 있는 원초적 쾌락자아가 행하는 축출로서의 부정이 있고, 다른 하나는 부정적 상징의 창조로서의 부정이 있다. 전자의 부정은 거울이미지와 동일화한 상상적 자아, 혹은 정신병적 주체가 행하는 부정성이다. 상징화 작업이 일어나지 않은 그(녀)는 자신에게 나쁜 것, 위험한 것이라고 간주되는 것을 모두 축출하는 극단적인 "부정주의"(negativism)(302)를 보인다. 프로이트는 "정신병자들이 드러내 보이는 부정주의는 아마도 리비도적 구성 요소의 철수로 발생한 충동 분열의 한 기호"(Freud 1925: 239)일 것이라고 추측한다. 프로이트는 긍정성을 에로스의 기능으로 보기 때문에 그가 이렇듯 긍정성을 완전히 배제하는 철저한 부정주의를 에로스의 철수에 기인하는 것으로 생각하는 것은 당연한 일일 것이다. 이러한 '상상적' 부정주의는 '부정의 부정'을 통해 즉 부정을 통해 긍정에 도달하는, '더 높은 차원'의 부정을 통해 극복된다.(Hyppolite 1954: 293) 주체는 부정의 부정을 통해 실현된 승화된 대상—어머니—을 만난다.

다시 요약해 보자. 상징적 단계(라깡)는 (좋은 대상에 대한) 원초적 긍정, 혹은 (나쁜 대상에 대한) 원초적 부정이라는 분열적 상태, 가령 클라인의 망상-분열적 위치가 아니라 '부정', 즉 어머니에 대한 애도작업을 통해

'부정적 상징을 창조'(프로이트)함으로써 긍정에 도달한다는 것을 의미한다. 라깡의 언어로 이는 거울단계를 지나 상징계에 완전히 진입하는 것을 의미하며, 클라인의 언어로는 우울적 위치를 성공적으로 통과한다는 것을 말한다. 프로이트와 라깡적 관점에서 말하면, 이는 전(前)상징적 단계 혹은 정신병적 단계에서는 부정과 긍정이 분리된 채 존재하지만 상징적 단계에서는 그것들이 서로 결합된다는 것, 상징을 통한 결합, 즉 부정성을 경유해 새로운 차원의 긍정성에 도달한다는 사실을 의미한다.

VII 사물, 다른 향유, 그리고 주체

1. 어머니로부터 아버지의 이름으로: 오이디푸스 콤플렉스

여성적 위치(feminine position)로 명명되는 초기 오이디푸스기에서 나타나는 여성성은 클라인의 이론에서 일관적으로 등장하는 개념이다. 초기 오이디푸스 콤플렉스를 지배하는 여성적 위치는 남녀 모두 어머니라는 원초적 대상에게 배타적으로 애착되어있는, 따라서 어머니와의 동일화가 지배적인 시기라는 것이 클라인의 주장이다. 여기에서 여성성은 흔히 생각하듯이 남자와 여자로 구분되는 생물학적, 성적 특성을 말하는 것이 아니라, '여자기표'로 표상되는 구조를 말한다. 프로이트가 질이 아직 발견되지 않은 시기로서 남근기를 상정하듯이 클라인은 이를 의식하여 남근을 배제한 여성적 위치를 주장한다. 클라인은 구순적 어머니가 지배적 위치를 차지하고 있는 이 시기를 '여성적 위치'로 부르는데, 이 시기는 일반적으로 생각하기 쉬운 평화로운 모성적 어머니-유아 관계가 아니다. 오히려 아이를 먹어삼키는 무서운 어머니의 환상이 지배하며, 유아의 사디즘과 불안이 어머니에게 투사되고 유아는 다시 어머니의 위협과 보복을 상상하는 시기이다.

하지만 초기 오이디푸스 콤플렉스 시기에는 오직 '여성(성)'만이 존재한다고 단순화시켜 해석할 수 있을까? 사실 이 시기는 아버지가 존재하지만 명확히 기표화되지 않는 시기가 아닌가? 아버지를 강조하는 라깡과 프로이트와 비교해 클라인에게는 아버지가 부재한다고 보면서 클라인을 비판하는 시각들이 있다. 반대로 어머니, 여성성, 모성을 지나치게 신화화하면서 클라인이 말하는 여성성을 아버지의 이름과 견주고자 하는 페미니즘적 입장도 있다. 실제로 클라인은 초기 오이디푸스 콤플렉스기는 물론 인간 주체의 형성에서 아버지의 역할에 대해 거의 언급하지 않았다. 그러나 이를 문자적으로 이해하려고 할 때 클라인 이론의 핵심을 놓치게 된다. 그렇다면 이러한 모순적 상황을 어떻게 해석해야 할 것인가?

클라인에 따르면 이 '이자관계'의 시기에 남녀 모두 '(구순적) 어머니와의 동일화', '제1오이디푸스'(크리스테바)가 발생한다. 하지만 아버지가 존재하지 않는 순수한 이자관계를 편의상 상정할 수는 있겠지만, 아이의 일반적인 발달에서 어머니와의 순수한 이자관계만 존재하는 경우는 '사실상' 없다는 점에서 클라인 이론의 난점이 드러난다. 앞에서 언급했듯이 이 여성적 위치에서도 아버지의 남근이 존재하므로 프로이트와 라깡의 관점에서 본다면 이 시기는 '순수한' 여성적 위치라고 할 수 없기 때문이다.

'결합된 부모상'(combined parental figure)(클라인)의 개념은 클라인의 초기 오이디푸스 콤플렉스의 이론적 근거를 이루는 동시에 그녀가 말하는 오이디푸스 콤플렉스는 프로이트적 의미의 전(前)오이디푸스 콤플렉스에 해당한다는 사실을 간접적으로 보여준다. 초기 오이디푸스 콤플렉스 시기에 아이의 환상 속에서 결합된 부모상이 지배적인 까닭은 아직 아이에게 성구분이 존재하지 않기 때문이다. 이렇게 본다면 이는 사실상 처음부터 성구분이 존재한다는 사실을 함축하는 '여성적 위치'라는 클라인의 개념과 상충된다. 그런데 클라인이 말하는 초기 오이디푸스에서 어머니와의 동일화는 무엇보다 '남근을 가진 어머니'와의 동일화이다. 그리고 클라인에 따르면 어린아이에게 작동하는 최초의 대타자는 어머니이지만, 사실 이 어머니는 단순한 어머니가 아니라 남근을 갖고 있는 여성, 즉 **'남근적 어머니'**(phallic mother)이다. 그러므로 클라인이 말하는 초기 오이디푸스기는 사실상 프로이트적 의미의 전오이디푸스기이고, 그러한 한에서 클라인의 이론은 프로이트의 이론을 무화시키지 않는다는 것이다.(홍준기, 2005: 특히 234 이하 참조)

> "아버지의 남근 혹은 전체 아버지를 갖고 있는 어머니, 어머니의 젖가슴 혹은 전체 어머니를 갖고 있는 아버지, 그 부모는 성교에서 서로 분리될 수 없도록 융합되어 있다. 이러한 성격의 환상은 '남근을 가진 여성'(the woman with a penis)의 개념에 또한 기여한다. 게다가 내면화에 의해 유아는 자신 안에 그러한 결합된 부모상을 정립하고 이것은 정신병적 성격을 갖는 많은 불안상황의 근간을 제공한다."(Klein 1952: 79)

다시 말하면 아버지는 존재하지만 유아에게 명확히 기표화되지 않는 이 이자관계의 시기에 남녀 모두 '남근을 가진 어머니와의 동일화'가 일어난다. 따라서 여성적 위치는 존재하는 동시에 '순수한' 여성적 위치는 부재한다고도 말할 수 있다. 즉 라깡적 관점에서 말한다면 이미 인간은 탄생과 더불어 오이디푸스적 구조에 들어가 있다는 것이다.

그렇다면 아버지로 대표되는 제3자는 어떻게 개입되는가? 아버지(의 남근)는 사실상 처음부터 어머니(의 젖가슴)와 공존한다('결합된 부모이

마고'[combined parental imago]). 젖가슴의 박탈은 아이에게 다른 대상을 도입한다. 구순적 좌절은 만족의 근원으로 새로운 대상을 찾도록 추동하며, 어머니의 젖가슴과 동등한 아버지의 남근은 구순적 만족을 주는 동시에 생식기적 성향을 자극한다. 이유와 관련해 경험하는 좌절로부터 오이디푸스적 성향이 출발하고 이는 생후 1~2년을 지나 항문적 좌절과 합쳐지면서 강화된다. 구순적 좌절로부터 (초기)오이디푸스가 출발한다면 클라인에게서 항문적 박탈은 그러한 오이디푸스적 성향을 강화하는 경험이다. 어머니로부터 아버지에게로 돌아서는 계기는 무엇보다도 이유기로 시작되는 구순적 박탈 때문임을 클라인은 강조한다. 즉 "오이디푸스 콤플렉스의 발달이 어머니와의 첫 번째 배타적 관계의 변천에 의해 강한 영향을 받을 때, 그리고 이 관계가 너무 빨리 방해를 입을 때 아버지와의 경쟁은 조숙하게 시작된다."(Klein 1957: 197)

이제 새로운 욕망 대상-아버지는 상징으로 등장한다. 원초적 어머니, 태고적 여성성, 여성적 위치가 상실되며 아버지의 기표가 전면에 등장한다. (초기)오이디푸스기를 거치면서 완벽한 충족의 담지자였던 어머니, 팔루스를 갖고 있다고 생각했던 어머니가 거세된 존재, 결핍을 느끼는 존재로 드러나고, 유아는 어머니의 욕망 그 자체, 결핍의 기표인 팔루스를 욕망한다. 유아는 '상징적 어머니'를 경유해 그녀가 도입하는 아버지를 만난다. 상징으로 등장하는 아버지, 그는 바로 '아버지의 이름', '법으로서의 아버지', '아버지의 은유'이다. 아버지는 유아의 상징적 동일화를 통해 파편화된 부분향유, 잉여향유를 유아에게 선사한다. 그리고 그는 아버지의 법과 조각난 향유 속에서, 상상계적 오인으로부터 형성된 자아를 주체로 인도한다. 요컨대 오이디푸스적 상황은 모든 인식과 욕망, 충동 형성을 위한 선결 조건이며 이의 성공적 해소만이 상징능력을 보증함으로써 아이를 **욕망의**

주체로 탄생시킨다.

2. 모친살해와 상징

아이의 '거부하기', 전능한 어머니에 대한 거부는 '신화적인' 향유의 원천으로서 치명적 대상인 '실재적 어머니'에 대한 주체의 부정이다. 그 어머니는 상징적 차원에서 주체에게 살해되고 부정의 부정으로 등장한다. (원초적) 어머니는 배척되고 거부되는 '비천한 대상'(크리스테바)인 동시에 승화와 창조성의 원천으로서 다시 우리 안으로 들어와야만 하는 불가능한 실재이다. 사물로서의 어머니, 원초적 어머니(의 몸)가 불러일으키는 박해 불안과 아이의 사디즘, 그리고 이것의 상징화는 클라인 이론에서 주체 형성의 핵심적 열쇠가 된다. 클라인의 논점이 갖고 있는 이러한 함의를 파악한 라깡은 다음과 같이 말한다.

"언어 출현의 경계에 있는 어린아이들에 관해 작업하면서 주체적 경험을 그 선행하는 시기 속으로 투사하기를 감행했던 유일한 사람은 멜라니 클라인이다. 그 시기에 대한 관찰을 통해 그녀는 우리에게, 예를 들면 말을 못하는 어린아이도 처벌과 잔인성에 대해 다르게 반응하지 않는다는 단순한 사실을 통해 그러한 차원을 확증해 주었다.

그녀를 통해 우리는 어머니의 육체의 이마고를 통해 형성된 상상적, 원초적 성곽의 기능을 알고 있다. 그녀를 통해 우리는 어린아이의 손으로 그려진, 어린아이 자신의 내부의 지도와, 실재적 혹은 상상적(virtual) 아버지들과 형제들의 이마고들, 그리고 신성한 지역들에 대한 그들의 유해한 지배와 싸우는 주체 자신의 탐욕스러운 공격성을 보여주는 내장의 분열에 대한 역사적 지도를 알고 있다. 우리는 또한 어떤 우연한 '연상'(association)(그 용어가 지니고

있는, 흄 철학적 이데올로기로부터 유래하는 추상적 의미와는 반대로 우리
는 우리의 경험이 제공하는, 이 용어가 지닌 유기체적 의미를 강조한다)과 연
결된, '나쁜 내적 대상'의 그늘이 주체 속에 끈질기게 남아있음을 알고 있다."
(Lacan 1971: 93~94)

상징 형성에서 라깡이 주목한 클라인의 분석사례를 통해 이를 좀 더 자세
히 살펴보자. 네 살 남아인 딕은 어휘력과 지적 수준이 15~18개월 수준에
머물렀고 주위의 사물과 사람들에게 관심을 보이지 않았다. 다만 문의 손
잡이와 문을 열고 닫는 행위, 그리고 기차역에 유일한 관심을 보였고 클라
인은 이를 매개로 아이에게 접촉했다. 이런 행위들은 어머니의 몸 안을 관
통하는 아버지의 남근과 관계가 있었고 문과 자물쇠는 어머니의 몸을 들
어가고 나오는 것을 상징하며, 문의 손잡이는 아버지와 딕의 남근을 상징
했다.(Klein 1930: 101)

> "어린 아이는 대상을 상징하는 신체기관들(남근, 질, 젖가슴—원문)을 파괴
> 하기를 욕망하기 때문에 대상의 위협을 감지한다. 이 불안은 아이로 하여금
> 그 기관들을 다른 사물들과 동등화하도록 만드는 데 기여한다. 이러한 대등
> 화로 인해 그 사물들은 거꾸로 불안의 대상이 되고, 아이는 새로운 대상들에
> 서 자신의 호기심과 상징주의의 기초를 형성하는 다른 새로운 대등화를 만들
> 도록 추동된다."(97)

아직 전오이디푸스적 단계에 있는 딕에게 어머니는 불안을 환기하는 사물
이다. 딕은 어머니에 대한 불안과 무의식에 잠재되어 있는 공격성을 어머
니를 상징하는 석탄마차에 투사하고 표출했다. 석탄부스러기를 던지는 행

위는 파괴된 대상과 딕의 사디즘을 외부 세계로 투사하는 행위이다.(104) 거울관계의 타자가 주체의 사디즘을 반영하듯이 딕은 환상 속에서 자신의 일부인 나쁜 배설물과 나쁜 남근, 나쁜 대상들을 나쁜 어머니에게 투사하고 그 어머니를 공격하며 이를 동일화를 통해 방어한다. 자아와 타자의 모호한 경계 속에서 자아의 사디즘과 박해불안을 타자에게로 투사하고 타자와 동일화하는데서 투사적 동일화가 발생한다. 딕은 빈 곳으로 있어야 할 구멍을 성급하게 채워버렸다. 라깡이 지적하듯이 딕은 이미 어휘의 감각이 있지만 아직 진정한 긍정(Bejahung)에 다다르지 못했다.(Lacan 1991: 70)

딕은 비인간적인 세계(non-human world)에 살고 있고 그에게 상징화되지 않은 것은 실재(reality)이다.(68) 딕에게 두 개의 문 사이의 공간은 어머니의 몸이고 딕은 그 안으로 숨고자 한다.(Klein 1930: 102) 기차는 명명할 수 없는 어떤 것이다. 오직 검은 빈 곳과 접촉할 수 있다. 이 빈틈에서 대상들을 만날지라도 그것들에게 이름붙일 수는 없었다. 그는 언어의 수준에 들어왔고 상상계에 고착되지 않았으나 말할 수는 없었고 그에게 상상계와 실재는 같은 것이었다.(Lacan 1991: 84) 즉 딕은 언어(language)를 소유했지만 말(speech)을 형성하지 못했기에 언어는 아직 딕의 상상계에 침투하지 못했다. 따라서 라깡에 따르면, 클라인이 '딕기차', '아빠기차', '딕이 엄마 속으로 들어가' 등으로 해석한 것이 치료 효과를 발휘한 것은 문자적으로 의미를 부여한 것에 그 원인이 있는 것이 아니라, 딕에게 '타자의 담화'를 새긴 것이며 오이디푸스적 삼자구조의 개입을 실행한 것에 그 원인이 있다.(Felman 1987: 114) 전오이디푸스적 이자관계의 딕은 (대)타자의 담화를 내사함으로써 오이디푸스적 구조로 들어간다. 딕이 받아들인 것은 '아버지의 이름'으로 구조화되는 상징체계 자체이다. 언어의 세계, 상징계에 안착하면서 딕은 사물을 상징화하고 어머니에 대한 원초적 불안과 사디즘으로부터 해방되었다. 그리고 사물로서의 어머니는 상징화되고 애도의 대상으로 자리 잡는다.

아이는 수없이 반복했던 '어머니'라는 단어가 바로 자신 앞의 '실제 어머니'를 나타내는 기표임을 알게 된다. 말은 사물의 살해(헤겔)이듯이 사물로서의 어머니는 언어를 통해 죽임을 당한다. 현실원칙의 지배 속에서 아이는 자신의 욕구를 통제하고 대상의 부재를 상징화하며 견딘다. '어머니'라고 명명함으로써 (실제적) 어머니를 자신 안에 내사하는 것과 마찬가지로 자신과 분리된 사물과 대상에 이름을 부여함으로써 아이는 '상징적으로' 그 대상들을 소유하고 향유한다. 아이는 이제 '존재로서의 팔루스'가 아니라 '팔루스의 소유'를 욕망하는 자로서 자신을 언표해야 한다. 프로이트는 '소유하는 것'과 '존재'의 차이를 가지고 개별적 주체로서의 아이들의 대상인식과 상징화 작업을 설명한다. "(…) 처음에 아이는 '젖가슴은 나의 일부이고 나는 그 젖가슴이다'라고 말한다. 나중에 아이는 '나는 젖가슴을 갖고 있다'라고 말하며 이것은 '나는 젖가슴이 아니다'라는 의미이다." (Freud 1938: 229) '존재'에서 '소유'로의 변화는 우울적 위치에서 시작된 상실한 대상에 대한 애도와 회복작업의 연장이자 완성이며, 우울적 위치의 성공적인 통과를 의미한다. 이러한 애도과정이 대상의 '성공적인 포기'를 가능하게 한다.

"(…) 아이가 **자극**과 그것의 **표상**을 구분할 수 있도록 최적의 조건을 만들어주는 '어머니의 몽상(reverie)능력'을 만난다. 이러한 방식으로 젖가슴의 추상(abstraction), 젖가슴에 대한 관념, '사물 그 자체의 표상', 자가성애적 만족에 대한 표상 혹은 이차적 나르시시즘이 출현하는 데 필요한 환경이 창조된다." (크리스테바 2006: 313. 강조는 원문)

언어는 아이가 직접적인 충족을 포기하고 '상징적 대등'(symbolic equation)이 아닌 '상징적 표상'(symbolic representation)을 습득하도록 한다. 억압되고 포기된 것은 상징으로 남는다. 아이는 사물과 표상 간에 있어야 하는 '차이'를 인식하고 받아들인다. 아이에게 어머니는 차이와 거리를 통해 존재해야 한다. 마찬가지로 어머니에게도 아이는 어머니 자신의 나르시시즘적 만족이라는 전능한 환상을 깨뜨리는 존재가 되어야 한다. 부분대상들의 파편성을 조합해 그것들을 상징적 전체로 파악함으로써 대타자의 현존과 부재를 변증법적으로 파악할 수 있을 때 실재 속의 어머니는 살해되어 상징으로 복구된다. 요컨대 이제 어머니와 아이는 다른 방식으로 만나야 한다. 어머니 클리템네스트라의 욕망의 실재적 대상으로 추락하지 않고 **대타자의 결여를 인식**하고 상징적 질서를 계승하며, 최후의 거세의 작인으로서 자신을 제공했던 저 오레스테스처럼 말이다.

3. (원초적) 여성성과 다른 향유: 팔루스적 질서를 넘어서

클라인의 제2오이디푸스, 프로이트적 오이디푸스기에서 아버지와의 동일화는 포기되고 그는 여아의 사랑대상으로 남는다. 배척되었던 어머니는 다시 동일화의 대상으로 등장하며 여기에서 클라인은 잃어버린 여성성, 모성과의 만남이 궁극적으로 여자의 욕망의 지향점임을 역설한다.

"나중에 사랑 충동자극의 충분한 만족이 이루어질 때 오랫동안 갇혀 있었던 박탈로부터 생기는 커다란 감사가 이 찬미에 합쳐진다. 이 감사는 사랑의 대상, 특히 '최초의 사랑'에 대한 완전하고 지속적인 항복에 관한 더 큰 여성적 능력에서 표현된다."(Klein 1928: 210)

'더 큰 여성적 능력'이란 무엇인가? 이것은 바로 최초의 사랑대상에 항복하는 것, (원초적) 어머니와 동일화할 수 있는 능력이다. 그리고 바로 그 어머니에 대한 감사가 여성이 누리는 사랑의 기쁨의 원천이라는 것이다. 즉 "결국 여자의 욕망의 대상은 다른 여자이다. 심지어 그러한 욕망이 이성애를 은폐할지라도 말이다. (…) 여자의 남편에게서 당신은 언제나 그녀의 어머니를 발견할 것이다!"(크리스테바 2006: 231) 요컨대 우리는 모든 존재와의 만남에서 배척했던 사물, (원초적) 어머니와의 조우를 목도하게 된다는 것이다.

클라인의 이러한 사유와 더불어 리비에르는 「가면 쓰기로서의 여성성」(Rivière 1929: 303~313)에서 여자의 만남을 동성애적 색조로 해석한다. 남자의 시선에서 여자는 팔루스적 동일화를 통해 사회가 요구하는 여성성으로 자신을 위장한다. 여자의 남근적 동일화는 남자의 질시와 공격을 야기하고 이를 피하고자 여자는 여성성으로 가면 쓰기를 하는데 여기에 여성의 가면 쓰기가 드러내는 이중성이 있다. 즉 상징적 질서 속에서 여성성이라는 '가면'을 쓰고 있지만 여자에게 궁극적 사랑대상은 남자가 아니라 어머니-여자이다. 여자가 남자로부터 팔루스를 빼앗아 온 이유는 그것을 다시 어머니에게 되돌려주기 위해서이다.

여기에서 자연주의적 논조를 띠는 리비에르와 클라인의 논제는 라깡의 사유를 통해 보다 명료해질 수 있다. 제2오이디푸스에서 남아는 남근적 동일화를, 여아는 남근선망을 추구한다. 소유하지 못한 기관에 대한 욕망은 여아에게 강한 남근적 동일화를 불러일으키지만 남아와 달리 여아의 정체성 확립은 불가능하다. 남근이 체현하는 세계는 여아에게 결코 합일되지 못하는 낯선 이질감으로 다가온다. 그녀는 팔루스적 동일화를 시도하지만 팔루스(남근)를 소유하고 있지 않기 때문에 결코 팔루스적 세계에 완벽하게 동화될 수 없다. 이러한 이질감은 여자로 하여금 남근으로 체현되지 못하는 '다른 향유'의 세계를 꿈꾸게 만든다.

다시 리비에르의 논문으로 돌아가 보면, 여자가 여성성의 가면 쓰기를 하는 보다 더 근본적인 원인은 남자의 위협과 보복에 있지 않다. 더 깊은 내면에는 다른 여자에 대한 욕망이 존재하고 그녀와의 사랑을 지키기 위한 전략이 작동한다. 여자가 가면 아래 숨기고 있는 '사회적' 여성성은 남자로부터 획득한 팔루스를, 아니 여자가 원래부터 갖고 있었지만 남자에게 빼앗긴 팔루스를 다시 찾아 그 팔루스를 여자의 최후의 파트너인 (다른) 여자에게 주기 위해 취하는 일시적 방편이다. 여자는 그 팔루스를 갖고 있음을 숨기기 위해 (순전한) 여성성이라는 유혹의 미끼인 가면을 쓴다. 그리고 그녀는 가면 속에서 여성성과의 만남을, 다른 향유를 꿈꾼다. 이처럼 여자는 가면 쓰기에서 존재와 비존재, 현존과 부재의 모순을 보여준다.

그렇다면 여자는 어떻게 존재하는가? 여자는 궁극적으로 사물, 즉 빈 곳으로 남기 때문에 존재하지 않는다. 그러나 사물로서의 그녀가 상징계 속에 현시되기 위해서는 기표의 작용을 통한 가면 쓰기, 가상으로 존재할 수밖에 없다. 그녀의 가면 쓰기는 무엇을 감추는가? 가면은 사물로서의 여자를 은폐하는 상징적 동일화로서, '하나의 일자, 총체로서의 여자 자체(la Femme)는 존재하지 않는다'는 사실을 감춘다. 여자는 팔루스의 작용으로부터 완전히 벗어나지 않기 때문에 가상을 통해 실재에 속하는 여자 자체, 즉 비존재로서의 자신을 표상한다. 완전한 향유를 포기하고 조각난 향유만을 누린다는 조건 속에서 말이다.

리비에르도 말하듯이 외관으로서의 여자는 여자 자체에 다름 아니며 본질과 가상은 구분되지 않는다. "(…) 진정한 여성성과 가면 쓰기에는 아무런 차이가 없다. 극단적이든 피상적이든 그 둘은 같은 것이다."(Rivière 1929: 307) 진정한 여성성과 가면 쓰기가 결국 같은 것이라는 사실은, 여자는 두 가지 이질적인 향유를 동시에 추구하고 누릴 수 있다는 것, 즉 가면 쓰기가 관련을 맺고 있는 팔루스적 향유와 (비)존재가 위치하는 다른 향유가 하나의 같은 여자 속에 공존한다는 사실을 함축한다. 가면 쓰기(가상) 속에 비존재로서의 여성성이 현시된다는 것은, 곧 여자의 다른 향유는 팔루스 질서와 무관한 초월적 체험이 아니라 팔루스 질서와 더불어 존재한다는 것을 의미한다. 요컨대 가면 쓰기는 여성의 비존재성을 가시화한다는 점에서 상징적, 상상적 역할을 하지만, 동시에 그것은 여성의 비팔루스적 속성(비가시성)에 근거하고 있다는 의미에서 '다른 향유'에 도달할 수 있는 여성의 속성, 즉 실재적 속성을 지시한다.

그런데 여기에서 '존재하지 않는 여자'의 향유를 독자적인 범주로 지나치게 실체화하거나 이상화하는 것은 여자를 다시금 존재자로, 일자로 만드는 모순을 드러내지는 않는가? 즉 라깡은 여자는 존재하지 않는다고 우리에게 말하지만 그럼에도 불구하고 존재하지 않는 여자가 상징계의 너머에 또한 존재한다고 우리에게 말하는 것은 아닌가? 이 질문에 대한 하나의 결정적인 대답은 '여자는 비전체'(not-all)라는 라깡의 공식에 놓여 있다. 여자는 차이 그 자체이므로 하나의 동일자 혹은 보편자로서 존재하지 않는다. 라깡의 성구분 공식에 대한 보다 적확한 해석에 따르면, 여성성이란 상징계 속에서의 (봉합 불가능한) 분열 그 자체이지만, 동시에 여자는 이러한 분열을 메우려는 환상을 갖고 있지 않기 때문에 동일성, 일자 혹은 보편자가 아니며 이 분열 때문에 생겨나는 향유의 부재를 보충해 주는 보충적 향유(다른 향유)를 가질 수 있다.(홍준기 2005) 전부가 아닌 비전체로서의 여자는 팔루스적 향유, 상징계에 완전히 포섭될 수 없으며 그것에 저항하는 내밀한 모순으로, 대타자의 결여의 기표(S($\mathbb{A}$))에 도달한다.

요컨대 라깡에게서 여자는 비동일성, 차이 그 자체이므로 하나의 동일자 혹은 보편자로서 존재하지 않는다.(홍준기 2005: 268~269) 여자는 보편성을 갖고 있지 않으므로 반드시 개별자로서만 존재하고, 개별자로서의 여자의 한 부분은 반드시 팔루스적 질서에 종속되어 있기 때문에 하나의 개별자 전체로서의 여자는 결코 팔루스 작용을 벗어날 수 없다. 다시 말하면 여자는 개별자로 존재하고 그 개별자의 일부분만 팔루스적 질서를 넘어서므로, 전체로서 팔루스 질서를 넘어서는 여자는 하나도 없다(pas-une, not-one, $-\exists x \ -\Phi x$). 그러나 동시에 그녀는 팔루스적-상징적 동일화를 벗어나는 '비전체'(pas-toute, not-all, $-\forall x \ \Phi x$)로 존재한다. 여자는 **자기 속에서의 분열**, 차이, 비동일성을 받아들이는 (비)존재인데, 정확히 그러한 이유로 각 여자는 자신 속에 팔루스적 부분과 비팔루스적 부분을 동시에 갖는다. 달리 말하면, 여자는 팔루스적 향유를 누리는($I/a \rightarrow \Phi$) 동시에 그것을 벗어나는, 팔루스적 질서에 완전히 포섭될 수 없는 다른 향유를 누리는 존재이다($I/a \rightarrow S(\cancel{A})$).

다시 요약해 보자. 상징적 대타자를 통해 자신을 표현할 기표를 찾지만 여자에게 그러한 기표는 존재하지 않는다. 대타자 속의 결여의 기표를 받아들임으로써 대타자의 질서를 넘어서므로 여자는 자신을 통일된 전체로 묶어 주는 동일성, 보편성, 전체성이 없다. 바로 그것이 여자는 존재하지 않는다는 라깡 논제의 의미이다.

라깡과 크리스테바는 프로이트와 클라인에게 완벽한 형태로 제시되지 못한 진정한 여성성 개념을 추출해 이를 각각 '다른 향유'(라깡)와 '모성'(크리스테바)으로 설명한다. 클라인에게 진정한 주체의 탄생은 이러한 여성성과의 만남을 통해 가능하다. 클라인 자신이 명확히 설명할 수 없었지만 클라인의 (원초적) **여성성은 결국 팔루스적 질서를 넘어서는 비존재** 그 자체를 의미하는 것으로 해석할 수 있지 않을까? 요컨대 여성성이란 팔루스적 질서에 속하지만 그 속에 완전히 자리 잡을 수 없다는(비전체) 바로 그 이유 때문에, 다른 향유와 팔루스적 향유에 동시에 참여할 수 있는 주체적 위치를 의미한다. 바로 이러한 사실이 우리로 하여금 클라인에게서 (사물로서의) 여자, 원초적 어머니, 태고적 여성성은 거부의 대상이면서도 동시에 '감사' 속에서 다시 찾아야 할 역설 그 자체인 이유를 잘 알 수 있도록 해준다.

4. 하나이자 둘인 타자와의 만남

기표의 작용으로 인해 말을 하는 주체에게는 존재, (타자의) 육체, 완전한 성적 관계가 금지된다. 말하는 모든 존재는 다른 향유와의 만남이 불가능하다. 팔루스적 향유는 기표를 통한 향유이므로 남자와 여자 사이에는 성 관계가 존재하지 않는다. 언어는 육체의 향유, 존재의 향유를 불가능하게 하지만 역설적으로 우리는 언어, 즉 기표를 통해서만 그 향유가 금지되었다는 것과 다른 향유의 존재를 인식할 수 있다. 라깡은 1960년에 향유 개념을 도입하면서 향유, 즉 존재를 기표에 우선하는 것으로 보았으나 1972년 『세미나 20: 앙코르』에서는 반대로 기표가 존재를 만들어낸다고 보았다.(Lacan 1999) 다른 향유는 상징계 너머에 존재하지만 그럼에도 불구하고 그것이 기표의 작용과 무관하게 존재하는 것은 아니라는 사실이다. 여자가 다른 향유를 누린다는 것, 성적 타자에 도달할 수 있다는 것은 상징계 속의 결여의 기표에 도달한다는 사실을 의미한다. 이렇듯 성적 타자는 대타자의 결여의 기표와 관련해 정의될 수 있고 따라서 성적 타자의 존재는 상징계의 존재와 무관하지는 않다는 결론을 얻을 수 있다.

그렇다면 우리는 다음과 같은 질문을 던질 수 있다. "다른 향유가 팔루스적 향유를 보충하는 것이라면, 우리가 이 향유 속에서 만나는 타자는 하나인가 둘인가?" 이에 대한 라깡의 입장을 보자.

"모든 것이 기표적 의미를 갖는 존재 때문에 산출되고 그러한 존재는 내가 대문자 A로 지칭하는 타자(Other, Autre)의 장소이외에 다른 것이 아니기 때문에, 우리는 여기에서 일어나는 일을 똑바로 보지 못한다. 그리고 여기에서 거세가 그것[아버지 기능]에 관련되는 한에서 또한 아버지 기능이 등록되기 때문에 우리는 그것이 두 신을 만드는 것이 아니라는 것, 그리고 또한 하나의 신을 만드는 것도 아니라는 것을 안다."(77)

아버지의 기능은 하나의 신을 만드는 것도 아니고 두 신을 만드는 것도 아니라는 점은 하나이자 둘인 이 신이 변증법적으로 밀접하게 상호 관련되어 있다는 사실을 의미한다. 즉 다른 향유는 팔루스적 향유와 전혀 관련이 없지 않다는 의미에서 타자는 하나이며, 동시에 다른 향유가 팔루스적 향유를 넘어선다는 의미에서 타자는 둘이기도 하다. 한편으로 팔루스적 향유와 다른 향유는 서로를 배제하지만 다른 한편으로는 서로를 전제한다는 역설적 관계에 있다. 다른 향유와 팔루스적 향유간의 이러한 변증법적 관계를 고려할 때 여자가 누리는 두 종류의 향유 안에서 여자가 만나는 타자는 하나인 동시에 둘인 타자라고 말할 수 있다.

여기에서 우리는 여성성에 대한 라깡과 클라인 사유의 교차점을 다시 한번 발견하게 된다. 여성성은 상징계를 지탱하는 기반인 동시에 배제되어야 할 실재이며 잔여물이다. 이러한 맥락에서 클라인이 말하는 원초적 여성성을 라깡이 말하는 여성성의 맥락에서 다시 해석할 수 있다. 여자는 팔루스적 향유와 다른 향유를 동시에 가질 수 있다는 것은 **원초적 여성성은 배척되는 동시에 숭배된다**는 클라인적 사유와 일맥상통한다. 어머니는 '아버지의 이름'으로 대체되고 주체는 아버지의 이름을 통해 그녀와 거리를 두지만, 그녀는 언제나 아버지의 기표 뒤에서 아버지의 이름을 지탱한다.

한편 대타자의 시선을 벗어나 존재하고 타자의 비존재를 자각하므로 다른 향유는 라깡이 말하는 **분석의 끝**에서 도달할 수 있는 향유와 상통한다.[5] 팔루스적 향유에서 도달하는 것은 성구분이 없는 대상 a이며 파편화된 존재, 가상으로서의 존재이다. 그러나 주체는 분석의 끝에서 오이디푸스 콤플렉스를 넘어서며 환상적 대상으로부터 유래하는 향유가 아니라 타자의 향유, 육체의 향유, 존재의 향유에 도달한다. 즉 주체는 그동안 주인 기표와의 동일화를 유지시켜주었던 대상 a와 거리두기를 행하지만 동시에 대상 a로 환원된다. 달리 말하면 주체는 자신이 한 조각 대상에 지나지 않았음을 자각함으로써 상징계 속의 결여의 기표를 지시할 수 있게 된다. 지금까지 주체의 환상을 유지시켜주었던 베일이 벗겨지면서 주체는 환상을 가로질러 환상 배후의 충동, 상징계 너머의 실재, 그리고 존재를 만난다. 이러한 분석의 끝에서 우리는 무엇을 보는가? 대상 a로 환원된 주체로부터 비로소 대타자의 비존재성을 말해 주는 주체 없는 지식, 새로운 지식, 새로운 기표, 즉 주체 자신의 고유한 기표를 만나게 된다. 이는 상징계에 포섭될 수 없는 잔여, 신의 모습, 대타자의 결여의 기표, 다른 향유의 모습이다.

여성은 비존재로서의 여성, 즉 근원적인 원초적 여성성의 은유이다. 이는 곧 여성적 위치, 원초적 여성성은 부정과 긍정의 경계에 존재함을 의미한다. 상징계의 한계를 넘어서는 '극한의 경험'인 분석의 끝에서 주체는 배척되고 거부되었던 여자, 여성적 위치, 원초적 여성성, 어머니와 마주한다. 분석의 끝에서 만나는 여성성은 다른 향유의 근원이며, 상징계로부터 떨어

---

5 분석의 끝에 대해서는 홍준기, 「정신분석의 끝(목표): 환상의 통과, 주체적 궁핍, 증상과의 동일화―역자해제」참조. 조엘 도르, 『프로이트·라깡 정신분석임상』(아난케, 2005, 홍준기 역) p. 13 이하.

져 나와 파편화되었지만 그 자체로는 일자로 존재하는 실재, 육체, 그리고 소외되지 않은 고유성의 또 다른 이름이다.

VIII 결론을 대신하여: 사랑의 주체, 윤리의 주체

라깡에게 사랑의 한 정의는 '자기가 가지고 있지 않은 것을 주는 것'이다. 라깡은 히스테리와 여자동성애, 그리고 보다 일반적으로 여성적 향유에 관해 논의하면서 금지와 위반의 악순환을 벗어나는 '진정한' 사랑이 가능함을 암시한다. 여기에서 알 수 있는 것은 사랑이란 상징계의 작동원리인 '등가교환'의 원리를 뛰어넘는다는 것인데,(홍준기 2005: 317) 그렇다면 다른 향유와 (진정한) 사랑과의 관계는 어떠한가? 라깡은 한편으로 사랑은 '이데올로기적인 것', '일자가 되려는 환상'으로 간주하지만, 또 다른 한편으로는 팔루스적 향유를 통해서는 알 수 없는 다른 향유를 통해 사랑이 가능하다는 것을 강하게 암시한다. 기표적 향유인 팔루스적 향유와 달리 존재를 지향하는 다른 향유 속에서 주체는 성관계의 부재를 보충하며, '고통' 속에서 다른 주체를 만난다. 그렇다면 사랑과 (다른) 향유의 차이는 무엇인가? 향유는 주체와 육체의 관계를 형성시키지만 사랑은 주체를 다른 주체와 결합하도록 한다. 그렇지만 사랑은 성관계의 부재를 보충하는 것이므로 사랑에는 근본적으로 **성구분이 없다**(a-sexué).[6]

　다른 향유 혹은 사랑은 법과 위반의 변증법 혹은 기표의 논리 그 자체를

---

6 사랑과 여성성의 관계에 대한 탁월한 논의로는 세르쥬 앙드레, 『여자는 무엇을 원하는가?: 히스테리, 여자동성애, 여성성』(아난케, 2010) 14장 참조.

넘어선다는 점에서 여성적이다. 앞서 말했듯이 다른 향유는 환상을 통해서 자신이 상징적으로 거세당했음을 은폐하지 않는 여성적 주체만이 도달할 수 있는 향유이다. 사랑은 '자기가 가지고 있지 않은 것을 주는 행위', 즉 '팔루스를 가지지 못한 존재만이 행할 수 있는 인간의 숭고한 행위'라는 것이다. 『세미나 7: 정신분석의 윤리』에서 라깡은 바울을 인용하면서 법은 위반의 욕망을 부추긴다는 사실을 강조한다. 바울에 따르면 법이 없으면 욕망도 없고 따라서 죄도 없다. 법은 상징적 질서 그 자체인데 남자는 이러한 법을 초월하고 예외자가 되고자 하는 위반의 욕망과 환상 속에서 팔루스적 향유에 도달한다. 따라서 이 팔루스적 향유는 법에 종속되면서도 법을 위반함으로써 누리는 도착적 향유에 다름 아니다. 그러나 여자가 참여하는 다른 향유에서는 법이 전부가 아님을 알고 법을 초월하지만 동시에 아무도 법에 대해 예외자가 될 수 없다. 여성의 이러한 다른 향유를 가능케 하는 것이 다름 아닌 라깡이 말하는 '진정한 사랑'이며 이러한 사랑 속에서 주체는 다른 주체를 만난다. 하지만 사랑은 존재할 수 없는 성관계를 보충하는 것이므로 사랑은 종종 고통과 희생을 동반한다.

사랑이 추구하는 것은 대상과의 만남이지만 언제나 가상으로서의 존재, 존재 가상과만 만날 수 있다(존재 그 자체는 존재하지 않으므로). 그러므로 가상이 아닌 존재 자체에 도달한다고 믿는 순간 주체는 사랑의 담(l'(a) mur)에 부닥친다. 결국 사랑은 본질이 곧 가상이라는 것, 그리고 가상이 곧 본질이라는 것을 받아들인다는 것을 의미한다. 사랑은 무엇을 추구하는가?

"사랑은 존재를 목표로 한다. 언어로부터 가장 잘 빠져나오는 것인 존재, 조금 더 존재하려고 했으며, 존재함으로써 [우리를] 놀라게 했던 그 존재 말이다. (…) [존재는] 미끼 중에서 가장 낯선 미끼라는 것을 나는 덧붙여 말할 수

있었다."(Lacan 1999: 39)

사랑은 존재를 추구하지만 그 존재는 기표화되는 순간 그 기표를 빠져나오므로 사실상 사랑은 존재 가상을 만날 뿐이다. 그러므로 완전히 드러날 수 없는 존재에 대한 끊이지 않는 찬사가 '앙코르'될 뿐이다. 따라서 사랑은 역설적이다. 관계의 부재를 보완함으로써 주체들의 만남을 가능케 하지만, 완벽한 만남의 환상은 또 하나의 병리(예컨대 광기로서의 사랑)를 낳을 뿐이다.

끝으로 이러한 라깡의 논의를 클라인의 원초적 여성성과 관련해 간략히 정리하며 논의를 마치고자 한다. 클라인에서 태곳적 어머니는 거부되어야 하지만, 거부된다는 조건하에 항상 존재하는 것으로서 주체가 도달하기를 고대하는 최후의 사랑대상으로 남는다. 팔루스적 향유와 다른 향유간의 변증법은 (진정한) 사랑은 **차이 자체**에 내재해 있다는 것을 보여준다. 그 사랑은 주체를 채워주는 동시에 주체에게 빈 곳을 남긴다. 라깡적 관점에서 사물은 불가능성 자체이고 승화는 이러한 불가능을 받아들이는 것, 공백의 필연성을 인정하는 것이다. 그리고 사랑은 그러한 행위의 구체적인 실현이다. 공백 속에서만, 좀 더 구체적으로 말하면 고통 속에서만, 불가능한 관계는 하나의 보충물로서 주체 간에 실현될 수 있다.

"만약 여러분이 그것[텍스트]을 알지 못한다면 나는 관련된 텍스트를 소개할 것이다. 그러나 나는 승화의 개념을 어머니의 상처 난 육체에 대한 주체의 관계의 회복적 시도로 환원시키는 것은 승화의 문제에 대한 최선의 해결도 아니고 지형학적, 메타심리학적 문제 자체에 대한 해결도 아니라고 말할 수 있다. 그럼에도 거기에는 어떤 원초적인 것, 근원적인 것, 대상의 가장 원형적인 것에 대한 주체의 관계에 접근하고자 하는 시도가 있다. 이에 대해 조작적으로 정의된 나의 사물(das Ding)의 영역은 하나의 틀을 설립해준다. 그것은 우리로 하여금 클라인적 신화라고 부를 수 있는 것의 개화 안으로 열린 조건을 인식하게 만들고 그것[클라인적 신화]을 위치시키며, 또한 승화에 관한 한 클라인의 범주를 받아들일 때 필연적으로 도달하는 것보다 더 폭넓은 기능을 다시 수립할 수 있도록 해준다."(Lacan 1986: 106~107)

라깡은 『세미나 7: 정신분석의 윤리』에서 대상을 '사물의 위엄'(the dignity of the Thing)으로 끌어 올리는 것, 즉 무의 창조적 역량을 받아들이는 것에서 '정신분석적 윤리'를 보았다. 그는 승화를, 클라인이 말하는 원초적 어머니에 대한 애도와 회복으로 해석하면서 이를 정신분석 윤리의 덕목으로 포섭한다. 쾌락원칙을 넘어서는 빈 곳에 위치하는 사물은 곧 죽음충동이다. 이 사물은 꽉 차 있는 사물이 아니라 **텅 빈 사물**이다. 그것은 무(nihil, nothing) 자체로서 자신을 드러낸다.(121) 대상은 파괴되는 것이 아니라 사물의 위치로 올라선다. 죽음충동은 사물의 빈 곳을 겨냥한다. 하지만 그 **빈 곳은 존재 자체**이기도 하다. 어머니의 육체는 바로 그 불가능한 향유의 장소이다. 대타자 속의 결여의 기표를 수용하고 텅 빈 사물을 받아들이는 것, 바로 이것이 라깡과 클라인이 말하는 승화, 즉 주체화의 여정이다. 빈 곳, 공백을 받아들임으로써 우리는 선의 이데아를, 공리적 실용성을 넘어서 정신분석의 윤리에 도달할 수 있다.

아버지의 이름을 통해 상상계에서 상징계로 이행함으로써 주체는 탄생한다. 그러한 주체는 상징계로 진입한 후 어머니라는 **존재**를 완전히 망각하는가? 주체는 여전히 상징계의 배후에 (비)존재하는 원초적 어머니—여성성—를 만날 수 있으며 만나야 한다. 우리가 기억할 수 없는, 아니 한 번도 완전히 품어 본 적이 없는 어머니, 여성성, 다른 향유는 영원히 거부된다는 조건하에서 끊임없이 붙잡아야 할 인간 주체의 영원한 실존 기반이기 때문이다. 주체로의 긴 여정을 시작한, 말하는 존재인 우리는 이 비천한 어머니, 여성성을 '**사랑**이라는 (종종) **병리적인**' 상태에서 다시 만날 것이다. 클라인이 말하듯이 **감사와 숭배의 대상**으로서 말이다.

참고문헌

조엘 도르(2005), 『프로이트·라깡 정신분석임상』, 홍준기 역, 아난케; Joël Dor, *Clinique psychanalytique*, Paris, Denoël, 1994.

자크 라캉(2008), 『자크 라캉 세미나 11: 정신분석의 네 가지 근본 개념』, 맹정현·이수련 공역, 새물결.

박선영(2004), 「클라인의 우울적 위치와 그 정신분석적 고찰: 애도와 회복을 통한 주체의 탄생」, 『라깡과 현대정신분석』 6권 2호.

_____(2005a), 「생후 초기 주체의 심리구조화에 관한 연구: 클라인의 망상-분열적 위치와 빅의 피부이론을 중심으로」, 『라깡과 현대정신분석』 7권 1호.

_____(2005b), 「환상에 대한 정신분석적 고찰: 프로이트와 클라인을 중심으로」, 『감성과학』 8권 2호.

_____(2007), 「클라인의 초기 오이디푸스와 여성성: 원초적 여성성과 다른 향유」, 『라깡과 현대정신분석』 9권 1호.

_____(2008a), 「여자는 어떻게 존재하는가: 라깡에서의 다른 향유와 사랑」, 『라깡과 현대정신분석』 10권 1호.

_____(2008b), 「사물과 죽음의 기억: 클라인의 예술론」, 『라깡과 현대정신분석』 10권 2호.

_____(2009a), 「불안, 거울단계, 부정성: 주체 형성의 변증법」, 『비평과 이론』 14권 1호.

_____(2009b), 「멜라니 클라인, 낯선 어머니의 이름」, 『현대 비평과 이론』 16권 2호.

_____(2010), 「〈오레스테아〉에 나타난 모친살해의 상징과 주체 형성: 클라인과 라깡의 관점에서」, 『비평과 이론』 15권 1호.

페터 비트머(1998), 『욕망의 전복: 자크 라캉 또는 제2의 정신분석학 혁명』, 홍준기 외 공역, 한울아카데미; Peter Widmer, *Subversion des Begehrens*, Frankfurt am Main, Fischer, 1991.

세르쥬 앙드레(2010), 『여자는 무엇을 원하는가?: 히스테리, 여자동성애, 여성성』, 홍준기·박선영·조성란 공역, 아난케; Serge André, *Que veut une femme?*, Paris, Seuil, 1995.

줄리아 크리스테바(2006), 『정신병, 모친살해, 그리고 창조성: 멜라니 클라인』, 박선영 역, 아난케; Julia Kristeva, *Le génie féminin, tome II. Melanie Klein ou le matricide comme douleur et créativité*, Paris, Fayard, 2000.

홍준기(2005), 『오이디푸스 콤플렉스, 남자의 성, 여자의 성』, 아난케.

_____(2011), 『프로이트와 라깡: 이론과 임상』(근간), 아난케.

John Bowlby(1999[1969]), *Attachment*, New York, Basic books.

Shosanna Felman(1987), *Jacques Lacan and the Adventure of Insight: Psychoanalysis in Contemporary Culture*, Cambridge, Harvard UP.

Sigmund Freud(1895), "Project for a Scientific Psychology." *Standard Edition Vol. I*. Trans. J. Strachey, London, The Hogarth Press.

_____(1915a), "Instincts and Their Vicissitudes," *Standard Edition Vol. XIV*.

_____(1915b), "The Unconscious," *Standard Edition Vol. XIV*.

_____(1923), "The Ego and the Id," *Standard Edition Vol. XIX*.

_____(1925), "Negation," *Standard Edition Vol. XIX*.

_____(1926), "Inhibitions, Symptoms and Anxiety," *Standard Edition Vol. XX*.

_____(1938), "Findings, Ideas, Problems," *Standard Edition Vol. XXIII*.

Jean Hyppolite(1954), "A spoken commentary on Freud's Verneinung" in J. Lacan. *Seminar Book I*.

Susan Isaacs(1948), "The Nature and Function of Phantasy," *International Journal of*

Psycho-Analysis, 29.

Jerome Kagan(1976), "Emergent Themes in Human Development," *American Scientist* 64(2).

Melanie Klein(1950[1928]), "Early Stages of the Oedipus Complex" in M. Klein, *Contributions to Psycho-analysis: 1921~1945*, London, Hogarth Press.

_____(1950[1929]), "Infantile Anxiety-Situations Reflected in a Work of Art and in the Creative Impulse" in M. Klein, *Contributions to Psycho-analysis: 1921~1945*, London, Hogarth Press.

_____(1950[1935]), "A Contribution to the Psychogenesis of Manic-Depressive States" in M. Klein, *Contributions to Psycho-analysis: 1921~1945*, London, Hogarth Press.

_____(1950[1940]), "Mourning and Its Relation to Manic-Depressive States" in M. Klein, *Contributions to Psycho-analysis: 1921~1945*, London, Hogarth Press.

_____(1975[1936]), "Weaning" in M. Klein, *Love, Guilt and Reparation & Other Works: 1921~1945*, New York, A Delta Book.

_____(1975[1952]), "Some Theoretical Conclusions Regarding the Emotional Life of the Infant", in M. Klein, *Envy and Gratitude & Other Works: 1946~1963*, New York, A Delta Book.

_____(1975[1957]), "Envy and Gratitude" in M. Klein, *Envy and Gratitude & Other Works: 1946~1963*, New York, A Delta Book.

_____(1986[1930]), "The Importance of Symbol-Formation in the Development of the Ego" in M. Klein, *The Selected Melanie Klein.*(Ed.), J. Mitchell, New York, Penguin Books.

Jacques Lacan(1971[1949]), *Écrits*, Trans. B. Fink, New York, Noton.

_____(1973), *The Seminar of Jacques Lacan Book XI: The Four Fundamental Concepts of Psycho-Analysis*, Ed. Jacques-Alain Miller, Tran. Alan Sheridan, Penguinbooks.

_____(1974), *Télévision*, Paris, Seuil.

_____(1975[1932]), *The Psycho-Analysis of Children*, London, Hogarth Press.

_____(1986), *The Seminar of Jacques Lacan Book VII: The Ethics of Psychoanalysis. 1959~1960*, Ed. Jacques-Alain Miller, Tran. Dennis Porter(1992), Tavistock/ Routledge.

_____(1991), *The Seminar of Jacques Lacan Book I: Freud's Papers on Technique. 1953~1954*, Ed. Jacques-Alain Miller, Tran. J. Forrester, New York, Noton.

_____(1999), *The Seminar of Jacques Lacan Book XX: Encore. 1972~1973*, Ed. Jacques-Alain Miller, Tran. B. Fink, New York, Noton.

Jean Laplanche(1968), "Fantasy and the Origins of Sexuality," *International Journal of Psycho-Analysis*, 49.

Jean Laplanche & Jean-Bertrand Pontalis(1973[1967]), *The Language of Psycho-analysis*, Tran. D. Nicholson-Smith, New York, W. W. Norton.

Thomas H. Ogden(1989), "On the Concept of Autistic-Contiguous Position," *International Journal of Psycho-Analysis*, 70.

Joan Rivière(1929), "Womanliness as a Masquerade," *International Journal of Psycho-Analysis*, 10.

Rene Spitz(1965), *The First Year of Life*, New York, International University Press.

Wilfried Ver Eecke(2006), *Denial, Negation and the Forces of the Negative*, State of New York University Press.

II 예술, 문화, 사회

사랑의 윤리학

—

민승기

1 "하나의 울림"

하나의 울림: 그것은 / 진리 자체가 / 인간들 가운데로 / 들어오는 것 / 은유의 눈보라 / 한가운데로.(A Rumbling: truth/itself has appeared/among humankind/in the very thick of their/flurrying metaphors, Celan: 270~71) 사랑은 진리와 인간이 '하나'가 되는 울림이다. 그러나 울림(Dröhnen/ Rumbling)은 '하나'에 '금이 가는' 소리일 수 있다. 진리의 갑작스런 침입에 의한 '술렁임.' 신의 법이 선포되는 '천둥소리'(모세). 숭고한 광휘와 천둥소리 앞에서 '떨고 있는' 인간은 눈멀고 귀먹지 않기 위해 자기방어를 행한다. 귀를 찢는 파열음을 아폴론의 음악으로 바꾸는 것은 은유이다. '지나침'으로 다가와 균형과 조화를 파괴했던 '사랑'을 길들이기 위해 '욕망'이란 은유가 동원되는 것이다. 욕망은 진리와 은유 사이의 극복할 수 없는 거리를 통해 스스로를 방어한다. 은유는 진리의 세계에 무한히 접근할 수 있

을 뿐 결코 진리를 포착할 수 없다. 진리는 은유로 재현할 수 없는 불가능한 것이 된다. 질식할 것 같은 가까움으로 다가오는 진리, 사랑이 초래하는 불안을 극복하기 위해 욕망은 이미 인간들 가운데로 들어와 있는 진리를 예외적인 것으로 만들어 배제한다. 외상을 가져오는 진리와의 만남은 불가능한 만남이 되고 불가능성은 만남이 주는 울림을 최소화하거나 만남 자체를 연기, 회피할 수 있는 방어가 된다. 욕망의 미학이 탄생하는 것이다. 귀부인과의 극복할 수 없는 거리는 숭고한 광채를 더하고 그녀의 비밀스러움은 밝혀지지 않은 채 욕망을 자극한다. 만남은 이루어지지 않거나 미래에 올 것으로 남아 있다. 바로 이 만남의 연기 속에서 욕망의 서사가 만들어지는 것이다. 그러나 진리는 은유의 눈보라 한가운데로 이미 들어와 있다. '가운데'의 텅 빔은 은유체계에 난 구멍이다. 그것은 '이미 발생한' 사건으로서의 사랑이 만들어낸 상처이다. 사랑은 은유의 시선이 파악하지 못하는 응시(gaze)로 은유를 바라보고 있다. 진리와 은유의 절대적 차이를 강조했던 욕망은 이제 은유체계 자체의 분열을 말하는 사랑에 자리를 양보한다. 진리는 은유로 결코 재현할 수 없거나 은유에 불과한 것이 아니다. 그것은 은유가 지배할 수 없는 형태로 이미 은유 속에 들어와 있다. 우리는 이미 진리의 한복판에 서 있다. 은유의 눈보라를 통과한 진리 역시 은유에 의해 분열되어 있다. 사랑의 울림은 진리와 은유 모두를 거세한다. 욕망에서 사랑으로의 전환은 외재적 차이에서 내재적 분열로의 이동과 같다. 은유의 한가운데서 욕망의 허울을 찢고 사랑이 솟구쳐 오른다.

이 글은 쾌락원칙이나 교환경제의 중지 또는 파괴로 드러나는 사랑이 어떻게 윤리적 위상을 얻게 되는가를 살펴보려 한다. 사랑은 하나(One)에서 둘(Two), 다시 '하나라고 할 수 없는 하나'(One-less)로 이동한다. 그것은 온전한 융합을 나타내는 에로스(eros)에서 둘 사이의 절대적 차이를 강조하는 필로스(philos)로, 다시 내부적 분열을 초래하는 아가페(agape)로 변신한다. '하나'의 온전함을 소유하고자 했던 오딧세우스는 자신을 부정(부정은 서로 환원될 수 없는 '둘'을 요구한다)한 후에 스스로의 타자(외부적 차이는 내재적 분열이 되어 '전체일 수 없는 하나'가 된다. 지젝은 이것을 부정과 구별하여 부정성[negativity]이라고 부른다)가 되어 귀환하는 것이다. 주인이 스스로의 손님이 되어 돌아오는 사랑의 (반)헤겔적 여정에서 부정의 부정은 더 큰 긍정이 아니라 부정 자체를 결핍시킨다. '정신은 뼈'라고 선언하는 헤겔처럼 오디세우스는 의식의 증가를 통한 초월적 주체가 아닌 상징적인 의미를 모두 박탈당한 잉여물, 대상 소타자(objet a)로 귀환한다. 실체에서 기표로 다시 둘 모두를 분열시키는 대상 소타자로의 귀환. 우리는 먼저 '오 나의 친구들이여'라는 부름 속에서 '친구란 없다'는 부재 또는 절대적 거리를 강조하는 필로스적 사랑의 형태를 점검해 본다. 데리다, 레비나스, 블랑쇼에게 사랑은 극복할 수 없는 타자와의 거리를 뜻한다. 낯섦의 공유. 주체로 환원될 수 없는 타자의 절대성을 존중한다는 점에서 '차이'는 윤리성을 가질 수 있지만 타자에 대한 공경(respect)이 타자와의 윤리적 만남을 불가능하게 하는 거리로 작용할 수 있다는 점이 문제이다. 주체의 초월성이 타자의 초월성으로 전이되는 것만으로는 충분치 않다. 그러므로 우리는 순수증여로 드러나는 사랑에 대한 논의를 통해 현상 속에 결코 메울 수 없는 간극을 기입하는 사랑의 존재론적 위상을 다시 점검해 본다. 그러나 이때의 간극은 단순히 불가능성으로 특징지워지지 않는다. 아가페는 '사랑의 불가능성'이 갖는 관점 자체를 변환시킨다. 불가능성은 절대적 타자성이 아닌 타자의 분열에서 생성된다. 지젝은 이 변환을 '실체에서 주체로'의 이동으로 규정한다. 초월적 실체(타자)는 이미 주체 속에 주체가 보지 못하는 형태로 들어와 있다. 주체와 실체의 결핍이 겹치는 곳에서 생겨나는 이중 결핍으로서의 잉여물(objet a), 바로 이 잉여물을 사랑하게 될 때 사랑은 윤리적 위상을 획득하게 된다.

'사유가 바로 사랑이다.'(Nancy: 84) 철학은 이 말을 '사유를 사랑하는 것'으로 전유한다. 그러나 철학의 전유는 사유가 사랑에 노출되어 있다는 것을 숨기고 있다. 철학의 기원을 이루는 사유와 사랑의 공모는 사유의 사랑 지배를 통해 드러난다. 사유는 사랑을 필요로 하지만 정작 사랑과 같아지려 하지 않는다. 거리를 두고 사랑에 '대해' 사유하는 것이 철학이다. 그러나 사랑(에의 노출)은 이 거리를 허용치 않는다. 사유를 사랑하는 것은 사랑을 사유하는 것과 같지 않다. 사랑에 대한 사유는 늘 사유에 대한 사랑으로 나타나지만 이것은 이미 사랑에 대한 자기방어적 지식이다. 철학사가 이것을 증명한다. 철학은 사유를 통해 사랑을 지배하려는 시도이다. 물론 그런 시도는 실패로 끝났지만 사랑을 사유를 통해서는 결코 도달할 수 없는 것으로 상정하는 것도 또 다른 형태의 자기방어이다. 사랑은 단순히 사유불가능한 것, 결코 발생할 수 없는 것을 뜻하지 않는다. 라깡이 '불가능한 실재(Real)가 항상 발생한다'고 말한 것처럼 실재로서의 사랑은 사유를 통해 항상 드러난다. 그러나 사유와의 만남은 상실된 만남이다. 사랑은 사유 속에서 드러나는 동시에 다시 모습을 감춘다. 사랑을 선언하는 순간(언어 속에 편입되는 순간) 이미 상실의 운동이 시작되기 때문이다. 그러므로 사랑이란 이름으로 규정되는 어떤 것도 (숭고한 사랑, 어리석은 사랑, 순수한 사랑) 적절치 않다. '모든 것이 이야기되었지만 아직도 사랑에 대해 이야기할 수 없다.'(82) 이것은 마치 사랑을 요구하는 리어왕의 질문에 코딜리어가 '아무 할 말이 없다'(Nothing)고 대답하는 것과 같다. 사랑은 지식을 통해 사랑을 지배하려는 철학의 욕망을 일깨우지만 짜라투스트라의 말대로 "위대한 연인들은 사랑을 원하지 않는다. 그들은 그 이상의 것을 원한다."(99) 사랑의 언어를 능가하는 것, 우리를 유혹하는 동시에 우리가 침묵할 것을 요구하는 욕망의 근원, 다양하게 드러나는 사랑의 모습들 속에서도 온전히 드러나지 않는 '그 이상의 것.' 특별한 사유가 아니라 사유를 가능하게 하는 조건인 사랑에 '대해' 우리는 무슨 이야기를 할 수 있을까? 사랑을 얻을 수도 그것으로부터 도망갈 수도 없는 사유는 '반복'을 통해 사랑과 접촉한다. 반복은 만남의 실패를 전제하고 있지만 사유 속에서 나타나는 동시에 사라지는, 다시 말해 흔적(trace)으로 드러나는 사랑과 접촉할 수 있는 유일한 방법이다.

사랑은 사랑에 대한 사유를 촉발시키는 동시에 사유로 환원되지 않는다. 사유 속에서 사유를 능가하는 불가능한 사랑, 본질이나 진리로 재현될 수 없는 사랑은 타자의 부름을 통해 드러난다. 사랑의 공식은 '나는 사랑한다'가 아니라 '나는 너를 사랑한다'이다.(100) 사랑의 주체인 '나'가 '너'라는 대상을 사랑하는 것이 아니다. 사랑의 부름 이전에는 어떤 주체나 대상도 존재할 수 없기 때문이다. 사랑의 손길을 작동시키는 것은 주체의 자기 동일성이 아니다. 오히려 주체의 내재성은 개방되고 파편화된다. 나는 너에 노출됨으로써 비로소 존재한다. 낭시의 말대로 사랑은 '노출된 심장의 박동소리'를 듣는 것이다.(90) 사랑의 여정 속에서 나는 파열된 채로 귀환한다. 귀환은 부서진 심장을 치유하거나 지양할 수 없다. 바로 이 파열을 통해서만 나 자신으로의 귀환이 가능하기 때문이다. 한 번의 키스만으로도 존재론적 균열이 생겨난다. 그것은 고유한 주체의 심장을 절단하고 분해한다.(96) '내 속에 찔러 넣어진 칼,' 사랑. 사랑의 경험은 내가 이미 항상 파열되어 있었다는 것을 보여준다.(97) '나는 사랑한다'는 말은 내 속에 타자가 이미 들어와 있다는 것을 '선언'하는 것이다. '사랑'이라는 수행사. '나는 너를 사랑해'라는 말은 내적인 열정을 '표현'하는 것이 아니라 '내가 말하는 것이 진실이라는 것을 너에게 맹세해'라고 증언하는 '행위'이다. 이미 있는 사랑을 묘사하는 것이 아니라 진실을 맹세하는 증언 속에서 사랑이 생성된다. 그러나 증언은 데리다의 말대로 위증의 가능성을 포함하고 있다. 수행사로서의 '나는 사랑해'는 농담이나 거짓말의 가능성에 이미 노출되어 있는 것이다. 사랑 발화의 성공은 결코 보장될 수 없는 것으로 남아 있다. 그러나 데리다의 말대로 바로 이 온전한 응답의 불가능성이 사랑을 가능하게 하는 조건이 아닌가?(Ware: 497~99, 505 참조) '사랑'의 선언은 코딜리아의 'No-thing'이나 레비나스의 '하는 말'(Saying)처럼 언어의 한계를 지시하는 것을 제외하고는 아무 것도 이야기하지 않는다. 아무 것도 말하지 않은 채 반복되는 바틀비의 '그렇게 하지 않는 것을 더 좋아한다'(I would prefer not to...) 역시 언어 체계에 결핍을 기입하는 언어, 형이상학의 텍스트를 더 이상 필사하지 않겠다는 언어, 타자의 부름에 대한 응답의 필연성과 불가능성만을 보여주는 언어 아닌 언어이다. 바틀비(의 언어)를 사랑할 수 있을까? 사랑은 불가능한 타자의 부름에 응답하는 윤리학으로 존재한다.

2 "오 나의 친구들이여, 친구란 없다"

사랑(우정)의 (불)가능성에 관한 모든 논의들에 유령처럼 출몰하는 '오 나의 친구들이여, 친구란 없다'는 후렴구는 바르트의 푼크툼(punctum)이나 데리다의 쉽볼렛(shibbolet)처럼 특이성(singularity)의 칼날로 친구에 관한 모든 이론적 담론들에 틈을 낸다. 우선 이 후렴구가 '인용'이라는 사실이 강조되어야 한다(사랑의 공식인 'I love you' 역시 인용이다).[1] 데리다의 우정에 대한 세미나의 시작과 끝을 알리는 이 후렴구는 아리스토텔레스에게서 연유했다고 주장되는 것으로 몽테뉴나 블랑쇼 등의 철학자들에 의해 (재)인용되어 왔다. 데리다는 이 말을 아리스토텔레스가 아닌 몽테뉴의 에세이에서 인용하고 있지만 몽테뉴의 에세이 속에서도 이 후렴구는 이미 인용이자 번역의 형태를 띠고 있다.(Naas: 140) 우정은 (타자의) 인용이다. 그것은 처음부터 타자에게 오염되어 있다. 우정에 대한 인용문은 이질적인 텍스트들 속에서 반복되면서 철학사를 회집한다. 아리스토텔레스, 몽테뉴, 블랑쇼, 레비나스, 푸코, 들뢰즈, 데리다 등이 우정을 반복하고 그것에 의해 반복된다. 그러나 반복은 동일한 것의 반복을 통해 완성에 도달하기는커녕 자신을 넘어서는 이타성(alterity)을 통해 동일한 기원 자체를 이질적인 것으로 만들어버린다. 집에서 출발하여 집으로 돌아오는 헤겔적 여행의 주인공인 오딧세우스는 항상 손님이나 친구로서만 다시 돌아올 수 있다. 집은 이미 낯선 곳이다.(139) 그는 파편화된 채 귀환한다. 사랑(우정)이 파편화된 형태나 일그러진 비유 속에서 드러나는 이유가 여기에 있다. 사랑은 그 자체로 파편화일 뿐이고 그 뒤에는 아무 것도 없다. 지배적 비유나 중요한 재현 양식, 공통의 전제를 통해 사랑을 설명할 수 없다.(Nancy: 102) 사랑은 반복을 통해 자신의 특이성을 얻지만 그것은 나를 타자로 만들 뿐이다.

(우정을) 반복하는 주체는 자신이 무엇을 반복하는지 알지 못한다. 우정은 우정에 대한 지식으로 환원될 수 없다. 반복이 지식을 가능하게 하는 동시에 불가능하게 하기 때문이다. 스핑크스는 내가 타자일 가능성, 인간

---

1 사랑 발화는 이미 항상 타자의 인용이지만 우리는 그것을 처음 발화하는 사람처럼 행위한다. 사랑 발화의 특이성은 그것의 상실을 초래하는 반복에 의해 가능해지기 때문이다. '너를 사랑한다'는 말은 사랑하겠다는 약속의 반복일 뿐이다. 바르트의 말대로 사랑 발화는 '우리 다시 시작하자', 다시 약속하자는 동어반복일 뿐이다.(Ware: 494~96, 501, 506 참조)

이 스핑크스일 가능성을 묻고 있다.(Blanchot 1993: 17) 인간과 동물, 인간과 괴물, 남성과 여성을 위계질서를 통해 구분하는 오이디푸스의 '대답'은 그러나 또 다른 '질문'일 뿐이다. 그는 혼돈으로 다시 돌아가게 하는 스핑크스의 질문을 이해할 수 없어 '반복'하고 있을 뿐이다. 그것은 해결될 수 없는, 질문을 이해하고자 하는 바로 그 언어 속에서 사라져버리는 근원적 질문이다. 질문은 그것이 발생했던 빈 공간으로 다시 돌아간다.(18) 스핑크스는 인간 오이디푸스가 이미 혼돈이라는 타자에 노출되어 있다고, 인간 역시 스핑크스일 뿐이라고 말하고 있다. 오이디푸스는 자신의 비인간성 (타자성)을 직면하고 나서야 비로소 인간이라고 답할 수 있는 것이다.(Iyer 2001: 202) 인간이란 답은 그가 없애고자 하는 바로 그 두려움(내가 스핑크스라는)을 오히려 인간 속에 기입한다.(Blanchot 1993: 18) 인간은 그 자체로 수수께끼인 스핑크스처럼 여전히 해결될 수 없는 질문으로 남아 있다. 마찬가지로 두 친구들이 함께할 때 생겨나는 결과물(답)이 우정이 아니라 우정이(란 질문이) 친구들을 생성하는 기원이다. 나는 우정이란 관계 속에서 (수수께끼와도 같은) 타자에게 묶여 있다. 나는 '나'이기 전에 (이미) '친구'이다.(Iyer 2000: 40) 스핑크스 앞에 서 있는 오이디푸스처럼 나는 나의 주체성을 위협하는 우정에 노출되어 있다. 우정은 주체를 자신과는 다른 타자로 만들어버린다. 우정은 이타성을 극복하기 위해 주체가 망각하고자 하는 관계이지만 우정에 노출되지 않고서는 주체는 주체로 탄생할 수 없다. 우정은 내가 선물하거나 받는 것이 아니다. 주는 나와 받는 나가 우정 이전에 존재하지 않기 때문이다.(40) 우정은 철학을 완전히 피할 수 있을까? 철학은 지혜에 대한 사랑(우정)이다. 그러나 철학적 사랑은 이미 근원적 우정(사랑)의 억압이자 그것에 대한 방어이다. 지식은 시작되기도 전에 이미 그것을 중지시키는 우정에 노출되어 있다. 그러나 근원적 우정은 사라짐으로써 철학적 질문을 가능하게 한다.(Iyer 2000: 47) 오이디푸스의 질문(대답)이 '내가 타자(친구)일 가능성'을 희생한 질문, 철학적 지식의 탄생을 알리는 질문이 되는 이유가 여기에 있다. 오이디푸스는 나의 근원적 타자성을 (피하기 위해) 인간이라는 일반적인 문제로 바꾸어 놓고 있지만 반복은 철학이 억압하거나 망각하고자 하는 근원적인 우정, 사유 자체의 내재적 조건인 우정에의 노출을 가능하게 한다.

'오 나의 친구들이여, 친구란 없다'는 인용문은 반복되어 사랑의 불가능성을 지시하는 동시에 역설의 구조를 통해 친구의 이타성을 강조한다. 친구들에게 말을 건네는 부름(apostrophe)과 친구란 없다는 일반적 진리가 공존하며 수행사와 진술, 친밀함과 낯섦, 이끌림과 혐오가 같이 있고 앞의 돈호법이 뒤의 진술을 불가능하게 하는 이상한 결합, 바로 이것이 사랑이다. 친구란 가까워지려 할 때 무한한 거리를 경험하는 사람들인가? 레비나스의 말대로 근접성(proximity)은 곧 무한한 거리를 뜻하는가? 그것은 우정 속에 이미 항상 거주하고 있는 낯섦을 지시하고 있지 않은가? 친구가 없다는 사실을 말하기 위해 친구들이 존재하는가? 데리다의 말대로 친구들은 이미 있지만 아직 없는 것인가? 우정은 주체 이전에 처음부터 존재하지만 결코 현재에 주어지지 않고 미래에 대한 책임감 속에서 만들어지는 것인가?(Derrida 1988: 636~37) 두 몸에 깃든 한 영혼처럼 분리 없는 공통성을 주장하는 몽테뉴와는 다르게 블랑쇼는 근원적 불일치나 회복될 수 없는 거리를 우정의 조건으로 내세운다. 본질의 공유나 상호성을 중지시키는 공동체가 바로 우정이다. '우정이라 할 수 없는 우정'(friendship without friendship).(Iyer 2000: 45) 친구를 부르는 것이 친구를 소멸시키는 모순을 어떻게 설명할 것인가?

'오 나의 친구들이여'라는 돈호법은 우정과 타자의 부름이 갖는 근원적

인 관계를 보여준다. 친구란 그에 대해 말할 수 없지만 그의 부름에 응답
해야 하는 존재이다. 우정은 부름 속에서 부름을 통해서만 가능하다. 타자
의 부름은 그러나 우정 또는 우정의 한계 지점으로부터 온다. 친구나 우정
에 관한 이론들은 친구의 부름을 통해 중지된다. 유사성, 현전, 가까움 등
우정을 규정하는 전통적 가치들이 타자와의 접촉을 통해 해체된다. 우정
에 관한 인용인 동시에 우정에게 말을 걸기 위한 행위로서 '오 나의 친구들
이여'라는 후렴구는 우정을 가능하게 하는 동시에 불가능하게 한다. 거기
서 발생하는 것은 친구(우정)에 대한 지식이 아니라 근본적으로 불가해한
상태로 남아 있는 부름이다.(140) 데리다의 텍스트는 단순히 우정을 역사
적으로 모색하는 것이 아니라 아리스토텔레스에서 블랑쇼에 이르는 우정
의 부름에 응답하는 것이다. 호메로스의 텍스트에서 사랑(philos)이란 말은
주관적인 감정과 객관적 소유 둘 다를 의미할 수 있다. '사랑스런' 아들이
'나의' 아들일 수 있는 것이다. 사랑은 주관과 객관 '사이'에서 미결정성으
로 남아 있다.(146) 그러나 오히려 사랑의 관계는 감정이나 소유보다는 이
런 관계의 사라짐을 의미하는 것이 아닐까? 호메로스에게 우정은 감정이
나 소유 이전에 있는, 그것들을 가능하게 하기 위해 항상 사라지는 흔적이
자 한계가 아닐까?(149) 우정은 상징적 자질이 아니라 타자의 부름에 의해
일깨워지는 관계로 즉 수행적 효과에 의해 비로소 만들어지는 한계로 기
입되어 있다. 호메로스의 텍스트에서 죽음을 맞게 되는 인물들이 돈호법을
통해 불리워진다는 사실이 이를 입증한다.(150) 부름은 규정적이고 자기동
일적인 관계들이 끊임없이 사라질 수 있는 가능성을 이미 내포하고 있다.
'친구란 없다.'

　'친구란 없다.' 이 말은 우정과 애도의 관계, 사랑은 죽음을 전제로 한다
는 것을 뜻한다. 데리다는 "라깡과 나, 우리는 서로 매우 사랑했다"고 믿

고 있다. 그러나 그는 곧 '우리'란 타자의 죽음 이후에만 가능하다고 말한다.(Derrida 1998: 42~43) 인간-동물의 위상을 가진 친구 엔키두가 죽는 순간 길가메시가 인간의 유한성을 깨닫게 되는 것처럼 타인의 죽음이 우정을 가능하게 해주는 것은 아닐까? 우정에 관한 텍스트들이 친구의 죽음을 애도하는 가운데서 탄생했다는 것은 우연이 아니다. 타자의 죽음이 일깨우는 것은 타자에 대한 책임감이다. 누구도 대신해 줄 수 없는 고유성을 부여해주는 죽음(하이데거) 이전에 양도하거나 대리할 수 없는 책임감을 통해 타자와 관계맺는 죽음이 있다. 사랑이란 무엇보다도 타자의 죽음이 나의 죽음보다 나에게 더 큰 영향력을 행사하는 것이다. 우리는 타자의 얼굴 앞에서 죽음과 마주한다.(Levinas: 105)

죽음이 보여주는 것은 무한한 거리이다. 죽음으로 열리는 심연은 이미 그와의 사이에 존재하고 있던 거리를 보여준다. 결코 메울 수 없는 거리, 애도 작업으로 회복할 수 없는 낯섦, 주체화될 수 없는 타자성, 외상을 초래하는 경험들이 우정을 가능하게 한다. "푸코와 개인적인 친분이 없으며 그를 한 번밖에 만난 적이 없다"고 블랑쇼는 쓰고 있다. 그러나 그는 곧 "푸코가 그 때 거기 없었다고 누군가가 말하는 것을 들었다"고 이야기한다. 블랑쇼가 푸코에게 몇마디 말을 건넸을 때 푸코는 자신에게 이야기하는 사람이 누군지 알지 못한다. "그러나 우리는 아마도 서로를 그리워했는지 모른다."(Blanchot 1990: 63) 블랑쇼의 일화는, 낯선 두 사람의 친밀성을 가능하게 해주는 것은 익명성이라는 자신의 소설 내용을 예증하고 있다. 실제 만남 없이 서로의 저작에 대해 논평하는 것 역시 또 다른 형태의 우정일 수 있다. 데리다는 자신이 '해체'하는 텍스트를 '사랑'한다고 말하고 해체론은 사랑 없이 진행될 수 없다고 이야기한다.(Derrida 1985: 87) 그가 사랑하는 것은 소진되지 않을 미래, 의미로 환원될 수 없는 타자성이다. 절대적 타자성에 대한 긍정이 바로 사랑이다.

'오 나의 친구들이여, 친구란 없다.' 타자의 부름은 타자에 대한 애도이지만 애도의 성공은 곧 실패이기도 하다. 충실한 애도는 친구를 배신하는 행위이기 때문이다. 우정은 배신의 형태로만 존재할 수 있는가? 친구의 타자성을 손상치 않고 그에 대해 이야기할 수 없는가? 우정은 언어의 바깥이지만 언어를 온전히 벗어날 수 없다. 타자의 부름은 타자의 절대적 이타성을 말하는 동시에 이타성을 특징짓는 무한한 거리의 사라짐을 지시한다. 무한한 거리는 언어 속에서 스스로를 소멸시킴으로써 언어 체계를 가능하게 한다. 우정은 사라짐으로써 존재하는 '흔적'이다.[2] 우정은 우정이란 개념의 역사 속에서 거기 속하지 않은 채 항상 사라져버리는 그러나 지배될

---

2 '오 나의 친구들이여, 친구란 없다'는 진술(아닌 진술)은 우정이 자질이나 속성이 아닌 '가능성'으로 존재한다는 것을 지시하고 있다. 현전과 부재, 가능성과 불가능성, 복수성과 단수성, 우정의 긍정과 철회가 겹쳐 있다. 친구가 없다면 어떻게 친구에게 말을 걸 수 있을까? 이해가능성에 한계를 부여하는 이 구절을 아감벤은 "많은 친구를 가진 사람은 친구를 갖지 않은 것이다"라고 수정한다.(Agamben: 3) 이것은 아감벤의 수정이 아니라 이 구절이 실려 있는 『철학자들의 전기』가 새로운 판본으로 출간될 때 카소봉(I. Casaubon)이 '주저없이' 고친 것이다. 이 수정으로 말미암아 모호함이 제거되고 우정은 '완벽하게 이해가능한' 것으로 제시된다.(Agamben: 3) 가능성과 불가능성의 일치를 보여주는 (기원적) 가능성은 단수와 복수의 대립을 통해 말끔히 제거된다. 많은 친구가 중요한 것이 아니라 진실한 한 친구가 필요하다. 그러나 가능성은 단수와 복수 모두를 거세하는 '사이 공간'의 '가능성'으로 되돌아온다. 많은 친구들을 가진 사람이라는 직접적 진술은 '오 나의 친구들이여' 속에 깃든 타자에의 말걸기(address)를 제거하지 못한다. 타자에의 말건넴은 모든 언어를 하나 이상의 것으로 만들어버린다. 언어 이전에 존재하는 타자의 부름은 언어를 불가능하게 하는 장애물인 동시에 언어의 가능 조건이다. 언어는 이미 내부적으로 절개되어 있다. '친구란 없다'는 내부적 분열이 복수성으로 충분히 설명되지 않는다는 것을 보여준다. 타자성은 단순히 복수성이 아니다. 그러나 '친구란 없다'는 단수성으로 환원될 수도 없다. 그것은 복수성을 통합하는 '하나'까지도 부정하는 특이성이다. 특이성은 외재적 차이가 이미 내부적 분열과 겹쳐 있음을 보여준다. 복수성과 단수성의 겹침 속에서 특이성으로서의 가능성이 회귀한다.

수 없는 흔적으로 기입된다. 우정의 전통을 행위로 읽는 작업은 다시 말해 친구를 부르고 거기 응답하는 행위는 흔적을 없애는 것이 아니라 그것을 반복하고 인용하는 것이다.(Naas: 153) 그것만이 흔적과 조우할 수 있는 유일한 방법이기 때문이다. 그러므로 우리는 다시 이 말을 인용한다. '오 나의 친구들이여, 친구란 없다.'

  인간이 스핑크스일 가능성을 묻는 스핑크스의 질문 속에서 아직 사유되지 않은 채로 남아 있는 것은 동물이 타자일 가능성이다. 앞의 논의에서 보듯 죽음, 무한한 거리, 부재, 비인간적인 것들이 우정을 가능하게 하는 타자성이라면, 상징질서를 가능하게 하기 위해 억압되고 배제되며 길들여지고 희생되는 기원이 '비인간적인' 것이라면, 동물이야말로 타자의 장소에 거주해야 하지 않을까? 데리다의 말대로 고양이라는 절대적 타자의 응시에 노출되어 있는 인간을 생각해 볼 수 있을까?(Derrida 2002: 16) 리오타르에게 동물은 "어른 한가운데에 있는 어른의 일-탈, 혹은 위협적인 표류 가능성으로 존재하는 어린이"와 같다.(Lyotard: 206) 동물은 지식의 한계를 드러내는 칸트적 사물이다. 그러나 리오타르는 어린아이의 비유를 통해 동물의 타자성을 인정하면서도 결국 이질적인 언어 규칙들의 갈등과 차이가 갖는 윤리적 명령을 동물은 표현하지 못한다고 말한다. 결국 리오타르는 '우리는 우리가 아닐 수도 있지만 적어도 동물은 동물로 남아 있다고 확신할 수 있다.'(Wolfe: 62) 레비나스 역시 언어화할 수 없는 유대인 대학살과 말할 수 없는 동물을 구분한다. "나는 언어를 말하는 존재에 대해 직접적인 책임감을 가질 수 있다." 타자성은 인간 타자에 한정되는가? 인간과 동물의 차이점은 무엇인가? 하이데거는 어떤 근거에서 '원숭이는 움켜쥘 수 있는 기관은 가지고 있지만 손이 없다,' 또 '동물은 세계를 갖지 못한다'고 주장하는가?(Derrida 1986: 173) 인간만이 언어를 말하고 사유할 수 있는 존재이기 때문이다. 동물이 죽음을 죽음으로 경험하지 못하는 이유도 언어의 부재에 있다. 귀나 언어를 갖고 있지 않은 동물들은 윤리학을 가능하게 하는 양심의 소리나 친구의 목소리를 들을 수 없다. 법, 욕망, 무의식이 모두 언어적 구조에 기초하고 있는 라깡에게도 언어를 말할 수 없는 동물은 상상계에 한정된다. 타자에 대한 응답(response)은 인간에게 고유한 것이며 동물은 자동적인 반응(reaction)만을 보일 뿐이다. 진실을 통해 거짓을 말하는 이중의 속임수는 욕망이나 응답에만 가능한 것이다.(Derrida 2003: 126~132) 레비나스식으로 말하자면 동물은 타자를 위한 존재가 될 수 없다.

그러나 언어와 죽음의 경계를 보여주는 우정에 대한 논의에서 보듯 언어가 인간의 가능성이 아니라 타자의 요구에 온전히 응답할 수 없는 불가능성이라면 동물의 침묵은 지식의 부재나 주체성의 결핍이 아니라 언어 이상의 것을 요구하고 있지 않은가? 동물이란 타자는 오히려 언어를 통해 인간과 동물의 차이를 규정하려는 이론들 자체를 '징후'로 만들어버린다. 인간을 가능하게 만드는 예외, 법이 주체를 '인간적'인 것에 한정할 때 배제되는 것은 무엇인가? 우리를 인간 주체로 정립하는 것 자체가 징후라면 동물에 대한 비유는 모두 동물의 타자성과 마주치는 것을 피하기 위한 술책에 불과하다. 동물이 말할 수 있는가? 이성적으로 사유할 수 있는가? 라는 질문 대신 동물이 고통을 겪을 수 있는가?라는 질문이 더 중요하다.(Llewelyn: 240) 언어 능력이 아니라 수동성, 상처받을 가능성 등 언어로 재현될 수 없는 불가능성이 문제이다. 동물은 기표를 갖지 못하는 결핍이 아니라 인간적인 것을 넘어 존재하는 흔적이기 때문이다. 동물과 함께 사유하는 것, 동물에 노출되어 있다는 것은 어떤 점에서 윤리적인가?

윤리학을 기표의 논리에 종속시켜 동물을 상상계에 한정시키면서도 라깡은 이를 넘어설 수 있는 또 다른 가능성을 다시 동물을 통해 제시한다.(Crooks: 104) 그는 '원시적 아버지가 단지 동물일 수밖에 없다고 말한다.' (Lacan 1990: 88) 아담이 어떻게 이름을 짓나 보려고 동물들을 소집한 신은 모든 것을 감독하는 전능한 신인 동시에 명명이라는 사건을 통해 무슨 일이 생길지 알지 못하는 결핍된 신이기도 하다. "신은 자신이 정말로 무엇을 원하는지 아직 알지 못한다. 이것이 동물과 연관하여 자신이 무엇을 원하는지 알지 못하는 신의 유한성이다."(Derrida 2002: 386) 지젝의 말대로 명명 행위는 "기표의 출현에 의해 현실 안에 열린 불연속성, 그 공백이 대상화한 대상 소타자"를 겨냥하고 있기 때문이다.(Žižek 1989: XIV) 대상 소타자는 세상에 개입함으로써 실체에서 주체로 이동하는 신의 분열을 보여준다. 인간과 동물 사이에 어떤 일이 발생할지 모르는 '무지에 노출된 신.' 동물은 신의 분열, 향유와 욕망의 분열을 보여준다. 토템 동물은 아직 이성의 순간으로 들어오지 않는 어떤 것이다. 그것은 향유와 욕망, 자연과 문화의 '상실된 연결고리'이다. 동물은 자연/문화의 대립구조를 (불)가능하게 하는 조건이다. 자연/문화의 '사이,' 자연도 문화도 아닌 괴물과도 같은 토템 동물의 희생 이후로 공동체는 모든 동물을 구별과 차이의 법에 종속시킨다. 신의 욕망으로서의 로고스가 개입하고 인간과 동물의 존재론적 차이가 도덕 질서를 만들어낸다.(Crooks: 106) 수간에 대한 엄중한 처벌은 동물에 대한 불안과 위협을 표현한다. 동물과의 성행위시, 동물의 울음소리는 단순한 반응이 아닌 인간의 응답이 될 수 있기 때문이다.(110~111) 종의 차이나 동물에 대한 개념화가 인간 또는 도덕법을 규정하는 것이라면 이런 환상을 횡단하는 작업이 필요하다.(112) 인간이 된다는 것에 대한 근원적 환상을 횡단할 때 동물을 사랑하라는 윤리적 명령이 가능해지기 때문이다. 스스로 사라짐으로써 자연과 문화를 연결해 주는 동물은 '차이'의 기표체계가 시작되기도 전에 이미 상실된 대상, 즉 충동과 응시의 문제를 제기한다.

우리는 이제 절대적 차이가 아닌 차이 내부의 분열, 차이가 보지 못하는 곳에서 이미 차이를 지켜보고 있는 응시로서의 사랑을 이야기한다.

욕망은 소녀와 왕자의 '이상적' 사랑이 소녀와 개구리, 맥주와 왕자라는 비대칭적 관계(소녀가 개구리에게 입을 맞추자 개구리는 왕자로 변하고 왕자가 다시 소녀에게 키스하자 소녀는 맥주로 바뀐다)를 통해 드러날 수 있다고 말한다.(Žižek 2006: 56) 욕망의 비대칭성은 '성관계는 없다'는 라깡의 성공식을 충실하게 증언하고 있는 것처럼 보인다. 욕망은 성관계의 '없음'을 '불가능성'으로 해석한다. 비대칭성은 우연적인 요소가 아니라 성욕을 (불)가능하게 하는 조건이다. 그러나 '요소' 자체가 '조건'으로 이동하는 칸트적 전환 속에서 '없음' 자체가 칸트적 '사물'의 위치를 차지할 때 문제가 된다. (의미의) 불가능성 자체가 최종적 의미로, '없음'이 접근할 수 없는 절대적 타자성으로 제시되는 것이다. 라깡의 '없음'이 칸트의 '불가능성'으로 제한될 수 없다는 것을 보여주기 위해 우리는 니체의 '긍정의 긍정'으로 에둘러간다. 그러나 이중긍정은 칸트 체계에서 칸트가 보지 못하는 맹목으로 이미 자리잡고 있다. 우리는 칸트를 긍정함으로써, 그의 결핍을 다시 긍정함으로써 그가 드러내는 동시에 숨기고자 했던 '간극'을 감지할 수 있다.

칸트의 미적 판단은 '내가 이 대상을 좋아한다는 느낌을 좋아해'(I like the feeling that I like this object)와 같은 긍정의 긍정, 긍정의 자기배가(doubling)를 통해 드러난다. 그것은 단순히 대상에 동의하는 것이 아니라 주체의 가장 내밀한 감정 자체를 대상으로 하고 있다. 그러나 대상을 긍정한 후에 다시 주체의 내밀한 감정을 대상으로 긍정하는 이중긍정은 대상의 분열을 초래한다. 내밀한 감정 자체는 대상 속에서 대상이 환원할 수 없는 주체의 파편으로 남아 있기 때문이다. 긍정의 반복이 긍정하는 것의 분열을 가져온다. 욕망이 대상을 넘어선 무를 향하고 있다는 것을 긍정한 후에 무(nothing)를 다시 긍정하는 것은 무 자체의 분열을 초래한다.(Zupančič 2003: 143~45) 무가 아니라 무로 환원될 수 없는 잉여물이 문제이다. 무를 의미로 제시하는 것은 선과 악을 넘어서는 단계에 이르지 못한다. 그것은 단지 교환경제에 종속되어 있는 선을 넘어섰을 뿐이다. 초월적 악으로서의 무조차 넘어서기 위해서는 초월성을 제거해야 한다. 이중긍정은 바로 이 초월성을 제거함으로써, 초월적 선과 초월적 악의 대립이 아닌 선악의 겹침, 초월성을 불가능하게 하는 내부적 분열을 지시한다. 라깡이 죽음충동을 니르바나 원칙과 구분하는 이유도 여기에 있다. 쾌락원칙을 넘어 근원적 무로 돌아가고자 하는 니르바나 원칙은 여전히 쾌락원칙의 수준에 머물러 있다.(Žižek 2003: 93) 쾌락원칙을 넘어서기 위해서는 무 자체에 불균형을 기입해야 한다. 라깡식으로 말하자면 불균형을 초래하는 욕망 자체의 불균형을 이야기해야 하는 것이다. 욕망의 이중긍정, 욕망의 반복, 욕망의 내부적 분열 속에서 드러나는 것은 욕망의 잉여물인 충동(drive)이다.

죽음충동은 '불가능한 죽음'이다. 그러나 여기서의 불가능성은 욕망 자체를, 무 자체를 불가능하게 하는 잉여물이다. 죽은 것도 산 것도 아닌(undead) 잉여물은 자신이 거주하고 있는 체계에 끊임없는 불균형을 초래한다. 거세나 남근이란 비유도 이런 문맥에서 이해되어야 한다. 상징적 의미를 가능하게 해주는 비유인 남근은 상징계 자체의 거세를 보여주는 불가능한 비유이기도 하다. 자신의 불가능성을 이미 품고 있는 비유(아닌 비유). 욕망은 자신을 와해시킬 수 있는 원인을 이미 품고 있다. 욕망의 눈을 가능하게 하는 원인이자 잉여물이 바로 충동이다. 맥주 광고의 예로 다시 돌아가자면 소녀와 개구리, 맥주와 왕자라는 비대칭적 대립쌍이 보지 못하는 것은 지젝의 말대로 맥주를 든 개구리이다. 비대칭성을 통해 욕망이 눈감고자 하는 것은 '맥주를 든 개구리'라는 충동의 대상이다.(Žižek 2006: 56) 그러나 충동의 대상에 노출되지 않고서는 욕망의 구조 자체가 불가능하다. 충동은 욕망을 단순히 부정하지 않는다. 충동이 개시한 내부적 균열의 공간은 빼앗는 동시에 '준다'(gift). 균열의 공간이 선물의 공간이 되는 것이다. 잉여물을 생성하는 무. 이것을 지젝은 단순한 부정과 구별하여 부정성이라 부른다. 사랑은 부정성의 차원에 존재한다. 이상적 사랑을 불가능하게 하는 것이 욕망이었다면 이제 사랑은 욕망을 불가능하게 하는 잉여물의 형태로 드러난다. 잉여물을 사랑하라!

'투명인간과 눈먼 여성'의 사랑은 '응시'가 사랑의 (불)가능조건이라는 것을 보여준다. 투명인간은 보여지지 않은 채 보기를 원하지만 주체는 '보기' 위해 '보여져야' 한다.(Salecl: 44~5) 타자의 응시가 없다면 주체적 관점이 불가능하기 때문이다. 그러므로 투명인간의 욕망은 이미 응시에 대한 방어이다. 반면 자신을 욕망의 대상으로 만드는 원인에 눈먼(알지 못하는) 여성은 역설적으로 사랑을 가능하게 하는 실패를 증거한다. 자신 속에 자신보다 더욱 소중한 어떤 것을 상실했을 때 사랑이 가능하기 때문이다. 라깡의 말대로 '사랑은 자신이 갖고 있지 않은 것을 준다.' 응시는 주체-타자 관계의 불균형을 초래하는 타자 속의 주체, 주체 속의 타자이다. 그것은 주관성이 보지 못하는 주체의 공백이지만 타자 속에 기입되어 타자를 분열시키는 주체적 잉여물이다. 타자가 주체를 보고 있는 곳에서 주체가 타자를 보지 못하게 하는 응시는 주체와 타자 모두를 결핍시킨다. 주체의 결핍과 타자의 결핍이 겹치는 곳에서 생겨나는 응시를 배제했을 때에만 주체/타자라는 대립구조가 가능해진다. 주체나 타자가 모두 '전체'(All)로 존재할 수 없도록 하는 것이 응시이다. 그것은 주체의 무력함과 타자의 분열을 동시에 드러낸다.

사랑이 타자 속에 있는 나의 가장 내밀한 부분이자, 타자 속에 있지만 타자가 알지 못하는 욕망의 대상원인(objet a)과 관계 맺는 것이라면 히스테리, 강박증, 도착은 모두 주체(또는 타자)와 대상 소타자의 '만남'을 피해 가는 방식을 지시하고 있다.(이하의 논의는 Salecl: 31~43 참조) 히스테리 주체는 끊임없이 타자의 욕망에 대해 질문한다. 그녀는 타자 역시 결핍되어 있을지도 모른다고 의심하지만 타자에 대한 의심을 통해 자신의 정체성을 확립한다. 의심은 분열에 이르지 못한다. 왜냐하면 히스테리 주체에게 타자의 분열은 주체의 분열을 뜻하기 때문이다. 히스테리 주체가 타자를 온전히 벗어나지 못하고 또 다른 타자를 찾는 것은 이런 이유에서이다. 그녀는 타자에게 완전히 종속되어 있지 않지만 타자로부터 완전히 자유롭지도 못하다. 결국 '의심'은 타자의 분열이라는 끔찍한 대상원인과의 만남을 회피하거나 연기하는 틀 또는 환상으로 작용한다. 자신의 욕망의 진실, 원인대상(충동의 대상)과의 만남을 견디지 못해 환상 속에서 그것과의 거리를 유지하고 있는 히스테리 주체는 자신이 더 이상 타자의 욕망의 대상이 아니라는 것을 알게 되는 순간, 다시 말해 환상이 깨지는 순간 떠나거나 기억상실증에 걸린다. 대상원인이 비밀로 남아 숭고한 빛을 발할 때, 욕망의 진실이 여전히 숨겨져 있을 때 히스테리적 의미의 사랑이 지속될 수 있다.(31~33)

　타자의 욕망의 대상이 되기를 원하지만 늘 부족함을 느꼈던 히스테리 주체와는 달리 강박증자의 경우 타자의 욕망이 너무 압도적이어서 그것을 피하려고 한다. 욕망의 대상에 너무 가까이 갈 때 대상이 주체를 사라져버리게 할 수도 있다는 두려움이 강박증을 특징짓는다. 두려움이 성욕을 특징짓는 이유는 남성주체와 여성주체가 각각 상대방이 자신 속에서 관계 맺고자 하는 것과 스스로 관련을 갖지 못하기 때문이다. 여성은 남성주체의 영역 속에 있는 남근과 관련을 갖지만 정작 남성은 그것을 통제하지 못한다. 남근은 남성주체가 알거나 볼 수 없는 결핍으로 드러나는 것이다. 여성 역시 남성이 그녀에게서 보고자 하는 대상에 대해 알고 있지 못하다. 그녀는 그녀 속에서 그녀를 능가하는 대상원인을 의아해 하고 바로 이 불확실성 때문에 타자의 욕망에 의문을 제기하게 된다.(36) 연애편지를 대신 써주다가 편지의 수신인과 사랑에 빠지는 이야기들이 언어를 잘 다루지 못하는 젊은 남성과 아버지와 같이 언어를 잘 다루는(편지를 잘 쓰는) 또 다른 남성을 필요로 하는 이유는 무엇인가? 강박증적 남성은 글쓰기가 허용하는 거리를 통해 불안을 해소하는 반면 히스테리 여성은 아버지와 같은 인물(남근)을 숨겨둠으로써 자신의 불안에 대처하기 때문이다.(39)

도착증적 주체는 타인의 욕망을 피하거나 그것에 대해 의문을 제기하지 않는다. 그는 타인의 욕망에 대한 답을 이미 갖고 있다. 그는 자신의 욕망을 타자의 요구로 만든다. 욕망의 불확실성을 확실성으로 바꿈으로써, 타자의 욕망에 괘념치 않음으로써 도착증적 주체는 타자의 욕망이 초래하는 불안으로부터 벗어난다.(42) 그러나 욕망의 불가해성을 배가시키고, 불안과 불확실성을 수반하는 사랑은 욕망이 지연하거나 회피하는 충동의 대상과 만난다. 방어적 환상을 횡단함으로써 욕망 속에서 잉여물로 남아 외상을 불러일으키는 것(objet a)과 접촉하는 것이 바로 사랑이다.

퓌라모스와 티스베는 부모들의 반대로 앞뒷집을 나누는 벽의 갈라진 틈 사이로 사랑을 나누다가 함께 도망가기로 한다. 약속 장소인 뽕나무 밑에 먼저 나와 기다리고 있었던 티스베는 갑자기 나타난 사자를 피해 동굴로 급히 몸을 숨기느라 너울을 떨어뜨리고 사자는 짐승의 피가 묻은 입을 너울에 씻고 그것을 갈가리 찢어버렸다. 티스베의 찢긴 너울을 발견한 퓌라모스는 위험한 곳에 먼저 와 기다리지 않은 자신의 잘못을 탓하면서 칼을 뽑아 자신의 옆구리를 찔렀다. 동굴에서 나온 티스베는 "당신의 손, 당신의 '사랑'이 당신을 죽였군요"라고 울부짖으며 다시 퓌라모스의 칼을 가슴에 안고 그 위에 쓰러졌다. 그들의 피로 검붉게 물든 뽕나무 열매가 죽어서 하나가 된 그들의 사랑을 증거하고 있다.(Ovid: 83~86) 퓌라모스와 티스베의 사랑을 비극적으로 만드는 것은 시간의 어긋남이다. 사랑의 시간은 너무 이르거나 너무 늦다. 사랑은 일치나 균형이 가져다주는 즐거움이라기보다는 갑자기 나타난 사자처럼 때맞지 않게 출현해 조화를 와해시키는 중지로 드러난다. 사랑이 구조적으로 타자의 시간을 품고 있는 것도 이런 이유에서이다. 나의 시간의 지평을 넘어서는 타자의 시간은 벽의 갈라진 틈처럼 사랑의 장애물인 동시에 사랑이 생성되는 공간이다. 그것은 나의 시간의 연속성을 빼앗는 동시에 내가 개념화할 수 없는 어떤 지평을 열어준다. 충동이 개시한 내부적 균열의 공간이 빼앗는 동시에 '주는' 것처럼 사랑은 자신이 갖고 있지 않은 것, 스스로를 능가하는 것을 '선물한다.'

"왕이 나의 모든 시간을 빼앗고 있지만 나머지 시간은 내가 기꺼이 모든 것을 주고 싶은 양육원에 주고 있어요." 아무것도 남아 있지 않지만(nothing) 그녀는 주고 있다. 그녀가 주는 것은 교환될 수 있는 대상이 아니라(no-thing) 대상으로 환원될 수 없는 나머지이다.(Derrida 1992: 1~2) 그녀는 언어로 표현할 수 없는 것, 자신이 갖고 있지 못한 것, 의미화할 수 없는 잉여물인 사랑을 선물로 주고 있다. 선물은 아무런 답례도 바라지 않고 기억조차 되지 않는 증여, 경제적 순환을 벗어나 있는 순수증여이다. 그것은 교환, 권력, 지의 원활한 흐름을 가능하게 하는 모든 순환에 수직방향으로 침입해서 순환을 절단, 일탈, 교란시킴으로써 순환의 외부에 다른 실재(Real)가 움직이고 있음을 실감하게 한다.(Shinichi: 80~82) 다른 마을의 수장들을 초대하고 동물의 털가죽이나 모포를 엄청나게 선물하는 증여제의인 포틀

래치 행사 중에 귀중한 동판을 파괴하거나 잘게 부수어 사람들에게 나누어주는 경우가 있다. 동판이 파괴되었을 때 사람들은 순수증여를 직감하게 된다. 증여의 순환으로부터 튀어나오는 순간 증여의 원리 자체가 어떤 절대적 원리와 접촉하고 있다는 것을 깨닫는 것이다.(69) 칸트의 물자체나 라깡의 실재처럼 느닷없이 나타났다 사라져 실체로 파악할 수 없는 순수증여는 지의 영역 바깥, 불가능성의 영역에 있다. 순수증여로 나타나는 사랑은 교환경제의 순환 시스템 자체를 중지시키고 파괴함으로써 그 모습을 드러낸다. 시간의 지연이 이루어지는 동굴 역시 순수증여의 나타남과 사라짐이 동시에 발생하는 장소이다. 동물과 죽은 사람의 모습을 함께 그려놓은 동굴벽화 속에서 순수증여의 원리와 현실세계가 교차한다. 순수증여가 현실 속에서 드러날 때 생명의 증식이 발생하고 다시 원래의 공간으로 되돌아갈 때 소멸을 경험하는 것이다.(85~90)

선물로서의 사랑은 언어-차이체계를 가능하게 하는 기원적 사건이며 차이체계 속에 만들어진 광기의 '순간'이다.(Derrida 1994: 147) 언어, 지식, 차이체계의 순환에 상처를 입히는 선물-사건은 이들 상징체계의 기원인 동시에 체계 속에서는 광기로 배제될 수밖에 없는 잉여물이다. 선물이 상징계의 기원이자 잉여물인 실재와 연결되는 것도 바로 이런 이유에서이다. 사랑은 실재를 겨냥한다. 선물로 인지되면 이미 선물이 아니듯 선물은 존재하기 위해 존재하지 말아야 한다.(Derrida 1994: 13) 그것은 현전 속에서 현전을 가능하게 하기 위해 '이미 상실된' 어떤 것이다(이것은 기표 속에서 기표체계를 가능하게 하기 위해 이미 상실된 대상 소타자와 같지 않은가?). 사랑은 모든 것을 포용하는 대양적 감정이 아니라 동판의 파괴에서 보았듯 존재의 질서 속에 차이와 간격을 도입하는 파괴적 열정이다. 교환회로를 파괴하는 순수지출, 교환경제 속에서는 전혀 무의미한 '행위'를 통해서, 주체는 교환경제가 지배할 수 없는 잉여물에 직면하게 된다. 아브라함이 이삭을 제물로 바치는 '순간'처럼 상징적 도덕을 망가뜨리거나 정지시키는 광기의 순간으로서의 선물은 상징적 현실 자체가 근본적으로 결핍되어 있다는 것을 보여준다. 동물들에게 이름을 선물로 주는 아담의 명명행위 역시 상징적인 속성들로 환원되지 않는 대상 속의 잉여물(objet a)을 겨냥한다. 그것은 이름의 출현에 의해 현실 안에 열린 불연속성, 그 빈공간이 대상화된 대상 소타자를 불러내는 것이다.(Žižek 1989: 96~97)

3 "나는 대단한 일을 했어요. 나는 편지를 태워 버렸어요"

대상 소타자의 부름에 응답하는 세 가지 방식이 사랑의 세 가지 양태를 구성한다. 에로스(eros)가 융합이나 조화를 이루는 '하나'(One)를 강조한다면 필로스(philos)는 차이로서의 '둘'(Two)을 이야기한다고 할 수 있다. 차이를 알지 못하는 에로스와 달리 필로스는 유사성이 차이에, 가까움이 극복할 수 없는 거리에, 사랑에의 부름이 죽음에 의존한다는 것을 지시한다. 선물로서의 사랑이 갖는 절대적 타자성, 사랑의 불가능성이 강조된다. 선물-사건이 갖는 역설의 구조가 중시된다. 신과 아브라함의 만남을 특징짓는 것은 보편적 화해나 일치가 아니라 서로 다른 두 특이성이 초래하는 역설이다.(Derrida 2001: 42) 자신보다 더 소중한 아들을 바치라는 절대적 타자의 명령은 인간적인 법이나 의무를 저버릴 수 있을 때 가능하다. 선물이 가능하기 위해서는 서로 융합될 수 없는 특이성들이 '동시에' 존재해야 하는 것이다. 아브라함이 신에게 '기억'되거나 '보답'을 기대하는 순간 이삭은 선물이기를 그칠 것이다. 특이성들 간의 만남 속에서 선물을 선물로 유지시켜주는 것은 비밀의 공유이다.(Derrida 1996: 29) 아브라함은 자신의 결정을 공공연하게 정당화하지 않고, 제물이 어디 있느냐는 이삭의 질문에도 '신이 준비하신다'고 말한다. 비밀은 이렇듯 응답이라 할 수 없는 응답이다. 비밀을 지킴으로써 아브라함은 특이성을 갖게 되지만 정작 비밀이 보존하고 있는 것은 절대적 타자와의 거리이다. 타자의 절대성은 어떤 형태의 사회적 유대관계(이삭의 결박은 곧 아브라함의 결박이기도 하다)로 파악될 수 없는 무한한 거리, 드러났다고 생각될 때에도 결코 드러날 수 없는 것(Derrida 1995: 26~7, 30)으로 남아 있다. 의로운 자가 고통받고 그들의 조롱거리가 된다는 욥의 항변에 신은 '내가 땅의 기초를 놓을 때에 네가 어디 있었느냐'고 묻는다. 여기서 레비나스는 신의 절대적 타자성을 본다. 인간의 고통과 악의 존재에 대한 질문에 창조의 질서로 답하는 신은 인간과 신의 무한한 거리를 드러내고 있다. 아브라함은 신이 이삭을 제물로 바치라는 이유를 알지 못한 채 그것을 지켜야만 한다. 비밀은 지식이나 소유로 설명할 수 없고 단지 보존될 수 있을 뿐이다.(Derrida 1996: 59) 언어는 특이성을 일반성으로 번역함으로써 선물을 교환대상으로 바꾸어버린다. 그러나 선물의 특이성은 여전히 언어 '속'에서 언어에 외부적인 것으로(Derrida 1995: 27) 남아 있다. 데리다는 특이성이 언어에 의해 이미 오염되어 있다는 것을 인정하면서도 침묵과 비밀이 갖는 절대적 타자성을 강조하고 있다. 환원될 수 없는 타자성 역시 세계 속에 흔적의 형태로 기입되어야 한다고 말하면서도 데리다의 강조점은 타자의 분열이라기보다는 여전히 타자의 절대성에 주어져 있다.[3] 순수증여로서의 선물은 비밀과 침묵 속에서 갑작스럽게 발생한다. 파악될 수 없는 절대적 타자성(비밀이나 침묵으로 유지되는), 또 그것과의 극복할 수 없는 거리가 필로스를 가능하게 한다.

그러나 아가페가 있다. 타자의 절대성을 보증해 주던 타자와의 극복할 수 없는 거리는 이제 타자 내부의 거리로 작용하여 타자의 분열을 초래한다. 아가페는 절대성이나 순수한 타자성을 통해 타자를 물신화하려는 시도를 불가능하게 한다. 신으로부터 인간의 분리는 신 자신의 분열에 의해 보환되어야 한다. 인간의 소외와 (신 스스로를 소외시키는) 신의 소외가 겹칠 때 대상 소타자로서의 예수가 탄생한다. 초월적 주체(에로스)나 초월적 타자(필로스)에 대한 강조는 모두 그들의 결핍을 보여주는 소타자와의 만남을 피하기 위한 방어전략일 뿐이다. 모든 상징적 의미가 거세된 배설물과도 같은 소타자는 타자의 분열을 초래하는 주체의 일부인 동시에 주체 속에서 이질적인 육체로 작용하는 타자이다. 그것은 주체의 기원이자 타자의 잉여물이다. 주체이면서 타자이고, 주체라고도 타자라고도 할 수 없는 소타자를 사랑하는 것이 바로 아가페적 사랑이다. 그러나 아가페는 에로스와 필리아의 변증법적 종합으로 설명할 수 없다. 아가페는 동일성과 차이를 지양하여 더 큰 동일성을 만들어내는 것이 아니라 오히려 차이의 (불)가능성을 극단적으로 탐구하고자 한다. 그것은 차이를 다시 한 번 긍정하

3 그러나 '또 다른' 데리다가 있다. 차이를 잉여물로 사유하는 데리다. 타자의 절대성은 극복할 수 없는 거리가 아닌 '미세한 차이'(거의 같아 보인다)에서 생겨난다. 타자는, 너무나 미약하고도 수동적으로 보이지만 위험하기도 한 '아마도'(perhaps) 또는 '거의'(almost)라는 부사로 그 모습을 드러낸다. 비가시적인 틈, 내용 없는 빈 공간으로서의 '아마도'는 사유나 언어 속에서 온전히 실현되거나 환원될 수 없는 것으로 남아 그들을 불가능하게 하는 가능성이다.(Derrida 1997: 38) 그러므로 데리다에게 불가능성은 가능성의 형태로 존재하는 잉여물이다. 그것은 결코 오지 않는 절대성이 아니라 빈 공간으로 이미 주체 속에 들어와 있는 잉여물이다. '이미 항상'과 '아직 아닌'이 겹치는 곳에서 데리다의 유령이 출몰한다. 과거와 미래의 겹침은 현재에 틈을 낸다. 가능성이 바로 이 틈이다. 이미 있었지만 아직 실현되지 않은 것으로 남아 있는 가능성. '이미 항상' 발생한 헤겔의 타자를 통해 '아직 오지 않은' 데리다의 타자를 비판하는 지적과는 달리 데리다의 필로스는 이미 아가페를 선취하고 있지 않은가? 필로스와 아가페의 겹침을 보여줄 때 데리다는 레비나스보다는 라깡에 더 근접해 있다.

기, 니체 식의 이중긍정이다.

기표가 무언가를 의미하기 위해서는 반성적으로 의미 자체를 뜻하는, 다시 말해 차이 자체를 표상하는 어떤 순수한 기표가 존재해야 한다. 궁극적으로 차이는 기표들 간의 차이가 아니라 어떤 것을 의미하는 기표와 의미 자체를 뜻하는 텅 빈 기표 사이에서 발생한다.(Žižek 2002: XIX~XX) 차이 자체를 표상하는 기표는 상징체계 속에서 의미를 부여받지 못하는 잉여물이라는 점에서 '텅 비어' 있다. 그러나 이 텅 빔의 긍정은 기표들을 (불)가능하게 하는 긍정이다. 기표들은 기표와 소타자로 분열되어 있다. 대상 소타자는 텅 빔의 형태로 의미를 가능하게 하지만 결핍을 지시하는 장애물로 작용하여 기표들이 전체를 이룰 수 없게 한다. 이것은 마치 몬테네그로인들이 침대 곁에 물이 든 컵과 빈 컵을 함께 놓고 자는 것과 같다. 그들이 너무 게으른 탓에 밤에 목이 마를지 아닐지를 결정하는 것도 귀찮기 때문이라는 상징적 이유는 차이가 갖는 부정성을 숨기고 있다. 기표체계의 외부에 있는 차이 자체를 표상하는 기표는 '텅 빔'의 형태로, 빈 컵의 모습으로 기표체계에 이미 들어와 있는 것이다.(XXII) 기표들의 결핍을 보여주는 빈 공간이 바로 기표들의 기원이자 차이의 기원이다. 그러므로 차이의 이중긍정은 바로 이 텅 빈 기표, 대상 소타자를 긍정하는 것이다.

데리다에게도 사랑은 '타자를 이중으로 긍정하는 행위'이다. 긍정은 yes, yes라는 이중긍정을 통해 드러난다. yes는 모든 발화가 전제하고 있는 (이전의) 것인 동시에 타자의 부름에 대한 (뒤늦은) 응답이다. yes는 일인칭으로 시작되는 이행발화보다도 앞선다. 그것은 모든 이행발화를 가능하게 하는 초월적 조건이다.(Derrida 1992: 298) 우리는 모든 것의 '이전'에 있는 동시에 '이후'에 존재하는 yes로서의 사랑을 말한다. yes는 무엇보다도 특이성이지만 특이성으로 존재하기 위해 반복되어야 한다. 반복할 수 있는 특이성으로서의 yes는 항상 'yes, yes'라는 형태로 드러난다. 첫 번째 yes는 두 번째 yes, 즉 타자의 소급적 부름에 의해 중지되고 보류된다. 그것은 이미 항상 두 번째 yes이다.(299) 두 번째 yes는 앞의 yes의 단순한 타자, 즉 앞의 yes의 심화, 확충이 아니라 소급적으로 앞의 yes를 가능하게 하는 기원이다. yes는 이미 스스로 분열되어 있다.(307~8) 그들은 이미 서로를 오염시키고 있다. 이중긍정이 초래하는 내부적 분열은 차이가 또 다른 방어기제로 작용할 수 없도록 한다. 문제는 분열 자체가 다시 절대적인 차이로 소급되느냐 아니면 차이의 분열로 드러나는 대상 소타자를 지시하느냐 하는 것이다. 타자와의 극복할 수 없는 거리만을 강조하다보면, 거리 자체가 타자와의 만남을 회피하거나 지연시키는 역할을 할 수 있다. 주체는 타자의 절대화가 보존하는 거리를 통해 윤리적 만남을 피하고 있는 것이다. 아가페는 이미 내 안에 들어와 있는 타자, 거리를 가질 수 없는 타자를 사랑한다. 대상 소타자는 내 속의 에일리언, 내 속에서 나를 능가하는 괴물이다. 사랑은 나의 기원이기도 한 이 괴물의 부름에 응답하는 것이다. 타자의 절대성은 전적으로 초월적이거나 내재적이지 않다. 아가페는 바로 이 내재적 초월성, 차이의 이중긍정이다.

실재의 불가능성은 '이미 항상' 발생한 실재의 현존을 '아직 오지 않은' 실재로 바꿈으로써 실재로부터 벗어나려는 시도이다. 결코 도달할 수 없는 불가능성으로서의 사물(Thing)이 현현하는 숭고가 응시를 피하는 궁극적 가면이 될 수 있는 이유가 여기에 있다. 사물은 눈을 멀게 하는 숭고의 광채 속에서 자신의 결핍을 구현하고 있는 소타자, 응시를 숨기고 있다. 숭고함은 이미 응시에 대한 베일이며 방어막이다.(Zupančič 2003: 109) 라깡은 "현실(reality)이 실재(Real)의 찡그림"이라고 말한다. 헨리 제임스의 「애스펀의 연애편지」(The Aspern Papers)에서 얼굴을 마주볼 수 없게 하고, 자신의 모습을 드러내지 않은 채 나를 살펴볼 수 있는 일종의 가면과도 같은 미스 줄리아나 보르도의 눈가리개처럼 실재는 도달하기 어려운 외상적 중핵(「애스펀의 연애편지」에서 서술자는 눈가리개 뒤에는 끔찍한 해골이 숨어있을 것이라 생각한다. 애스펀의 편지를 가지고 있는 보르도는 서술자에게 결코 도달할 수 없는 '사물'과도 같고 그녀를 똑바로 보지 못하고 그녀의 응시에 노출될 때 서술자는 '그녀의 죽음'이라는 근원적 소망을 피력한다)이며 왜상적 이미지로만 드러날 수 있다. 재현 불가능한 실재는 현실 속에서 구조적으로 왜곡될 수밖에 없다. 그러나 '불가능한 실재가 항상 발생한다'는 라깡의 진술은 불가능성보다는 '이미 항상 발생했다'는 점을 강조하고 있지 않은가? 현실이 실재의 찡그림이 아니라 오히려 실재가 현실의 찡그림이라고 말할 수 있지 않을까? 지젝은 묻는다. 실재와 현실의 자리바꿈은 실재 자체가 어떤 실체성도 갖고 있지 않다는 점을 강조한다.(Žižek 2002: XXVII) 재현 불가능성은 재현될 수 없는 실체가 아니라 현상들 간의 공백에서 발생한다. 그것은 현상들 속에서 그것들을 분열시키는 응시와도 같다. 오이디푸스를 넘어서 있는 것처럼 보이는 부친살해와 근친상간이란 '사물' 역시 오이디푸스 자신의 '응시'일 뿐이다. 사물은 오이디푸스와 무한한 거리를 유지하고 있는 것이 아니라 오이디푸스 안에 그가 보지 못하는 대상/응시로 이미 들어와 있다.(Zupančič 2003: 110) 사물은 커튼 뒤에 숨겨진 본질이나 실체가 아니라 주체 자신인 무, 사물 내부의 공백, 구멍이다. 실재는 현상들의 현상, 현상들의 배가, 거기서 드러나는 간극이다.

거식증(anorexia)은 단순히 음식을 거부하는 것이 아니라 무 자체를 먹고자 한다. 음식 속의 음식을 능가하는 대상원인을 음식으로부터 추출하고자 하는 것이다. 대상원인을 대상으로부터 분리하고 사물로 승화시켜 그것과 직접적으로 접촉하려 한다. 그러나 무(실재)는 대상(외양)과 분리될 수 없다. 무 자체를 목적으로 삼게 되면 니힐리즘의 한계 속에 갇히게 된다.(128~29) 접근할 수 없는 무가 아닌 스스로와 일치하지 않는 대상들이 문제이다. 대상들의 분열 속에서 드러나는 것이 무라면 분열은 무 자체의 결핍을 드러낸다. 사물과 대상 간의 (외재적) 대립처럼 보이는 것은 사물 자체의 (내재적) 분열이다. 이것이 헤겔의 반영성이다. 사물을 표상 가능한 것 너머에 있다고 가정하면 그것은 여전히 표상의 부정적 한계일 뿐 표상을 벗어날 수 없다. 헤겔은 '칸트보다 더욱 칸트답게' '칸트 속에서 칸트를 능가하는' 방식으로 칸트를 넘어선다. 표상논리의 한계는 모든 내용을 표상으로 환원시키는 데 있는 것이 아니라 표상 너머에 실정적인 실체가 있다는 가정 자체에 있다.(Žižek 1989: 205) 그러나 라깡의 말대로 "메타언어란 없다." "모든 크레타 사람은 다 거짓말쟁이"라고 말하는 크레타인처럼 실재는 크레타인 자체의 분열 속에서 드러난다. 크레타인을 벗어나는 지점은 존재하지 않는다.(Zupančič 2003: 138~9) 언술행위주체는 메타적 위치, 즉 언술의 바깥에 있는 것이 아니라 이미 항상 보이지 않는 형태로 진술 속에 기입되어 진술 자체를 온전한 것이 되지 못하도록 한다.(141) 물자체(사물)는 이미 현상 속에 있다. 우리는 이미 물자체의 한복판에 있다. 이제 사물에 대한 부정적 경험은 근본적 부정성으로서의 물자체에 대한 경험으로 바뀐다. 외재적 반영에서 내재적 분열로, 칸트에서 헤겔로의 전환이 이루어진다. 진리가 진술될 때 이 진술 자체에 대해서도 어떤 것이 말해진다. 전체를 불가능하게(Not-All)하는 자기배가, 하나도 다양성도 아닌 '내부적으로 절개되어 있는 하나,' 이것이 실재이다.

발화행위가 발화를 온전하게 벗어날 수 없는 것처럼 응시 역시 관점을 완전히 벗어나 있지 않다. 응시의 불가능성은 관점과의 무한한 거리가 아닌 관점 속의 얼룩에서 생겨난다. 응시는 관점의 잉여물로 존재한다. 관점의 다양성이 응시를 포착하기는커녕 응시에 대한 방어인 이유가 여기에 있다. 「애스펀의 연애편지」에서 애스펀의 편지를 소유하려는 서술자나 줄리아나 모두 편지들을 파괴하려는(줄리아나는 편지를 점유하려는 서술자의 시도가 특이성을 유지하려는 자신의 욕망과도 같은 것이라고 생각한다) 욕망 없이는 편지들을 사랑할 수 없다. 출판되었을 경우 수신인의 특이성이 파괴되고, 결코 출판될 수 없다고 가정할 때에는 반복(의미)의 가능성이 파괴되기 때문이다.(Kamuf: 165) 편지를 보존함으로써 파괴하거나, 파괴함으로써 보존하는 줄리아나나 서술자와 달리 티타는 '나는 대단한 일을 했어요. 나는 편지를 태워버렸어요'라고 말한다.(James: 301) 티타는 편지를 태워버렸다는 사실을 다시 긍정함으로써 '대단한 일'을 하게 된다. 티타의 사랑은 긍정 자체를 긍정함으로써 단순한 파괴를 넘어선다. 나는 내가 한 일을 '사랑'한다.(Kamuf: 166~67) 칸트의 미적 판단이나 데리다의 yes, yes의 예에서 보았듯이 그녀는 자신의 가장 내밀한 감정을 다시 긍정함으로써 그녀의 파괴행위가 서술자나 줄리아나와 다르다는 것을 입증한다. 이중 긍정은 단순한 파괴행위가 포착할 수 없는 잉여물, 사랑의 가능성을 연다.

4 "사랑은 희극적 감정"

칸트의 물 자체가 재현의 한계이자 그것을 넘어선 초월적 공간인 것처럼 넘어서는 행위는 불가능한 한계와 금기된 공간을 동시에 개시한다. 재현 불가능성이 재현할 수 없는 예외적 공간으로 실체화될 때 사라지는 것은 불가능성으로서의 한계이다. (내적) 불가능성이 (외적) 금기로 바뀔 때 예외적 공간이 열리고 접근이 금지된 예외적 공간을 넘어서면(위반) 불가능한 대상을 획득할 수 있다는 환상이 작동하기 시작한다.(Žižek 1993: 114) 존재할 수 없는 것은 욕망의 환상 속에서 대상성을 획득한다. 불가능한 한계는 영원히 획득할 수 없는 대상이 되어 욕망의 서사를 추동한다. 사유의 온전한 재현이 불가능하다는 상실감과 고통을 묘사하던 비극적 표현 양식은 욕망의 영원성을 통해 스스로를 지속시킨다. 현대의 희극적인 삶의 양식 속에서도 "사적이고 부르주아적인 삶의 만족을 넘어서는 비극적 양식을 온전히 제거할 수 없다"는 이폴리트의 주장은 왜 비극이 희극보다 우월한지, 왜 결핍이나 고통이 만족을 앞서는가를 잘 요약하고 있다.(Gasché: 39) 삶의 본질은 비극적이며 운명 역시 비극적 운명으로만 존재하기 때문이다.

이성적인 것을 통해 비극을 제거하려는 계몽주의자들과는 달리 헤겔은 비극이 이성적인 것의 운명임을 직시했다. 세계 속에서 실현되기 위해, 재현의 옷을 입기 위해 실체는 자기분열을 겪지만 실체의 결핍은 곧 결핍된 실체로 전환되어 해소된다. 결핍이 실체의 불가능성을 지시하는 것이 아니라 실체의 실체성을 지속시키는 지지물로 기능하는 것이다. 보편적 실체는 재현의 특수성으로 인해 고통받지만 그 고통이 오히려 실체에게 영속성을 부여한다. 실체의 분열은 분열될 수 없는 실체를 회복하려는 욕망의 궤적을 갖게 되고 실체와 주체의 통일성을 교란하는 인물의 편파적 행동이 제거될 때 영원한 실체성이 드러난다.(Hegel 1975: 1199) 실체의 불가능성은 주체의 결핍으로 변환되어 주체가 결코 재현할 수 없는 불가능한 실체로 해소되어 버린다. 비극 속에서 주체와 실체 간의 갈등은 분열될 수 없는 실체의 승리를 통해 화해에 이르는 것이다.(1199)

비극적 영웅은 신의 결핍을 지시하는 동시에 감춘다. 실체나 기표로 환원될 수 없는 주체의 공간을 열지만 이것을 끝없는 불만족의 공간으로 바꾸어 실체의 결핍을 숨긴다는 점에서 비극적 영웅은 히스테리 주체와 같다. 고유한 장소를 갖지 못한 채 떠돌아다니며 어느 곳에서든 고집스럽게 만족을 요구하는 히스테리(주체)는 비극과 마찬가지로 철학이 제거하고자 하는, 그러나 철학의 분열을 지시하는 타자이다. 돌라르의 말대로 『정신현상학』은 철학의 타자인 히스테리 주체를 철학의 주체로 정립하고 있다.(이하의 논의는 Dolar: 144 참조) 스스로를 알지 못하는 주체, 철학적 지식의 틈을 보여주는 히스테리 잉여물은, 그러나 진리에 결코 도달할 수 없는 불가능한 지식만을 생산할 뿐이다. 잉여물은 지식 자체의 불가능성을 지시하지 못하고 불가능한 지식으로 변형되어 끊임없이 '이것이 아니야'라고 외친다. 스스로와 일치할 수 없는, 자신이 만든 기준에 스스로 부합할 수 없는 부정성으로서의 히스테리 주체는 만족을 모르는 주체, 아니 불만족을 욕망하는 주체로 남아 있다.(148) 히스테리 주체는 지배기표나 지식으로 환원될 수 없는 전복성을 갖는 동시에 끊임없는 불만족을 통해 그것을 피해간다.

그러나 헤겔은 여기서 그치지 않는다. '가장 숭고한 히스테리 환자 헤겔'은 희극을 통해 스스로를 넘어선다. 그는 『콜로노스의 오이디푸스』를 논하면서 "오이디푸스의 최종적 변모와 화해는 이미 '주체적 만족'을 발생시키고 있으며, 그래서 비극과는 대척점에 있는 희극의 영역으로의 전환"을 예비하고 있다고 말한다.(Hegel 1975: 1220) 비극이 말하는 동시에 감추는, 그래서 충분히 드러나지 못하는 '주체,' 또한 불만족을 넘어 이미 항상 다른 곳에서 '만족'하고 있는 주체의 가능성. 한계와 동시에 발생하는 예외적 공간 자체를 거세하는 웃음. 실체성의 내부적 분열을 보여주는 주체(성)의 승리.(1199) '주체적 만족.' 예측할 수 없는 잉여물로서의 만족에서 태어나는 희극적 주체는, 그러나 단순히 유한한 주체가 아니다. 유한성 역시 무한한 실체와 유한한 주체의 극복할 수 없는 거리를 전제하기 때문이다. 희극은 주체와 실체 모두의 결핍을 지시한다. 이중의 결핍이 만나는 곳에서 주체나 타자로 환원될 수 없는 대상 소타자로서의 주체, 희극적 주체가 발생한다. 헤겔의 말대로 발생불가능한 비극적 주체와는 달리 희극의 주체는 비극 속에서 이미 항상 발생하고 있다. 만족의 연기에 기초하는, 아직 발생하지 않은 욕망의 주체는 이미 항상 만족(발생)하고 있는 충동의 주체에 대한 방어일 뿐이다. 희극 속에서도 만족을 넘어서는 비극을 지울 수 없다는 이폴리트와는 달리 헤겔은 초월적 불만족을 거세하는 희극적 만족이 이미 비극 속에서 발생하고 있다고 말한다. 자기분열이 희극과 비극 모두를 가능하게 하는 조건이라면 한계 너머의 초월적 공간까지도 거세하는 희극이 보다 기원적이지 않을까?(Gasché: 48, 53) 가쉐의 말대로 신과 인간의 분열 없는 통합을 보여주는 서사시조차도 이미 양자의 결핍(무한한 신이 유한한 인간으로 드러나는 순간 웃음거리가 되고 신에 종속된 인간의 모든 노력은 허사이다)을 보여준다면 희극적인 것은 재현을 (불)가능하게 하는 기원이다.(Hegel 1977: 441~2) 그러므로 헤겔은 희극적 자기분열이 "모든 예술의 분열(소멸)"이라고 말한다.(Hegel 1975: 1236) 희극과 비극은 겹쳐 있고 희극적인 것은 이미 비극적인 것 속에서 발생하고 있기 때문이다. 비극은 자신의 내적 분열을 보여주는 희극적인 것에 대한 방어이다. 비극을 '넘어' 희극으로 가는 움직임은 희극적 자기분열이 비극의 기원임을 지적함으로써 비극의 우월성을 의문시하고 나아가 비극/희극의 대립 구조가 이미 방어기제라는 것을 보여준다. 불가능한 한계와 금기된 공간을 동시에 개시하는 '넘어'의 자기분열. 금기된 공간을 거세함으로써 환상을 횡단하는 윤리적 행위.

라깡의 말대로 윤리학이 어떤 행동에 대한 판단(의 근거)을 제공해 주는 것이라면 정신분석의 윤리학은 욕망을 그 기준으로 제시한다. "너의 욕망에 순응하여 행동해 왔는가?"(Lacan 1992: 314) 욕망과 타협하지 않기. 욕망을 순수한 상태로 유지하기. 그러나 이 순수에 대한 집착은 희생을 요구한다. 어떤 것에 의해서도 전유될 수 없는 욕망의 기원적 공간을 유지하기 위해 한계적 경험이 요구되고, 욕망은 죽음을 향하는 것이다.(249) 라깡이 정신분석의 윤리학을 이야기하면서 하이데거를 불러오고 오이디푸스를 지적('가장 좋은 것은 태어나지 않는 것이요, 그 다음은 일찍 죽는 것이다')하는 것도 이런 이유에서이다. 욕망의 윤리학은 재현불가능한 것을 재현한다. 욕망의 순수성을 보장해 주는 (재현)불가능성이 여전히 재현 질서 자체의 가능 조건이기도 하기 때문이다. 바로 여기서 욕망은 재현할 수 없어 고통스러워하는, 그러나 죽음에 이르기까지 그 불가능성을 짊어지고 가는 비극적 영웅을 불러내는 것이다. 숭고의 "비극" 속에서 드러날 수 없는 "욕망이 드러난다."(268) 아름다움을 넘어서 숭고한 모습으로 '참을 수 없는 광채'를 발산하는 안티고네가 욕망의 윤리학을 체화하고 있다.(247) 숭고가 주는 두려움과 광채는 극복할 수 없는 거리에서 발생한다. 비극의 초월성은 외재적인 불가능성으로 주어져 있고, 결코 거기에 도달하지 못하지만 어떤 것과도 타협하지 않고 끊임없이 그곳에 이르고자 하는 욕망의 미학이 탄생한다. 드러날 수 없는 것의 순간적 드러남과 결코 파악할 수 없는 형태로의 사라짐이 겹쳐 있는 숭고의 미학은 결핍 자체를 물신화한다. 결핍은 외재적이고 초월적인 예외성을 획득하고, 타협 없이 결핍의 순수성을 추구하는 것이 삶의 (비극적) 의미가 된다. 결핍이 초월적 의미로 지양될 때 감추어지는 것은 상징질서 내부의 결핍이다. 욕망의 미학은 상징계 내부의 결핍을 외부적인 것으로 승화시켜 결코 접근할 수 없는 불가능한 의미로 만들어냄으로써 상징질서 자체의 정합성을 유지한다. 상징계의 결핍이 불가능한 실재로 승화될 때 내재적 결핍은 정화되어 순수성을 획득하게 되는 것이다.(245) 타자의 결핍은 주체의 희생을 통해 봉합된다.

그러나 후기 라깡에게 비극이 초래하는 자살적 행위는 여전히 히스테리적 한계를 가질 뿐이다. 타자의 결핍과 무능력, 또 의미없음을 지적함으로써 비극적 영웅(히스테리증자)은 여전히 또 다른 절대적 타자의 가능성을 암시하고 있을 뿐이다. 자살은 또 다른 타자의 인정을 받기 위한 책략이 되고, 희생은 여전히 근원적 환상의 행동화(acting out)일 뿐이다.(위의 논의는 Chiesa: 52~3 참조) 타자의 충만한 의미를 위한 것이든, 타자의 결핍을 지시하든 간에 상상적이거나 상징적 희생이 갖는 문제는 그것들이 타자로부터의 '분리'를 통해 주체(의 윤리학)의 가능성을 열어놓고 있지 못하다는 점이다. 주체는 분리를 알지 못하거나 (타자의 의미 속에서 소외되어 있는 상상적 희생) 분리의 절대성이나 순수성만을 강조함으로써 (상징적 희생의 경우에서 보듯 절대적 분리를 지시하는 상징적 죽음은 결국 상징질서를 지지하는 환상일 뿐이다) 오히려 분리를 불가능한 것으로 만들어버린다. 그러므로 상상적, 상징적 희생의 논리 자체를 희생해야 할 필요성이 제기된다.(54) '희생의 희생'은 희생의 환상 자체를 횡단함으로써 타자의 내재적 결핍을 드러낸다. 주체의 결핍과 타자의 결핍이 만나는 곳에서 상징질서와의 융합이나 영원한 분리가 아닌 상징질서의 재기입(re-inscription)이 시작되기 때문이다. 욕망과 만족의 극복할 수 없는 거리가 욕망의 순수성을 보장해 주는 불가능한 실재로 작용할 때 주체에게는 죽음 또는 욕망의 포기라는 양자택일만이 주어진다. 욕망과 만족의 관계를 근원적 불가능성과는 '다른 방식으로' 생각할 수는 없을까? "희극에 대해 많이 이야기하지 않았지만 행동과 욕망 사이의 관계를 다루는 (비극과는 다른) 희극적 방식이 있음을" 지적하는 라깡의 의도를 어떻게 설명할 수 있는가? (Lacan 1992: 313) 불가능성의 거리가 요구하는 희생의 논리 자체를 희생시키는 윤리학의 가능성을 희극에서 찾을 수 있을까?

욕망의 (충족)불가능성에 강조점이 주어져 있던 비극과는 달리 희극에서는 주판치치의 말대로 만족이 욕망을 앞선다.(Zupančič 2004: 135) 만족이 욕망을 따라잡을 수 없는 것이 아니라 욕망이 만족을 통제하지 못한다. 요구하지 않았던 만족까지도 예측할 수 없는 형태로 발생하기 때문이다. 희극에서 만족은 항상 잉여만족, 또 다른 만족을 유발하는 잉여(incentive bonus)의 형태로 발생한다. 욕망이 무엇을 요구할 것인지를 결정하기도 전에 웃음이 터져나온다. 만족은 욕망과는 다른 곳에서, 욕망 자체를 놀라게 하고 예기치 않게 항상 발생한다.(134) 희극 역시 욕망과 만족의 불가능한 관계에 기초하고 있지만 희극의 경우 불가능성은 비극과는 달리 만족을 가능하게 해주는 조건이 된다. 관계를 불가능하게 하는 장애물이 희극적 효과를 발생시키는 조건이 되는 것이다. 불가능성이 가능성과 같아지는 대리보충성의 논리는 충족 불가능성을 통해 욕망의 순수성과 초월성을 담보하려는 비극적 불가능성을 와해시킨다. 욕망은 타협할 수 없는 순수한 형태로 존재하는 것이 아니라 예측할 수 없는 형태로 또 다른 곳에서 발생하는 만족에 의해 대리보충될 때 가능하다. 순수함은 대리보충적 얼룩에 의해 오염되어 있고, 발생불가능한 실재의 초월성은 예측할 수 없는 곳에서 때맞지 않게 출몰하는 웃음으로 터져나온다. 불가능성, 순수성, 초월성 내부의 갈라진 틈에서, 그들의 가랑이가 찢기면서 생겨나는 웃음이 타자의 결핍을 드러낸다. 기표를 불가능한 대상으로 승화시켜 둘 간의 간극을 강조하는 것이 아니라 기표가 의미체계로부터 '분리'되어 바로 그 불가능한 대상이 될 때 웃음이 발생한다. '타자에게 나는 누구인가?'라는 질문에서 '타자에게'가 생략될 때 주체의 가능성을 위한 공간이 생겨나는 것이다.(Zupančič 2004: 133) "희극이 비극보다 더 진실한 것이며 분석가가 되기 위한 절차인 통과(passe)는 비극이 희극으로 변화되는 것과 관련이 있다"

는 밀레르의 말은 타자로부터의 분리가 초래되는 분석의 끝, 피분석자에서 분석자로의 이동이 희극과 연관되어 있다는 점을 지적하고 있다.(Miller: 19)

헤겔의 말대로 서사시에서 주체는 보편적, 근원적, 절대적인 것을 서술한다. 보편적 실체는 개별적 주체의 모습을 취하고 있지만 개별적 주체를 능가하는 독립적인 것이다. 주체와 실체는 단순히 혼합되어 있을 뿐 서로 독립적이고 외재적인 관계를 맺고 있을 뿐이다. 비극에서 주체는 보편성을 실연한다.(이하의 논의는 Zupančič 2006: 177~9 참조) 보편적인 것은 재현되는 초월적 대상에서 벗어나 스스로 말하기 시작한다. 그러나 주체와 실체의 간극은 여전하다. 비극은 배우와 그가 재현하는 인물의 간극을 지시하는 가면을 필요로 하기 때문이다. 본질적인 것은 가면을 통해 여전히 구별되고 아직 주체적인 방식으로 실현되지 않는다. 숭고한 본질을 지시하는 가면과 가면 뒤의 실제 인물 간의 간극이 비극을 가능하게 하는 거리인 것이다. 희극을 비극이 아직 승화시키지 못한 물질적인 것의 재현으로 설명하는 해석에 반대할 때 헤겔의 위대함이 드러난다. 주판치치의 말대로 희극은 본질적이지 못한 물질성의 재현이 아니라 본질 자체가 이미 물질적이라는 것을 지시한다.(179) 그것은 가면을 제거함으로써 재현과 재현물의 거리를 없애는, 그래서 재현 자체를 의문시하는 주체적 장르이다. 헤겔이 비극이 아닌 희극을 더 완성된 형태의 예술로 간주하는 이유도 여기에 있다. 배우와 무대 인물이 같아질 때 정작 사라지는 것은 초월적 형태로 재현되는 신이다.(Hegel 1977: 452) 주체의 결핍이 실체의 결핍으로 이동할 때, 주체가 바로 실체의 내부적 간극이 될 때 보편적 실체는 주체가 된다. 실체로부터 소외되는 주체의 이야기인 서사시나 비극과는 달리 희극은 "자신으로부터 완전히 소외되는 실체가" 내재적 분열을 통해 주체가 되는 움직임이다.(Hegel 1977: 455)

바나나 껍질에 미끄러지고 도랑에 빠지면서도 아무 일도 없었다는 듯이 자신의 길을 가는 귀족의 이야기가 웃음을 자아내는 이유는 자신의 완전함에 대한 믿음과 인간적 나약성 사이의 간극(귀족도 여전히 한계를 가진 인간일 뿐이다) 때문이 아니다. 간극은 오히려 완전함 자체를 순수한 형태로 보존한다. 희극적 웃음은 바로 이 믿음 자체가 내재적으로 분열될 때 터져나온다. 구덩이에 걸려 넘어지는 것은 귀족의 육체가 아니라 믿음의 보편성 자체이다.(Zupančič 2006: 184~5) 헤겔은 간극 없애기를 단순히 보편성의 소멸이 아닌, 추상적 보편성에서 구체적 보편성으로의 이동으로 설명한다. 믿음의 보편성 자체가 자신의 물질성, 주체성을 생산해 내는 것이다. 추상적 보편성이 스스로 분열되어 구체적으로 실현될 때, 실체가 주체가 될 때, 구체적 보편성이 탄생한다.(188) 바로 이 구체적 보편성이 소멸되지 않고 남아 대리보충적 웃음을 발생시키는 것이다. 결코 획득하거나 도달할 수 없는 불가능한 대상이 아니라 그런 불가능성 자체의 불가능함을, 그것의 분열을 지시하는 것이 희극적 대상이다. 초월적 대상은 현실 속으로 내려와 초월성 자체의 불가능성을 지시하는 부분대상이 된다. 희극에서 배우는 인물을 재현하는 것이 아니라 인물이 스스로와 관계맺는, 다시 말해 스스로 분열되는 간극이기 때문이다. 바로 이것이 보편성이 '구체적'으로 드러나는 이유이다. 보편성은 경험적 사물 간의 '최소한의 차이' (배우와 그의 사진) 속에서 발생한다.(히틀러가 걸어들어와 손을 들고 Heil, Myself!라고 외친다.) 보편적 이념을 재현하는 구체적 인물(비극) 대신 희극의 인물은 보편성 자체가 구체성에 걸려 넘어지도록 한다.(187) 희극은 비극적 무한성/희극적 유한성이라는 형이상학적 대립구조를 불가능하게 한다. 구체적 보편성이 단순히 보편성을 사상하는 것이 아니듯 희극은 단순히 초월성을 거부하지 않고 그것을 내재적 현실 속으로 끌어들인다. '인간은 단지

(보잘 것 없는) 인간일 뿐이다'가 아니라 '인간은 인간으로 설명될 수 없는 무언가를 가지고 있다'가 희극의 전언이다.(191) 유한한 인간 속의 무한성, 초월적인 것이 내재적인 것 속에 포함되어 잉여물을 발생시킬 때 무한성은 육체를 입고 인간은 인간을 넘어서게 된다. 정신분석은 삶의 잉여물로서의 실재, 구체성으로 드러나는 무한한 타자를 사랑한다. 죽음은 재현할 수 없는 욕망의 대상이기를 그치고 "기표 체계가 열어 놓은, 그러나 기표가 지배할 수 없는 잉여물"로 존재할 때 죽음충동이 된다.(Lacan 1992: 295) 유한성 속의 무한성을 지시하는 희극은 무한성과 유한성 양자의 결핍을 말한다. 두 결핍이 생성해 내는 내재적 잉여물이 바로 웃음인 것이다.

'사랑이 희극적 감정'이라는 라깡의 주장은 승화로서의 사랑이 이미 탈승화를 품고 있다는 점에서 정당화될 수 있다. 초월적 사물이 부분대상이 되는 탈승화는 두 외양 간의 간극을 강조한다는 점에서 충동을 닮았다. 충족불가능한 대상과 만족 자체라는 대상 '사이'에 있는 충동처럼, 사랑은 '불가능한 것이 항상 발생하는 것이다.' 사랑은 요구하지도 않은 만족을 가져다 준다는 점에서 희극과 닮았지만 놀라움을 발생시키는 만족이 이미 어떤 요구에 대한 반응인 것처럼 행동할 때, 다시 말해 사랑의 대리보충적 성격을 하나가 되려는 보충적 움직임으로 정립할 때 하나에 대한 '욕망'으로 환원되어 버린다. 예측할 수 없는 잉여적 만족으로 발생되었던 사랑은 결코 발생할 수 없는 불가능한 결핍으로 환원되어 희극성을 상실해 버린다.(Zupančič 2004: 136) 관계의 불가능성을 일시적으로 중지시키는 상상적 가능성이 아니라 불가능성 자체가 관계를 가능하게 하는 조건이 될 때 사랑이 발생한다. 불가능성은 이중화된다. 만족을 얻을 수 없지만 요구하지 않았던 만족까지 얻게 되는 것이다.(137) 불가능성을 물신화시키는 욕망 자체를 불가능하게 할 때 희극적 감정인 사랑이 발생한다.

5 "법을 지키지 않는 것처럼 법에 순종하라"

법에서 사랑으로의 이동은 법이 아닌 법의 외설적인 이면을 정지시킨다. 그것은 법에 무한성과 무조건성을 부여하는 초자아의 악순환을 중지시키는 행위이다.(Žižek 2003: 113) 특정하고도 규정적인 내용을 갖고 있지 않은 초자아는 '생략'을 통해 외설성을 획득한다. 그것은 '살인하지 말라'(You shall not kill)라고 명령하는 대신 '해서는 안 된다'(You shall not …)라고 말한다. 생략된 부분이 초자아의 심연을 구성한다. 너는 이미 항상 어떤 금기를 위반하고 있다는 의심을 받고 있다. 무슨 죄를 지은지도 모른 채 우리는 항상 죄인이고, 죄를 부인하는 것이 곧 죄를 인정하는 것이 된다. '죽여라'라는 외설적이고 직접적인 명령의 실행은 초자아의 심연을 견딜 수 없는 주체의 절박한 자기방어가 된다. 법의 위반이 법을 유지시킨다. 죄는 법을 유지시키는 예외가 된다.(104~5) 죄가 법에의 종속으로부터 주체를 벗어나지 못하도록 한다. 위반에 탐닉하는 초자아와는 달리 '법을 지키지 않는 것처럼(as if ~ not) 법에 순종하라'는 사도 바울의 말은 주체를 결코 갚을 수 없는 죄의식으로부터 해방시킨다. "아내 있는 자들은 없는 자같이 하며 우는 자들은 울지 않는 자같이 하며…"(고린도전서 7장 29~30절) 여기서의 부정은 외재적 차이가 아닌 내재적 분열로 작동한다. 그것은 법과 위반의 악순환 자체를 내부적으로 절개하는 틈이다. 위반(죄의식)을 통해 법의 온전함을 유지시키는 초자아와는 달리 사랑은 법 자체의 결핍을 드러낸다. 상징계와의 거리가 보장하는 냉소적 지식으로 인해 아무 것도 변화시키지 못하는 물신주의자의 '부인'(나는 잘 알고 있다. 그러나…)과는 달리(Žižek 2003: 111~2) 바울의 부정은 냉소적 부인 자체를 부정하는 '부정의 부정'이다. 여기서 사라지는 것은 예외적 공간이다. 사랑의 주체는 초월적 관찰자가 아니라 이미 세계 속에 연루되어 있는 전사(militant)이다. "세계와 관계 맺지 않는 방식으로 관계 맺는,"(고린도전서 7장 30절) 상징계 '속'에서 그것을 '넘어서는' 사랑. 법의 '안이자 바깥'으로서의 사랑은 '결코 갚을 수 없는 죄의식'이라는 환상을 횡단한다. 죄의식은 법 내부의 간극을 덮기 위한 초자아의 방어일 뿐이다.

사랑은 "모든 지식을 소유하고 있을지라도 존재하는 것이며" "지금 충분한 지식을 갖고 있지 못할 때"(고린도전서 13장) 가능한 것이다. 모든 것이 완전한데도 지식의 영역은 '비전체'로 남아 있다. 사랑은 지식의 총체를 유지하는 예외가 아니라 완전하게 보이는 지식까지도 불완전하게 하는 불완전한 부분 또는 무이다. 단지 불완전한 존재만이 사랑할 수 있다는 것은 전체를 알지 못하기 때문에 사랑한다는 것과 같다. 사랑의 불완전함은 완전함의 불완전한 표상이 아니라 완전함 자체를 불가능하게 하는 것이다.(Žižek 2003: 115~16) 완전함의 결핍을 보여주는 부분대상이 바로 사랑이다. 실재와의 거리를 강조하는 궁정풍 사랑은 사랑이 아닌 성적 욕망의 차원에 있다. 사랑은 귀부인이나 죄와 같은 예외적 위치를 인정하지 않고 예외가 만들어 놓은 환상을 횡단한다.

유대인의 법은 인간의 오만에 의해 파괴된 균형을 회복하는 냉혹한 운명과도 같은 이교도의 법과 다르다. 사랑 역시 균형의 회복을 통해 우주와 하나가 되는 감정이 아니다. 유대이즘에 이르러서야 우리는 법이 갖는 외상적 실재와의 만남, 타자의 욕망의 심연이 안겨주는 불안을 경험한다.(129) 욥에게 신은 파악할 수 없는 사물이다. 신의 욕망을 알지 못하는 것이 욥을 당혹스럽게 만든다. 그러나 고난의 의미를 설명해 주어야 할 때 신은 오히려 힘의 과시를 통해 자신의 권위를 주장한다. 거기서 드러나는 것은 선도 악도(변덕스러운 또는 합리적 설명을 해주지 않는) 아닌 신의 결핍이다. 욥은 자신의 고통이 갖는 전적인 무의미를 주장한다. 예수의 고통 역시 의미 없는 것이다. '아버지 왜 나를 버리시나이까!'라는 예수의 절규는 알 수 없고 변덕스럽지만 전능한 신(초자아)에 대한 불평이 아니라 무능한 신을 겨냥하고 있다. 신의 말 이후에 욥이 침묵을 지키는 것은 신의 현전에 억눌린 것도, 신이 답을 회피한 데 대한 저항도 아니다. 욥은 신의 무능을 감지했다. 침묵을 공유함으로써 절대적인 타자성을 유지하는 아브라함의 침묵과는 달리 욥의 침묵에서 드러나는 것은 신의 무능함이다.(125~26) 법을 보충하는 외상적 초자아는 대타자의 무능을 감추는 역할을 할 뿐이다.

기독교는 바로 이 무능을 드러낸다(Revelation). 드러냄은 드러날 것이 아무것도 없다는 것을 뜻한다. 숨겨지거나 말할 수 없는 비밀은 없다. 공식적 법에 수반되는 외설적 초자아는 없다. 유대의 역사를 가능하게 해주는 외상적 사건(모세 살해), 상징화될 수 없는 것으로 남아 있는 유대인의 비밀은 신의 외설성, 알 길 없는 전능성에 관한 외설적 이야기가 아니다. 오히려 유대의 유령적 역사가 숨기고 있는 것은 신의 무능함이다. 완전함을 보충해주는 이교도의 외설적 지혜와는 구분되는 유대인의 비밀인 신의 무능함, 바로 이것을 유대교는 간직하고 기독교는 드러내는 것이다. 이것이 왜 기독교가 유대교 '이후'에만 가능한가에 대한 이유이다. 기독교는 유대교가 처음 제기한 신의 무능함을 드러내기 때문이다.(127~28) 신이 결핍되었다면 이 신과 마주한 유대인은 인간성 자체의 잉여물이다. 그는 상징체계의 잉여물로 존재한다. 이것이 왜 유대인이 상징적 자질로 규정될 수 없으며 유대인에 대한 환상이 만들어지는가에 대한 이유이다. 기독교의 보편성 역시 이런 문맥에서 설명되어야 한다. 특수성 속에서 그것을 능가하는 잉여물이 바로 보편성이다.(131) '드러남'은 신이 자신의 창조물의 일부분이 됨으로써 존재의 우연성에 노출되는 것을 뜻한다. 실체에서 주체로의 이동, 이것이 바로 '사랑'이다. 세상을 창조했던 예외적 존재가 자신의 창조물 속으로 추락(타락, 분열)하여 그것과 구별할 수 없게 된다.(137) 극복할 수 없는 간극은 '최소한의 차이'(minimal difference)가 되고 신과 인간은 '거의 같아진다.' '인간은 인간이다'라는 동어반복은 내부적 분열, 차이를 발생시킨다. 그것은 인간과 인간의 불일치, 인간의 자기동일성을 교란시키는 비인간적 잉여물을 뜻한다.(143) 예수가 바로 이런 잉여물이 아닐까? 예수는 인간의 내외재성, 괴물과도 같은 잉여물이 아닌가?

기독교의 이웃사랑은 절대적 타자로서의 이웃을 말하는 레비나스와 다르다. 이웃은 우리와 '거의 같은' 것이고 이웃에 대한 존중이나 불가해한 타자성에 대한 고려가 문제되는 것이 아니라 이웃 뒤에는 아무것도 없다는 것을 깨닫는 일이 중요하다. 이웃 뒤에 무언가 실체적 내용이 있다고 생각하는 것 자체가 우상숭배이기 때문이다.(138) 타자의 순수성, 해체될 수 없는 것으로서의 메시아적 정의에 대한 약속, 곧 오게 될 것으로 남아 있는 규정 불가능성 등과 같은 절대적 타자성이 아니라, 내적 분열로 존재하는 타자성이 문제이다. 실체성을 거부하는 데리다의 유령마저도 타자의 분열에 대한 방어가 될 수 있지 않을까? 지젝은 묻는다. 결코 현전화될 수 없는 타자성을 주장하는(잠재적인, 아직 오지 않은 메시아) 유대이즘과 달리 기독교는 메시아가 '이미 도착했다'고 말한다.(Žižek 2003: 135) 이것은 단순히 약속의 온전한 실현을 뜻하지 않는다. 기독교는 유대교가 벌여놓은 절대적 간극을, 불안의 심연을 상상적으로 봉합하지 않는다. 사랑은 신과 인간의 상상적 화해가 아니다.(Žižek 2003: 123~24) 사랑은 불안을 발생시키는 실재와의 만남을 완화시켜 타자의 욕망의 불확실성을 확실성으로 바꾸는 도착증적 구조를 갖고 있지 않다. 인간과 신의 분리를 메우는 것이 사랑이 아니라 인간과 신의 분열을 신 자신의 분열로 반영시키는 것이 사랑이다.(Žižek 2003: 126) 인간의 결핍과 신의 결핍이 겹치는 곳에서, 신의 무능함이 드러나는 곳에서 사랑이 시작된다.

참고문헌

나카자와 신이치(2004), 『사랑과 경제의 로고스―물신 숭배의 허구와 대안』, 김옥희역, 동아시아.

Giorgio Agamben(2004), "Friendship," *Contretemps* 5: 3, 2~7.

Maurice Blanchot(1990), "Michel Foucault as I Imagine Him," *Foucault/Blanchot*, trans. Jeffrey Mehlman and Brian Massumi, New York, Zone Books, 61~109.

_____(1993), *The Infinite Conversation*, trans. Susan Hanson, Minneapolis, Univ. of Minnesota Press.

Paul Celan(1995), "A Rumbling," *Poems of Paul Celan*, trans. Michael Hamburger, New York, Persea Books.

Lorenzo Chiesa(2006), "Tragic Transgression and Symbolic Re-inscription," *Angelaki* 11:2, 49~62.

Kalpana Seshadri Crooks(2003), "Being Human: Bestiality, Anthropophagy, and Law," *Umbr(a)* 18, 97~116.

Jacques Derrida(1985), *The Ear of the Other*, trans. Peggy Kamuf et al, Lincoln, Univ. of Nebraska Press.

_____(1986), "Geschlect II: Heidegger's Hand," trans. John P. Leavey Jr. *Deconstruction and Philosophy*, ed. John Sallis, Chicago, Univ. of Chicago Press, 161~196.

_____(1988), "The Politics of Friendship," *Journal of Philosophy* 85:2, 632~644.

_____(1992), "Ulysses Gramophone: Hear Say Yes in Joyce," *Acts of Literature*,

New York, Routledge, 253~309.

_____(1994), *Given Time*, trans. Peggy Kamuf, Chicago, Univ. of Chicago Press.

_____(1995), *On the Name*, ed. Thomas Dutoit, trans. David Wood, Stanford, Stanford Univ. Press.

_____(1996), *The Gift of Death*, trans. David Wills, Chicago, Univ. of Chicago Press.

_____(1997), *Politics of Friendship*, trans. George Collins, London, Verso.

_____(1998), *Resistances of Psychoanalysis*, trans. Peggy Kamuf et al, Stanford, Stanford Univ. Press.

_____(2001), *On Cosmopolitanism and Forgiveness*, London, Routledge.

_____(2002), "The Animal That Therefore I Am (More to Follow)," trans. David Wills, *Critical Inquiry* 28:2, 369~418.

_____(2003), "And Say the Animal Responded?" trans. David Wills, *Zoontologies*, ed. Cary Wolfe, Minneapolis, Univ. of Minnesota Press, 121~146.

Mladen Dolar(2006), "Hegel as the Other Side of Psychoanalysis," *Jacques Lacan and the Other Side of Psychoanalysis*, eds. Justin Clemens and Russell Grigg, Durham, Duke Univ. Press, 129~154.

Rodolphe Gasché(2000), "Self-dissolving Seriousness: On the Comic in the Hegelian Concept of Tragedy," *Philosophy and Tragedy*, eds. Miguel de Beistegui and Simon Sparks, London, Routledge, 38~56.

G. W. F. Hegel(1975), *Aesthetics: Lectures on Fine Art*, trans. T. M. Knox, Oxford, Oxford Univ. Press.

_____(1977), *Phenomenology of Spirit*, trans. A. V. Miller, Oxford, Oxford Univ. Press.

Lars Iyer(2000), "Born with the Dead: Blanchot's Mourning," *Angelaki* 5:3, 39~50.

_____(2001), "The Sphinx's Gaze: Art, Friendship and the Philosophical in Blanchot and Levinas," *Southern Journal of Philosophy* 39:2, 189~206.

Henry James(1996), "The Aspern Papers," *Great Short Works of Henry James*, New York,

Harper and Row.

Peggy Kamuf(2000), "Deconstruction and Love," *Deconstruction*, ed. Nicholas Royle, London, Palgrave, 151~70.

Jacques Lacan(1990), *Television*, trans. Jeffrey Mehlman, New York, Norton.

_____(1992), *The Seminar Book VII: The Ethics of Psychoanalysis*, trans. D. Porter, London, Routledge.

Emmanuel Levinas(2000), *God, Death, And Time*, trans. Bettina Bergo, Stanford, Stanford Univ. Press.

John Llewelyn(1991), "Am I Obsessed by Bobby?" *Re-reading Levinas*, ed. Robert Bernasconi and Simon Critchley, Bloomington, Indiana Univ. Press, 234~245.

Jean-François Lyotard(1988), Le postmoderne espliqué aux enfants. Paris, Galilée; 『지식의 종언』, 이현복 편역, 문예출판사, 1993.

Jacques Alain Miller(1999), "The Desire of Lacan," *Lacanian Ink* 14: Spring, 4~23.

Jean-Luc Nancy(1991), "Shattered Love," *The Inoperative Community*, trans. Peter Connor et al, Minneapolis, Univ. of Minnesota Press, 82~109.

Michael Nass(2003), *Taking on the Tradition*, Stanford, Stanford Univ. Press.

Ovid(1983), *Metamorphoses*, trans. Rolfe Humphries, Bloomington, Indiana Univ. Press.

Renata Salecl(2004), "The Anxiety of Love Letters," *Lacan and Contemporary Film*, eds. Todd McGowan and Shelia Kunkle, New York, Other Press, 29~45.

Owen Ware(2008), "Love Speech," *Critical Inquiry* 34: Spring, 491~508.

Cary Wolfe(2003), *Animal Rites*, Chicago, The Univ. of Chicago Press.

Slavoj Žižek(1989), *The Sublime Object of Ideology*, London, Verso.

_____(1993), *Tarrying with the Negative*, Durham, Duke Univ. Press.

_____(2002), *For they know not what they do*, London, Verso.

_____(2003), *The Puppet and the Dwarf*, Cambridge, The MIT Press.

_____(2006), *How to Read Lacan*, London, Granata Books.

Alenka Zupančič(2003), *The Shortest Shadow*, Cambridge, The MIT Press.

_____(2004), "Investigations of the Lacanian Field: Some Remarks on Comedy and Love," *Polygraph* 15/16, 131~146.

_____(2006), "The 'Concrete Universal,' and What Comedy Can Tell Us About It," *Lacan: The Silent Partners*, ed. Slavoj Žižek, London, Verso, 171~197.

라깡과 영화

『스크린』의 봉합 문헌을 중심으로 고찰한
정신분석과 영화의 관계

–

김서영

1 들어가는 말

프랑스에 『카이에 뒤 시네마』(*Cahiers du Cinéma*)가 있다면 영국에는 『스크린』이 있다. 전자가 앙드레 바쟁, 프랑수아 트뤼포 등과 같은 거장들의 이름을 연상시킨다면 후자는 크리스티앙 메츠, 로라 멀비 등과 같은 정신분석적 영화비평의 선구자들과 그들의 개성 넘치는 주장들을 상기시킨다. 메츠의 「상상계적 기표」(The Imaginary Signifier)가 1975년 『스크린』 16권, 제2호에 게재되었고, 같은 해 출간 된 16권 제3호에 멀비의 악명 높은 논문인 「시각적 쾌락과 내러티브 영화」(Visual Pleasure and Narrative Cinema)가 게재되었다. 창간된 이래 현재까지 『스크린』이 다루어 온 광대한 정신분석적 영화이론 및 비평 목록 가운데 그 정점은 단연 1977/78년 19권 제4호에서 다루어진 "봉합 문헌"(Dossier on Suture)이라고 할 수 있다. 여기에는 다음 세 편의 봉합에 대한 소논문들이 실려 있다: 자끄 알랭 밀레르의 「봉합(기표의 논리에 내재된 요소들)」(Suture[elements of the logic of signifier]), 장 피에르 우다르의 「영화와 봉합」(Cinema and Suture),[1] 스티븐 히스의 「봉합에 대한 주석」(Notes on Suture). 밀레르의 논문은 자끄 라깡의 1964~1965년 세미나, 『정신분석에서 중요한 문제들』(*Problèmes Cruciaux pour la Psychanalyse*)[2] 중 1965년 2월 24일 세미나에서 발표된 것이고,[3] 우다르는 그의 논문에서, 밀레르가 라깡의 정신분석 이론 중심에 배치하는 봉합이라는 개념을 로베르 브레송의 영화들을 통해 영화와 접목시키고 있으며, 히스는 봉합에 대한 논의들을 종합하며 각각의 문제점들을 지적한다.

히스의 논문은 현재까지 출간된 봉합 관련 자료들 중 가장 폭넓은 영역을 전문적인 방식으로 개괄하고 있다. 그는 프로이트 전집과 라깡의 『에크리』 및 세미나들을 중심으로 밀레르의 논문을 설명하며 논문의 주장이 타당하다는 것을 보여주는 동시에, 우다르의 영화비평이 제한적이었으며 영화이론은 그보다 더욱 다채로운 방식으로 봉합 이론을 차용해야 한다고 주장한다. 그는 이 과정에서 메츠와 알튀세르의 이론을 자신의 방식으로 비평하는데, 바로 이 지점에서 우리는 메츠와 멀비보다 한 걸음 더 나아가 정신분석과 영화의 관계를 고찰할 수 있게 된다. 우리는 히스의 논문에서 브루스 핑크와 슬라보예 지젝을 통해 친숙해진 목소리를 듣게 된다. 그것은 정신분석과 영화에 대한 개괄적 주석일 뿐만 아니라 라깡의 정신분석 일반에 대한 탁월한 논문 중 하나이다.

---

1 이 논문은 *Cahiers du Cinéma* nos211 and 212, April and May 1969에 처음 게재되었으며 그후 이에 대한 일련의 반응들이 촉발되었다. Daniel Dayan(1974) "The Tutor-Code of Classical Cinema," *Film Quarterly*, Fall; William Rothman(1975) "Against the System of the Suture," *Film Quarterly*, Fall 참조.

2 이는 라깡의 12번째 세미나이다.

3 그후 이 논문이 처음 게재된 곳은 *Cahiers pour l'Analyse*, n1, 1966이다.

또한 우리는 봉합에 대한 지평을 넓히는 히스의 논의를 통해, 슬라보예 지젝이 봉합을 극복하며 새롭게 구상한 "인터페이스"라는 개념이 사실 봉합 개념 내부에 필연적으로 존재하는 것임을 알 수 있다. 우선 우리는 『스크린』에 게재된 봉합에 대한 세 편의 논문들을 살펴보고, 이 논의들을 중심으로 지젝과 봉합의 관계를 다시 생각해보게 될 것이다. 이 글의 목적은 봉합 개념을 통하여 정신분석과 영화의 지난 역사를 되짚어보고, 그 이론적 가능성들을 모색하며, 궁극적으로 정신분석적 영화이론의 지평을 기존의 제한된 영역 너머로 넓히는 것이다.

2 자끄 알랭 밀레르의 봉합 이론과 기표의 논리

엘리자베스 루디네스코는 밀레르의 「봉합(기표의 논리에 내재된 요소들)」이 라깡의 글에 필수적인 불확실함과 모호함을 지나치게 명료한 방식으로 해석함으로써 라깡의 주장을 희석시켰다고 설명하는데, 이는 독자들이 밀레르가 작업한 『에크리』(Écrits)의 색인 부분을 유심히 관찰한 후 스스로 판단해야 하는 문제일 것이다. 색인이 책의 내용을 훼손시키는지, 아니면 라깡의 모호함을 유지하는 방식으로 전체를 개괄하는지 살펴보는 것도 재미있는 작업이다. 라깡(1965)은 밀레르가 자신의 세미나에서 발표를 시작하기 전에 잠시 논리라는 주제에 대해 언급한다. 그는 1945년에 「논리적인 시간과 예기된 확실성에 대한 주장」[4]이라는 논문을 썼으며, 이 논문에서 논리

---

4 『에크리』에 수록되어 있다. 라깡 자신이 세미나11에서 봉합 개념에 대해 간략히 언급했을 때도, 그의 논의는 위의 논문과 관련된다.

라는 것은 확실성이나 명료함보다는 타인의 반응 이외에는 참고할 자료가 없는 불확실한 상황과 관련하여 설명된다. 마찬가지로 밀레르의 "봉합"이라는 개념 또한 모호함과 불확실함의 연장선상에서 이해되어야 한다.

밀레르는 라깡의 세미나에서 강조되었듯이 프로이트의 영역은 결코 폐쇄된 구조가 아니라고 말하며 논문을 시작한다. 그가 가장 먼저 주목하는 개념은 "기표"인데, 봉합이란 "주체가 그 담론의 연쇄에 연결되는 방식," (Miller 1977/78: 25) 즉 주체와 기표의 사슬 사이의 관계를 뜻한다. 기표의 논리란 상징계를 구성하는 기표들의 연쇄가 직조되는 방식을 말하며, 이는 무로부터 유가 창조되는 상징의 우주 자체의 형성과정, 또는 주체의 형성과정을 나타낸다. 밀레르는 수학자인 고트롭 프레게가 자연수 체계의 공리에 대해 제기한 질문을 중심으로 봉합을 이론화하며, 존재하지 않는 것임에도 불구하고 어떤 경우에는 반드시 존재하는 것으로 가정되어야만 하는 0에 대한 논의에 초점을 맞춘다. 프레게는 개념, 대상과 수, 그리고 두 개의 관계들—대상에 대한 개념의 관계와 수에 대한 개념의 관계—로 이루어진 근본적인 체계 속에서 숫자는 개념에 할당되고, 다시 개념은 대상을 포함하게 된다고 설명한다. 그런데 이 과정은 자연스러운 것도, 당연한 것도 아니다. 여기에는 까다로운 조건이 있다. 이에 대해 밀레르는 다음과 같은 예를 든다: "만약 내가 '아가멤논과 카산드라의 자식들'이라는 개념에 속하는 것들을 묶어낸다면, 그것은 펠롭스와 텔레다무스를 포함하게 될 것이다. 내가 '아가멤논과 카산드라의 자식들이라는 개념에 동일한' 개념을 가정할 때에만 나는 이 개념에 숫자를 할당할 수 있게 된다."(28) 그 개념 자체와 동일한 개념에 의해 그것은 개념의 대상이 되고, 이때 비로소 셀 수 있는 것이 된다.

여기서 나타나는 또 하나의 문제는 1에서 시작되는 자연수의 연산이 시작되려면, 1이라는 것을 만드는 시초, 즉 0이라는 것이 나타나야만 한다는 것이다. 프레게는 0이라는 것은 그 자체의 개념과 동일하지 않은 개념에 할당된 수라고 지적한다. 그렇다면 이 개념의 대상은 무엇인가? 물론 그것은 '무'이다. 밀레르에 의하면, 그 자체의 개념과 동일하지 않은 개념이 0이라는 수에 할당되고 바로 이것이 논리적 담론을 봉합시키게 된다. 이 과정에서 엄청난 변화가 일어나는데, 그것은 "개념화 될 수 없는 것이 개념화되며, 결여로서의 0이 숫자로서의 0으로 변환되는 것이다."(30) 밀레르는 우리의 목적이 0이라는 숫자 속에서 결여를 대체하는 플레이스홀더(stand-in)를 발견하는 것이라고 말한다. 이것이 바로 자연수 일반이 탄생하고 연산이 가능해지는 순간이다. 다른 말로 바꾸면, 상징의 우주, 즉 기표의 연쇄가 무로부터 나타나는 순간이다. 존재하지 않는 것을 잠시 존재한다고 가정하는 순간, 이로부터 우리에게 상징의 법으로서 강제되는 기표의 규칙이 생성된다.

밀레르는 라깡의 은유 및 환유에 대한 논의를 0과 봉합의 관계로써 설명한다. 그에 따르면 기표의 연쇄를 촉발하는 것이 플레이스홀더로서의 0이라면 무로서의 0을 숫자 0으로 변환시키는 것은 은유이다. 라깡이 은유를 가로선을 횡단하는 +로 설명했다면, 밀레르는 연산을 촉발시키는 더하기로 읽는다. 무엇인가를 더할 수 있기 위해서 무라는 대상은 0이라는 베일을 쓰고 이 세상에 그 모습을 드러내야만 한다. 라깡이 『에크리』에서 제시한 은유와 환유의 공식을 통해 우리는 환유가 기표들이 만드는 연쇄를 나타내는 개념인 반면 은유는 그러한 연쇄가 잠시 멈추어 의미가 생산되는 지점임을 알 수 있다. 브루스 핑크는 이에 대해 은유의 순간이 바로 주체가 탄생하는 지점이라고 지적한다. 핑크에 의하면 "모든 은유의 효과는 주체성의 효과이며 그 역도 성립한다."(Fink 1995: 80) 다시 말하면, 은유는 무로서의 0을 유로서의 0으로 바꿈으로써 기표의 연쇄를 촉발시킬 뿐만 아니라, 기표의 연쇄에서 일어나는 모든 의미작용에 관여한다는 것이다. 그 은 유란 것은 기표가 잠시 기의와 만나게 되는 지점으로서 바로 이 순간 의미가 생성된다. 물론 이것은 상상계의 순간이라 할 수 있다.

라깡이 햄릿 세미나에서 제시한 욕망의 그래프[5]에서도 볼 수 있듯이, 주체는 기표들의 모임으로부터 몇 개의 기표들을 꿰어내어 사후적으로 하나의 의미로서 그것을 돌려받게 된다. 의미가 생성되는 지점(points de capiton)이 바로 무로서의 0이 유로서의 0으로 잠시 변환되는 지점, 즉 봉합의 순간이라고 할 수 있다. 그러므로 봉합이란 상상계와 상징계가 조우하는 지점이다. 그렇다면 실재는 어떻게 연관될 수 있는가? 물론 실재는 무로서의 0인데, 그것이 봉합에 의해 잠시 베일에 싸여 존재하는 것으로 가정될 때 기표의 연쇄가 촉발된다. 라깡은 「도둑맞은 편지」에 대한 세미나[6]에서 상징계의 규칙을 만들어내는 실재에 대해 논했다. 라깡은 동전던지기를 하며 앞면 또는 뒷면이 나온 결과를 순서대로 적어가다 보면 일련의 규칙이 나타나는데, 이 규칙은 규칙으로부터 배제된 규칙, 즉 불가능한 규칙에 의해 가능해진 규칙임을 보여주고 있다.[7] 실재는 상징계를 촉발시키는 중심인 동시에 그것에는 포함되지 않는 불가능한 외부이다. 그것은 내부이

---

5 라깡의 여섯 번째 세미나인 *Desire and Its Interpretation, 1958~59*에서 언급되는 그래프로 서 『에크리』의 「주체의 전복과 욕망의 변증법」에 포함되어 있다.

6 라깡의 두 번째 세미나인 *The Ego in Freud's Theory and in the Technique of Psychoanalysis 1954~55*에서 소개된다.

7 예를 들어, 앞면이 나올 경우 +를, 뒷면이 나올 경우 -를 적기로 하고 그 결과가 ++--+ 였다고 하자. ++를 1, +-, -+를 2, --를 3으로 간주할 경우, 우리는 위의 결과에서 1, 2, 3, 2 라는 연쇄를 얻게 된다. 이 연쇄는 1과 3이 나란히 배치되지 못한다는 규칙을 따르고 있는 데, 이와 같이 1,3 또는 3,1이라는 불가능한 규칙, 즉 실재에 의해 기표의 연쇄에 규칙이 부 여된다. Bruce Fink, *The Lacanian Subject: Between Language and Jouissance*(Princeton, Princeton University Press, 1995) 참조.

자 외부이며 존재하는 것처럼 보이지만 존재하지 않는 공백 또는 결여 그 자체이다.

밀레르의 논문 제목에서 부각된 바와 같이 그는 봉합과 기표에 초점을 맞추어 라깡의 이론을 설명한다. 기표는 사실 라깡과 프로이트의 조우, 그 출발점에서부터 정신분석의 중심에 자리 잡았다. 라깡은 프로이트를 소쉬르적인—그러나 소쉬르와는 상이한—방식으로 재해석하는데, 이때 그는 기의보다 기표에 우위를 부여한다. 그에 의하면 의미는 지속적이거나 안정적인 것이 아니며 기표에서 기표로 이어지는 연쇄 속에서 섬광같이 나타나는 것이다. 주체를 구성하는 더욱 근본적인 요소는 기의가 아니라 기표이다. 일반적으로 여성의 구조, 남성의 구조, 주이상스 등에 관한 세미나로 알려져 있는 라깡의 스무 번째 세미나에서도 역시 라깡은 기표를 그 중심에 배치하고 있다. 그는 "남성과 여성이 기표에 불과하다"(Lacan 1998: 39)고도 말한다. 기표는 프로이트의 저작과 어떤 관계가 있을까? 아래에 제시된 몇 가지 사례만으로도 이에 대한 충분한 답이 될 수 있을 것이다.

프로이트는 『꿈의 해석』(1900)을 쓰기 전인 1898년, 「망각의 심리학적 메커니즘」(The Psychical Mechanism of Forgetfulness)이라는 논문을 쓰는데, 이 논문에서 그는 시뇨렐리라는 화가의 이름을 망각하고, 그 대신 보티첼리와 볼트라피오라는 이름을 떠올리게 된 경위에 대해 분석한다. 그는 헤르체고비나, 보스니아, 트라포이 등 자유연상을 통해 떠오른 단어들을 중심으로 각 단어의 부분들을 이어내며—**Signor**elli, **Herz**egovina, **Herr**, **Botticelli**, **Boltraffio**, **Bo**snia, Signorelli, **Trafoi**—기의가 아닌 기표가 주체의 무의식이 움직이는 방식을 드러내고 있음을 알아낸다. 우리가 그것을 통제하고 조정하는 것이 아니라 그것이 우리를 통해 위와 같은 방식으로 말하고 있다. 물론 프로이트는 기표나 기의에 대해 언급한 적도 없고 소쉬르의 작업에 무관심했다.

그 외에도 프로이트 전집에는 이와 같은 언어학적 분석들이 끊임없이 소개되고 있다. "친밀하게"(familiär)를 실수로 "famillionär"라고 말한다든 가(『농담과 무의식의 관계』), 옌젠의 소설에서, 알베르고 델 **솔레**(Albergo del Sole) 호텔에 그라디바가 머문다는 것을 알게 된 주인공은 꿈에 **양지**바른 곳에 그라디바가 앉아있는 것을 본다(『옌젠의 『그라디바』에 나타난 망상과 꿈』). 「성격과 항문성애」(Character and Anal Erotism, 1908)에는 주목할 만한 각주가 붙어 있는데, 이 각주에서 소개되는 한 사람은 "이 코코아를 보니 내가 어렸을 때 했던 생각이 떠올라. 난 언제나 내가 코코아 제조업자인 반 하우텐인 척했었어"라고 말한다. 프로이트에게 오랫동안 분석을 받았기 때문에 정신분석 방식을 잘 알고 있던 프로이트의 환자는 이 사례를 관찰하며 "Van Houten"을 "Wann haut'n die Mutter?"(언제 어머니가 노발대발하실까?)라는 문장과 연결시킨다. "쥐"(Ratte)라는 말에 환자가 "할부 불입금"(Rate)을 연상하는 사례도 있고 (『강박신경증 사례에 대한 주석』), 「무의식에 관하여」(The Unconscious, 1915)에서는 애인을 믿지 못하는 여자가 눈이 비뚤어지는 신체증상을 나타내는 사례가 언급되며,[8] 「낯선 친밀함」(The 'Uncanny', 1919)에서 프로이트는 방대한 량의 단어 비교 분석을 통해 "heimlich"가 그 반대말처럼 보이는 "unheimlich"를 뜻하기도 한다는 것을 보여준다.

구타를 당한 경험이 있는 사람은 "변죽 **치다**"라는 말에 심한 정동적 반

---

8 독일어 "Augenverdreher"는 위선자를 뜻하는 단어로서, 전혀 믿음이 가지 않는 사람에 대해 눈을 위아래로 굴리며 의혹을 표시하는 모양을 뜻하기도 한다. 이 단어는 "Augen(눈들을) + verdrehen(비틀다)"로 구성되며 위의 사례는 환자가 단어를 몸으로 받아들인 경우이다.

응을 나타낼 수도 있고, 이슬람교를 믿는 사람에게 손과 관련된 증상들이 나타낸다면 그것은 자위의 경험에 관련된 것이 아니라 도둑질과 관련되는 것일 수도 있다. 라깡은 세미나 I(Lacan 1988: 196~97)에서, 공무원이었던 아버지가 도둑질을 한 후 직장에서 쫓겨났던 사건을 기억하고 있는 환자가 손과 관련된 증상을 호소했을 때, 그것을 "도둑질한 자의 손을 자르라"는 코란의 법과 관련해 분석한다. 기표는 의식적으로 인지된 의미에 앞서 주체에 도달한다. 라깡은 『에크리』에서 "구체적인 담론이 언어로부터 차용하는 물질적 매개(support)"를 문자(letter)라고 지칭하는데,(Lacan 2006: 413) 이는 프로이트가 무의식의 내용으로 명명한 대표표상(Ideational Representative)을 라깡의 방식으로 재개념화한 것이라고도 볼 수 있다. 기표가 상징계와 관련된다면 문자는 기표를 구성하는 실재적인 부분이다. 「도둑맞은 편지」에서와 같이 우리는 편지(letter)의 내용을 알 수 없다. 그것은 단어가 아니며, 읽을 수 있는 구체적 내용이 아니다. 편지/문자는 항상 존재하는 것이며, 그것을 중심으로 주체의 위치가 배치되지만, 우리는 그 자체에 대해서는 알 수 없다. 다만 그것이 기표의 연쇄를 만들어낼 때, 그 속에서 우리의 위치를 가늠할 수 있을 뿐이다. 위치를 읽어내는 순간은, 물론 상상계적 순간이다.

봉합은, 한마디로, 실재가 상징계를 촉발시키는 상상계의 순간을 뜻하는 개념이다. 그러므로 우리는 그것을 폐쇄된 체계로 이해해서는 안 되며, 멈추어진 영속적 구조로 간주해서는 안 된다. 밀레르의 말대로, "봉합"은, 비록 라깡에 의해 한 번 밖에 언급되지 않았지만, 실로 그의 이론에 항상 존재해 온 중심적 개념이다. 그것은 욕망의 그래프보다 더욱 포괄적으로 라깡을 나타내는 지도로서, 개념이라기보다는 정신분석 그 자체라고도 할 수 있다. 그렇다면 "봉합"과 영화란, 하나의 개념으로써 한 편의 영화를 분석하는 것이 아니라 정신분석과 영화가 관련되는 방식 자체를 뜻하는 것으로 이해할 수도 있을 듯하다. 그러나 우다르가 봉합을 영화와 연관시키는 방식은 아래와 같이 매우 제한적이다.

3 장 삐에르 우다르의 봉합 이론과 브레송의 영화들

우다르가 「영화와 봉합」을 시작하는 첫 단어는 "브레송"이다. 그는 봉합을 영화적으로 나타낸 최고의 사례로 로베르 브레송의 〈잔 다르크의 재판〉(The Trial of Joan of Arc, 1962)을 꼽는다. 우다르에 의하면, 봉합은 영화를 읽어내는 과정에서 이해할 수 있는 것이다. 한 장면이나 하나의 대사 또는 소도구가 아니라, 장면들의 연쇄 속에서 드러나는 네 번째 벽[9]이나 그것으로부터 체험하게 되는 부재에 대한 인식에 의해 봉합이 달성된다는 것이다. 이는 우다르가 "주관적 영화"(subjective cinema)라고 부르는 일반적인 영화들이 간과하는 기법이다. 우다르는 다소 평면적인 이미지까지도 항상 필수적으로 피사계 심도(depth of field)를 가지고 있어야 한다고 생각하는 듯하다. 그런데 여기서 우다르가 말하는, 봉합에 관계된 피사계 심도란 오손 웰스가 즐겨 사용하는 한 쇼트 안의 깊이감이 아니라 두 쇼트에 걸쳐 인식되는 공간의 깊이감을 말하는 것이다. 모든 영화의 장면들은 항상 부재하는 영역에 대한 반향을 불러일으키며, 관객의 상상계에 의해 특정 인물이 그 빈 공간에 배치된다. 우다르는 그렇게 가정된 인물을 부재하는 자(Absent One)라 부른다. 많은 영화들이, 단순히 각각의 장면들만으로 서사를 만드

---

9 네 번째 벽이란 연극 용어로서 허구적 공간과 관객을 구분하는 상상적 경계를 일컫는다.

는 반면, 〈잔 다르크의 재판〉과 같이 봉합 이론이 적극적으로 활용된 영화는 부재하는 장면, 즉 상상계의 영역에 의해[10] 각 장면이 매개되며 보이는 것 너머의 이야기를 들려준다. 우다르는 브레송이 이미지에는 오직 "교환" 가치만이 존재해야만 한다고 주장했다는 사실을 지적하며, 각각의 독립적 이미지는 그 자체로서가 아니라 서로 간의 관계 속에서 의미를 생산한다고 말한다.

　의미생산 과정을 더욱 구체적으로 살펴보면 그것이 라깡의 욕망의 그래프와 밀접하게 관련된다는 것을 알 수 있다. 의미가 항상 사후적으로 구축되기 때문이다. 영화는 항상 쇼트/역쇼트의 원칙을 통해 흘러가는데, 이 과정에서 미지의 어떤 사람, 즉 부재하는 자로 가정되었던 결여가 구체적인 어떤 사람, 즉 존재하는 누군가에 의해 대체되며, 영화의 상상계 속에서 부재하는 것과 현존하는 것, 무와 유가 중첩된다. 기의란 바로 이러한 중첩에서 드러나는 것이며, 그러므로 봉합은 이중의 의미를 가지게 된다: 우선, "기의의 차원에서 그것은 사후적인 것"이다; 다른 한편으로 "기표의 차원에서 그것은 무엇인가를 예기(豫期)하는 것"이다.(Oudart 1977/78: 37) 봉합은 밀레르가 말한 대로 진정 "주체와 그 담론의 연쇄 사이의 관계"를 지칭하는 것이다.(38) 브레송은 쇼트와 쇼트가 연극적인 방식으로, 보이는 그대로의 현실을 전달하게 만들지 않았다. 그는 있는 그대로의 현실로 해석된 현실을 전달하기 위해서는 보이는 것만으로써 보이는 그대로의 현실을 전달해서는 안 된다고 생각했다. 즉 브레송의 영화는 바쟁[11]의 리얼리즘과 에이젠슈테인의 몽타주가 교차하는 불가능한 지점에 나타난다. 그는 히

---

10 우다르는 이러한 방식으로 "상상계"라는 개념을 쓰고 있다. 아래에 이에 대한 비판이 개진된다.

치콕적인 연출 방식[12]으로 메소드 연기의 효과를 창출하는 감독이자 표면만을 제시함으로써 가장 깊은 내부의 이야기를 전달할 수 있는 감독이다. 즉 그는 기의보다는 기표의 관계에 더욱 초점을 맞추는 방식으로, 명확하게 드러나는 미장센보다는 각각의 쇼트 사이를 떠돌며 장면들을 이어내는 부재하는 영역을 부각시키는 방식으로 영화를 만들었다. 우다르는 바로 이것이 브레송 자신에 의해 시네마토그래프[13]라고 불린 영화의 특징이라고 설명한다.

그런데 우다르는 브레송의 영화가 봉합에 대한 이해 및 그 적절한 적용

---

11 앙드레 바쟁은 프랑스의 영화이론가로서 1951년 『카이에 뒤 시네마』 잡지의 창간에 기여했다. 그는 프랑수아 트뤼포를 비롯한 프랑스 누벨바그 감독/비평가들의 정신적 스승으로서, 우리는 누벨바그 감독들의 영화들을 통해 그가 옹호했던 "리얼리즘"의 영향을 확인할 수 있다. 그는 『영화란 무엇인가?』(*What is Cinema?* 1958~62)에서 브레송의 〈어느 시골 본당 신부의 일기〉(1951)는 호평하지만 〈블로뉴 숲의 여인들〉(1945)의 경우는 문제점들을 지적한다. 이를 통해 우리는 그가 브레송의 사유 자체에 대해서가 아니라, 브레송이 〈Diary of a Country Priest〉에서 원작자인 베르나노스의 소설을 영화화하는 방식을 호평했던 것임을 알 수 있다.

12 알프레드 히치콕의 영화에 제임스 딘이 어울리는가? 그는 배우들의 개성 넘치는 연기(메소드 연기)를 지양하는 감독 중 한 명인데, 바로 이 때문에 그는 〈찢어진 커튼〉(1966)에서 폴 뉴먼과 작업해야 했을 때 많은 어려움을 겪게 된다. 폴 뉴먼이 메소드 배우였기 때문이다. 우리는 히치콕적인 스타일을 기표적인 방식, 메소드 연기를 기의적인 방식이라고 부를 수도 있지 않을까?

13 브레송은 시네마와 시네마토그래프를 구분한다. 시네마는 구태의연한 관행을 따르는 영화로서 각각의 장면은 결정적이며 확실하다. 시네마가 꾸미고 과장하는 허상적 영화인 반면 시네마토그래프는 오직 관계성 속에서만 의미가 드러나며 배우와 소리, 빛과 카메라의 각도 등 미장센 일반이 다른 무엇으로인가 열려 있는 영화이다. 그것은 그 이하로 표현하는 듯 보이지만 결국 보이는 것 이상을 표현해 낸다. 그 중심에는 믿음이 있다. 브레송의 영화는 실로 기의 없는 기표들의 연쇄처럼 보이지만, 그 기표의 모임이 전달하는 것과 그것을 이루어내는 그의 신념은—라깡의 개념으로—실재적이다. 즉 시네마토그래프는 시네마의 전형에 반대되는 개념이라고 할 수 있다. Robert Bresson (1977), *Notes on Cinematography*, New York, Urizen Books 참조.

방식을 끝까지 견지하지 못했다고 비판한다. 그 비판의 중심에 〈당나귀 발타자르〉(Au hasard, Balthazar, 1966)가 있다. 우다르는 브레송이 이 영화에서 모든 피사계 심도를 포기하고 전적으로 "선형적"인 영화를 만들었다고 말한다.(44) 봉합이 가능한 영화란 각 장면이 한 번은 영화적 영역으로서, 그리고 다시 똑 같은 장면이 상상계의 영역으로서 제시될 때 가능한 것인데, 〈당나귀 발타자르〉에서는 상상계적 영역이 끝까지 어떠한 구체적인 장면으로도 이어지지 않는다는 것이다. 우다르에 의하면 이 영화의 경우, 봉합이라는 것 자체가 불가능하다. 선형적인 시간에서는 두 종류의 공간을 오가며 사후적으로 의미를 만들어내는 것이 불가능하다. 영화는 다만 대상을 지칭하고 가리킬 뿐 상상계적 공간의 작용을 허용하지 않는다. 카메라워크 또한 봉합 기능을 저지하고 있다. 〈잔 다르크의 재판〉의 경우, 카메라에 보이는 장면이 암시하는 다른 영역은 역쇼트에 의해 그 공간이 확장되며 아무 것도 없던 곳이 무엇인가에 의해 채워진다. 그러나 〈당나귀 발타자르〉의 선형적인 진행에서는 어떤 공간적 암시도 제시되지 않는다. 우다르는 영화의 공간이 카메라 편에서의 또 다른 공간과 공명되며 비로소 영화가 시네마토그래프로 변하는 것임을 강조하며 이미지는 재인식된 공간에 의해 다시 태어나야 한다고 말한다. 물론 여기서 공간들 간의 공명구조에서 의미가 생성되는 방식 자체를 우리는 봉합이라고 부를 수 있다.

우다르는 버스터 키튼이 연출한 〈제너럴 호〉(The General, 1927)의 한 장면을 통해 봉합의 전형을 제시한다. 영화의 한 장면에서 남군과 북군이 대치하게 되는데, 우리는 먼저 부감(high-angle), 롱쇼트로 멀리 있는 북군을 보게 된다. 관객은 아직 프레임이나 카메라의 위치를 인식하지 못한 채 그저 장면을 따라 선형적인 방식으로 영화를 관람하고 있다. 그 후, 갑자기 프레임의 아래 부분에서 남군[14]이 나타나는데, 그들은 멀리 있는 북군

보다 훨씬 크게 부각된다. 관객은 즉시 카메라의 위치에 의해 자신들이 인식하지 못했던 영역이 있었다는 것을 깨닫게 되고, 이 순간 관객의 적극적 참여에 의해 부재하는 자가 영화 속으로 동화된다. 관객은 "카메라에 의해 숨겨진 공간을 지각하게 되며 사후적으로 왜 그러한 방식으로 프레임을 설정했는가에 대해 생각하게 된다."(41) 프레임을 인지하는 순간 관객의 순진한 기쁨이 사라진다. 이전의 인물들이 단순한 방식으로 존재(being-there-ness)하는 것이 아니라 무엇인가를 위해 배치(being-there-for-ness)되기 시작하는 순간 관객은 영화를 읽게 된다. 이 부분은 장치 이론(apparatus theory) 일반, 또는 더욱 정확히 영화의 이데올로기적 특성과 연관될 수 있는데, 스티븐 히스는 자신의 논문에서 이에 대해 살펴보고 있다.

봉합과 프레임이라는 명확히 이데올로기적인 개념을 다루는 우다르의 논문에 영화의 이데올로기적 특성이 전혀 언급되지 않는다는 것은 정신분석과 사회이론 일반의 관계 속에 내재된 문제와도 관련된다. 정신분석에서 우리는 일반적으로 상징계의 이데올로기적인 특성에 대해 비판하고 그것을 넘어서는 방법을 강구하기보다는, 그 운명적 특성을 설명해내고 상상계를 완전히 벗어나는 것이 불가능하다는 결론을 제시하게 된다. 기표의 연쇄 역시 가치판단으로써 지양하거나 전복시킬 수 있는 체계가 아니다. 그러나 이와 동시에 정신분석은 비판을 가능하게 만드는 이론적 근거를 제시하는 학문이기도 하다. 상징계라는 영역이 결코 폐쇄된 체계일 수 없는 이유는 그 시원으로서의 내부가 그것으로부터 배제된 외부인 실재와 관련되어 있기 때문이다. 기표의 환유적 연쇄는 은유에 의해 의미가 생성되는

---

14 우다르는 여기서 "the enemy soldiers"라고 적는데, 사실 영화에서 이 부분은 버스터 키튼이 속한 남군, 즉 아군으로 설정된다.

순간 잠시 멈출 뿐, 이내 다시 환유의 흐름 속에 포섭된다. 멈출 수 없다는 것은 정답이 없다는 의미이며, 하나의 기표가 하나의 기의에 고정되지 않는다는 뜻이다. 소쉬르에서와 달리, 라깡의 설명 속에서 기표와 기의는 잠시 서로 부딪힐 수 있을 뿐 영속적인 결합을 이루지는 못한다.

이와 같이 봉합을 통한 확장된 공간에 대한 지각은 고정된 의미나 불변의 해석을 뜻하는 것이 아니다. 우다르는 부재하는 자가 어떤 구체적인 대상 또는 사람에 의해 봉합되는 순간, 그 영역 자체가 사라진다고 말한다. 그것이 명명되는 순간 우리는 다시 새로운 부재의 영역에 의해 프레임을 변화시킬 필요가 있는 것이다. 이렇게 시네마토그래프는 장면의 연쇄를 만들어낸다. 또한 이러한 방식으로 우다르는 상상계적 구조 속에서의 허구적 기쁨이나 부재 자체의 실재적 측면보다는 상징계적 기표의 연쇄와 그 과정에 더욱 초점을 맞추어 봉합 이론을 영화에 적용한다. 그런데 이런 의도와는 달리 정작 그의 논문에서 가장 자주 언급되는 개념은 상상계이다. 우다르에 의하면 영화에는 한정된 지평 자체가 존재하지 않는 듯 보이지만, 사실 영화는 카메라 너머에 상상계적 지평을 가지고 있다. "시네마토그래프적"이라고 불릴 만한 영화들은 비현실적이며 상상계적인 모호함을 반드시 유지할 수 있어야 한다. 그러한 이중성 속에서 봉합은 상상계적 영역을 채우며 "하나의 대상이 다른 대상에 의해 공명되도록" 만든다.(43) 우다르는 상상계의 영역 속에 침투하는 모든 대상이 일종의 봉합기능을 수행하게 되며, 이는 공간과 기표가 밀접하게 관련되어 있다는 것을 보여준다고 설명한다. 그러한 공간적 특성을 그가 피사계 심도라고 지칭하는 것이다. 우다르에 의하면, 이 공간을 지각하게 되는 관객들은 그 자신이 프레임의 밖으로 내던져지는 듯한 느낌을 받게 되며 더 이상 이전의 단순한 주이상스를 만끽하지 못하게 된다.

우다르의 논문에 언급되는 상상계라는 개념은 전혀 라깡적인 방식으로 사용되지 않았다. 우다르는 상상계(the imaginary)라는 것을 영상(image)이 아닌 상상(imagine)에 가깝게 묘사하고 있다. 그러나 라깡의 이론에서 상상계는 거울단계를 통한 오인으로부터 구축되어 자아를 형성하는 과정으로 이론화 되어 있다. 자아는 기표의 연쇄를 멈추어 의미가 생성되는 순간을 고정시키려고 노력하는 작인으로서, 영화와 관련시키자면, 시네마토그래프의 비어 있는 공간보다는 시네마의 관습적이고 전형적인 장면에 더욱 가까운 개념이다. 그것은 브레송이 폄하했던 연극적 무대를 연출하는 것으로서, 자아가 제시하는 스펙터클은 무의식의 진실을 왜곡시키고 은폐한다.

또한 브레송의 영화에 대한 우다르의 분석 역시 극히 제한적이다. 〈당나귀 발타자르〉는 우다르의 비판과 같이 선형적이기만 한 영화로 볼 수 없는 작품이다. 우다르는 이 영화가 쇼트/역쇼트, 또는 카메라의 움직임과 프레임을 통해 관객의 상상적 공간을 확장하는 봉합의 방식에서 완전히 실패한 작품이라고 비판하지만, 사실 〈당나귀 발타자르〉는 선형적인 관례적 흐름을 어긋나게 만드는 덫 그 자체로도 볼 수 있을 만큼 낯선 영화이다. 오프닝 크레디트와 함께 흐르던 슈베르트의 선율이 당나귀의 울음소리에 의해 갑자기 정지될 때 관객은 그 불편하고 기괴한 어울림 속에서 모든 전형이 파괴되는 듯한 느낌을 받게 된다. 소음의 개입은 공간의 확장만큼이나, 전형적인 연극적 장면들을 파괴하는 요소이다. 마리와 발타자르의 죽음, 제라르의 불편한 개입 등 내용 자체를 통해서도 우리는 유사한 불편함을 느끼게 된다. 영화는 선형적이지 않다. 비전문 배우의 연기가 끊임없이 우리를 영화의 환상 밖으로 내몰고 순교하는 주인공들이 끊임없이 모든 제도된 안락함에 저항한다. 이 영화는 우다르가 평가하는 것처럼 결코 봉합의 측면에서 실패한 작품이 아니다. 히스는 우다르의 분석에 나타난 이러한 제한된 시각의 문제를 지적한다.

4 스티븐 히스의 봉합 이론: 상징계와 상상계의 연결부로서의 봉합

「봉합에 대한 주석」에서 히스는 우다르가 주장하는 것처럼 관객의 상상계가 영화의 담론을 봉합시키는 것이 아니라, 봉합의 과정 속에 관객이 상상계적 결과물의 일부가 되는 순간이 있다. 그는 우다르가 사용한 이미지와 상상계적인 영역의 관계가 마치 거울단계에 아이를 포획하는 이미지의 특성과 같이 묘사되었음을 지적한 후, 관객은 이미 상상계를 거친 주체들이며, 영화는 상징계 이전이 아닌 상징계 이후에 일어나는 일련의 과정들로 설명해야 한다는 점을 강조한다. 히스는 〈제너럴호〉에 대한 우다르의 설명은 마치 아이가 거울을 통해 몸의 통일성을 인식하고 예기된 미래를 닮아가려고 노력하는 과정과 같이 묘사되었는데, 영화와 봉합의 관계를 설명하기 위해서는 이보다 상징계와 상상계의 상호관계 및 그 과정에서 일어나는 주체의 탄생에 대해 이해해야 한다고 주장한다. 한마디로 우다르는 상상계라는 개념을 오용하고 있으며 상징계와 주체에 대한 논의로 봉합 이론을 발전시키지 못하고 있다. 그렇다면 우다르의 제한된 이론으로 브레송의 영화에 대해 가치판단을 한 것은 적절하지 못한 것이었음에 틀림없다. 히스는 특히 〈당나귀 발타자르〉가 왜 전적으로 선형적인 영화이며, 그것이 왜 부재를 채우지 못하는 영화, 봉합에 실패하는 작품으로 간주되는지 이해할 수 없다고 말한다. 그는 피사계 심도나 부재하는 것, 현존하는 것에 대한 논의로 "가치판단"을 하는 것은 적절하지 못하다고 주장하며,(Heath 1977/78: 61) 주관적인 판단에 앞서, 우다르가 중심에 배치하는 봉합과 쇼트/역쇼트에 대한 더욱 세밀한 논의를 개진할 필요가 있다고 말한다.

그는 우선 다이언의 논문 「고전영화에 나타난 관례적 지침」[15]이 이데올로기라는 개념을 통해 우다르의 논의를 확장시키고 있으며 이 논문의 제목 자체가 봉합체계를 가리키고 있다는 점을 설명한다. 여기서 봉합은 영화담론이 펼쳐지는 과정에서 나타나는 "이데올로기적 작용"의 관점에서 논의되는데, 다이언에 의하면 봉합은 일관성을 제시하며 끊임없이 주체에게 통일성을 부여하는 이데올로기적 기능 자체를 의미하며, 쇼트와 역쇼트라는 "특권적" 방식에 의해 전달된다.(62) 여기서 봉합은 쇼트들 간의 관계를 통해 기능하는 체계로서, 그것은 브레송적인 의미의 시네마토그래프가 아니라 고전영화 일반에서 사용되는 관례로 간주된다. 이와 유사한 방식으로 로트먼[16]은 봉합체계를 쇼트들 간의 관계성이 만들어내는 구문으로 간주하고 그 체계를 "시점 편집"(point-of-view cutting)(62)과 동일한 것으로 정의한다. 논의의 초점은, 부재하는 공간을 인식하게 되는 과정에서 편집으로 이동하여, 봉합의 복잡한 과정이 장면전환 및 쇼트의 이동에 대한 논의로 축소된다. 이제 봉합은 시네마토그라프를 실현하는 매개가 아니라 영화의 기본 언어 또는 원칙으로 일반화된다. 솔트의 논문[17]은 자료 조사를 통해 봉합에 대한 축소된 해석 자체에 문제를 제기한다. 그는 20년대부터 70년대까지의 영화들 200여 편을 대상으로 앵글/역앵글 편집의 사례가 단 30~40퍼센트에 불과했다는 사실을 조사한 후, 만약 봉합이 쇼트/역쇼트 장면[18]에만 국한되며 진정으로 효과적인 이데올로기적 장치라면, 왜 영화

15 Daniel Dayan, "The Tutor-Code of Classical Cinema," *Film Quarterly*, 1974 Fall 참조.
16 William Rothman, "Against the System of the Suture," *Film Quarterly*, 1975 Fall 참조.
17 Barry Salt, "Film Style and Technology in the Forties," *Film Quarterly*, 1977 Fall.

들이 70~80퍼센트의 비율로 그러한 장면들을 사용하고 있지 않겠느냐고 반문한다. 그는 쇼트/역쇼트의 구성이 봉합의 한 방식일 수는 있지만, 봉합의 유일한 방식은 아니며, 우리는 봉합을 더욱 다층적인 방식으로 기능하는 체계로 이해해야 한다고 주장한다.

물론 로트먼은 3인이 관계하는 시점 쇼트에 대한 복잡한 분석을 시도하지만,[19] 그러한 분석 역시 우다르와 다이언의 논의와 마찬가지로 봉합의 여러 측면들을 포착하지는 못한다. 히스는 이 논의들이 모두 "부재하는 자"라는 단일한 개념에 집중되어 있으며, 쇼트/역쇼트, 시점편집을 지나치게 강조한다고 비판하며 그들의 논의가 기반으로 삼는 편협한 이론체계 자체의 문제를 지적한다. 대신 히스는 봉합에 대한 그들의 제한된 정의로는 분석할 수 없는 하나의 사례를 제시한다. 샹탈 애커만의 영화인 〈집에서 온 소식〉(News from Home, 1977)은 맨해튼 아침의 일상을 보여주는 이미지들과 함께 딸에게 보내는 편지를 읽는 어머니의 목소리로 시작된다. 인물이나 특정 시선이 제시되지 않은 채 시작되는 이 영화는 마지막 장면에서도 역시 뉴욕을 떠나는 배에서 도시가 더 이상 보이지 않을 때까지 무엇으로도 프레임을 채우지 않는다. 우다르나 다이언이 정의한 봉합 개념에 의하면 이런 영화에는 봉합이라는 것 자체가 존재하지 않는 셈이다. 영화는 딸의 부재를 관망한다. 한 장면은 다른 장면으로 대체될 뿐, 누군가의 시

---

18 여기서 솔트는 쇼트/역쇼트를 대화 장면에 전형적으로 사용되는 쇼트/오버더숄더 쇼트보다는 쇼트/시점쇼트를 지칭하는 것으로 간주한다.

19 로트먼은 히치콕의 〈새〉의 한 장면을 예로 들며, 배에 탄 멜라니가 무엇인가를 보는 장면에 이어지는 두 번째 장면―그녀가 보는 것을 보여주는 장면―은 사실, 이 장면에 중첩되어 있는 멜라니의 부재에 의해 첫 번째 시선, 즉 멜라니의 시선으로 지각된다고 주장한다.

선에 의해 정지되지 않는다. 우리는 안정되지 않은 영화 속 공간에서 중심의 부재를 선회하며 배회하게 된다. 영화는 "봉합을 거부하며", 타자를 부재하는 자, 즉 "부재하는 자"라고 불리는 어떤 사람으로 변형시키지 않는다.(Heath 1977/78: 68) 그럼에도 불구하고 영화는 우리를 감동시킨다.

더욱 정확하게 말하자면 이 영화에 봉합이 존재하지 않는다기보다는, 기존의 이론에서 닫힌 체계로 구축된 봉합의 기능을 찾아볼 수 없다는 뜻이다. 오히려 히스는 "모든 담론에는 봉합이 존재"하며, 봉합은 항상 일종의 체계와 관련되어 있는 것으로 이해해야 한다고 설명한다.(69) 봉합이라는 것은 상징계와 상상계의 접합부에서 나타나는 기능으로서 모든 의미작용에 필수적인 것이다. 히스에 의하면 〈당나귀 발타자르〉는 우다르의 이론 속에서는 봉합이 존재하지 않는 영화지만, 더욱 포괄적인 방식으로 재정의된 봉합 이론에서는 그 분석이 달라질 수 있다. 그는 우다르의 논문 중 시네마토그라프가 언급되는 부분을 지적하며 체계라는 것이 반드시 관례나 전형을 지칭하는 것은 아니라는 점을 강조한다.

그렇지만 히스는 봉합이 결여의 구조만을 가리키는 것이 아니라 주체를 탄생시키는 일종의 닫힘을 나타내는 개념이기도 하다고 설명한다. 밀레르에 의해 봉합이 이론화되기 전에 라깡은 세미나 XI에서 이 개념을 언급하는데, 질의응답에서 그는 봉합을 "의사-동일시"(pseudo-identification)라고 부른다. 미셸 토르가 "논리적인 시간"과 관련된 시간성에 대해 질문했을 때, 라깡은 이에 대해 다음과 같이 답한다: "내가 그 부분에 관련하여 중요하게 생각하는 것은 봉합입니다. 그것은 마지막 행동의 순간과, 다른 논리에서 천 번째 단계로 간주했던, 보게 되는 순간, 즉 동일시와 관련된 긴박함이라고 부른 것 사이에 존재하는 의사-동일시입니다."(Lacan 1977: 117) 의사-동일시라는 단어가 선택된 이유는 다급함 속에서 타인의 반응을 지켜보게 되는 순간과 최종적인 행동을 하게 되는 순간이 거의 일치하긴 하지만 정확히 말해서 동일하지는 않기 때문이다. 전자는 출발점이고 후자는 종결점이다. 즉 둘 사이에는 논리적 시간이라는 약간의 시간차가 존재한다. 불확실한 상황 속에서 주체는 그 시간차에 의존하여 진실에 도달하게 된다.[20] 여기서 시간의 차이란 은유에 의해 무가 유가되며 환유의 사슬이 나타나기 시작하는 마술적 순간을 설명하는 다른 방식이며, 그것은 주체가 탄생하는 순간이기도 하다. 히스는 이 봉합의 순간을 "상상계와 상징계의 연결부"로 해석한다.(Heath 1977/78: 56) 만약 봉합을 상상계에 우위가 부여된 방식으로 해석하거나 닫힌 체계로 설명한다면 그것은 정신분석의 근본적인 가정 자체에 대한 위반이 된다.

히스는 봉합의 가장 극단적인 기능은 "자아"라고 말한다.(56) 나를 "하나"(one)로 간주하고 일관된 서사를 지어내는 자아의 기능은 결코 주체의 기능과 혼동되어서는 안 되는 것이다.(56) 욕망의 그래프를 상기해보면, 자아는 기표의 연쇄 아래 부분에 배치된다. 주체가 상징계와 관계된다면 자아는 거울단계를 통해 형성되는 상상계의 산물이다. 그것은 L도식에서도 확실히 설명된다. 자아와 그 거울상이 상상계의 축을 구성하고 있다면 주체와 대타자는 상징계의 축에 배치된다. 그러나 상상계란 상징계가 형성된 이후에만 사후적으로 그 기능을 수행하게 되는 영역이다. 오이디푸스 콤플렉스의 해소를 통해 주체가 상징계에 편입된 후에야 비로소 우리는 상상계에 대해 언급할 수 있게 되는 것이다. 그것은 가치판단을 할 수 있는 영역이 아니며, 위계적으로 상징계의 하부에 배치되는 영역도 아니다. 그것

---

20 Jacques Lacan(1966[1945]), "Logical Time and the Assertion of Anticipated Certainty," *Écrits* 참조.

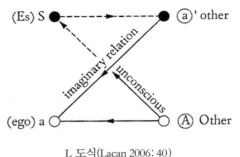

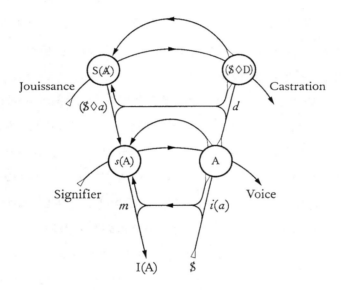

L 도식(Lacan 2006: 40)

욕망의 그래프(Lacan 2006: 692)

이 없이는 의미작용 자체가 불가능하기 때문이다. 상상계는 영역이나 공간 보다는 순간으로 이해되어어야 한다. 그것은 기의와 기표가 하나로 꿰어지는 순간이다. 히스에 의하면 "봉합은 상징계의 기능으로서, 교차의 순간인 상 상계를 향하고 있는 플레이스홀더이다. **누군가가 그 곳에 나타난다.**"(56)

잠깐 나타나는 "누군가"의 성격에 의해 상상계에 대한 가치판단이 개입된다. 그/그녀가 봉합에 대해, 순간이기를 거부하는 일종의 부정으로 반응할 경우, 우리는 그러한 특성을 히스테리 또는 강박으로 부르게 된다. 그/그녀가 순간으로서의 봉합을 견뎌내며 기표의 환유적 흐름에 자신을 맡길 수 있는 경우, 우리는 그 "누군가"를 주체라고 명명할 수 있다. 라깡은 주체가 상징계 속에서 소외되고 분리된 것으로서 "하나 이하의 것으로 구성될 때 누군가가 될" 수 있는 것이며 주체는 애초에 "마이너스 일"로 만들어진다고 말한다.(Heath 1977/78: 52[Lacan : 24]) 물론 이는 팔루스의 상실과 관련된다. 주체는 팔루스의 상실을 대가로 지불하고 상징계에 편입된다. 팔루스는 사후적으로 가정되는 상실의 대상이며 존재하지 않는 것이기에, 어느 누구도 그것을 소유하고 있지 않으며, 어느 누구도—태초의 아버지를 제외한다면—그것을 소유했던 적이 없다. 그러나 그것이 중요한 이유는 존재하지 않는 무엇인가의 존재를 가정했을 때, 주체를 생산하는 일련의 환유적 연쇄가 촉발되기 때문이다. 그 자체는 존재하지 않지만 그것과의 관계 속에서 우리의 위치가 결정되는 대상, 존재하는 것으로 가정된 그 대상은 팔루스라고도 불리고, 도둑맞은 편지로 언급되기도 하며 숫자 0, 또는 주인기표(S_1)라고 명명되기도 하는 "순수한 기표"(a pure signifier)이다.(Lacan 2006: 10) 욕망의 원인이 되는 결여에 대상이라는 이름을 부여하여 우리는 그것을 대상 a라고 부르기도 한다. 라깡은 "우리는 팔루스를 공격할 수 없다; 왜냐하면 팔루스란 (…) 유령이기 때문이다"(Lacan 1982: 50)라고 말한다. 그것은 상징의 우주를 시작하게 만드는, 존재하지 않는, 대상이다. 팔루스의 위치는 "항상 베일에 의해 가려져 있다."(48) 그것은 베일 뒤에서 섬광과 같이 잠시—팔루스로서, 대상 a로서, 즉 기표로서—나타난다.(48) 물론 바로 그 순간이 봉합의 순간이다. 그는 "주체에 대한 기표의 우위"(Lacan 2006: 14)라는 말로 기표의 중요성을 역설하기도 한다. 그러므로 밀레르의 논문 「봉합(기표의 논리에 내재된 요소들)」에서 기표의 연쇄를 가능하게 하는 봉합의 기능은, 주체에 선행하는, 정신분석의 중심적인 요소라 할 수 있다.

자아는 이와 같은 봉합의 특성과 상반되는 속성을 가지고 있다. 그것은 기표에 의한 사후적인 주체의 구성 및 팔루스/편지/문자/대상의 부재를 부정한다. 그런데 욕망의 그래프를 살펴보면, 자아와 유사한 구조로 그려진 그래프의 윗부분에 환상의 공식($ \text{\$} \diamond a $)이 배치되어 있다. 그렇다면 자아의 허상과 환상은 어떻게 다른 것인가? 자아가 상상계에 관련된다면, 환상은 공식에서 확인할 수 있는 바와 같이 실재에 관련된다. 라깡이 설명한 대로 환상은 주체의 질문의 끝점에, 그 지지기반으로 존재하는 것이다. 빗금 그어진 주체, 즉 거세된 주체와 대상 a와의 관계란 주체의 결여와 대상의 부재가 중첩되는 실재의 영역을 뜻한다. 봉합을 이해할 때 흔히 하게 되는 실수는 기표의 연쇄가 잠시 닫히는 순간을 지속되는 상상계의 안정성으로 잘못 이해하거나, 또는 기표의 연쇄를 넘어서는 어떤 요소도 부정한 채 상징계 속에 갇히는 것이다.

상징계는 결코 폐쇄적인 영역이 아니다. 그것은 중심의 결여에 의해 구축되는 영역으로서 바로 이 때문에 주체는 항상 빗금 그어진 상태로 나타난다. 그 속에서는 어떤 것도 안정되거나 영속적이지 않으며, 이러한 이유로 우리는 무의식을 하나의 위치나 영역으로 이해하기보다 일종의 "가장자리"(edge)로 받아들여야 한다.(Heath 1977/78: 49) 히스는 무의식이란 주체와 타자가 나뉘는 경계이며 그것은 결코 완결되지 않는 폐쇄의 과정이라고 설명한다. 주체 내부에는 타자들의 담론이 만들어 내는 가장자리가 있으며, 이곳에서는 주체의 의식적 통제와 조절을 떠난 문자들이 기표의 연쇄가 조직되는 방식으로 구조화되어 있다. 기표의 논리란 상징의 우주를 만들어 내는 구조이자 무의식을 구조화하는 체계로서 그 중심에 상징계의 내부이자 외부인 실재가 배태되어 있다.

그러나 봉합을 영화분석에 적용한 일련의 이론들은 상징계나 실재보다는 상상계를 중심으로 이론을 전개한다. 이는 1969~70년에 집필된 알튀세르의 「이데올로기와 이데올로기적 국가기구」(Ideology and Ideological State Apparatuses)의 영향이라고도 말할 수 있다. 알튀세르는 이데올로기를 상상계의 개념을 차용하여 설명한다. 개인이 이미지의 형태로 포획당하는 상상계적 이자 관계의 덫과 같이 이데올로기는 개인들이 의식하지 못하는 사이에 그들을 특정 주체로 구성한다는 것이다. 그가 이데올로기와 대립시키는 것은 과학이다. 알튀세르에 의하면 과학에는 주체가 없으며, 만약 우리가 주체에 대해 이야기를 하고 있다면 그것은 이미 과학이 아니라 이데올로기이다. 우리는 이데올로기적 국가기구에 의해, 의식하지 못하는 사이에 특정 주체, 즉 이데올로기적 주체로 호명된다.

장 루이 보드리는 영화가 파편화된 이미지들로 일관된 의미를 생산하는 방식 자체를 이데올로기로 설명한다. 그는 라깡의 거울단계에서 가장 중요한 두 가지 요소는 움직임이 제한된다는 것과 시각적 특성이 부각된다는 것인데, 바로 영화관에서 우리는 이 특성들을 관찰할 수 있다고 설명한다. 보드리에 의하면 그러한 구조 속에서 영화는 일관된 의미를 생산한다. 이 과정을 수행하는 것이 바로 카메라이다. 카메라는 특정 방식으로 우리를 보게 만드는 작업 도구이다. 카메라와 재현되는 것의 관계에 대한 관심은 지가 베르토프에서부터 많은 다큐멘터리 감독들을 거치며 진실이라는 주제어를 중심으로 고찰되었다. 그들은 카메라의 시선이 과연 대상의 진실을 전달할 수 있는가에 대해 고민했는데, 그 이면에는 카메라의 시선에 배인 이데올로기적 특성이 전제되어 있다.

메츠의 「상상계적 기표」(1975)는 라깡, 프로이트, 클라인의 개념들과 더불어 더욱 방대한 정신분석 이론을 통해 영화가 말하는 방식을 살펴본다. 논문의 소제목에는 "영화와 영화이론에 의해 제시된 상상계와 '좋은 대상'", "연구자의 상상계" 등이 포함되어 있다. 메츠는 정신분석 이론에서 가장 중요한 것이 상징계에 대한, 특히 기표에 대한 논의라는 것과 클라인의 이론이 라깡의 정신분석학에서는 상상계에 속하는 것임을 인지하고 있다. 그러나 그는 영화를 보는 경험 자체의 상상계적 측면과 동일시의 과정을 기표의 논리만큼이나 중요한 것으로 인식한 듯하다. 그 결과 그는 영화를 이루는 기본 단위를 상상계적 기표라 부르게 된다. 메츠는 영화가 연물 (fetish)을 제시하며 대상의 부재와 결여를 부인하는 방식으로 기능할 수 있다고 설명한다. 카메라는 관객이 볼 수 없는 것, 상실된 것으로 인지하고 있는 것을 보게 만든다.

히스는 영화와 이데올로기의 관계에서 다음의 몇 가지를 분명히 할 필요가 있다고 주장한다: (1) 이데올로기적인 것 전체를 상상계의 차원으로 환원할 수는 없다; (2) 상징계 전체를 이데올로기적인 것으로 환원할 수 없다; (3) 단순히 상징계가 결코 이데올로기적인 것이 아니라고 정의할 수도 없다; (4) 무의식을 이데올로기적인 것으로 환원할 수 없다. 그는 이 문제들을 모두 제기하는 하나의 개념이 바로 "봉합"이라고 설명한다. (Heath 1977/78: 73) 즉 히스는 영화의 이데올로기적 특성을 전적으로 부인하지는 않는다. 그 역시 의미와 일관된 방식의 서사를 생산하는 기능을 상상계적 차원으로 설명하고 있다. 그러나 그의 봉합에 대한 설명이 상상계와 영화의 관계에 대한 보드리나 메츠의 설명과 다른 부분은 그가 다층적인 가능성을 열어놓고 있다는 점이다.

봉합에 대한 이와 같은 논의에서 제외되어 있는 것은 우선 봉합 이론이 적용되는 범위의 설정에 관한 문제이다. 봉합은 주로 쇼트들의 관계나 카메라와 관객의 관계에만 적용되었는데, 엘리자베스 코위가 지적했듯이 카메라의 움직임이나 배우의 시선과의 동일시만으로 관객의 쾌락에 대해 설명하는 것은 극히 제한된 분석이다.[21] 코위는 『여성을 재현하며: 영화와 정신분석』(*Representing the Woman: Cinema and Psychoanalysis*)에서 환상, 미장센 분석, 서사 분석 등을 통해 더욱 다층적인 정신분석과 영화의 관계를 고찰한다. 그녀는 여성의 이미지가 항상 남성 관객을 위한 것으로 제시되는 것은 아니며, 그러한 고정된 시각보다는 영화에 나타난 다양한 층위들을 분석할 수 있어야 한다고 주장한다. 멀비는 하워드 혹스의 영화들이 전형적인 남성/여성 인물상들에 문제를 제기하고 있다는 점을 지적하며, 관객은 하나의 인물 또는 카메라와만 동일시하는 것이 아니라고 거듭 강조한다. 멀비는 정신분석에서 환상이라는 개념에 초점을 맞추며, 프레임 속에서 관객의 욕망을 움직이는 것은 구체적인 대상이나 특정 시선이 아니라 결여로서의 대상, 즉 대상 *a*라고 설명한다. 코위는 단호하게 "좋은 영화"와 "나쁜 영화"들을 구별하고 있는데,(Cowie 1997: 283) 그녀에 의하면 좋은 영화란 상상계적 동일시를 거부하는 영화로서 상징계 안의 결여에 관계되는 영화인

---

21 물론 제한적인 분석의 극단에 로라 멀비의 주장이 배치될 것이다. 멀비는 가부장적인 언어 속에서 그러한 언어에 의해 구조화된 무의식과 투쟁해야 한다고 주장하며, 이와 같은 사실을 드러내는 정신분석 이론을 "무기"라고 부른다. Laura Mulvey(1975), "Visual Pleasure and Narrative Cinema" *Screen*, vol. 16, No. 3 참조. 멀비는 영화가 항상 여성을 대상화시켰으며 쾌락의 주체는 남성이었다고 주장하는데, 이러한 단안적 해석에 대한 많은 문제들이 제기되자 후기에서 여성 관객의 쾌락에 대해 고찰한다. Laura Mulvey(1981), "Afterthoughts on 'Visual Pleasure and Narrative Cinema' inspired by *Duel in the Sun*" *Framework*, No.10 참조. 이 후기에서도 멀비는 여전히, 여성이 남성과 동일시할 때에만, 즉 남성화될 때에만 쾌락을 느낄 수 있다는 제한된 해석을 제시한다.

반면, 나쁜 영화는 상상계의 허상을 강화하는 영화들이다.

지젝은 『진짜 눈물의 공포』(2001)이후 『신체 없는 기관』(*Organs without Bodies: On Deleuze and Consequences*, 2004)에서도 "봉합"에 대해 언급한다. 그는 〈현기증〉의 한 장면을 통해 자신의 이론을 개진하는 과정에서 이 개념을 언급하는데, 요지는 어니즈 레스토랑에서 스코티와 마들렌이 처음 대면하는 장면이 신체 없는 기관의 기능을 수행한다는 것이다. 지젝에 의하면 여기서 마들렌은 주체의 시선을 위해 연출된 대상 a의 역할을 한다. 우선 카메라는 아름다운 마들렌의 뒷모습을 보여준 후, 다소 먼 거리에 앉아 있는 스코티의 모습을 보여준다. 우리는 이 장면을 쉽게 스코티의 시점쇼트로 착각하게 되는데, 사실 그들은 서로 바라볼 수 없는 지점에 배치되어 있다. 이후 마들렌이 식당을 떠날 때 그녀의 옆얼굴이 클로즈업으로 잡힌 후 우리는 스코티를 보게 되는데, 이 역시 스코티의 시점쇼트처럼 보이지만 사실 우리가 보았던 클로즈업은 스코티의 주관적 시점쇼트가 아니다. 이러한 설명을 제시한 후, 지젝은 다음과 같이 적는다.

> 그러므로 우리는 두 번에 걸쳐, "주체라는 작인이 없는 주체성"의 과도함으로부터 "봉합"— 이것은 객관적인 쇼트와 주관적인 쇼트의 교환을 말하는데, 예를 들면 무엇인가를 바라보는 사람의 쇼트가 제시된 후 그 사람이 바라본 것의 쇼트가 이어진다—이라는 전형적인 과정으로 나아가는 동일한 변화를 보게 된다.(Žižek 2004: 154; 290쪽)

여기서 지젝은 봉합을 시선의 일치(eyeline match)라는 전형적인 카메라 워크로 이해하고 있다. "'봉합'이라는 전형적인 과정"은 지젝이 영화에서 찾아 낸 실재적인 요소와 대조된다. 즉 지젝은 봉합이 그러한 신체 없는 기관으로서의 실재적 장면을 관례적 장면으로 전환시킨다고 설명한다.[22] 그렇다면 여기서 제시된 "봉합"의 정의는 열림보다는 닫힘을 의미하며, 유동적인 과정보다는 고정적인 결론에 가깝다.

장치 이론에서 정신분석의 상상계가 자주 언급되었다면, 코위의 영화비평은 상징계의 결여를 중심으로 전개된다. 그러나 초점은 결여 자체에 맞추어지기보다 필연적으로 중심에 그러한 결여를 가질 수밖에 없는 상징계에 맞추어 진다. 지젝의 경우, 라깡의 후기 작업에서와 마찬가지로 상징계나 상상계보다 실재를 더욱 강조한다. 물론 그의 정신분석적 영화이론은 상징계, 상상계, 실재가 결코 분리될 수 없이 엮여 있으며, 오직 그 상관성 속에서만 정신분석의 주체가 탄생할 수 있다는 근본적인 사실을 전제로 삼고 있다. 지젝은 카메라 워크, 편집 방식, 배우의 시선, 시나리오, 의상, 미술, 음악, 감독론 등 영화이론 일반과 미장센 전체를 대상으로 정신분석적 영화비평의 이론적 지평을 넓혀왔지만 위에서 살펴본 바와 같이 그러한 작업을 봉합 개념과는 연결시키지 않는다. 하지만 봉합 개념을 이론과 영화를 재단하는 한계가 아닌, 작품을 더욱 깊이 이해하고 분석하기 위한 정신분석적 영화비평의 도구로 재구축한다면, 우리는 이 개념과 지젝의 작업 사이에 유비적인 구조가 형성되는 것을 확인할 수 있다.

---

22 *The Fright of Real Tears*(2001) 제1장의 제목은 "The Universal: Suture Revised"이며 두 번째 소제목은 "Back to the Suture"이다. 지젝이 이전의 "봉합" 개념에 대한 전혀 새로운 해석을 제시하는 듯 보이지만, 위의 인용이 포함된 *Organs without Bodies*가 2004년에 출판되었음을 기억하자. 이로부터 우리가 알 수 있는 것은, 지젝이 봉합에 대한 일련의 본격적인 논의를 전개한 후에도 여전히 봉합 개념을 위와 같은 방식으로 이해하고 있다는 사실이다. 이 글의 마지막 부분에서 봉합 개념에 대한 지젝의 논의가 언급될 것이다.

5 지젝의 봉합 이론에 대한 재검토

봉합 과정을 통한 의미작용의 생성과 닫힌 구조의 해체를 반복하는 상징계는 그 중심에 체계적 결여―S(Ⱥ)로 표기하는 것으로서, 이것은 타자의 결여를 나타내는 기표이다―를 외포한다. 욕망의 그래프에서 볼 수 있는 것처럼, 이 공백은 바로 아래에 표기된 환상에 의해 지탱된다. 코위가 자세히 설명하였듯이, 정신분석에서 환상은 구체적인 욕망의 대상이 아니라 제시된 무대 그 자체이다. 그것은 대상이 아니라 구조이며, 한 마디로 표현한다면 환상은 "욕망의 미장센"이다.[23](Cowie 1990: 149) 환상은 결여를 가리는 베일처럼 보이지만 사실 그것은 결여에 의해 작동되는 구조 또는 빈 무대이다. 즉 환상은 상상계적 허상이 아니라 실재적 결여 그 자체에 의해 가능해지는 구조이다. 하지만 기표의 연쇄가 없다면 주체의 존재에 대한 질문이 제기되지도 않을 것이고 그 질문의 끝에서 주체가 대면하게 되는 결여라는 사건도 일어나지 않을 것이며 그러한 외상을 떠받치고 있는 환상에 대한 논의도 불가능할 것이다. 즉 모든 것의 시작은 기표의 연쇄이다.

　기표와 환상을 엮는 지젝의 마술이 바로 이 부분에서 시작된다. 지젝은 『삐딱하게 보기』(1992)에서, 라깡이 일곱 번째 세미나를 통해 강조하는 "욕망"―우리가 포기해서는 안 되는 욕망―에 대한 자신의 해석을 제시한다. 지젝은 라깡의 요청이 "우리는 가능한 타인의 환상공간에 침입하지 않으려고 최선을 다해야 한다"는 말로 이해될 수도 있다고 설명한다.(Žižek 1992: 156) 그는 우리가 반드시 다른 사람이 그 자신의 환상공간을 조직하

---

23 코위는 J. Laplanche & J.B. Pontalis, "Phantasy and the Origins of Sexuality," *International Journal of Psycho-Analysis*, 1968, 49: 1을 참고하고 있다.

는 방식을 존중해야만 한다고 주장한다. 지젝은 그것이 바로 "정신분석의 윤리학"이자 그 정언명령이라고 말한다. 그는 이러한 정신분석의 윤리학은 상상계나 상징계에 속하는 것이 아니며, 보편적 상징의 우주보다는 이 우주를 받아들이고 조직하는 지극히 개별적인 방식과 관련된 것이라고 설명한다.[24] 즉 자신의 우주를 구성하는 방식은 다른 어느 누구와도 공유할 수 없다는 뜻이다. 그렇다면 이러한 환상공간은 일관된 서사를 가진 체계인가? 지젝은 환상 공간 자체가 시차적 관점으로 이해할 수밖에 없는 비일관적인 구조를 가지고 있다는 점을 지적한다.[25] 그가 봉합에, 결코 이론화될 수 없는 개인적인 지평—진정 정신분석적이라고 할 수 있는 지평—을 결합시키고 있는 셈이다. 이를 더욱 자세히 이해하기 위해, 지젝의 영화이론을 명료하게 정리하는 사라 케이의 『지젝: 비판적 소개』(*Žižek: A Critical Introduction*, 2003)를 잠시 살펴보자.

케이는 지젝이 현실과 환상을 이해하는 지도가 그의 저작에 따라 세 가지로 구분된다고 설명한다. 우선 『삐딱하게 보기』에서 지젝은 현실의 기반이 되는 환상의 역할을 제시하며 현실과 환상을 종적으로 배치한다. 예를 들어서 히치콕의 〈이창〉(Rear Window, 1954)의 경우, 주인공인 사진작가 제프는 여자 친구와 관계를 진척시키지 못하고 있다. 다리가 부러진 주인공은 아파트 창가에 앉아 영화 내내 맞은 편 아파트들을 관찰하고 있는데, 지젝은 제프가 관찰하는 이웃들이 모두 그들에게 가능한 미래의 모습들이라고 분석한다. 성적으로 무력한 제프의 현실과 이창 너머에서 벌어지는

---

24 바로 이 부분에서 정신분석적 영화이론이 칸트와 헤겔을 만나게 된다.

25 Slavoj Žižek, *The Parallax View*(Cambridge MA, The MIT Press: 2006); 『시차적 관점』(마티, 2009) 참조.

제프의 억압된 환상 시나리오들이 밀접하게 관련된다는 뜻이다. 그들은 매일 휘황찬란한 파티를 열 수도 있고 누군가 한 사람이 떠나게 될 수도 있으며 그가 그녀를 살해하게 될 수도 있다는 것이다. 겉으로는 평안해 보이지만, 사실 그 내부에는 외부의 평안함을 훼손하는 동시에 이를 유지하는 실재적 환상이 존재한다. 물론 환상은 구체적인 내용이나 대상이 아니라 현실과, 그 이면에 억압된 시나리오들을 잇는 베일이라고 표현해야 할 것이다.

이와는 반대로,『우스꽝스러운 숭고의 예술: 데이비드 린치의 로스트 하이웨이』(*The Art of the Ridiculous Sublime: On David Lynch's Lost Highway*, 2000)에서 지젝은 현실과 환상을 횡적으로 배치한다. 즉 현실과 억압되지 않은 환상 시나리오가 같은 축에 배열되는 것이다. 이 책에서 지젝은 검열과 검열 대상을 같은 편에 위치시키고, 요부(femme fatale)와 가부장적 체제를 연합시키며 궁극적으로 현실과 환상을 동일한 방향의 벡터로 꿰어 낸다. 여기서 환상 공간이란 더 이상 현실에서 불가능한 것들이 실현되는 꿈의 세계가 아니므로 현실에서 불가능한 것은 환상에서도 불가능해 진다. 그러므로 영화에서 횡적으로 배열된 현실과 환상은 모두 무력하다. 〈로스트 하이웨이〉(Lost Highway, 1997)에서 현실의 주인공 피트와 환상의 주인공 프레드는 동일인물이다. 그는/그들은 현실에서도, 환상에서도 욕망의 대상과의 합일에 실패한다. 즉 개인은 환상 속에서조차도 비참한 현실을 위로받을 수 없는 것이다. 현실과 환상이 우호적 동맹관계에 있다는 사실은 환상이 상징계 중심의 결여를 채울 수 없다는 것을 보여준다.

케이는 세 번째 변화를 관찰 할 수 있는 저작으로『진짜 눈물의 공포』(2001)를 들고 있는데, 이 책에서 지젝은 키에슬로프스키의 영화들을 중심으로 횡적 구조의 더욱 새로운 형태를 제시한다. 〈로스트 하이웨이〉가 현실과 환상이 한 편에 배열된 영화였다면, 〈베로니카의 이중 생활〉[26](La Double Vie de Véronique, 1991)은 하나의 현실과 또 다른 현실이 시간의 연속성을 넘어 횡적으로 나열된다. 그런데, 이 경우에는 현실과 환상의 경계가 모호하여 어떤 현실이 환상인지, 현실의 어느 부분이 환상인지 식별해 내는 것이 어려워진다. 지젝에 의하면 제시된 두 현실은 주체의 선택에 대한 이야기이다.

그런데 케이의 설명과는 달리 지젝이 현실과 환상을 배치하는 위의 세 가지 방식들은 사실 한 점에서 일어나는 세 가지 양상들이다. 〈베로니카의 이중 생활〉에서 두 개의 삶은, 하나의 삶을 선택하는 순간, 중첩된 상태로, 즉 종적 상태로 겹쳐지게 되며, 이때 우리는 종적인 서사들 모두에서 근본적인 결여 자체는 결코 메워질 수 없다는 것을 받아들여야만 한다. 즉 위의 세 과정은 선택의 순간, 즉 의미가 만들어지는 순간 동시에―최종 결정과 초기의 망설임, 또는 다급함 사이에 약간의 시간차를 두고―일어나는 봉합과정 자체에 대한 이야기이다. 『진짜 눈물의 공포』에서 지젝은―다른 곳에서와 마찬가지로―상상계적 허상의 닫힌 구조를 해체시키고 실재적 결여의 베일로서의 환상 구조를 드러낸 후, 나쁜 것과 더 나쁜 것 사이에서 선택하는 주체의 행위에 주목한다. 지젝이 『삐딱하게 보기』에서 제시한 〈확대〉(Blow-Up, 1966)의 예는 이에 대해 보다 명확하게 설명한다. 사진을 확대하면 확대할수록 표면에 드러났던 상과는 전혀 다른 이미지가 명확해지며, 찾아 헤매면 헤맬수록 찾는 것에서 멀어지는 이 영화에서, 주인공은 결국 소도구 없이 연기하는 마이머들의 규칙을 배우게 된다. 그는

---

26 "이중 생활"보다는 "두 겹의 삶"이 더욱 정확히 영화의 내용을 전달해 주지만, 국내 개봉명을 따라 〈베로니카의 이중 생활〉로 표기한다.

구체적 대상과 설명과 명확한 해답 없이 견디는 방법을 배우고 결국 결여로 만들어진 공을 집어 그것을 마임 연기자들을 향해 던지게 된다. 사진의 표면에 나타난 상과 항상 함께 존재했던 그 이면의 다른 이미지는 현실과 환상의 종적 구조를 나타내며, 사라진 시체와 보이지 않는 공은 현실과 환상의 영역을 횡적으로 배치하고, 빈 공을 집어 던지는 주인공의 행위는 기표의 논리를 받아들이는 그의 선택을 뜻한다. 이 모두를 우리는 봉합과정이라 부를 수 있다.

그 후 지젝은 봉합 개념이나 특정 감독 또는 실재라는 라깡의 용어 자체보다는 부분 대상으로서의 "신체 없는 기관"에 초점을 맞추어 영화에 대한 논의를 전개한다. 『신체 없는 기관』에서 지젝은 다음과 같은 "신체 없는 기관"의 예들을 제시하고 있다: 〈현기증〉(Vertigo, 1958)-어니즈 레스토랑에서의 주체를 떠난 시점쇼트; 〈영화의 눈〉(Kino-Eye, 1924)-신체를 떠난 자유로운 눈으로서의 카메라; 〈멀홀랜드 드라이브〉(Mulholland Drive, 2001)-신체를 떠난 목소리; 〈파르지팔〉(Parsifal, 1982)-자율적 기관으로서의 상처; 〈원스 어폰 어 타임 인 아메리카〉(Once Upon a Time in America, 1984)-프레임을 떠난 전화벨 소리; 〈파이트 클럽〉(Fight Club, 1999)-자율화된 손. 그는 이 사례들에서 신체를 떠난 기관들은 의식적 통제를 벗어나 그 스스로 말하는 무의식의 일면을 보여준다고 설명한다. 이 부분 대상들은 신체의 통제를 벗어날 때 비로소 실재적 충동 자체로 나타나게 된다. 지젝이 충동을, 근본적으로 죽지 않은, 신체 없는 기관의 의지라고 말할 때 그는 사실 보편적인 것을 지극히 개별적인 것과 연관시키며 봉합과정을 설명하고 있는 것이다.

히스는 라깡의 주체에서 가장 중요한 것—주체가 필연적으로 겪게 되는 과정—이 소외와 분리임을 강조한다. 언어 속에서 소외되고 타자의 욕망으로부터 분리된 주체가 그/녀의 욕망에 대해 말할 수 있는 유일한 방법은 신체 없는 기관 자체가 말하게 하는 것이다. 그러나 신체를 벗어난 실재의 조각이 궁극적으로 주체의 선택을 대변할 수 있을까? 실재라는 개념은 내부와 외부의 경계를 허무는 주체 안의 이질물이다. 그것은 주체의 중심에 자리하고 있으나 모든 종류의 일관성을 끝없이 위협하며 신체를 자율적 통제가 불가능한 외부 공간으로 연장시킨다. 지젝은 위에서 지가 베르토프의 〈영화의 눈〉을 신체 없는 기관의 예로 들고 있는데, 이때 카메라 렌즈라는, 신체를 벗어난—신체에서 확장된—눈은 신체 있는 기관으로서의 눈으로는 볼 수 없는 것들을 보여준다. 뿐만 아니라 베르토프의 카메라는 우리가 반드시 보아야하는 것들을 볼 수 있게 해 줌으로써 영화의 혁명적 기능을 실천했다. 이때 신체 없는 기관이란 신체를 연장하여 거인의 몸을 구성해내는 도구라고 할 수 있다.

　지젝이 말하는 실재의 사막[27]이란 현실의 사막과 종적으로, 그리고 동시에 횡적으로—즉 불가능한 구조로—배치된 영역이라고도 할 수 있다. 우리는 이런 불가능한 방식으로 구조화 된 봉합의 과정 속에 나열된 수많은 미래들 중 하나를 선택해야 한다. 상상계적 허상의 받침대가 없는 불모의 현실 속에서 선택의 행위를 실천하는 주체는 그야말로 "신체 없는 기관"이라는 죽음충동의 상징적 현현이며 우리는 바로 이 순간 상징의 우주를 정신분석적 주체의 우주와 더불어 이야기할 수 있게 된다. 정신분석은 주체를 구조화 하는 보편적 구조—기표의 논리, 상징계, 상상계, 실재로 이루어진 구조—의 이론인 동시에 결코 공유될 수 없는 개별적 경험에

---

27 Slavoj Žižek, *Welcome to the Desert of the Real*(London, Verso: 2001);『실재계 사막으로의 환대』(인간사랑, 2003) 참조.

대한 이야기이다. 밀레르나 우다르, 히스의 봉합 이론은 전자에 초점을 맞추었지만, 지젝은 그것을 겪어내는 주체와 그/그녀의 선택에 대해 이야기할 수 있는 여지를 제공한다. 이것이야말로 진정한 봉합의 다층적 차원이 아니겠는가?

『진짜 눈물의 공포』에서 지젝은 본격적으로 봉합 개념에 대해 살펴보고 있다. 지젝은 먼저 봉합 개념이 밀레르에서 히스까지, 그리고 그 이후『스크린』잡지의 영화이론가들을 거치며 영화 이론에서 중요한 개념으로 부상하였지만 현재는 그저 "닫힘" 정도로 이해될 뿐 주목을 받지 못하게 되었다고 설명한다. 그는 봉합의 무대가 부재하는 자에 의해 연출된다고 말한다. 지젝에 의하면, 하나의 이미지에서 두 번째 이미지로 넘어가며 부재하는 자에 의해 확장된 공간이 의미를 만들 때 우리는 상상계에서 상징계로 넘어가게 된다. 그는 봉합을 위해 영화는 관객이 객관적인 쇼트로 지각한 첫 번째 이미지를 시점 쇼트로 변화시켜야만 한다고 설명한다. 그 후 지젝은 영화분석을 전개하며, 언급된 영화들이 "어떻게 전형적인 봉합과정을 훼손시키는가"를 보여준다. 그러므로 지젝은 더욱 라깡적인 정신분석적 영화이론을 구축하기 위하여 봉합 이외의 다른 용어가 필요하게 된다: 그것이 바로 "인터페이스"라는 개념이다.(Žižek 2001: 52) 그는 인터페이스가 "전형적인 봉합 과정보다 더욱 급진적인 차원에서 작동한다"고 주장한다.(52) 그것은 현실과 환상이 종/횡적으로 나열된—시차적 관점으로만 그 경계를 가늠할 수 있는—일종의 불가능한 접촉면이다. 지젝은 "정석적인 봉합에서 인터페이스의 효과로의 이러한 이동을 라깡의 개념으로 수월히 설명할 수 있다"고 말한다: 즉 봉합은 기표의 논리를 따르는 반면 인터페이스는 그러한—기표의 논리를 통한 의미의—재현 과정이 실패했을 때 나타나는 것이다. "부가적 기표"에 의해 더 이상 간극이 메워지지 않을 때,

그 위치는 환영적 대상에 의해 점유되며 우리는 그 자체의 환영적 역쇼트를 보게 된다.(54) 지젝은, 일반적인 봉합 이론에 따르면 "'주체'는 구성된 현상의 공간 안에 머물고 있음에도 불구하고 (그 자체가) 그 유발자로 (잘못) 인식되는 상상계적 작인"이라고 설명한 후, 이것은 라깡이 말하는 거세된 주체와는 다른 것이라고 지적한다.

인터페이스는 지젝이 주장하는 것처럼 봉합과 상반되는 개념이라기보다는, 그 자체가 봉합 개념에 부가적인 설명을 추가할 수 있는 요소라고 해야 더욱 적절할 것이다. 봉합이 상징계와 상상계의 접합부에서 결여를 둘러싸고 일어나는 일련의 과정을 뜻하는 개념이기 때문이다. 지젝은 봉합이 기표의 논리를 따른다고 말하지만, 우리는 밀레르와 히스의 논문을 통해 기표의 논리 자체가 연속되는 실패 속에 구축된다는 것을 살펴보았다. 그속에서는 어떤 기표도 하나의 고정된 기의로 환원될 수 없다. 애초에 개념화 될 수 없는 것이 개념화 되며 기표의 연쇄가 시작되기 때문이다. 그것은 배우들의 연기 너머 보이는 것 이상을 드러내는 시네마토그래프의 요소이며, 어떤 면에서는 이데올로기적이기도 하고, 또 다른 면에서는 그렇지 않기도 하며, 자아의 특성을 내부로부터 파열시키는 외부이기도 하다. 다시 말하면 봉합 자체가 바로 인터페이스이다.

6 맺음말: 인터페이스로서의 봉합을 위하여

우다르가 호평하는 브레송의 〈잔 다르크의 재판〉은 우다르와는 전혀 다른 의미에서 분석될 수도 있는 영화이다. 봉합에 대한 지젝의 설명과는 다소 상이한 분석을 시도하자면, 우리는 영화가 인터페이스로서의 봉합으로 첫

부분을 시작한다고도 말할 수 있다. 영화가 시작되면 종소리가 들리고, 종소리가 계속되는 가운데 카메라는 걷고 있는 사람의 발을 보여준다. 카메라가 롱테이크로, 걸을 때마다 긴 검은 옷자락 사이로 보이는 발들을 따라가다 어느 순간 위쪽으로 올라가더니, 여전히 하나의 테이크 속에서, 그 사람의 등 뒤로 물러난다. 그 사람은 무릎을 꿇고 진술서를 읽기 시작한다: "제 딸은 적법한 결혼으로 태어났으며, 저는 그 아이에게 세례와 견진을 받게 했습니다." 이것은 잔 다르크의 어머니의 목소리이다. 그녀는 잔 다르크가 결코 신에 대한 믿음을 저버린 적이 없으며, 그녀를 시기하는 자들에 의해 이단으로 몰려 종교재판을 통해 화형에 처해진 것이라고 말한다. 2분 58초 동안 지속되는 이 장면이 끝나면 잔 다르크에 대한 역사적 기록과 그에 대한─안타까움과 연민이 가득한─감독의 해설이 자막으로 올라온다. 세번째 장면에서 우리는 비로소 잔 다르크를 만나게 되는데, 그녀의 얼굴을 보기 전에 그녀의 목소리가 먼저 들린다: "제 이름은 잔입니다. 19세입니다." 그 후 잔이 진실서약을 위해 무릎을 꿇고 성경에 손을 올릴 때 우리는 사슬에 묶인 그녀의 손을 보게 된다.

제목에서도 알 수 있듯이 재판의 기록만을 다루는 이 영화는 잔 다르크의 유년시절을 회상하지도 않으며 영웅적 전투장면을 보여주지도 않는다. 그녀가 받았을 감옥 내에서의 치욕스러운 대우를 실감나게 전달하지도 않으며 살이 타들어가기 시작할 때 일그러지는 표정을 포착하지도 않는다. 브레송의 다른 영화에서와 마찬가지로 이 모든 것을 비전문배우들이 연기한다. 그러나 이러한 거리두기의 전략은 첫 장면에 제시된, 영화와 공존할 수 없을 듯한 대극적 전략으로부터 시작된다. 즉 브레송은 종교재판에 앞서 잔 다르크의 어머니에 의해, 그리고 감독 자신에 의해 그녀가 무죄임을 강조하는 것이다. 우리는 어머니의 얼굴을 볼 수 없으며, 그녀의 목소리를 다시 듣게 되지도 않는다. 하지만 화형 된 자신의 딸이 무죄라는 것을 담담히 읽어 내려가는 어머니의 목소리는 모든 거리를 내부로부터 무너뜨린다. 꿇어앉은 어머니의 뒷모습이 보이는 쇼트와 꿇어앉은 잔의 앞모습이 보이는 쇼트를 중첩시키면 그 각도가 정확히 일치하며 어머니가 딸을 안는 형상을 만들어 낸다. 자막을, 존재하지만 존재하지 않는 이미지, 그 문자만이 빈 이미지를 떠도는 공백으로 이해한다면, 우리는 이 불가능한 간극에 의해 어머니와 딸이 이어지고 있음을 알게 된다. 반대로 연민어린 자막 자체를 하나의 쇼트로 간주하면, 우리는 첫 장면과 영화의 나머지 부분들 전체를 견고히 이어내는, 물질화 된, 감독의 믿음을 "보게" 된다. 이 순간 글자가 이미지가 되고 암흑이 배경이 되며 자막이 쇼트가 된다. 이 불가능한 공간이 바로 인터페이스로서의 봉합이다. 끝난 사건과 닫힌 역사를 열어내는 것, 바로 그것이 봉합니다. 개념화 될 수 없는 것이 개념화 되는 것, 그것이 봉합의 의미가 아니었던가?

봉합은 결코 쇼트에서 쇼트로의 전환과 같은 단순한 과정으로 축소해석 되어서는 안 된다. 그것이 카메라나, 인물이나, 특정 시선에 갇히게 되어서도 안 되며 그것을 의미를 생산하는 닫힌 체계로 보아서도 안 된다. 봉합은 무로서의 0이 유로서의 0으로 전환되는 은유의 과정을 나타내며,—그에 의해 촉발되는—기표의 환유를 구성하는 각각의 순간을 나타내며, 기의와 기표가 만나는 모든 지점들을 의미한다. 봉합은 신비한 글쓰기 판에 새겨진 대표표상들이 기표라는 재현 속에 드러나는 순간이며 모든 인생의 변수들이 나타나는 순간이기도 하다. 지젝의 말대로 우리는 우리 손을 떠난 변수들의 세상에서 주체의 선택을 해야만 한다. 기표의 논리나 상징계는 개별적인 주체의 선택을 설명하지 못한다. 이데올로기의 상상계적 특성이나 상징계 자체의 이데올로기적 특성, 또는 상징계 내부의 상상계적 순간이나 그 중심의 결여에 대해 이야기하는 것만으로는 봉합의 전모를 설명했다고 말할 수 없다. 봉합과정에 진정한 인터페이스적 효과를 불어넣기 위해 우리는 개별적인 주체의 선택과 행위라는 요소를 언급할 필요가 있다. 그렇게 할 수 있을 때 비로소 우리는 우리를 통해 말하는 "그것"이 있던 곳에 설 수 있게 된다. 그리고 바로 이 지점이 라깡적 주체가 탄생하는 순간이다. 물론 그/그녀는 봉합의 매 순간 재탄생하는 주체이기도 하다.

참고문헌

Louis Althusser(1971[1969]), *Lenin and Philosophy and Other Essays*, Trans. Ben Brewster, New York, Monthly Review Press.

Jean-Louis Baudry(1974~75), "Ideological Effects of the Basic Cinematographic Apparatus," *Film Quarterly*, 28: 2, Winter.

Robert Bresson(1977), *Notes on Cinematography*, New York, Urizen Books.

Elizabeth Cowie(1990), "Fantasia" in P. Adams & E. Cowie(eds.), *The Woman in Question*, London, Verso, pp. 149~96.

_____(1997), *Representing the Woman: Cinema and Psychoanalysis*, London, Macmillan.

Bruce Fink(1995), *The Lacanian Subject: Between Language and Jouissance*, Princeton, Princeton University Press.

Sigmund Freud(1898), "The Psychical Mechanism of Forgetfulness" in *Standard Edition* vol. III, London, Hogarth Press.

_____(1905), "Jokes and Their Relation to the Unconscious" in *Standard Edition* vol. VIII.

_____(1907[1906]), "Delusions and Dreams in Jensen's Gradiva" in *Standard Edition* vol. IX.

_____(1908), "Character and Anal Erotism" in *Standard Edition* vol. IX.

_____(1909), "Notes upon a Case of Obsessional Neurosis" in *Standard Edition* vol. X.

_____(1915), "The Unconscious" in *Standard Edition* vol. XIV.

_____(1919), "The 'Uncanny'" in *Standard Edition* vol. XVII.

Stephen Heath(1977/78), "Notes on Suture" in *Screen*, Winter vol. 18, No. 4.

Sarah Kay(2003), *Žižek: A Critical Introduction*, Cambridge, Polity.

Jacques Lacan(1965), *Seminaire 1964~65: Problèmes Cruciaux pour la Psychanalyse*, texte établi par des membres de l'E.F.P.

_____(1977[1964]), *The Four Fundamental Concepts of Psychoanalysis*, J.-A. Miller (ed.), A. Sheridan(trans.) London: W. W. Norton & Company.

_____(1982[1959]), "Desire and the Interpretation of Desire in Hamlet," J. Hulbert (trans.) in *Literature and Psychoanalysis: the Question of Reading: Otherwise*. S. Felman (ed.) Baltimore, Johns Hopkins University Press, pp. 11~52.

_____(1988[1953~54]), *Freud's Papers on Technique 1953~1954: The Seminar of Jacques Lacan*, J. Forrester(trans.), London, W. W. Norton & Company.

_____(1998[1972~1973], *On Feminine Sexuality, The Limits of Love and Knowledge, 1972~1973*, J. A. Miller(ed.), B. Fink(trans.), London, W. W. Norton & Company.

_____(2006[1966]), *Écrits*, B. Fink(trans.) London, W. W. Norton & Company.

Jacques-Alain Miller(1977/78[1966]), "Suture(elements of the logic of signifier" in *Screen*, Winter vol. 18, No. 4.

Christian Metz(1975), "The Imaginary Signifier" in *Screen*, vol. 16, No. 2.

Laura Mulvey(1975), "Visual Pleasure and Narrative Cinema" in *Screen*, vol. 16, No. 3.

_____(1981), "Afterthoughts on 'Visual Pleasure and Narrative Cinema' inspired by *Dual in the Sun*," *Frame Work*, No. 10.

Jean-Pierre Oudart(1977/78[1969]), "Cinema and Suture" in *Screen*. Winter vol. 18, No. 4.

Elisabeth Roudinesco(1997), *Jacques Lacan: An Outline of a Life and a History of a System of Thought*, Cambridge, Polity.

Slavoj Žižek(1992), *Looking Awry: An Introduction to Jacques Lacan through popular Culture*, Cambridge, MIT Press.

_____(2001), *The Fright of Real Tears: Krzysztof Kieślowski Between Theory and Post-Theory*, London, British Film Institute.

_____(2004), *Organs without Bodies: On Deleuze and Consequences*, London, Routledge.

살바도르 달리 회화의
비판적–망상증 방법에 관한 연구
자끄 라깡 이론의 관점에서

–

홍준기

I 들어가는 말

앙드레 브르통, 루이 아라공 등 젊은 초현실주의자들은 의학 분야를 통해 정신분석학을 처음 접했다. 초현실주의는 정신분석학의 개념들을 정신의학 분야 밖으로 끌어내어 미학적 차원을 부여하고, 비판적 개념으로 재구성하고자 했다. 당시 의학계는—지금도 마찬가지이지만—정신분석학은 물론 초현실주의에 대해 적대적이었으므로, 이러한 상황은 아이러니컬하다고 할 수 있다.(포스터: 30) 하지만 우리는 초현실주의자들의 이러한 실천 자체가 이미, 지배 권력 비판이라는, 초현실주의의 고유한 목표를 수행하는 하나의 중요한 방법이었다는 점을 주목할 필요가 있다. 푸코가 통렬하게 비판했듯이, 임상의학은 '정상과 비정상'을 분류하고, '비정상적인' 사람들의 치료를 매개로 생명에 대한 지배를 공고히 하는 권력기제로 기능하고 있기 때문이다. 초현실주의자들은 정신분석학의 개념들이 갖는 전복적, 급진적 측면에 주목하고 이것들을 현실과 욕망의 해방을 위한 미학적 장치로 활용했다. 물론 초현실주의는 어떤 단일한 교리로 환원될 수 있는 이론이 아니다. "초현실주의자들은 어떤 주의(主義)를 말하려고 한 것이 아니라 행위와 작품활동을 통해서 리얼리티에 대한 새로운 욕구를 창조하려 했던 것이다. 그들은 비합리성과 불가사의를 이용해서 의식적인 사고과정을 분열시키고, 테러와 에로티시즘의 예술적 가능성을 개척함으로써 잠재의식의 활동을 해방시키기 시작했다."(알렉산드리안: 5)

이렇듯 초현실주의를 정신분석학을 포함한 어떤 하나의 교리로 환원시킬 수 없다는 것은 분명하지만, 그럼에도 초현실주의와 프로이트의 만남이 초현실주의가 개척한 새로운 사조의 출발점이 되었다는 데에는 의심의 여지가 없다. 프랑스에서 프로이트를 가장 적극적으로 수용하고 대중화한 사람들은 초현실주의자였으며, 심지어 앙리 에와 같은 프랑스의 저명한 정신의학자조차도 초현실주의를 통해 정신분석학을 처음 접했다고 전해진다.(메이시: 136)

앙드레 브르통은 제1차 세계대전이 일어난 해에 열여덟 살의 의학도였으며, 아라공 역시 의학도였다. 1916년 브르통은 생 디지에에 주둔했던 제2군단 신경정신병동에서 히스테리 연구로 유명했던 샤르코의 제자인 라울 르루와의 보좌관으로 근무했다. 브르통은 병원에서 자유연상과 꿈의 해석 같은 치료법에 접했고, 이것이 이후 초기 초현실주의가 자동기술법(automatism)을 채택하게 되는 배경이 되었다.(포스터: 29) 브르통이 자동기술법을 채택하게 된 배경에는 또한 전쟁 때문에 외상성 신경증에 걸린 군인들에 대한 경험이 있다. 생 디지에의 신경정신클리닉에서 브르통은 쇼크로 인해 마치 다른 현실 속으로 들어가버린 사람과 같은 군인을 돌보았다. 그 군인은 전쟁이 가짜라고 믿었으며, 부상당한 사람들은 분장을 한 사람들이고, 죽은 사람의 시체는 의대에서 빌려온 거라고 믿었다. 브로통은 이 군인

316

의 증상이 어쩌면 우리 현실에 대한 일종의 비판 같다고 생각했던 것이다.[1]

할 포스터가 지적하듯이 브르통를 위시한 초현실주의자들의 프로이트 수용은 양가적이다. 브르통은 프로이트에 경도되었지만 사실 프로이트 이론에 대해 정통하지 못했을 뿐만 아니라, 프로이트의 이론을 문자적으로 추종하지도 않았다. 무엇보다도 자동기술법과 관련해 브르통은 자네 (Janet)의 이론을 받아들임으로서, 프로이트의 충돌하는 힘의 모델과는 거리가 먼 다른 무의식 개념을 발전시키게 된다. 그것은 자동기술법을 통해 기록되는 연상의 자기장 같은 개념이었고, 원초적인 억압에 기초한다기보다는 근원적인 통합에 근거하는 무의식 개념이었다.[2] 앙드레 브르통은 1924년의 제1차 초현실주의 선언에서 자동기술법을 초현실주의의 '표준적 정의'로 승격시킨다. "초현실주의, 남성명사. 사고의 실제 작용을 말이나 글, 혹은 그밖의 모든 다른 방식으로 표현하기위해 사용한 순수한 심리

---

1 할 포스터, 『욕망, 죽음 그리고 아름다움』(아트북스, 2005), 7쪽. 또한 데이비드 메이시, 『라캉 이론의 신화와 전설』(민음사, 2002), 177쪽 참조. 여기에서 메이시는 "병리학적인 것은 무의미한 것이 아니라 나름의 고유한 가치를 갖는 또 하나의 표현 방식이다"라는 브르통과 엘뤼아르의 말을 인용한다.

2 할 포스터, 앞의 책, 32쪽. 하지만 이러한 사실이, 브르통이 말하는 자동기술법을 정신분석적 관점에서 해석할 수 없으며, 브르통의 정신분석학에 대한 관심이 극히 제한적이었다는 것을 의미하지는 않는다. 브르통과 프로이트의 차이, 그리고 브르통의 자동기술법에 대한 정신분석적 해석에 관한 할 포스터의 설명에 관해서는 같은 글, 31쪽 이하, 그리고 38쪽 이하를 참조하라. 여기에서 할 포스터는 브르통의 자동기술법을 프로이트의 섬득케 하는 불안(das Unheimliche)과 반복강박증 개념과 연관시켜 설명한다. 또한 기호학적 정신분석의 관점에서의 자동기술법 해석에 관해서는 할 포스터 외, 『1900년 이후의 미술사』(세미콜론, 2007), 192쪽 이하 참조. 자네가 말하는 신비적 통합이 아니라, 프로이트와 라깡이 말하는 분열로서의 무의식 개념에 관한 논의로는 홍준기, 『라캉과 현대철학』(문학과 지성사, 1999), 1장, 3장의 논의를 참조하라. 거기에서 필자는 프로이트와 라깡에서 무의식은 신비적인 통합적 실체 혹은 창조적 근원이 아니라 분열 현상 자체를 의미한다는 것을 상세히 논증한 바 있다.

적 자동기술. 이성에 의해 행해지는 모든 통제를 벗어나 모든 미학적이고 도덕적인 걱정으로부터 자유로운 사고의 받아쓰기."[3]

우리가 살바도르 달리 회화의 비판적-망상증(paranoia-criticism) 방법에 주목하게 되는 출발점도 바로 여기이다. 일찍이 브르통이 천재적인 초현실주의자 중 하나로 지목한 달리는 활동 초기의 일정 시기를 제외하면 이론적으로나 개인적으로 브르통과 친밀한 관계를 유지하지 않았다. 필자가 이 논문에서 제시하고자하는 논의와 관련해 특히 주목할 만한 것은 달리는 브르통의 심리적 자동기술법을 비판하고 이를 극복하기위해 비판적-망상증 방법에 몰두했다는 사실이다. 왜 달리는 브르통의 자동기술법을 비판했는가? 단적으로 말하면, 훗날 브르통 자신도 인정할 수밖에 없었듯이, 심리적 자동기술법은 의식의 지배를 받지 않는 순수한 무의식적 사고 작용을 활용한다고 스스로 주장하지만 그것이 실제로 전적으로 자동적이라고 할 수는 없었기 때문이다. 그리고 설령 자동기술법이 순수한 무의식적 사유를 표현한다 하더라도 이러한 '자동적-기계적' 기법이 필연적으로 전복적 결과를 낳을 수 있다는 보장은 사실 존재하지 않는다. 달리는 '소위' 순수하게 수동적인 자동기술법이 아니라, **능동적으로 현실을 탈현실화**(déréaliser)하는 적극적인 미학적 장치를 요구하고 실험했다.[4] 이제 이하에서 이에 대해 상세히 살펴보자.

---

3 조르주 세바, 『초현실주의』(동문선, 2005), 10쪽에서 재인용. 번역 원문에는 정신적 자동기술로 되어 있으나 이를 심리적 자동기술로 수정해 인용했다. 이 책은 초기 초현실주의자들의 심리적 자동기술법에 대한 상세한 설명을 담고 있어 이들의 예술작업을 이해하는 데 매우 유용하다.
4 여기에서 달리는 라깡의 박사학위 논문을 인용해 자동기술법과 꿈 서술 방식을 비판한다. S. Dalí, "The Rotting Donkey", in *Collected Writings of Salvador Dalí*. ed. H. Finkelstein(Cambridge, Cambridge University Press, 1998), p. 260 참조.

II 살바도르 달리의 비판적-망상증 방법:
비판적-망상증 방법과 자동기술법

달리가 자신의 유명한 비판적–망상증 기법을 처음으로 발전시킨 것은 1930 년 『혁명에 봉사하는 초현실주의』(Surréalisme au service de la Révolution)에 발표한 「썩은 당나귀」(L'âne pourri)라는 논문에서이다.(Roudinesco 1993: 55) 달리에 따르면 망상증은 단순한 병적 상태가 아니다. 오히려 "혼란 (confusion)을 체계화하려는 망상증적 의지"가 "도덕적 경향성을 갖는 행 위"를 "촉발[할] 수 있다."(Dalí 1998: 223) 혼란을 체계화함으로써 현실과 이성을 비판할 "도덕적 성향"을 갖고 있는 이러한 **망상증은 단순한 환각 (hallucination)과는 구분된다.** "망상적 행위"는 사람들이 "환각"과 "관련 시키는 감각적 현상의 영향으로부터 전적으로 멀리 떨어져 있다. 망상적 행위는 통제가능하고 인식 가능한 재료들을 항상 사용한다."(223) 달리는 자신의 비판적–망상증 기법을 이렇게 정리한다. "망상적 그리고 능동적인 성격의 사유과정을 통해(동시에 자동기술법 및 다른 수동적 상태와 더불 어) 혼란을 체계화하고 이로써 현실세계를 완전히 불신하도록 하는 데 기여 하는 것이 가능한 순간이 가까이 왔다고 나는 믿는다."(225)

여기에서 달리는 브르통의 자동기술법을 여전히 인정하고 있지만, 그 이후의 글들에서 명확한 형태로 자동기술법을 비판하기 시작한다. 1929년 두 번째 초현실주의 선언에서 브르통이 초현실주의는 자동기술법과 꿈 서술 의 문제를 더 체계적으로 다루려는 노력을 하지 않았음을 한탄했다는[5] 사 실을 상기해 본다면, 달리의 비판적–망상증 기법은 달리 스스로가 이해한

---

5 물론 이는 브르통이 자동기술법을 완전히 포기했다는 것을 의미하지 않는다.

대로 초현실주의 예술이론에 어떤 새로운 방향—즉 새로운 해석—을 제시하고자하는 노력의 산물로 간주할 수 있다.

자동기술법에 대한 비판은 달리의 나중의 글에서 명확한 형태로 표현되지만, 사실 더 정확히 말하면 달리가 **심리적 자동주의 현상 그 자체**의 의미를 부정했다기보다는, **브르통을 위시한 당시의 초현실주의자들의 심리적 자동주의의 수용 방식**—초현실주의자들이 심리적 현상인 자동주의를 자동기술법이라는 예술적 기법으로 수용할 때 이 수용의 기초를 이루는 이론적 전제—을 비판한 것으로 우리는 해석할 수 있다. 예를 들면 「초현실주의적 관점에서 본 망상증적 현상의 메커니즘에 관한 새로운 일반적 고찰」에서 달리는 이렇게 말하고 있기 때문이다. "초현실주의자들의 모든 비판적 관심사는 (…) 정확히 '행동'의 차원에서 자동기술법(자동주의) 뿐만 아니라 꿈을 가장 잘 활용하고자 의도하며, 그것들[꿈과 자동주의]로 하여금 특히 현실, 삶에 '해석적으로' 개입하도록 만들었다. 이러한 비판적 관심사는 효과적으로 자신을 적용하기 위해 노력했다. 즉 구체적이고 인식가능하고 가장 물질적으로 접촉가능한 방식으로 말이다. **이러한 방식을 결여하고 있었기 때문에 꿈과 자동기술법은 독선적인 관념론적 도피 이외에는 어떤 다른 의미도 취할 수 없었다.** 선택받은 시인들의 회의주의적 화려함을 안락하게 돌보기 위해 필요한 무해한 자원과 유희라는 의미 말이다."(Dalí 1998: 260, 작은따옴표 강조는 원문)

무의식적 과정은 의식이 통제할 수 없으므로, 무의식적 과정은 사실 언제나 자동주의—혹은 프로이트의 용어로 말하면 강박적 과정—의 지배를 받는 과정일 수밖에 없다.[6] 달리 역시 꿈 혹은 환각적 이미지를 자신의 회화를 위해 사용한다는 점에서 심리적 자동주의 현상 그 자체의 중요성을 부정하지 않는다. 하지만 달리의 회화 기법이 '예술' 창작 기법으로서의 자동기술법과 구분되는 점은, 달리는 이러한 꿈 혹은 환각 이미지와 같은 '수동적으로' 주어지는 자동주의적 현상을 묘사하는 것으로 그치지 않고 그것들로 하여금 '능동적으로', 즉 '해석적으로' 현실과 삶에 개입하도록 한다. 앞으로 상세히 논의하겠지만 달리는 자신의 이러한 비판적-망상증 기법에 대한 이론적 근거를 라깡의 박사학위 논문에서 발견한다.(Dalí 1998: 259) 「비합리적인 것의 정복」에서 달리는 자동기술법과 비교해 자신의 비판적 망상증 기법의 의미를 다음과 같이 설명한다. "망상증적-비판적 행위는 더 이상 초현실적 현상과 이미지를 격리시켜 고찰하지 않지 않고 반대로 그것들을 체계적이고 유의미한 관계의 정합적인 총체 속에서 고찰한다. 비합리적 현상들에 대한 수동적이고 무관심하며, 관조적이고 미(학)적인 태도와 반대로, 능동적이고 체계적이며, 조직화하며, 인식촉발적인 태도가 존재한다. 이러한 같은 현상들[초현실적 현상과 이미지]이 우리의 직접적이고 실제적인 삶의 경험이라는 진정한 영역에서의 연상적이고 부분적인 그리고 유의미한 사건으로 간주될 때 말이다."(Dalí 1998: 267) 비판적-망상증 기법이라는 독자적인 입장을 통해 잘 알 수 있듯이 달리의 초현실주의는 브르통의 입장과는 독립적으로 발전한 것이었다. 심리적 자동기술법과 구분되는 비판적-망상증은 또한 **통제된 망상증**(controled paranoia)이라고도 부르는데, 이는 앞에서 언급했듯이 '기계적으로' 발생하는 자동주의, 꿈, 환각과는 차별되는 현상이기 때문이다.

달리의 이러한 비판적-망상증 기법은 자신의 작품에 대한 (환원주의적) 정신분석적 해석을 거부한다는 의미를 갖는다.[7] 프로이트의 예술론은

---

6 라깡은 이를 아우토마톤(automaton)이라는 용어를 통해 재해석한다. J. Lacan, *Le Séminaire XI. Le quatres concepts fondamentaux de la psychanalyse*(Seuil, Paris, 1973), p. 53ff 참조.

주로 '파토그라피'에 입각해 있다는 것을 고려한다면 달리의 이러한 입장
은 소위 정통프로이트주의 예술론을 넘어서 '새로운' 정신분석적 미학이
론을 추구하고 있다고 해석할 수 있다.[8] 뿐만 아니라 이성적, 합리적 현실
을 넘어서 존재하는 실재―초현실―를 구체적으로 이미지 속에서 체현하
려고 한다는 점에서(구체적 비합리성) 달리의 회화론은 르네 마그리트의
회화론과 일맥상통한다.[9]

---

7 예를 들면 달리는 이렇게 말한 바 있다. "그것들[구체적 비합리성의 새로운 망상적 이
미지들]은 정신분석 가능한 환상과 '잠재적' 재현('virtual' representations)의 영역을 넘어
선다."(Dalí, 같은 책, p. 266. 작은따옴표 강조는 원문.)

8 이는 달리가 (환원주의적) 정신분석적 해석을 거부했음에도 불구하고 여전히 프로이
트에 대한 자신의 열광을 감추지 않았다는 사실에서 잘 드러난다. 자서전에서 달리는 라
깡과의 토론을 통해 자신과 라깡의 관점이 정통프로이트주의자 입장과 대립된다는 것
을 확인했다고 말한다.(살바도르 달리, 『어느 괴짜 천재의 기발하고도 상상력 넘치는 인
생 이야기』[이마고, 2005], 37쪽) 하지만 다른 한편으로 그는 프로이트를 만나기 위해 노
력했으며,(같은 책, 44쪽) 프로이트 이론에 대한 자신의 찬사를 표명한다. 예컨대 그는 이
렇게 말한다. "프로이트 덕택에 우리는 이제 날아다니는 것과 연관된 모든 것의 에로틱
한 의미를 알게 되었다."(같은 책, 49쪽) 여기에서 볼 수 있듯이 **달리가 프로이트에게 찬사
를 보내는 이유는 중립적으로 보이는 표면적 사실의 배후에 리비도와 죽음충동이 작동하고
있다는 것을 프로이트가 발견했다는 사실에 있다.** 유독 예술론 분야에서 약점을 많이 보였
던 프로이트를 넘어서는 자신의 고유한 '정신분석적' 미학이론으로 달리는 비판적-망상
증 기법을 발전시켰던 것이다. 이외에도 달리는 프로이트에게서 꿈 묘사와 심리적 자동
기술법에 입각한 **초현실주의의 문제점**을 비판할 수 있는 단서를 발견했다. 달리는 프로이
트의 생애 말년에 영국에 망명중인 프로이트를 방문했으며, 프로이트는 달리에게 이렇게
말했다. "나는 고전주의 작품에서는 무의식을 찾아보고 초현실주의 작품에서는 의식적인
것을 찾아본다오!" 달리는 이러한 프로이트의 말을 "즉 초현실주의를 하나의 '정신상태'
로 분류하기 위해 강령이나 유파로서의 초현실주의는 죽었다고 선포하는 것이었다"(같
은 책, 387쪽, 강조는 필자)라고 해석한다. 프로이트는 달리를 마지막으로 만났을 때, 달리
의 작품을 분석적으로 탐구하는 것은 흥미로운 일이 될 것이라고 말한 바 있으나, 곧 사
망하였으므로 아쉽게도 이러한 작업은 실제로 이루어질 수 없었다(데이비드 메이시, 앞
의 책, 178쪽. 데이비드 메이시에 따르면 프로이트가 본 달리의 작품은 〈빛나는 쾌락(les
plaisires illuminés)〉이었다.) 또한 달리는 **승화로서의 예술**이라는 프로이트의 입장을 받아
들인다. 달리는 "삶의 세가지 상수, 즉 성적 본능, 죽음에 대한 감정, 그리고 시공간에 대한

III 살바도르 달리와 라깡

가. 라깡의 망상증 이론과 달리의 비판적-망상증 기법

달리와 라깡의 관계는 어떠한가? 1933년 초현실주의 잡지인『미노토르』에 달리의「강박적 이미지의 망상증적-비판적 해석: 밀레의 만종」과 라깡의「스타일(양식)의 문제와 경험의 망상증적 제 형태에 관한 정신의학적 개념」[10]이 동시에 발표된다. 그리고 라깡은 달리의 이 기고문을 읽었고 이후 라깡과 달리의 짧은 만남이 이루어졌다.[11] 달리의 비판적-망상증 방법

불안감"에 대한 분석의 필요성을 언급하면서 "그것들을 승화시키는 것이 중요하다"고 말한다. "성적 본능은 미학으로 죽음에 대한 감정은 사랑으로, 시공간에 대한 불안감은 종교라는 형이상학으로 승화시켜야 한다. 이것들을 치유하려는 의지는 이제 그만! 승화시켜야 한다. 엄정한 미술양식은 자동기술법을 대처할 것이고, 테크닉은 니힐리즘을, 신앙은 회의주의를, 엄정성은 방기를, 개인주의와 위계질서는 집단주의와 획일성을, 전통은 실험을 대치할 것이다"(살바도르 달리,『어느 괴짜 천재의 기발하고도 상상력 넘치는 인생 이야기』, 388쪽). 마지막으로 인용한 달리의 언급을 모두 받아들일 수는 없지만, 적어도 승화와 치료를 대립되는 개념으로 파악하는 달리의 입장은 숙고할 가치가 있다. 승화와 관련한 라깡의 예술론에 대해서는 홍준기,「르네 마그리트 회화 분석: 라깡 예술론의 관점에서」, 한국현상학회 엮음,『철학과 현상학 연구』(제40집, 2009년 2월) 참조.

9 여기에서 르네 마그리트의 이미지를 언급한다. 달리에 따르면 르네 마그리트의 작품 역시 "일상의 현실에서의 구체적인 물질화(materialization)에 대한 필요성을 입증한다." 마그리트는 "우리의 합리적 경험에는 알려지지 않는 망상적 세계를 객관적으로, 그리고 실재의 차원에서 주장할 수 있기 위한 (…) 도덕적, 체계적 조건"을 표현하고자 했다. 달리와 르네 마그리트는 주체의 무의식적 환영이나 체험 등을 묘사하고자 했던 것이 아니라, 상징적 현실을 벗어나는 표상불가능한 실재(라깡)—주체와 객체가 일치하는 **객관적 세계**로서의 **초현실**—를 구현하고자 했다는 공통점을 갖는다는 것이다.

10 J. Lacan, *De la psychose paranoïque dans ses rapports avec la personnailité*(Paris, Seuil, 1975)에 재수록.

11 살바도르 달리,『어느 괴짜 천재의 기발하고도 상상력 넘치는 인생 이야기』, 38쪽 참조. 그러나 여기에서 달리는 라깡이 읽은 논문의 제목을「망상증적 행위의 내적 기제」라고 잘못 기술하고 있다.

은 라깡의 망상증 연구에 영감을 주었고, 역으로 라깡의 『미노토르』 기고문은 물론, 1932년에 발표한 박사학위논문 『망상적 정신병과 개성과의 관계』(De la psychose paranoïaque dans ses rapports avec la personnalité)는 달리가 직관적으로 발전시킨 비판적-망상증 기법에 대한 이론적 근거를 마련해주었다. 라깡의 이 박사학위 논문은 달리를 포함해 브르통, 크르벨(Crevel), 엘뤼아르(Eluard) 등, 당시 이미 라깡이 교류하고 있던 초현실주자 그룹에 의해 적극적으로 수용되었다.

라깡의 박사학위논문은 초현실주의 미학의 발전에 기여했을 뿐만 아니라, 당시의 체질주의 이론에 근거한 정신의학의 문제점을 극복함으로써 학문과 예술의 역사에서 커다란 획을 그었다. 라깡이 1933년 『미노트로』에 기고한 글은 자신의 박사학위 논문에 대한 핵심 내용을 잘 요약해 전달해 줄 뿐 아니라, 망상증과 예술에 관한 논의를 포함하고 있어 달리의 작품을 이해하는 데 결정적인 도움을 준다. 이 논문에서 라깡은 망상증 환자의 세계 지각(perception)은 "평균적인 문명화된 사람들에게 고유한 대상 지각과는 양립할 수 없[다]"고 말한다. 즉, 한편으로는 망상증 환자의 "지각장"(champ de la perception)은 "'개인적 의미'라는 내재적이고 절박한 성격"(Lacan 1975: 386, 강조는 원문)으로 각인되어 있다. 망상증 환자는 자신의 방식으로 세계를 해석하려는 증상(해석망상)을 갖고 있으며, 따라서 이러한 특징으로 인해 망상증자에게서 "대상"은 "정서적 중립성 배제한다."[12] (386) 다른 한편으로 망상증자에게서는 "시간-공간적 직관"의 현저한 변화가 발생하며 따라서 '정상인'과는 다른 방식으로 "현실을 확신한다(기억의 착각, 망

---

12 이러한 맥락에서 라깡은 종전의 정신의학이나 강단심리학이 대상의 객관성만을 중시했기 때문에 이 점을 파악하지 못했다고 비판한다.

상적 확신)."(386) 그러므로 라깡에 따르면, "망상적으로 체험된 경험의 기본적 특징은 윤리적-합리적 고찰로부터, 그리고 창조적 상상력[이라는 관점]에서 현상학적으로 정의될 수 있는 모든 자유로부터 그것[망상적으로 체험된 경험]을 배제한다." 달리 말하면 망상적으로 체험된 경험은 합리적 고찰의 범위를 벗어난다는 것이다. 망상증자들의 "경험"은 **상징적 표현들**[13]로 표출된다. 한편으로는 "이념적 주제들(thèmes idéiques)과, 그들[망상증자들]의 망상의 의미 있는 행위들", 그리고 다른 한편으로는 "매우 풍부한(féconds) 조형적 그리고 시적 산물들"(386)이 바로 그것이다. 이러한 설명을 한 후 라깡은 자신의 망상증 연구가 예술에 대해 가질 수 있는 의미를 다음 세 가지로 요약한다.

첫째, "이러한[망상증자들의 경험을 표현하는] 상징들의 절박한 인간적 의미"는 "민담의 신화적인 창조"설화 그리고 "위대한 예술가의 영감 넘치는 환상" 속에서 잘 드러난다. 라깡에 따르면 이는 "자연에 대한 정서(sentiment de nature), 인류에 대한 목가적이고 유토피아적인 정서, 반사회적인 복수심"(Lacan 1975: 386~87)의 의미를 갖고 있다.

둘째, 망상증자들이 표출하는 상징들은 "대상의 반복적 확인(identification itétative de l'objet)이라는 근본적 경향성을 갖는다. 즉 "망상은 주기적 반복[의 환상], 편재하는 증식(multiplication ubiquiste)[의 환상], 동일한 인물들의 이중 이미지 그리고 삼중 이미지[라는 형태로]―그리고 때때로는 주체 자신의 이중화의 환각으로―동일한 사건들이 끊임 없이 주기적으로 도래하는 환상" 속에서 매우 풍부하게 드러난다는 것이다. 라깡은 이러한 환상이야 말로 예술가의 "창조적 양식(style)"을 위한 "조건들 중 하나"

---

13 강조는 필자.

(387)라고 말한다.

셋째, 정신병이 창조하는 상징들은 "이성의 정신적 공동체"로부터 배제되지만, 그럼에도 불구하고 "현실성이라는 가치"를 결코 상실하지 않는다. "망상"은 "자신의 주제들을 통해, 그리고 매우 놀라운 방식으로 충동적, 사회적 복합성들을 표현하기 위해서 어떠한 해석도 필요로 하지 않는다."

라깡은 망상증과 관련해 이 세 번째 점이 가장 주목할 만하다고 말한다. 앞에서 언급했듯이 달리와 마찬가지로 라깡 역시 망상증이 창조하는 상징들을 단순히 주관적인 것이 아니라 **객관적 실재**로 파악한다. 또한 여기에서 중요한 점은 라깡이 신경증과 달리, 망상증이 표현하는 복합적 상징들은 정신분석적 해석할 필요가 없다는 사실이다. 이는 달리가 자신의 작품을 정신분석적으로 해석해서는 안 된다고 말한 것과 일맥상통한다. 하지만 앞에서 언급했듯이, 달리와 라깡의 이러한 언급은 작품에 나타난 상징들을 병리학적 관점에서만 고찰하고 작품을 예술가 자신의 개인사로 환원시키는 '전통적인' 정신분석적 접근을 비판한 것이지, 어떤 새로운 관점(예컨대 달리와 라깡이 이해하는 정신분석학)에서 재해석된 정신분석적 접근 자체를 배제하는 것은 아니라는 점을 염두에 두어야 한다. 또한 위에서 라깡은 망상은 자신의 주제들을 통해, 그리고 매우 놀라운 방식으로 충동적, 사회적 복합성들을 표현하기 위해서 어떠한 해석도 필요로 하지 않는다고 말하는데, 이러한 라깡의 언급에 대해서도 약간의 설명이 필요하다. 이는 신경증 증상과 달리 정신병 증상은 '궁극적으로' 해석을 벗어나는 (객관적) **실재** 자체의 표현이라는 것을 의미한다.[14] 후에 『정신병』이라는 세미나를 통해 더욱 분명하게 드러나듯이 라깡은 정신병 증상을 '이해' 가능한 것으로 파악하는 야스퍼스의 실존적 정신의학을 비판하면서 정신병 증상은 '이해'라는 해석학적 범주로 파악할 수 없는 것으로 간주한다.(Lacan 1993:

21) 궁극적으로 망상증 증상과 그것이 표현하는 것은 이성과 합리적 사유로 파악할 수 없는 것이며, 바로 그러한 이유로 그것은 이성적으로 파악되는 현실을 넘어서는 '전복적' 역할을 수행할 있다. 이렇게 본다면 달리가 비판적-망상증 기법을 통해 제시하고자 하는 **초현실**(혹은 라깡적 의미의 **실재**)은 단적으로 말하면 망상증 증상 그 자체라고 말할 수 있다. 달리는 이렇게 말한다. "망상증에서의 능동적이고 체계적인 구조는 망상적 현상 그 자체와 동질적이다."

하지만 망상은 어떠한 해석도 필요로 하지 않는다는 라깡의 언급이 망상증자는 체계적으로 세계를 해석하고자 하는 증상(**해석망상**)을 갖고 있다는 사실과 **모순되는 것은 아니다.** 망상증의 증상은 이해의 한계를 넘어서므로 해석할 수 없으며 해석될 필요도 없다고 말하는 것과, 망상증자는 해석 망상이라는 증상을 갖고 있다고 말하는 것은 별개의 것이라는 것이다. '해석적 체계'로서의 망상증에 관해 달리는 이렇게 말한다. "'망상증적 망상 이미지(paranoiac delirious image)의 실재적 영속(persistence)', 그리고 그것의 '**개입적, 해석적** 결합(cohesion)'은 또한, 꿈 이미지로부터 깨어나는 동안에 [발생하는] 삭제와 현저하게 대립된다는 것을 매우 잘 보여준다."(Dalí 1998: 260, 강조는 필자)

여기에서 우리는 달리가 능동적인 망상적-비판 기법이 꿈 기술과 같은 자동기술법과 대립된다는 것을 강조하고 있음을 알 수 있다. 또한 달리는 자동기술법의 문제점으로 그것이 "실재와 의사소통하지 않고", 그것[자동

---

14 실재, 상징계, 상상계, 욕망, 충동, 정신병, 신경증, 히스테리 등 라깡 이론의 핵심 개념에 관해서는 홍준기, 「자끄 라깡, 프로이트로의 복귀」, 『라깡의 재탄생』(창작과비평사, 2002) 참조. 또한 홍준기, 『오이디푸스 콤플렉스, 남자의 성, 여자의 성』(아난케, 2005) 참조.

기술법]을 "목적 그 자체"로 간주한다는 점을 또한 지적한다.(258) 다시 말해 달리는 망상증 증상의 표현으로서의 작품의 해석불가능성을 강조하면서도 (비판적 망상적 기법을 활용한) 망상증(의 표현으로서의 작품)은 오히려 자동기술법과는 반대로 실재와 의사소통한다는 장점을 갖고 있음을 강조한다. 달리는 '현실'과 양립불가능한 초현실적 요소를 "시뮬라르크"라고도 부른 바 있다. 이 시뮬라르크가 현실과 전혀 양립할 수 없는 이유는 그것이 "외상적(traumatic) 본질을 갖고 있기 때문이다.「썩은 당나귀」에서 달리는 세 개의 커다란 시뮬라르크의 예로서 "배변, 피, 부패"를 예로 제시한 바 있다.(225) 또한 달리는 논문의 뒷부분에서 이러한 강박적 관념들과 이미지들은 "폭력적으로 억압된" "욕망"에 다름 아니며, 이러한 이미지들은 현실의 붕괴에 또한 기여한다고 말한다. 달리에 따르면, 초현실주의적 이미지들은 "미학적, 인도주의적, 철학적" 관념들을 넘어서 "자위행위, 노출증, 범죄, 사랑 등"이라는 "분명한 근원으로 우리를 이끌어간다."(226) 달리의 비판적-망상증 기법이란 "오직 [이러한] 강박적 관념들을 이용해 우리에게 비이성적 유혹으로 등장하는 주관적 그리고 객관적 현상들의 체계적 연상들의 무제약적이고 알려지지 않은 가능성들을 (…) 조직하고 객관화"(268)하는 것이다.

앞에서 언급한 바 있지만, 비판적-망상증 기법의 또 하나의 중요한 특징으로 달리는 망상증적 현상은 **체계적** 사실이라는 점을 강조한다. 물론 이 체계적이라는 말이 사유의 강압적 개입에 의해 사후적으로 조직화되었다는 것을 의미하지는 않는다.(259) 오히려 반대로 망상적 "체계는 망상적 관념의 발달의 결과"로 간주되어야 한다. 달리 말하면, "망상적 관념들은 발생하는 순간에 이미 체계화되어 등장한다"(259)는 것이다. 뒤에서 다시 언급하겠지만 달리는 밀레의 〈만종〉과 관련한 자신의 비판적-망상증 작업에서 이 점을 상세히 논의한다.

바로 여기에서 달리는 라깡의 박사학위논문에서 자신의 이론에 대한 확증을 발견했음을 언급하면서 라깡의 업적을 극찬한다. 달리는 라깡이 유전적, 체질적 요소에 근거해 망상증을 설명해온 정신의학을 비판하고 망상증 현상을 **"의사소통가능한 객관적"** 현상으로 설명했다는 사실을 언급한다. 또한 그는 여기에서 자동기술법과 꿈 서술 기법을 넘어설 수 있도록 해주는 이론적 단초를 발견한다. 달리에 따르면 망상증 환자의 망상은 단순히 수동적 요소가 아니라 그 자체가 이미 **"해석의 한 형태"**이다. **"망상은 갑자기 완전히 체계화되어 등장한다."**(260, 강조는 원문)

나. 비판적-망상증 기법에 따른 달리의 그림 분석

이제 비판적-망상증 기법에 따라 창작된 달리의 작품에 대해 언급해보자. 우선 달리가 말하는 이중 이미지 혹은 삼중, 사중 이미지를 잘 표현하고 있는 작품으로는 〈보이지 않는 잠자는 여자, 말, 사자〉가 있다.

이 그림은 제목이 말하고 있듯이, 여자의 모습을 그린 그림이지만 말과 사자의 형상을 동시에 재현하고 있다. 여자는 팔을 머리 옆으로 떨어뜨리고 등을 하늘로 향한 모습으로 엎드려 있다. 여자는 무릎을 꿇고 엉덩이를 약간 쳐든 모습을 하고 있으며, 여인의 팔과 다리, 그리고 머리카락 부분 때문에 우리는 동시에 여자의 형상과 겹치는 말의 모습을 지각할 수 있다. 상당히 장식적으로 그려진 말의 꼬리는 사자의 얼굴을 하고 있다. 여자는 마치 성행위 혹은 펠라치오를 하는 듯한 모습을 하고 있으며, 이러한 모습은 달리의 억압된 욕망과 성애적 심리 상태를 표현하고 있다.

1930년 「썩은 당나귀」에서 달리는 이중 이미지에 대한 자신의 생각을 처음으로 피력한다. 이중(double) 이미지란 "어떠한 회화적 혹은 해부학적

살바도르 달리, 〈보이지 않는 잠자는 여자, 말, 사자〉(1930)

변형"도 가하지 않으면서 동시에 "하나의 대상이 완전히 다른 어떤 다른 대상"을 재현하는 이미지를 말한다. 이러한 이중 이미지를 얻기 위해서는 이미 존재하는 어떤 것들", 그리고 "우연한 것들"을 잘 이용할 수 있는 "망상적 사유의 폭력"이 필요하다.(224) 하나의 이미지가 두 번째 이미지를 제시하게 되면 (첫 번째 이미지를 만들어낼 때 사용되었던) "강박적 관념 넘어서게 된다." 이중 이미지의 예는 위 그림에서 "동시에 여자이기도 한 말의 이미지"인데, 이는 "강박적 관념"의 도움으로 제3의 이미지(사자)를 만들어낸다. 달리에 따르면 "망상적 능력"(224)이 존재하기만 한다면 작가는 계속적으로 수많은 이미지를 만들어낼 수 있다.

하지만 핑켈스타인은 회화적, 해부학적 변형을 가하지 않고 계속적으로 이미지를 증식시키는 것은 사실상 불가능하므로 달리의 비판적-망상증 기법은 실패했다고 평한다.(Finkelstein: 193) 하지만 이러한 계속적인 다중 이미지의 산출 그 자체가 망상적-비평 기법의 '본질'에 속하는 것은 아니므로 이러한 기법상의 실패를 달리 회화의 실패 원인으로 간주해서는 안될 것이다. 앞으로 다시 언급하겠지만 보다 본질적인 실패 원인은 달리가 궁극적으로 초현실―실재―의 이미지를 계속적으로 산출하지 못하고 '상상적' 이미지의 차원으로 되돌아 간 것에서 찾아야 한다.

〈위대한 마스터베이터〉 역시 백합 향기를 맡는 여자의 이미지와 펠라치오의 이미지가 중첩되어 있다. 여자의 얼굴은 황홀경에 빠진 모습을 하고 있으며 달리는 어머니[15]의 대리자인 갈라에게서 경험한 최고의 쾌락과 불안을 표현하고 있다. 여자의 상반신은 사람의 목부분으로부터 튀어나온 듯한 형상을 하고 있으며, 코를 땅에 대고 있는 사람의 얼굴 모습은 말과 같은 동물을 다시금 연상시킨다. 앞에서 논의했듯이 달리의 이중(다중) 이미지는 망상적 과정을 재현하고, 망상적 사유과정의 근저에 놓여 있는 강박적 관념들을 표현하고 있다. 달리는 비판적-망상증 기법에 근거한 작품들을 통해 전적으로 성애화한 세계를 제시함으로써 이성과 합리성이 지배하는 현실을 넘어서는 초현실의 이미지를 제시하고자 하는 것이다. 〈위대한 마스터베이터〉에 등장하는 메뚜기, 벌레 등에서 볼 수 있듯이 또한 달리는 자신을 따라다니는 여러 강박적 관념들을 표현한다.[16] 반복적으로 등장하는 여자(갈라)의 이미지는 여자에 대한 달리 자신의 욕망과, 삼킴을 당할지도 모른다는 불안―욕망의 불안의 양가적 정서―을 동시에 표현한다.

---

15 살바도르 달리, 『어느 괴짜의 기발하고도 상상력 넘치는 인생 이야기』, 46쪽 이하 참조. 여기에서 달리는 '출생의 외상'에 관련한 자신의 환상을 상세히 묘사하고 있다.

16 핑켈스타인은 달리의 강박적 모티브의 예로 "수염달린 아버지, 수치스러운 젊음, 여자, 자웅동체, 메뚜기, 사자, 나비 쫓기, 그라비다" 등을 들고 있다. H. Finkelstein, *Salvador Dali's Art and Writing*, 1927~1942(Cambridge, Cambridge University Press, 1996), p. 192 참조.

살바도르 달리, 〈위대한 마스터베이터〉(1929)

성교 후에 수컷을 잡아먹는 사마귀에 대한 달리의 강박적 관념도 여자에 대한 달리의 망상적 불안과 거세 공포를 잘 보여주는 상징이다. 앞에서 인용한 라깡의 글에서 라깡은 망상증자들이 표출하는 상징들은 "대상의 반복적 확인"이라는 근본적 경향성을 갖는다고 말한 바 있는데, 이는 달리의 회화에도 특히 잘 적용된다.

사자, 여자, 메뚜기, 벌레 등의 이미지뿐만 아니라 또한 〈기억의 고집〉, 혹은 〈욕망의 수수께끼〉에서는 달리 자신의 모습이 반복적으로 등장한다. 이 그림들에서 등장하는 엎드린 사람—달리 자신—의 모습은 〈위대한 마스터베이터〉에 등장하는 형태를 반복한다. 〈기억의 고집〉에서 라깡이 말하는 '사물'(chose)로서의 어머니/여자에 대한 영원한 현재적 반복적 기억은 3차원적 공간성을 상실한 '녹아내린 시계'를 통해 가시화된다. 시간이 멈춘 것이 아니라 시간의 척도인 시계 그 자체가 녹아내린다. 달리에게 여자/어머니는 일상적 공간과 시간의 현실 너머에 존재하는 영원한 신화이

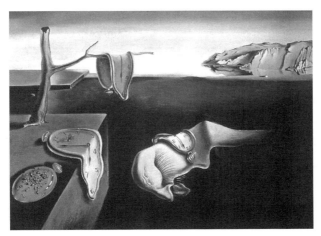

살바도르 달리, 〈기억의 고집〉(1931)

다. 달리는 이러한 어머니의 자궁으로의 회기를 꿈꾸고 있다.(달리 2004: 21;
2005: 46 이하)

하지만 녹아내린 시계 밑에 엎드려 있는 남자는 자궁 속의 태아처럼 불
분명한 형체와 일그러진 모습을 하고 있다. 남자는 시계와 밀착되어 있으
며, 따라서 녹아내린 시계는 어머니의 자궁으로 회기한, 혹은 어머니와 동
일화한 남자 자신이기도 하다. 〈욕망의 수수께끼〉에서 그는 '어머니의 욕
망'으로 상처 입은 고통스런 모습을 하고 있는 것이다. 심지어 몸의 두 곳
은 완전히 구멍이 뚫려 있으며 목덜미와 얼굴 사이에는 개미들이 득실거
린다. 〈기억의 고집〉에서도 붉은 시계는 개미의 공격을 받는다. 라깡이 말
하고 있듯이 신화적인 어머니와의 만남은 유토피아가 아니라 거세불안과
삼킴을 당할지도 모른다는 불안으로 가득 찬 위험한 세계이다.

〈욕망의 수수께끼〉는 엎드려 있는 남자의 배경에, 그리고 머리의 반대
편 위로 사자의 형상을 한 모습이 등장한다. 이 사자는 아버지를 의미하는

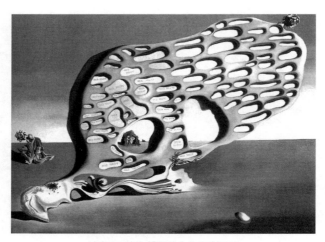

살바도르 달리, 〈욕망의 수수께끼〉(1929)

것으로, 배경에 있는 아버지는 힘없이 안긴 아들 등 뒤로 칼을 쥐고 있으며, 다른 사자는 아들을 땅으로 짓이기고 있다.(르루아 2008: 36) 이러한 폭력적 아버지를 극복할 수 있는 이론적 근거를 달리는 다름 아닌 프로이트에서 발견한다.[17] 달리는 이러한 자화상적 이미지에 어머니의 욕망을 새김으로써 "이상적 사물들을 욕망하기"(Dalí 1998: 225)라는 자신의 비판적-망상증 기법을 구현하고자 한다. 하지만 뒤에서 다시 언급하겠지만 달리의 초현실주의는 종종 실재가 아니라 상상계에 대한 고착으로 귀결되는 경향이 있으며 이러한 한에서 달리의 입장은 더 치밀한 비판적 발전을 필요로 한다.

또 흥미로운 점은 달리에서 아버지 이미지와 어머니 이미지는 종종 융

---

17 살바도르 달리, 『달리, 나는 천재다』, 12쪽 여기에서 달리는 "아버지의 권위에 대항하여 승리를 거둔 자아말로 진정한 영웅이다"라는 프로이트의 말을 인용하고 있다. 달리 그림에서 빌헬름 텔, 레닌은 전형적인 아버지 이미지를 대표한다.

합된 형태로 등장한다는 것이다. 앞에서 언급한 〈보이지 않는 여자, 말, 사자〉에서 사자가 남성적 형상을 뜻한다면, 이 그림에서는 여자와 남자가 혼합된 이미지가 등장한다고 해석할 수 있다. 이는 달리가 종종 히틀러를 여성화된 이미지로 표현했다는 사실(Dalí 2004: 22)과 일맥상통한다. 이러한 사실은 달리의 비판적-망상증 방법과 관련해서도 흥미로운 설명을 가능케 한다. 즉 이중 이미지를 통해 표현된 남자와 여자의 융합 이미지 역시 현실에 존재하는 '상징적' 성구분을 넘어서 성구분 없는 실재와 초현실의 세계를 포착하도록 하는 비판적-망상증 기법의 적용으로 간주할 수 있다는 것이다. 라깡에 따르면 정신병 혹은 도착증의 특징 중 하나가 성차이의 소멸 혹은 약화이다. 라깡은 프로이트가 분석한 바 있는 슈레버 사례와 관련해 슈레버의 '여자되기'를 망상증의 증상으로 해석한 바 있는데,[18] 이러한 라깡의 이론은 달리의 비판적-망상증 기법과 일맥상통한다.

하지만 핑켈스타인이 지적하듯이 달리의 비판적-망상증 기법에 대한 설명이 철저한 형태로 등장하는 곳은 『밀레의 〈만종〉의 비극적 신화』이다.(Finkelstein 1996: 273~74) 이 저서에서 달리는 자신의 비판적-망상적 기법을 설명하기 위해 밀레의 〈만종〉이라는 작품을 논평한다. 달리에 따르면, 이 작품이 커다란 주목을 받은 이유는 이 그림이 표현하는 경건함이라는 보편적 요소 때문이겠지만 사실 이 그림만큼 무의식적 욕망을 극명하게 표현한 작품은 없다.

달리는 밀레의 〈만종〉이 불러일으키는 강박적 이미지를 분석하면서, 로

---

18 J. Lacan, "D'une question préliminaire à tout traitement possible de la psychose", in J. Lacan, *Écrits*(Seuil, Paris, 1966), 564ff. 조엘 도르, 『구조와 도착증』(아난케, 2005), 303쪽 이하 참조.

밀레, 〈만종〉(1858) | 달리, 〈'말도로르의 노래'를 위한 삽화〉(1929)

트레아몽의 『말도로르의 노래』에 나오는 '해부대 위의 재봉틀과 우산의 만남'으로 이 그림을 재해석한다.(Dalí 1998: 230ff) 밀레의 〈만종〉에서 쇠스랑이 농지에 꽂혀 있다. 달리에 따르면 농지는 인간에게 오랜 세월동안 고기(meat) 그 자체였으며, 따라서 이 그림은 식인적 욕망과 공격성과 관련이 있다. 쇠스랑은 인간 시체를 자르는 해부용 칼이기도 하다. 그러므로 경작지는 썩은 거름으로 비옥해지는 식탁이며 부패한 시체가 놓여 있는 해부용 탁자이다. 이러한 해부용 탁자 위에서의 우산과 재봉틀―"일종의, 상징적으로 기능하는 초현실주의적 대상"(231)―의 만남이라는 "은밀한 비극"이 존재한다. 달리는 프로이트의 이론을 따라 우산을 남근 혹은 남자의 상징으로, 재봉틀을 여자의 상징으로 간주한다. 달리의 〈『말도로르의 노래』를 위한 삽화〉에서 남자는 "발기의 상태를 숨기려고 노력하지만 (…) 오히려 그것을 더 분명하게 드러내고 있을 뿐이다." 그리고 "모두가 알고 있는, 극단적으로 특징적인 여성 상징인 재봉틀은 찌르는 바늘의 치명적이고 식인적인 덕"을 의미한다. 남자를 거세하고 삼키고 죽이는 여자 이미지는 벌레, 특히 성교 후 수컷을 "비우는"(empting) 사마귀의 모습으로 나타난다. 사마귀는 "자신의 우산을 비우고 그것을 순교자 같은 축 늘어진 우울한 희생자로 변형"시킨다. 달리의 그림의 배경에는 '고기'를 찾아 헤매는 굶주린 나폴레옹 기병대의 모습이 실루엣으로 그려져 있다.

달리의 비판적-망상증 기법에서 중요한 점은 망상적 연상 혹은 강박적 이미지들이 시간적 차이를 두고 점점 구체화되지만, 달리 말하면 〈만종〉의 해석"은 "사후적으로 구체적 형태를 취"하지만, 그 **해석은 이미 처음부터** "완전하게 '현존'하며 '분명'하게"(Dalí 1998: 283) 존재한다는 것이다. 달리에 따르면, 비판적-망상적 해석이 완성된 과정은 다음과 같다. 우선 최초로 망상적 현상이 출현한다. 밀레의 〈만종〉을 보았을 때 "갑자기" "강렬하고" "풍부한" "시각적 연상들이 떠올랐고 달리는 이것들의 의미를 이해할 수 없어 혼란에 빠졌다. 최초의 망상적 현상들로부터 출발한 후 이제 〈만종〉은 강박적 형태를 취한다. 즉 환상과 백일몽이 펼쳐지는 것처럼 이 강박적 형태들이 사유 속으로 침입한다.[19] 그리하여 이 망상적 현상들은 다시 한 번 구체적으로 해석되어 달리의 작품으로 표현된다.

흥미로운 점은 달리가 자신의 이러한 비판적-망상적 기법이 다른 초현실주의자들의 '꿈 서술 기법'과 다르다는 것을 의식적으로 강조하기 위해 "나는 〈만종〉에 관해 꿈을 꾼 적이 없다"고 말하고 있다는 사실이다. 사실 표면적으로만 본다면 달리의 이러한 비판적-망상증 기법이 자동기술법과 꿈서술 기법과 차별되는 것이 무엇인지를 파악하기란 쉽지 않다.

---

19 S. Dalí, "The Tragic Myth of Millet's <L'Angélius>: Paranoiac-Critical Interpretation (excerpts)" in *Collected Writings of Salvador Dalí*. ed. H. Finkelstein, op. cit., pp. 283~84. 달리는 이 사후적 과정을 첫 번째의 이차적 망상적 현상, 두 번째의 이차적 망상적 현상으로 나누어 설명한다.

여기에서 중요한 점은 달리의 기법은 단순히 꿈 이미지를 그래도 옮겨 놓는 것이 아니라 일종의 '꿈**해석** 절차'를 거친다는 점에서 자동기술법과 단순한 꿈서술의 방식과는 구분된다는 것이다. 마그리트와 유사하게 달리는, 무의식 세계에 완전히 몰입해 있는 꿈꾸는 상태에서가 아니라 오히려 꿈꾸는 상태로부터 '비판적 거리'를 유지하면서 이 망상/꿈의 내용과 의미를 '전복적으로' **객관화**하고자 했다. 바로 여기에 비판적-망상증 방법의 핵심이 놓여 있다. 벤야민도 분명하게 알고 있었듯이 진정한 초현실주의란 꿈과 환각의 세계에 대한 무한한 몰입과 예찬이 아니라 오히려 '각성'을 통한 전복의 시도이다.(홍준기 2008: 37) 그러나 이때 여기에서 말하는 각성이 꿈, 그리고 망상과 완전히 무관한 순수한 이성적 현실의 상태를 의미하는 것은 아니다. 망상, 순수한 몽상의 세계와 완전히 구분되는 '순수한' 현실을 불신하면서도, 달리 말하면 꿈/망상과 현실의 명확한 구분이라는 합리주의적 이분법을 비판하면서도 달리는 망상과 꿈의 상태를 '각성된 객관적 망상/꿈'으로 이해했다. 이를 위해 그는 망상증을 억압적 세계를 전복할 수 있는 '체계적인 해석의 시도'로 제시했고 이를 구현하는 초현실적 이미지를 구현하고자 했다. 앞에서 언급했듯이 달리는 자신의 이러한 비판적-망상증 기법을 위한 이론적 근거를 라깡의 망상증 연구에서 발견했던 것이다.

요컨대, 비판적-망상증 기법의 핵심은 망상증이라는 증상 자체를, **억압된 욕망을 실현하는 객관적 현상―실재 혹은 초현실―으로 형상화하는 것**에 있다. 달리 스스로도 인정하고 있듯이 라깡은 학위논문에서 망상증에 대한 전통적 이데올로기(예를 들면 정신병에 대한 체질주의적 설명)을 비판하고 망상증이 갖는 임상적 의미뿐만이 아니라 사회적, 인식론적, 예술적 의미를 명확히 밝힘으로써 정신병 연구에 새로운 전기를 마련했고 비판적-망상증 기법에 학문적 근거를 제공해주었다. 라깡의 망상증 이론을 상세히 논의할 여유는 없으므로 여기에서는 이를 간략하게 정리하는 것으로 만족할 수밖에 없다.

라깡은 망상증 현상을 연구함에 있어 개성(personnalité), 심리특성, 과정, 불일치, 병행주의라는 다섯 개념들을 제시했다.[20] 여기에서 개성이라는 범주는 망상증을 유전적 혹은 생물학적 원인으로 설명하는 것이 아니라 인성 혹은 개성의 '총체적 표현'으로 해석한다는 것을 의미한다. 물론 이는 라깡이 정신병을 설명할 때 생물학적 요인을 전혀 무시한다는 것을 의미하지는 않는다. 라깡이 개성의 제 현상들의 '객관적' 정의를 시도할 때 다음 3가지 요소를 동시에 고려하고 있기 때문이다. 1) 생물학적 발달, 2) 자기 자신이라는 개념, 3) **사회적 제 관계**에 의해 주어지는 어떤 **긴장**들.(Lacan 1975: 42) 여기에서 볼 수 있듯이 라깡은 개성을 단순히 개인적 심리현상으로 환원하는 것이 아니라 사회적 제 관계 속에서 주어지는 긴장들로 파악한다는 것이 중요하다. 바로 위에서 라깡이 망상증 현상의 연구를 위해 다섯 가지 개념들을 제시한다고 말했는데, 이 다섯 가지 개념 중에 불일치라는 개념이 포함되어 있다는 점도 주목할 만하다. 이는 라깡이 망상증을 주체가 단순히 사회에 적응하지 못해서 발생하는 것으로 간주하는 것이 아니라 주체와 사회 사이에서 발생하는 불일치—모순, 갈등—의 산물로 이해한다는 것을 의미하기 때문이다.(홍준기 1999: 29 이하) 달리 말하면 망상증은 단순히 객관적인 현상이거나 주관적인 현상이 아니라 주체와 객체의 만남이라는 의미에서의 '객관성'을 갖고 있다는 것이다. 망상증이 개성의 총체적 표현이면서도 객관성을 갖는 것은 바로 이러한 이유에서이다. 그러

---

20 이에 대한 상세한 설명으로는 홍준기, 『라깡과 현대철학』(문학과지성사, 1999), 27쪽 이하 참조.

므로 달리 역시 언급하고 있듯이 망상증은 또한 "범죄"(Dalí 1998: 260)를 통해서도 표출된다. 이러한 "범죄적 반응"으로서의 망상증을, 라깡은 박사학위논문에서 여배우를 살해하려다가 실패한 애매라는 여성과 관련해 망상증적 "자기처벌의 시도"로 분석한 바 있다.(홍준기 1999: 20 이하)

4 결론을 대신하여

지금까지 우리는 달리의 비판적-망상증 기법이 라깡의 망상증 연구를 통해서 확증될 수 있는 학문적 근거를 가진 탁월한 예술창작 기법임을 설명하고자 노력했다. 하지만 달리의 이러한 흥미로운 예술적, 미학적 실험이 점차적으로 상상적-실용주의적 노선을 취하게 되면서 그것은 자신의 예술적, 사회적 의미를 점차 상실하게 된다.(Mahr 1998: 188) 물론 이러한 필자의 지적은 달리의 비판적-망상증 기법 그 자체를 무의미한 실패로 간주하는 것이 아니라 달리가 자신이 발전시킨 이 방법론을 철저하게 관철시키지 못했음을 비판한다는 의미를 갖는다. 브르통이 통렬하게 비판했듯이 달리는 점차적으로 상업적 성공에 과도한 관심을 가지게 된다. 뿐만 아니라 무엇보다도 〈나르시스의 변형〉이라는 작품이 잘 보여주듯이 달리는 망상증이 가질 수 있는 '전복적' 의미를 표현하기보다 점차적으로 상상적 이미지를 산출하는 경향을 보인다.

달리의 이 그림은 라깡의 '거울단계' 이론을 직접적으로 연상시키는 작품이다. 라깡의 거울단계이론에 따르면, 신체적으로 통합되지 못한 생후 6개월에서 16개월의 어린아이가 자신의 거울이미지—어머니—와 동일화해 상상적 통일성을 소유하게 됨으로써 상상적 주체로 탄생하게 된다.

살바도르 달리, 〈나르시스의 변형〉(1937)

달리는 이 그림을 이렇게 설명한다. "일정 시간 동안 약간 멀리 떨어진 곳
에서 (…) 최면에 걸린 듯 움직이지 않는 나르시스의 형상을 바라보면 그
것[나르시스의 형상]은 점차적으로 사라져 마침내 완전히 보이지 않게 된
다." "나르시스의 변형은 바로 그 순간에 발생한다." 물에 비친 나르시스의
이미지로부터 손이 하나 떠오르는데, "나르시스의 이미지"가 "손의 이미지
로 갑자기 변형되[는]" 바로 그 순간에 나르시스의 변형이 발생한다. "손가
락 끝에서 그 손은 달걀, 씨앗, 구근을 쥐고 있으며, 이것들로부터 "새로운
나르시스—꽃—이 태어난다."(Dalí 1998: 326) 달리는 이 새로운 나르시스
를 자신의 영원한 여인 "갈라"로 명명한다. "그 머리들이 쪼개질 때/ 그 머
리가 분열될 때/ 그 머리가 파열할 때/ 그것은 꽃이 될 것이다/ 새로운 나
르시스/ 갈라/ 나의 나르시스여."(329)

여기에서 볼 수 있듯이 우리는 달리 자신의 그림 분석과 라깡의 거울단
계 이론이 동일한 이론적 내용을 전달하고 있다는 것을 알 수 있다. 라깡에

따르면 나르시스적 거울이미지는 파편화된 신체의 '정형외과적 봉합'에 다름 아니며, 궁극적으로 동일화 대상으로서의 거울이미지는 어머니이다. 그리고 이러한 상상적 동일화를 통해 상상적 주체가 탄생하지만, 이 상상적 이미지는 파편—화석과 같은 파편화된 손과, 그 곳에서 피어있는 꽃—으로 분열된다. 그러나 이러한 달리 회화론이 라깡 이론을 통해 설명될 수 있다는 그 사실 자체가 〈나르시스의 변형〉과 같은 달리 회화의 정당성을 입증해주지는 않는다는 점을 염두에 둘 필요가 있다.

단적으로 말하면, 라깡이론과 달리 회화론에는 다음과 같은 차이가 있다는 것이다. 라깡은 거울단계에서 상징적 단계로의 이행, 그리고 상징적 단계로부터 상징적 단계의 너머로의 이행에 관한 문제를 정신분석적으로 (그리고 예술론적으로) 사유했고, 궁극적으로 오이디푸스 콤플렉스의 너머(상징계의 극복)—분석의 끝—이라는 개념을 이론화하기 위해 노력했다.[21] 반면 달리는 비판적-망상증 기법이 가진 '전복적' 의미를 발전시키지 못하고 나르시시즘적 욕망의 실현 혹은 자궁으로의 복귀 환상, 혹은 우주론적 합일과 같은 상상적 차원으로 회기하는 경향을 보였다.[22]

---

21 분석의 끝이란 좁은 의미의 정신분석의 끝을 의미하기도 하지만, 보다 일반적으로 주체가 소외의 상태에서 벗어나 자유와 해방을 획득하는 순간에 도달하는 것을 의미한다. 달리 말하면 정신분석학은 많은 이들이 생각하는 것과 달리 주체를 '가족 삼각형'에 가두는 것을 목표로 삼는 것이 아니라 가족 삼각형과 오이디푸스 콤플렉스, 그리고 상징계를 넘어서는 것을 목표로 삼는다는 것이다. 분석의 끝에 관한 상세한 논의로는 홍준기, 「분석의 끝(목표): 환상의 통과, 주체적 궁핍, 증상과의 동일화—역자해제」, 조엘 도르, 『구조와 도착증: 라깡과 정신분석임상』(아난케, 2005), 13쪽 이하 참조.

22 뿐만 아니라 달리는 자신의 예술적 과제에 대해 이렇게 말한다. "스페인이 영광스런 최고 임무인 리얼리즘과 신비주의라는 위대한 고전적 전통 안에서, 모던 시대의 모든 경험들을 승화시키고 통합하고, 전제군주제적으로 합리화하고, 최고로 미화시킬 수 있는 유일자란 말씀이다."(살바도르 달리, 『달리, 나는 천재다』, 31쪽.)

하지만 달리의 회화론의 이러한 한계에도 불구하고 많은 미술사가들 혹은 미학이론가들이 평가하듯이 달리의 비판적-망상증 기법 혹은 초현실주의의 실험을 단순히 '실패한' 역사적 산물에 불과한 것으로 간주해서는 안 될 것이다.

지금까지 논의한 달리 회화론의 의의 이외에도 우리는 달리가 '망상증 임상'에, 달리 말하면 '광기의 주체성'에 관한 논의에도 새로운 전망을 열어주었다는 것을 달리의 '공적'으로 포함시킬 수 있다. 달리는 자신의 비판적-망상증 기법을 발전시킴으로써 정신병 임상에 관해 '학문적으로도' 공헌했다는 것이다. 흥미롭게도 달리는 실제로 망상증자였지만 "광인과 나의 유일한 차이점은 바로 내가 미치지 않았다는 것이다"(Dalí 2004: 16)라고 말한 바 있다. 이러한 달리의 말을 어떻게 이해할 수 있을까? 실제로 달리의 상태는 크레펠린(Kraepelin)의 진단에 따라 설명될 수 있다. 핑켈스타인이 지적하듯이 브르통과 마찬가지로 달리는 크레펠린의 정신의학 저서를 알고 있었다.(Finkelstein 1996: 294, 주4) 크레펠린에 따르면 망상증자는 지속적이고 수정불가능한 유형의 망상"을 보이지만 "사유, 의지 그리고 행동의 명료성과 질서"를 "보유"(Breton 2002: 130)하고 있다. 즉 달리는 "가장 우호적인 종류의 잠재적 망상증"의 경우였으며 따라서 그의 망상증은 "혼란스런 성격의 모든 사건으로부터 면제"(134)되어 있었던 것이다. 하지만 크레펠린의 이러한 '진단명'은 그럼에도 불구하고 달리의 비판적-망상증 기법에 대해 사실 아무 것도 알려주는 바가 없다. 라깡이 비판했듯이 크레펠린은 망상증자가 보유한다고 하는 "사유, 의지, 그리고 행동의 명료성과 질서"가 과연 무엇인지 전혀 설명하지 못한다.(Lacan 1993: 18) 그렇다면 우리는 달리의 비판적-망상증 기법(그리고 라깡의 박사학위논문)은 다른 한편으로 본다면 크레펠린과 같은 '체질론적 정신의학자'[23]가 결코 파악할 수 없었던 망상증의 '임상적-윤리적-사회적-전복적' 의미에 대한 탁월한 새로운 해석으로 간주할 수 있다.

상업적 성공에 과도한 관심을 가진 '탐욕적' 달리를 비판했지만 브르통 역시 달리의 비판적-망상증 기법이 갖는 예술적 의미를 간과할 수 없었다. 브르통은 달리의 독창성을 이렇게 평가한다. "살바도르 달리의 위대한 독창성은 그는 이러한 사건들[외상적 경험, 나르시시즘적 고착, 사회적 충동 등]에 행위자로서 그리고 관객으로서 동시에 참여할 수 있을 정도로 충분히 강한 모습을 보여주었다는 사실, 그리고 그는 현실에 저항하는 쾌락에 의해 창설된 행동에 대한 판단자로서, 그리고 동시에 참여자로서 자신을 자리매김하는 데 성공했다는 사실에 있다." 이러한 성공은 곧 "외상적 경험", "나르시시즘적 고착" 등 병리적 현상들을 "승화"시킴으로써 "현실적 정신병의 희생자가 되는 것을 피[할]"(Breton 2002: 133) 수 있었으며, 예술작품을 생산할 수 있었던 그의 능력에 기인하는 것이다.

그렇다면, 1930년대에 달리에 관한 직접적이고 자세한 '예술론'을 썼던 라깡은 오랜 세월이 지난 후에 달리에 대해 어떻게 말하는가? 다행스럽게도 우리는 라깡의 『세미나 11권』에서 이러한 흥미로운 질문에 대한 라깡의 대답이 어떠할 것인지를 추측케 하는 구절을 한두 개 발견한다. 『세미나 11권』에서 라깡은 홀바인의 〈대사들〉을 논평하면서 이 그림에 전면부에 등장하는 왜상적(anarmophic) 형태의 형상—해골—은 달리의 "부드러운 시계"(Lacan 1973: 83)을 연상시킨다고 말한다. 그리고 왜상, 즉 "왜곡"

---

23 라깡은 또한 크레펠린이 망상증은 오직 '내적 원인들'에 의해서만 전개된다고 주장한 것을 비판하고 망상증의 원인으로 외적 요인들—사회적, 개인적(그리고 심리적) 원인들—을 동시에 고려해야 한다고 주장했다. J. Lacan, *Book III. The Psychosis*(New York/London, W. W. Norton & Company, 1993), p. 17 참조.

한스 홀바인, 〈대사들〉(1533)

(déformation)을 활용한 회화기법은 "망상적 애매성"을 통해서도 드러나
며, 아르침볼디부터 달리에 이르기까지 사용되었다"(Lacan 1973: 82)고 말한
다. 라깡에 따르면 달리의 그림 역시 홀바인의 그림처럼 일종의 왜상적 회
화로 볼 수 있으며, 그것은 후자 "못지않게 팔루스적"(Lacan 1973: 83)이다.

지금까지 살펴보았듯이 달리의 '망상적 회화'는 '모성적 팔루스'와 거울
단계를 끊임없이 지시하지만, 그럼에도 그것은 〈대사들〉에 등장하는 팔루
스적 대상과 마찬가지로 "무화된(anéantisé) 주체", 즉 "거세의 마이너스 파
이(−φ)의 형태로 무화된" 주체를 표상한다. "근본적 충동들의 틀(cadre)을
경유해 모든 욕망의 조직화를 (…) 주도"하는 것이 바로 이 "거세의 마이너
스 파이"이다.(83) 달리의 회화가 모성적 팔루스와 거울단계를 지시하지만
그럼에도 그것이 궁극적으로 무화된 모성적 팔루스에 대한 예술적 성찰을
담고 있는 한에서 오랜 세월이 지난 후에도 라깡은 달리 회화의 의의를 여
전히 긍정하고 있다고 추측해 볼 수 있지 않을까?

참고문헌

살바도르 달리(2004), 최지영 옮김,『달리, 나는 천재다』, 다빈치; *Journal d'une génie*, La Table Ronde, 1994.

_____(2005), 이은진 옮김,『어느 괴짜 천재의 기발하고도 상상력 넘치는 인생 이야기』, 이마고; *La vie secrète de Salvador Dalí*, Fondation de l'hermitage, 1973.

조엘 도르(2005), 홍준기 옮김,『구조와 도착증: 라깡과 정신분석임상』, 아난케; *Structure et perversions*, Denoël, 1987.

_____(2005), 홍준기 옮김,『프로이트·라깡 정신분석임상』, 아난케; *Clinique Psychanalytique*, Denoël, 1994.

데이비드 메이시(2002), 허경 옮김,『라캉 이론의 신화와 진실』, 민음사; *Lacan in Context*, London, Verso, 1988.

조르주 세바(2005), 최정아 옮김,『초현실주의』, 동문선.

사란 알렉산드리안(1992), 이대일 옮김,『초현실주의 미술』, 열화당; *Surrealist Art*, London, Thames and Hudson, 1985.

카트린 클링죄어 르루아(2008), 김영선 옮김,『초현실주의』, 마로니에북스.

할 포스터(2005), 전영백·현대미술연구팀 옮김,『욕망, 죽음 그리고 아름다움』, 아트북스; *Compulsive Beauty*, Cambridge MA, MIT Press, 1995.

_____(2007), 배수희, 신정훈 외 옮김,『1900년 이후의 미술사』, 세미콜론; *Art since 1990*, London, Thames and Hudson, 2005.

홍준기(1999),『라캉과 현대철학』, 문학과지성사.

_____(2002),「자끄 라깡, 프로이트로의 복귀」,『라깡의 재탄생』, 홍준기 외 엮음, 창작과비평사.

_____(2005),『오이디푸스 콤플렉스, 남자의 성, 여자의 성』, 아난케.

_____(2005),「분석의 끝(목표): 환상의 통과, 주체적 궁핍, 증상과의 동일화―역자해제」, 조엘 도르,『구조와 도착증: 라깡과 정신분석임상』, 아난케.

_____(2008),「변증법적 이미지, 알레고리적 이미지, 멜랑콜리 그리고 도시: 벤야민 미학에 관한 정신분석적 고찰」,

_____(2009),「르네 마그리트 회화 분석: 라깡 예술론의 관점에서」, 한국현상학회 엮음, 『철학과 현상학 연구』, 제4집.

André Breton(2002), *Surrealism and Painting*, London, Macdonald and Company Ltd.

Salvador Dalí(1998), *Collected Writings of Salvador Dalí*, H. Finkelstein ed., Cambridge, Cambridge University Press.

_____(1998), "The Rotting Donkey" in *Collected Writings of Salvador Dalí*. ed. H. Finkelstein, Cambridge, Cambridge University Press.

_____(1998), "New General Considerations Regarding the Mechanism of the Paranoiac Phenomenon from the Surrealist Point of View" in *Collected Writings of Salvador Dalí*. ed. H. Finkelstein, *op. cit.*

_____(1998), "The Conquest of the Irrational" in *Collected Writings of Salvador Dalí*. ed. H. Finkelstein, *op. cit.*

_____(1998), "Millet's <L'Angélius>" in *Collected Writings of Salvador Dalí*. ed. H. Finkelstein, *op. cit.*

_____(1998), "The Tragic Myth of Millet's <L'Angélius>: Paranoiac-Critical Interpretation (excerpts)" in *Collected Writings of Salvador Dalí*. ed. H. Finkelstein, *op. cit.*

_____(1998), "Metamorphosis of Narsissus" in *Collected Writings of Salvador Dalí*. ed. H. Finkelstein, *op. cit.*

Haim N. Finkelstein(1996), *Salvador Dalí's Art and Writing*, 1927~1942, Cambridge, Cambridge University Press.

Jacques Lacan(1975), "Le Problème du style et la conception psychiatrique des formes paranoïaques de l'expérience" in J. Lacan, *De la psychose paranoïque dans ses rapports avec la personnailité*, Paris, Seuil.

_____(1975), *De la psychose paranoïque dans ses rapports avec la personnailité*, Paris, Seuil.

_____(1978), *Le Sémiaire II. Le moi dans la théorie de Freud et dans la technique de la psychanalyse*, Paris, Seuil.

_____(1966), "D'une question préliminaire à tout traitement possible de la psychose ", in J. Lacan, *Écrits*, Paris, Seuil.

_____(1973), *Le Séminaire XI. Le quatres concepts fondamentaux de la psychanalyse*, Paris, Seuil.

_____(1993), *Book III. The Psychosis*, New York/London, W. W. Norton & Company.

Peter Mahr (1998), "Stil, Dalí und Spiegelstadium" in *Schöner Wahnsinn*, hersg. von Karl Stockreiter. Wien, Turia + Kant.

Elisabeth Roudinesco (1993), *Jacques Lacan. Esquisse d'une vie, histoire d'un système de pensée*, Paris, Fayard.

'우리'와 '그들'의 구별짓기에 대한 비판적 단상

라깡의 여성 주체성 정치의 기여

-

이만우

I 序 — 반성성의 기획

그동안 필자가 적의(인간 주체의 공격성과 파괴적 충동에 대한 감정적 표상)의 실행에 따라 유발된 사회병리적 문제들에 대한 질적 연구를 정신분석적으로 수행한 작업은 정신분석의 이론적 개념들을 사회심리연구 또는 문화연구에 적용한 '실험'이라고 할 수 있을 것이다.(이만우 2007; 2006) 이를 통해 주체성에 대한 사회심리적 분석을 보여주는 단일 사례연구에서 정신분석 이론을 적용하는 방법적 도구를 개발하고자 했다. 다시 말해, '정신분석적 문화연구'(이만우 2005; 2000) 또는 '사회심리연구로서의 정신분석'(이만우 2009)이라고 말할 수 있는 연구는 연구주체와 연구대상 사이의 유관성을 논의하는 맥락에서 전기 작가들처럼 개인의 삶에 대한 이야기를 기술하는 것을 넘어 특정 사회문제에 대한 개인의 태도, 즉 파괴적 욕동의 사회관계 또는 무의식적 욕망의 사회적 표상으로서의 억압적 또는 변형적 권력작용을 설명하는 데 초점을 맞추었다. 다시 말해, 클라인 정신분석의 문제틀에 기초하여 공적 영역에서 감정 또는 정동의 실행을 대인관계적 권력작용과 연계하여 수행함으로써 인간 감성의 긍정적 열정을 가로막은 사회구조적 요인들(폭력, 범죄, 억압적 국가정책 등)에 대한 '인간학적 반항'에 그치고 있다.(이만우 2003)

주류 사회과학 이론과 거리를 두면서 정신분석적 연구를 정초하려는 이러한 비판적 작업은 규범적 관점에서 보면 기특하지만, '사회심리적' 또는 '문화적'이라는 명칭 하에서 인간 주체의 작인과 감성을 복원하려는 작업이므로 여전히 가해적 '사회구조'와 관련하여 반항적 '개인성'을 재구성하여 맞대응시키는 것일지도 모른다. 결국 '사회심리적인 것' 또는 '문화적인 것'은 잘못 정의된 채로 남아 있다. 이러한 작업은 사회구조적 문제를 증상으로 유추하여 중요한 정신분석적 주제를 표명하기는 하나 이론적으로는 혁신적이지 않다. 사회문화적 문제의 심리구조적 측면들이 조명되기에는 미흡하며, 그 문제의 증상적 측면들이 임상구조의 변화에 미치는 영향을 밝혀내지 못하기 때문이다. 따라서 그 작업이 적어도 연구대상을 자세히 설명하는 데 지속적인 어려움이 노정되지 않을 정도만큼 생산적일지라도, 필자의 정신분석적 연구는 보다 '인습적인' 학문분과에 의해 다시 점유당할 위험에 항상 봉착해 있다.

이 위험을 극복하기 위한 일차적 방향은 인간 주체의 재생산에 기여하는 요소들이 분열적으로 이론화되는, 즉 그 요소들 간의 '봉합'의 장소와 기제에 관심을 두는 비판적 접근으로 정신분석적 연구를 자리매김하는 것이다. 여기서 사회제도적 억압이 어떻게 리비도적 개인성을 제한하는가에서 벗어나 사회적이기도 하고 심리적이기도 한 임상구조에서 또는 그 구조를 통해 구성되는 주체성의 위치와 유형을 개념화하는 것이 연구의 초점이 된다. 이제 '심리적인 것'과 '사회적인 것'은 서로 별개의 것으로 규정되지 않고—라깡이 말하는 '뫼비우스 띠'처럼—마치 하나처럼 함께 유동하며, 그것을 바라보는 방식에 대한 선택은 순수하게 전술적인 것이다. 그러므로 정신분석적 연구는 '여기 내부'와 '저기 외부', '주체'와 '대상', '심리적인 것'과 '사회적인 것' 사이의 손쉬운 경계설정을 부정하는—'학제간'(inter-disciplinary) 작업과는 다른—**초학제간(trans-disciplinary) 실천**이 되어야 한다. 이 연구는 자신의 가정을 항상 흐트러뜨리는 방식으로 자신을 구성해야 하는데, 다시 말해 자신의 전제에 의문을 던지는 부정을 통해 스스로를 시험하는 일종의 비판적 정치를 갈망해야 한다. 그리고 항상 '심리적인 것'도 아니고 '사회적인 것'도 아닐 뿐만 아니라 양자의 단순 결합도 아닌 '사회심리적 공간'[1]에 대한 이론적 개입을 추구해야 한다.

이는 이론과 실제 모두에서 정신분석적 연구가 '반성성'—즉 항상 자신을 되돌아보고 자신의 지식 생산물에 의심의 시선을 보내는 태도를 우선시하는—을 발달시켜야 함을 입증하는 것이다. 이러한 입장은 '사회심리적인 것'과 '비판적인 것'을 동행하게 만든다. 그리고 '비판적인 것'이 항상 '부정'(negation)의 형태를 띠고 부정은 경계를 무너뜨리는 것을 의미하듯

---

1 '사회심리적 공간'을 정의하면서는 다음과 같이 정신분석적 주체의 현존을 가정하는 것이 중요하다. "'사회심리적'(Psycho-Social)이란 용어는 개인-사회 이원론을 초월하는 방식으로 주체성과 작인(作因)을 이해하고 정신분석을 이러한 목적으로 이용하려는 시도에 기인한다. 이러한 관점에서 우리는 불안과 욕망을 불러 일으키는 삶의 사건들이 '내부 현실'에서 변화되어 온 방식에 대한 특이한 생애사의 생산물이기 때문에 **심리**사회적(강조 원문)이다. 또한 우리는 그러한 방어활동이 물질적 조건들과 담론(어떤 개인에 앞서 선재하는 의미체계)에 영향을 주고 영향을 받기 때문에, 그리고 무의식적 방어가 간주체적 방어이고—우리가 의사소통하는 타자들에게 영향을 주고 영향을 받는—외부 사회세계의 실제 사건들이 담론적으로, 방어적으로 전유되기 때문에 **사회**심리적(강조 원문)이다." (Hollway, 2006: 467~8)

이, 무정형이기도 하고 때로는 분산된 지형이 비판적 연구를 위해 펼쳐지게 된다. 따라서 이 연구는 다양한 말하기 또는 글쓰기를 통해 '사회심리적인 것'과 '비판적인 것'이 동일한 것의 두 측면임을 폭로하는 정치적 저항이라고 말할 수 있으며, 최소한 그것을 가능케 하는 실천형태라고 볼 수 있다.

이러한 지형에서 필자는 내부와 외부 또는 동일성과 차이를 구분하는 것과 같이 친숙한 사건과 대상을 심리적으로 투사하는 경향에 정치적으로 저항하는 방식을 추구할 수 있으리라고 본다. 또한 반대로 이 경향에 반대하면서 대상의 '새로움'에 접하여 그 대상이 환원적 방식으로 전유되는 것에 대항할 수 있도록 차이를 형성하는 방식을 찾아낼 수도 있다고 본다.

그렇다면 이제는 정신분석적 연구가 수행될 때 정신분석의 이론적 개념들이 어떻게 작동하는가를, 나아가 정신분석 그 자체가 어떻게 치유하고자 하는 것의 일부분이 되는가를 설명해야 한다. 이것은 정신분석적 연구가 이미 정신분석에 의해 해석된 것으로서 모순적인 병리경험에 대한 분석임을 의미한다. 결국 정신분석적 연구가 실천할 수 있는 것은 정신분석의 이론적 개념들이 우리로 하여금 사회문화적 문제들을 동기화하는 심층의 심리적 원인으로서 주체성의 정치를 탐구하게끔 고무시키는 방법을 보여주는 것이다.[2]

따라서 이 글에서 필자는 일상생활의 집단경험, 특히 '우리'와 '그들'의 구별짓기에서 어떻게 (남성/여성) 주체성의 성정치 양식이 명백히 드러나고, 그 양식이 어떻게 사회관계와 문화에 자리매김되며, 나아가 그것이 억

---

2 정신분석적으로 보면, 주체성의 정치는 일차적으로 아동기에 숨겨진 욕망 또는 파괴적 충동처럼 우리 자신에 대한 우리의 감각 또는 인식을 말하며, 이차적으로 그 감각 또는 인식이 사회문화적으로 표상되는 정치행위의 과정 및 결과에 관계한다.

압적 또는 변형적 권력작용과 관련하여 어떻게 분석될 수 있는가를 보여주고자 한다.

II '우리'와 '그들'의 구별짓기: 조증적 환상에 의한 '적'의 생산

한국사회에서 정치가 상호주관적 행위이어야 한다는 규범적 기대와는 달리, 현실의 정치지형은 특정 담론이 구성한 '진리'가 전일적이고 총체적인 지위를 누리기 위해 지배하고 대립하여 갈등하는 모습으로 짜여지곤 한다. 이러한 정치지형에서 권력작용은 '우리'와 '그들'의 구별짓기라는 뚜렷한 이분법적 차별화의 구조를 전제하게 된다.

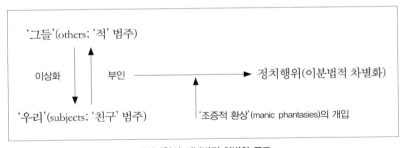

정치지형의 이분법적 차별화 구조

이러한 구조에서 정치행위의 의미는 '우리'가 '그들'과의 적대관계에서 목표를 달성해야 한다는 서술체계에서 나타나게 된다. '우리'의 집단이해를 실현하는 것이 정치행위의 목표라고 한다면 그 목표를 향해 나아가는 것이 정치행위의 가장 기본적인 양식이다. 예컨대 "우리는 그들이 우리 것을 빼앗았기 때문에 이제 그들을 무찌르고 나아가 집권해야 한다"와 같이 '우

353

리'의 집단이해에 입각하여 가장 기본적인 정치행위의 방향이 정해진다는 말이다. 그러나 현실적으로 그러한 목표가 아무런 방해 없이 즉각 실현되지는 않는다. 목표를 실현하기 위한 정치행위의 과정에서 '우리'는 여러 가지 장애물에 부딪히게 마련이다. 따라서 장애물의 존재를 설명하고 제거하기 위한 처방을 계획하지 않으면 안 된다. 이러한 처방은 '그들'에 대한 '우리'의 투쟁으로 나타난다.

이러한 상황에서 현실적 필요성이 이상적 가능성을 압도하는 정치행위가 종종 나타난다. 눈 앞에 보이는 장애물('그들')을 **부인**해야 '우리'의 **이상화**된 목표를 향해 나아갈 수 있다는 인식 때문이다. 또한 목표를 향해 나갈 수 없다는 점을 합리화하기 위해 존재하지도 않는 '적'을 존재하는 것처럼 만들기도 한다. 이러한 이유로 정치행위는 특히 전략적 대립관계가 현실화되었을 때 (민주주의적) 가치실현보다는 '적'에 대한 투쟁이 그 행위의 전부처럼 인식되기 쉽다. 이러한 현상은 '조증적 환상'이 매우 공격적인 요소로 기능하고 있음을 보여주는데, 그 공격성은 정치행위의 목표나 전망을 타자에 대한 억압적 권력의 매개로 이용함을 알 수 있다.

실제로 '그들'을 '적'의 범주로 기능하게 만들고, 또한 '적'의 범주를 구성하는 담론실천으로 인해 '우리'의 위치를 항상 정당화하고 절대화하는 것은 조증적 환상의 개입으로 인한 것이다. 정치행위에서는 항상 '적'을 창출하고 그 '적'이 존재하는 상황을 '위기'로 규정하는 조증적 환상이 작용한다. 에델만은 집합행동의 정치가 '적'의 생산과 밀접한 관계에 있다는 것을 다음과 같이 말한다.

정치에는 물질적 이익, 신분, 도덕과 관련된 쟁점들이 포함되어 있기 때문에 사람들은 항상 다른 사람과 맞붙어 싸우며 그들을 적대적인 존재 혹은 '적'

으로 간주한다. 정치적 '적'은 다른 나라일수도 있고 다른 취향의 이데올로기 신봉자일수도 있으며 닮은 데라고는 하나도 없는 상상으로 꾸며낸 허구적인 존재일 수도 있다. 어쨌든 그것들은 애초부터 정치적 장면을 구성하는 일부분인 것이다. 이러한 '적'이 있음으로 해서 정치적인 전경에서 정열과 공포 및 소망이 일어나게 된다. 어떤 사람에게는 적이지만 다른 사람에게는 친구이거나 죄없는 희생양이 되기 때문에 그렇다.(Edelman 1988: 66)

역사적 또는 사회적 맥락에 따라 '적'의 범주는 그 내용이 상이할 수 있지만, '적'의 존재는 집합적 정치행위를 성립시키고 추동하는 필요조건 중의 하나라는 것이다. 이렇게 '적'의 범주를 구성하는 것은 그 반대편에 위치한 '친구'의 정체성을 구성하는 것이기도 하다. 기호세계에서 선의 범주는 악의 범주를 통해 구성되고 담론세계에서 정상의 범주는 비정상의 범주에 의해 구성되듯이 정치행위에서 '우리'는 '적(그들)'을 통해 구성된다. 다시 말해, '우리'의 정체성은 다른 존재로부터 그 자신을 구별하는 것에 의해 스스로를 강화하는 것이다. 선한 집합적 '우리'는 악의 파괴로 환원된다. 따라서 여기에 권력투쟁의 '격렬함' 이면에서 악('그들')이 제거된다면 사회구성원들 간의 합의가 사회 그 자체를 재구성한다는 유토피아적 통합의 신념이 자리잡는다. 사르트르의 말대로 "신성한 파괴자가 임무를 완성했을 때 잃어버린 낙원은 다시 찾아올 것이다."(Sartre 1995: 43) '적'의 제거 또는 '그들'의 부인은 유토피아적 정치의 이념을 실현하는 유일한 것이 되어버린다.

'적'은 본성적으로 악하고 비도덕적이며 성격이 비뚤어진 병리적인 존재로 부각된다. 이러한 믿음은 객관적 사실에 입각한 것이라기보다는 대개 검증될 수 없는 가정에서 나온다. 따라서 '적'이 아무런 행동을 취하지 않더라도 존재하는 것만으로도 충분한 위협이 된다. 그러므로 '적'을 만들어내는 동기는 적과 싸워서 이기는 것에 있지 않고 비정상적인 타자성을 소명하는 것에 있다. 일례로 각종의 대중영합주의적 이데올로기에서 '적 이미지'가 독재자임은 본질적인 것이 아니라 부수적인 발전일 뿐이다. 원리상 그 '적 이미지'는 누구에게나 가능하다. '우리' 모두가 독재자의 대체물이 될 수 있다는 것이다. 그리고 이것은 단지 이론적인 가능성만이 아니다. 일찍이 아도르노는 권위주의적 인성에 대한 고전적 연구에서 "우리의 표본에서 주체들은 멕시코인들과 그리스인들과 같은, 유대인들의 수많은 대체물을 발견한다"(Adorno 1993: 303)라고 지적하고 있다. '적 이미지'의 구조적 위치에 대한 필요와 더불어 항상 그 위치가 선험적으로 주어진 것이 아님을 보여주는 '우리'의 재점유 작업이 동반된다. 이것은 그람시의 표현대로 헤게모니 구조 내에서 모든 가능성은 열려 있기 때문에 그 누구도 '우리'와 '그들'의 구별짓기로부터 면죄될 수 없음을 의미한다. 물론 구별짓기의 결정은 조증적 환상 속에서 이 기능을 수행할 수 있는 주체(특수한 개인이나 집단)가 사회적 관계망을 이용할 수 있는가의 여부에 달려 있다.

이렇게 정치행위가 조증적 환상에 갇히게 되면 특정 정치집단 내부의 '적'은 교정되어야 할 타자('그들') 혹은 격리되거나 추방되어야 할 '변종'으로 간주된다. 따라서 '적'에 대한 가학증적 행위가 합리화된다. 노선이 다른 정치적 반대자의 이력을 파괴하거나 공개적으로 모욕하는 것은 정치의 정당성을 보지하고, 그 반대자로 인해 오염된 집단 내부를 치료하는 행위의 일환으로 받아들여진다. 동시에 '우리'의 위치는 처벌과 교정의 권한을 가진 윤리적 주체와 동일시되어 절대화된다. 이와 반대 방향에서 '적'의 생산은 정치적 당파들의 결속감을 높여 주는 방법이기도 하다. 실제로 '적'이 '우리'에게 해를 끼치든 끼치지 않든 간에 '적'을 만들어냄으로써 정치적 당파가 형성된다. 또한 증오나 적대감이 오래 지속될수록 당파의 내적 연대는 더욱 공고해질 수 있다. 그리고 이미 존재해 온 정치집단 내부의 위계서열 구조는 강화된다. 기득권 세력을 비판하는 집단이나 특정 이해관계에 기반한 집단을 내부의 적으로 낙인찍고 그들을 배제하거나 억압할 때, 여타의 집단이 권력을 장악하고 있는 헤게모니 집단에 도전할 가능성은 적어진다.

이렇게 볼 때, '적'을 확인하고 인식하며 '적'이 존재하는 상황을 위기의 현실로 규정하는 것은 정치행위가 발생하는 필수적인 조건임에 분명하고, 이 조건에서 권력작용은 조증적 환상이 작용하는 정치행위의 수사적 무기이다. 다소 과장되게 '적'을 비판하는 한편 희생자나 '우리'를 영웅화시킴으로써 윤리적인 자극을 가하는 멜로드라마 형식을 띠는 텍스트가 바로 정치담론인 셈이다. 정치담론의 이러한 성격 때문에 정치행위는 제의성(祭儀性)을 띠기도 한다. 일단 정치과정이 멜로드라마와 같은 형식을 취하면 그것은 대중을 행동하게 하는 윤리적 추동력을 얻게 된다.

이러한 정치행위는 '우리'와 '그들' 사이에 위치하는 '사악한' 권력의 소유를 둘러싸고 전개된다. 지난 세대의 '진보' 나아가 '혁명'을 위한 주장은 당시의 정치행위에 지대한 영향을 준 것이 사실이다. 대중들에게 '새로운 시대'의 드라마는 소원하고 몽롱한 것이 아니라 주어진 계기에서 상연되어야 할 분명한 주장이었다. 그러나 이러한 주장은 매우 절박하게 기다린 '적'의 생산과 분리될 수 없다. 세대가 지남에 따라 대중은 새로운 '적'의 기표를 지속적으로 기대하였고, 정치행위는 '적'의 진정한 얼굴을 은폐하는 기능을 하게 되었다. 즉 1980년대의 사회운동에서 이러한 정치행위가 '적'의 구조적 위치와 그 위치를 점하고 있는 특수한 집행자 사이에 메울 수 없는 틈새를 만들었던 것이다.

살펴본 대로 정치행위는 조증적 환상으로 인해 유발된 사회병리적 요소들과 연결된다. '우리'의 정치적 경험이 예기치 않은 것과의 지속적인 투쟁이기 때문에 항상 이러한 예기치 않은 것을 표상하고 혼돈을 질서로 변형시킬 필요가 대두된다. 이러한 변형은 보통 사회통합에 대한 절대적 훈습의 약속으로 상술된다. 미래의 사회통합은 혼돈이 어느 정도 제거될 것이라고 묘사된다. 그리고 이러한 전망의 장애물은 현존의 무질서와 혼돈 및 억압을 지탱하는 악의 집행자('적')가 존재한다는 것이고, 이 집행자의 제거가 매우 중요하다는 것이다.

　이렇다면 조증적 환상의 효과는 불가능한 욕망을 충족시키는 것이 아니라 그 욕망을 구성하는 것이고, 이 모든 것은 일차적으로 적의 생산으로 이어진다. '우리'는 조증적 환상이 정치적 경험의 환원될 수 없는 '부정성'을 그 경험이 가능한 조건으로 자리매김하고 이를 위해 '그들'의 근절을 약속한다는 것을 알 수 있다.

III 남성 주체성의 성정치 양식: '적대'의 억압

하지만 이러한 조증적 환상의 효과로 드러나는 일상생활과 정치에서 대인관계의 집합적 경험으로서 '친구'와 '적' 또는 '우리'와 '그들' 간의 구별짓기는 그리 영원해 보이지 않는다. 우리는 그 구별짓기의 '덧없음'을 상상할 수 있고 심지어 목도할 수도 있다. 그렇다 하더라도 이러한 덧없음은 일상생활에서 정치적 논쟁의 장을 파괴하는 효과를 지닌다. '친구'와 '적'의 구별짓기가 없다면, 정치 자체를 상실하거나 정치행위는 극적이지만 불완전한 형태로 변형될 수밖에 없다.

아마 이를 통해 '친구' 또는 '우리'를 이상화하고 '적' 또는 '그들'을 부인하는—클라인 정신분석의 핵심 용어인—조증적 방어(manic defence)로 일상생활의 집단경험을 양극화하는 전망을 넘어 권력작용에 대한 새로운 사회이론적 통찰을 제공할 수 있는 라깡 정신분석의 기여를 확인할 수 있을 것이다.

카를 슈미트에 따르면, '친구'와 '적'의 구별짓기는 의미 있는 뭔가를 제공하는 정치지형을 구성한다. 그는 다음과 같이 말한다.

> 전쟁의 가능성이 철저히 제거된 완벽하게 평화로운 세계는 친구와 적의 구별짓기가 없는, 즉 정치가 상실된 세계일 것이다. 그러한 세계가 많은 흥미로운 반명제, 대립, 온갖 종류의 모략을 포용할 수는 있을지라도 사람들이 삶을 희생하고, 피를 흘리는 것을 정당화하며, 다른 인간존재를 죽이기까지를 요구할 수 있는 '의미 있는' 반명제는 존재하지 않는다.(Schmitt 1996: 35)

현재 한국사회는 '사회통합'이라는 명분으로 더 이상 우리에게 "삶을 희생하고 다른 인간 존재를 죽이기를 요구하지" 않는 세계의 이미지를 정치적 갈등이나 집단폭력으로 점철된 세계보다 압도적으로 더 선호하는 듯하다. 그러나 '친구'와 '적', '우리'와 '그들' 사이의 구별짓기가 사라진 "정치 없는 세계"는 대립 요소들 간의 적대를 억압하는 세계이다. 적대의 억압은 좌·우파 대중영합주의적 지도자나 정당, 테러집단, 그리고 종교적 근본주의로 우리가 회귀하게끔 한다.[3] 달리 말해, '우리'와 '그들'의 구별짓기를 에둘러 피해 가는 시도는 헛걸음치는 것과 마찬가지다.

실제로 사회통합의 이름으로 거론되는 '포용의 정치'에 대한 강조, 즉 진정한 정치적 대립의 규범적 부인은 역설적으로 끊임없이 야만적 형태로 사회적 적대가 발생하는 조건을 창출하게 된다. 이와 관련하여 슈미트가 말한 친구와 적의 구별짓기와 정치행위 사이의 연관성을 염두에 두면서 샹탈 무페는 적대를 억압하는 것의 사회적 비용을 폭로하고 정치적 합의의 가치를 역설한다. 그녀가 말하기를, "좌파와 우파 간 전선의 혼탁함, 민주주의 정당들 간 논쟁적 토론의 부재는 민주주의 시스템의 작동을 의심케 하는 또 다른 형태의 동일시에 의해 점령당한 공동(void)을 창조한다."[4](Mouffe 2005: 69) 무페가 정확하게 간파했듯이, 적대를 억압하고 '우리'와 '그들'의 구별짓기를 포기하면 할수록, 그 적대는 매우 폭력적인 형태로 우리를 지속적으로 괴롭힌다. 사회적 적대는 사회관계의 핵심이고, 필연적으로 모든 종류의 사회통합, 특히 분열적 질서체계를 초월하려는 것에 영향을 미치는 것이다.

  '우리'와 '그들'의 구별짓기의 필요성에 대해 무페가 제시하는 해결책은 구별짓기를 민주주의적 시스템 자체 내에 위치시켜 작동하게 하는 것이다. '우리'와 '적' 간의 적대적 투쟁을 무페가 상이한 정치적 진영 사이의 논쟁적 토론이라고 부른 것으로 대체하는 것이다. 무페가 합의 또는 통합 모델을 공격함에도 불구하고, 그녀의 대안 역시 합의에 의존하고 있다. 무페의 '논쟁적 토론' 관념이 적절하게 기능한다면, 그 토론의 참가자들은 근본적

---

3 필자는 노무현 전 대통령의 연설문 등에 대한 담화분석을 통해 대중영합주의적 정치의 문화적 매트릭스를 민중에 대한 이상화와 '우리'와 '그들' 사이의 절대적 구별짓기라는 '조증적 이원론'으로 읽어내어 사회적 적대를 형식적 포용으로 대체함으로써 그 적대를 억압하고 있는 현상을 분석했다.(Lee, 2008)

4 합의 또는 통합의 정치를 비판하면서 그녀는 토니 블레어와 같은 제3의 길 정치인뿐만 아니라 앤서니 기든스, 위르겐 하버마스, 리처드 로티와 같은 자유주의 정치이론가들도 공격하고 있다.

으로 민주주의적 정치과정에 대해 동의하고 그 결과를 받아들어야만 한다. 이 과정을 거부하는 자들은 '놀이'에 참여할 수 없다. '논쟁적 토론'은 적대의 억압을 제거하기보다는 그 억압을 지속시킴으로써 '억압된 것'의 폭력적 회귀를 막는다는 것이다. 다소 소박함에도 불구하고 무페는 올바른 방향으로 나아가고 있다. 그녀가 파악했듯이 적대 자체를 포기하지 않고서 적대의 전통적 형태를 넘어서 자리 잡는 것이 중요하다.

이에 라깡은 전형적인 형태로 '친구'와 '적'의 구별짓기를 유지하지 않고 **정치적 경쟁의 장이 어떻게 지켜질 수 있는가**에 주목하고 있다. 이러한 구별짓기가 정치에 대한 지배적 사고방식을 정의함에도 불구하고, 그것이 정치의 장을 고갈시키는 것은 아니다. '친구'와 '적', '우리'와 '그들' 사이의 대립은 라깡의 남성 주체성 개념에 상응한다. 남성주체는 만족을 위해 자신의 능력을 위협하는 인물 형상의 존재를 통해 스스로를 구성한다. '우리'와 '그들' 사이 구별짓기가 없는 남성 주체는 존재하지 않는다. 라깡이 간파했듯이, 여성의 성구분화는 남성이 요구하는 적을 위협함이 없이 일어난다. 이 때문에 이분법적 차별화 구조에 근거한 정치행위의 재구조화를 위한 매트릭스를 우리에게 제공할 수 있다고 생각한다.

남성과 여성의 성구분화에 대한 라깡의 설명은 언어로 진입하는 차별적 존재양식, 달리 말해 '남근'(phallus)에 대한 상이한 성정치로 이해된다. 라깡에 따르면, 남성과 여성의 주체성은 생물학적 범주라기보다는 구조적인 것이다. 언어가 특권화된 기표('남근')를 둘러싸고 구조화되어 있기 때문에, 언어로 진입하는 두 가지 가능성과 이에 뒤따르는 두 가지 상이한 주체성의 형태가 존재한다. 하나의 형태는 이러한 특권화된 기표가 존재하는 것이고, 또 다른 형태는 그 기표가 존재하지 않는 것이다. 주체성의 각 형태는 그에 수반하는 심리적 형태를 동반하는 데, 이는 주체가 스스로의 만족을 야기하는 경로를 설정한다.

외관상 남근을 소유함은 더 좋은 상황에 처해 있음을 의미한다. 남근을 소유함으로써 우리는 사회적 인정을 얻을 수 있고, 확실히 남성 편에 속해 있는 사람들은 대부분의 역사과정에서 물질적으로 더 나은 대우를 받는다. 남근을 소유한 자들은 해당 사회에서 권력을 행사하는 위치에 다다른다는 것이다. 사실상 남근은 사회권력과 동의어이다. 그러나 남성 주체성은 '우리'와 '그들'의 대립에 기초한 정치와 마찬가지로 여성 주체성을 봉쇄하지 못하는 한계로 고통받는다. 남근의 소유가 그 남근을 항상 소유할 것이라는 바를 불확실하게 만들 수도 있다. 남근을 소유한다는 것은 항상 상실의 관념에 위협받는 존재를 남기는 동시에 보다 확실한 소유를 위한 투쟁을 벌이도록 만든다.

남성 주체는 특권화된 기표를 가지고 있으나 이 특권은 남성 주체성이 거세의 위협과 관련하여 스스로를 구성하기 때문에 항상 빈약한 것으로 남는다. 남성 주체들은 남근을 상실할지도 모른다는 위협을 견디는 한에서만 남근을 소유한다. 이러한 두려움은 남성 주체가 할 수 있는 것을 심각하게 제한한다. 남근을 소유한다는 것은 주체를 해방시키기보다는 고도로 제한된 정체성의 형태로 주체를 속박한다. 자끄 알랭 밀레르가 기술하듯이, 이러한 주체는 "소유에 의해 방해받고 부담이 된 존재이다. 소유는 주체에게 일종의 방해물이고, 주체가 상실할 무엇을 가지는 만큼 그는 신중해지기 마련이다."(Miller 2000: 20) 남근을 소유한 주체는 상실을 야기시키는 방식으로 행동하는 것에 반하여 스스로를 방어한다.

남근을 소유함으로써 생기는 문제는 상실에 대한 항시적인 위협으로부터뿐만 아니라 실제로 남근을 소유하지 못할 것이라는 불가능성으로부터 유래한다. 남성 주체성은 완벽한 소유의 이상, 즉 '비거세'와 관련하여 실존하는 것이다. 남성의 성구분화에 대한 라깡의 개념에서 한 명을 제외한 남자들 모두는 거세 위협에 종속된다. 이러한 법칙을 형성하는 상징계 바깥의 그 인물형상은 "신비한 원초적 아버지"(Freud 1913)인데, 그는 어떤 제한도 없이 모든 여자들을 향유할 수 있는 능력으로 확실하게 남근을 소유한다. 이 이상적 아버지는 단지 죽음에 이를 수밖에 없는 남성 주체가 결코 도달할 수 없는 남근의 완벽한 소유를 예증한다. 이와 같은 남성 주체성은 도달할 수 없는 이상과 관련하여 실존하기 때문에 명확하게 정의된 한계를 지니며 그 한계를 통해 스스로를 구성한다. 이러한 이상은 남성 주체가 실현하고자 노력하는 목표이고, 그의 노력에 깔려 있는 것이 바로 거세 위협이다.

따라서 남성 주체성의 구조는 거세하려고 위협하는 외부적 힘이 없이 지탱될 수 없다. 적은 이러한 필수불가결한 위치를 점유하는 데 봉사하게 된다. 모든 '적'은 남성 주체의 남근 소유와 그의 성적 향유를 위협하는 이상적 아버지를 다시 육화시킨다. 적은 단지 남성 주체의 고유한 것을 모방하는 삶의 상이한 방식을 의미하는 것이 아니라 주체의 향유방식에 대한 치명적인 위협을 표상한다. 그러나 남성 주체의 향유는 거세의 위협에 의존한다. 남성성은 이러한 위협을 통해 발전하고 남근을 가치 있는 것으로 구성한다. '적'은 남성 주체를 위해 이 위협을 육화하는데, 그것은 전쟁 행위를 성애화하는 효과를 지닌다. '적'과의 투쟁은 위협의 타당성을 정립하거나 이 위협을 극복하려고 하는 두가지 방식 모두가 된다.

그러나 '적'의 위협에 대한 남성 주체의 관계는 스스로 향유할 수 있는 것을 가로막는 근본적인 장애물을 명확하게 만든다. 이렇게 남성 주체성은 존재론적 곤궁에 빠지게 되는데, 남성 주체는 즉시 '적'이 부가한 위협을 지탱하거나 제거하려고 노력한다.[5] 위협이 남근의 가치를 구성하는 한, 남성 주체는 결코 '적'을 제거할 수 없다. 주체의 전반적 곤궁, 스스로 향유할 수 없는 완벽한 무능력은 전체적 승리의 결과일 것이다. 따라서 하나의 적에 대한 승리는 불가피하게 '적'의 종말을 유도할 뿐만 아니라 새로운 형태의 '적'을 생산한다.

IV 여성 정체성의 성정치 양식: '무소유'와의 동일시

라깡이 말하는 여성 주체성의 구조는 적대의 억압을 의미하지 않는 '우리'와 '그들' 간 적대의 지배적 형태를 넘어 나아가는 경로를 드러낸다. 이러한 경로에 내재하는 대안적인 정치행위의 양식이 있는데, 그것은 여성 주체성을 무소유와 동일시하는 것에 근거한다. 여성 주체성은 '결여'를 둘러싸고 구조화되는데, 남성 주체성과는 완전히 다른 동학을 가진다. 여성 주체성에서는 결핍되어 있는 것으로 나타나는 것이 근본적인 장점이 된다.[6] 여성 주체에게 남성의 '원초적 아버지'와 같은 기능을 수행하는 완벽한 무소유의 인물형상은 존재하지 않는다. 무소유의 이상은 인식할 수 없는 것이다. 여성 주체성에게 관련된 이상의 부재는 여성 주체를 거세의 위협으

---

5 남성 주체는 헤겔의 주인과 노예의 변증법에서 주인의 상황에 처해 있다. 지배는 경쟁자를 노예상태로 환원하고 경쟁자로부터 적절한 인정을 얻는 것에 의존한다. 적절한 인정은 노예상태로 환원되지 않는 주체로부터만 유래하는 것이기 때문에 불가능한 과제이다. 이것이 바로 코제브가 "주인의 태도는 (…) 실존적 곤궁"(Kojève 1980: 19)이라고 주장한 이유이다.

6 프로이트는 남근의 무소유를 '결여'로 인지했는데,(Freud 1931: 233) 남성의 소유를 모방하려고 노력하기보다는 스스로를 무소유에 근거지우는 여성 주체성을 위한 가능성을 알았기 때문이다.

로부터 벗어나게 한다. 여성 주체에게 거세는 '위협'이 아니라 주체성 자체의 형태에 내재하는 근본적 '한계'로 기능한다.

그런데 여성 주체성이 거세의 한계를 회피함으로써 남성 주체성의 제한된 속성과 대조되는 무한의 구조를 가진다는 것이 요점은 아니다. 남성 주체성과 여성 주체성 모두 일정한 한계에 관여하면서 무한의 속성을 지니는 것 또한 사실이지만, 그 둘은 한계에 이르는 접근에서 그리고 그것들의 무한성이 취하는 형태에서 판이하게 달라진다. 남성 주체들은 원시적 아버지에 의해 체현된 비거세의 이상을 향한 무한한 노력을 통해 스스로를 구성한다. 그것은 우리가 접근하자마자 퇴각하는 대상을 추구하는 무한의 기획, 헤겔이 '악무한'(spurious infinity)이라고 말한 것이다. 이러한 무한의 형태가 가진 문제점은 헤겔이 지적하듯이 그 요구가 지극히 부정직하다는 점이다. 그것은 추구하는 목적을 찾지 않고 추구하는 노력 행위 그 자체만을 재생산할 뿐이다. 라캉에 따르면, 남성 주체성과 같은 악무한은 향유를 위한 한계의 내적 필연성을 인식하는 데 실패한다.[7]

이와 대조적으로 여성 주체성은 '진정한 무한'을 획득한다. 여성 주체성은 원래의 한계(거세)에 기초하여 형성되고 하나의 '원리'로 고양된다. 물론 개인적 여성 주체들은 남성적 위치를 차지하고 남성 주체들과 마찬가지로 비거세의 이상을 추구할 수 있다. 이러한 노력이 취하는 가장 일반적인 형태는 어머니의 정체성을 포용하는 것이다. 그러나 여성의 성구분화

---

7 악무한은 대립하는 양극단 사이의 변경 또는 교체를 일종의 진보로 취급한다. 헤겔이 설명하듯이, "무한의 속성을 간파하기 위해 요구되는 것은 어려운 것이 결코 아니다. 무한의 진보, 이해의 발전된 무한은 통일과 분리라는 두 계기의 결정인이 서로 교체되는 것으로 구성되고, 이 통일과 분리는 서로 분리될 수 없는 것으로 알려져 있다."(Hegel 1812~16: 151)

자체는 이러한 방식으로 유도되지 않는다. 여성 주체는 남근을 소유하지 않는 것을 통해 스스로를 구성하므로 거세는 여성 주체성의 토대로 기능한다. 여성 주체성은 그 자체가 위협을 구현하기 때문에 위협을 요구하지 않는다. 여성 주체성은 내면화된 거세의 위협이고, 이 내면화는 여성 주체성이 '우리'와 '그들' 간 적대를 변형시키도록 만든다.

여성 주체성에 대한 라깡의 개념에 기초한 정치는 정치가 요구하는 적대를 지탱한다. '우리'와 '그들'이 존재하지만, '우리'와 '그들'의 지위는 변화를 경험하게 된다. '우리'를 구성하는 예외의 인물형상 없이 그 어느 누구도 '우리'에 속할 수 없다. 여성 주체성은 어떤 '우리'도 없는 '그들'의 세계이다. 여성 주체성의 형성이 무소유를 통해 이루어지기 때문에, 여성 주체는 자신이 속하려고 노력하는 '우리'에서 박탈된 '그들' 중의 하나로 나타난다.

우리 자신을 '적'으로 보고 어느 누구도 '친구'로 보지 않는 것은 배제의 관념을 변화시킨다. 심지어 우리가 우리 자신을 적으로 바라보아야 한다면, 그때 배제에 대한 전통적인 자유주의적 관계는 더 이상 작동하지 않는다. 급진적 자유주의 정치사상은 사회적으로 배제된 자들을 포용하고, 역사적으로 사회안전망의 보호를 받지 못한 자들에게까지 인권을 확장하려는 시도를 특권화시켰다. 그러나 배제된 자들에 대한 포용은 급속하게 제어할 수 없는 한계에 이를 수도 있는데, 모든 포용은 그에 상응하는 배제로 이어지기 마련이다. 심지어 한국사회에서 다문화 사회의 갈등에 대비하는 사회통합을 위해 불법이주민들을 관용하자는 '진보적' 요청은 그 이민자들의 유입을 막고자 하는 정반대 의미의 '안전망'을 구축하자는 '보수적' 요청과 분리될 수 없는 것이다. 불가능한 결합 또는 사회통합에 직면하여 라깡의 여성 주체성 개념은 하나의 상이한 경로를 밝혀 준다.

배제되어 왔던 자들을 무제한으로 포용하는 대신에 라깡적 성정치는 보편적 배제 또는 보편적 무소유에 대한 인정을 촉진하는 것에 초점을 맞춘다. 달리 말해, 소외계층에 대한 사회적 보호의 규범적 정당성으로 사회 안전망을 구축하는 것보다는 '사회권'으로서의 사회안전망을 재정의해야 한다는 것이다. 즉 사회윤리적으로 소외 계층이 국가로부터 보호되는 것이 시민적 권리인 것은 분명하지만, 보다 중요한 인식은 보호대상으로 전락되어 사회적으로 배제된 계층의 존재는 사회안전망 구축의 정책적 필요조건이라는 것이다. 목적지향적 결과의 평등보다는 조건적 의미의 기회의 평등이 강조되어야 하고, 이는 '우리'와 '그들'의 적대에 따른 사회구조적 조건의 차이로 인해 발생하는 불균등한 출발선을 국가가 최대한 통합시키려는 정책적 노력이 중요한 것이지, '조화로운' 사회통합을 위한 절대적 추구는 또 다른 전체주의적 발상이라는 것이다.

정신분석적으로 거세(사회적 배제)는 우리가 회피해야 할 위협이 아니라 모든 주체성을 정의하는 근본적인 사실이다. 여성 주체성을 정의하는 남근의 소유로부터의 배제는—남성 주체성이 이 한계로부터의 탈주에 스스로를 기초지움에도 불구하고—남성 주체를 제한한다. 심지어 남성 주체에게 거세는 실제의 남자 성기를 상징적 남근으로 대체함으로써 주체 형성의 계기를 따라 작용한다.

상징계로의 진입이 요구되는 한 어느 정도까지는 음경이 제거되거나 또는 되돌려질 필요가 있다. 물론 음경은 되돌려질 수 있는 것이 결코 아니다. 정의상 상징적인 모든 것이 완벽하게 음경을 되돌려줄 수 있는 것이 아니기 때문이다. 여기에 거세 컴플렉스의 드라마가 깃들어 있다. 상징적으로만 음경은 제거되고 되돌려지는 것이다.(Lacan 1994: 334)

따라서 남성 주체가 상연하는 거세 위협의 드라마는 단지 '그림자 연극'에 불과한 것이다. 실제 행위는 이미 일어났으며, 그것에 뒤따른 손상은 보상 받기 불가능하다. 우리는 그러한 보상과 잠재적 소유의 관념을 포기함으로 써 정치행위의 지형을 재구성할 수 있다.

남근 소유에 대한 꿈을 집합적으로 포기한다는 생각은 비현실적인 것 으로 보일지 모른다. 남근에 접근할 수 없는 자들을 제외하고 누가 과연 남 근의 소유와 소유하고자 하는 노력을 버릴 수 있겠는가? 어느 누구가 '우 리'의 일부가 되어 가진 자들 편에 속해 물질적 이익을 향유하는 것을 쉽게 포기하겠는가?

라깡 정신분석의 정치윤리 기획의 전체적 노름은 이러한 대답할 수 없 는 질문에 답변을 제공하는 것에 있다. 라깡 정신분석은 남근과 그 실재적 잠재성의 환상을 손상시키는 것이다. 알렌카 주판치치에 따르면, 라깡은 남근 권력을 빼앗는 것과 관련하여 주목할 만하게 여성주의적 입장을 옹 호한다고 한다.(Zupančič 2008: 204~5) 남근은 획득해야 할 목표라기보다는 극복해야 할 일종의 장애물로 표상된다. 그것은 프로이트가 말했듯이 정신 분석이 개입하여 피분석자를 곱드러지게 하는 장애물인 셈이다.[8]

남근 권력을 포기하는 것만이 자유로의 유일한 길을 열어 젖힌다. 남근 에 기인하는 권력은 주체를 해방시키기는커녕 주체에게 올가미를 씌운다.

---

8 프로이트가 「종료될 수 있는 분석과 종료될 수 없는 분석」에서 말하듯이, 우리가 여성에 게 음경에 대한 소망은 이루어질 수 없기 때문에 그 소망을 포기하라고 설득할 때와 남성 에게 다른 남성에 대한 수동적 태도가 더 이상 거세를 의미하는 것이 아니며 살아가면서 많은 관계에서 그것은 불가피하다고 설득할 때보다 분석작업 중 반복되는 노력이 쓸모 가 없다는 압박감과 "소귀에 경읽기"를 하고 있다는 의심으로 괴로워하는 어떤 지점도 없 다.(Freud 1937: 252)

남근 권력은 권력의 부재이고 주체성의 명백한 포기이다. 이와 관련하여 지젝은 다음과 같이 말한다.

> 우리가 상징적인 남근 권력을 주장한다면, 지불해야 할 대가는 집행자의 위치를 포기하고 대타자가 행위하고 말하는 매체로서의 기능에 동의해야 하는 것이다. 기표로서의 남근이 상징적 권력의 대리자를 지시하는 한, 그 핵심적 형상은 '나의 것', 즉 살아 있는 주체의 기관이 아니라 생소한 권력이 개입하여 나의 몸에 그 자신을 각인하는 장소, 다시 말해 대타자가 나를 통해 행위하는 장소라는 사실에 있다.(Žižek 2005: 259)

남근 권력을 취하고 남근의 소유를 주장하는 것은 적에게 몰두하여 빠지는 것을 의미한다. 남근의 소유는 우리에게 상실의 '회피할 수 없음'을 강력하게 새겨주는 것이다. 반면에 남근의 소유를 포기하는 것은 주체가 '우리'와 '그들' 간 적대와 맺는 관계를 변화시키도록 만드는데, '우리(주체)'가 '그들' 진영에 필연적으로 속하는 것으로 자신을 인지하기 때문이다. 또한 남근의 소유를 포기함으로써 '우리'와 '그들' 간 적대는 지속적으로 작동하고 정치적 적대를 위한 기초를 형성한다. 따라서 정치행위의 초점은 변화하기 마련이다. 이제 정치적 '적'을 무찌르기 위해 작업을 하기보다 주체는 어느 누구도 차지할 수 없는 (남근을 소유하고 있는) 위치에 대항하여 싸우게 된다. 따라서 정치행위는 '우리'의 조증적 환상에 적대하여 싸우는—여성 주체성에 입각한 정치행위의 양식을 강조한다는 의미에서—**'그녀의'** 입장을 채택하는 것과 관련된다. 이는 남근 소유의 이상을 포기하는 주체에게 무찔러야 할 정치적 적이 없음을 말하는 것은 아니다. 정치적 '적'이 그녀의 주체성에 더 이상 필수적인 위협이 되지 않고 정치적 승리에 대한 주체의 접근을 근본적으로 변형시키는 주체성 속의 한 위치가 됨을 의미한다. 우리가 주체 그 자체에 내재하는 정치적 적대를 인식한다면, 정치적 적대를 피하는 것이 불가능함으로 알 수 있는 것이다. 이러한 의미에서 남근의 무소유에 의해 밑그림이 그려진 정치는 '우리'와 '그들' 간 적대 속에 깊숙이 '우리'를 자리매김함으로써 우리 자신으로부터 '우리'를 분리하는 방식을 경험하는 것이다.

V 結 — '그들' 안 '우리'의 정치윤리

앞서 말했듯이, 남근의 무소유 또는 적대를 지탱하는 여성 주체성의 성정치는 구조적 특성상 '우리'와 '그들'의 적대를 억압하는 정치적 지배의 논리에 저항하게끔 한다.

흔히 한국사회에서 정치적 지배의 논리는 폐쇄적 '우리' 범주('민중' 또는 '국민')를 통해 작동한다. 민중 또는 국민이 전체주의가 스스로를 정치적으로 상술하는 상징으로 구성된다는 것이다. 이에 반해 민주주의는 메꿔질 수 없는 권력의 '텅 빈' 장소, 즉 '우리'와 '그들' 간 적대에 의해 상징화된다고 볼 수 있다. 다시 말해, '텅 빈' 장소 또는 '적대'는 민주주의적 사회를 지탱하는 '결여'이다. 전체주의는 그 자신을 민중('우리')의 이미지와 동일시함으로써 이 적대를 억압하고 권력의 '텅 빈' 장소를 점유하여 은폐하려는 정치적 지배의 논리이다.

스티르너는 정치적 지배를 설명하는 '우리' 범주로서 민중의 상징적 역할을 정확히 지적했다. "국가의 핵심은 오직 '국민'(민중: 인용자)이다. 국가 그 자체는 국민의 사회이다."(Stirner 1993: 180) 이때 국민 또는 민중은 남근 권력의 상징적 정체성이자 정치적 지배를 소통시키기 위해 상술되어 온 사회통합체이다. 그러나 '우리'와 '그들' 간 적대를 인정한다면, 국민은 사회통합체로 이론화될 수 없다. 국민은 정치적 지배의 상징적 통합자로서 파괴되어 버린다. 따라서 정치적 지배가 의존하고 있는 사회통합은 파편화되고 우발적인 것으로 변한다. 지젝이 말하듯이, "민주주의에 대한 라깡의 정의는 민중이 특별한 대리자 속에 구현된 통합체로 존재하지 않는 정치 사회적 질서이다."(Žižek 1989: 147) 우리는 이러한 생각을 진지하게 받아들여 민중(또는 국민)이라는 상징적 사회통합체를 통해 기능하지 않는, 또 인간애, 도덕성, 합리성 등과 관련된 본질주의 관념에 의존하지 않는, '우리'가 아닌 '그들' 안 '우리'의 정치윤리를 기획해야 한다.

여기서 '우리'가 '그들' 속에 자리매김된 정치의 단순가능성을 정치윤리로 발전시키기 위해 라깡의 여성 주체성 성정치 양식은 '해체적' 정체성을 거론하는 각종 탈현대성의 담론을 넘어 실현된다. 그 핵심은 '우리'의 정체성을 해체하는 것이 아니라 그 불가능성에 기초하여 정체성을 재구성하는 것이다.

'그들' 안 '우리'의 정치는 일종의 '윤리적 한계'를 분명히 가진다. 이 윤리적 한계란 일련의 정치행위가 '방어적'인가 그렇지 않은가를 결정하는 양식을 말한다. 여기서 '한계'라고 표현한 이유는 앞서 적대를 억압하지 않고 오히려 요구된다는 것을 강조하기 위해서다. 따라서 억압적 권력에 대한 비판은 저항의 윤리적 한계에 기초하게 된다. 정치적 지배가 어떤 형태를 취하든 간에 윤리적 수용가능성의 한계를 위반함으로써 저항받기 때문이다. 그렇다고 윤리적 한계가 정치행위를 초극하는 형이상학적 차원에서 부과된 것은 아니다. 반대로 정치행위 안에서 발생하는 것이다. 다시 말해, 저항의 정치행위는 윤리적 한계를 포함한다.

이와 관련하여 저항의 윤리적 한계를 설정하고 '그들' 안 '우리'의 정치윤리를 기획하는 데 일차적인 원칙은 **'우리'와 '그들' 간 적대를 사회적으로 제도화**하는 것이다. 즉 남근 소유를 향한 사회적 봉쇄의 정체성 정치를 윤리적으로 부정하는 저항의 정치담론을 형성, 실행하는 것이다. 이것은 정치적 침묵이 아니라 합리적 권력행사의 궁극적 불가능성을 인정하는 문제이다. 라깡식으로 말한다면, '실재'(the Real)의 환원불가능성에 대한 상징적 인정을 정치적으로 실현하는 것이다.

그런데 이러한 불가능성은 '우리'를 둘러싸고 있는 일련의 정치적 언어게임을 통해 드러난다. 예를 들어, 제도적 민주화를 이룬 지금의 한국사회에서 적대를 제도화하기 위한 정치적 실천전략을 승화적으로 수립하려고 한다면, 반세기를 군림하던 권위주의적 군사정권이 종식을 고할 때 활짝 펼쳐진 '붉은 깃발', 즉 민주화 운동 시기 정치지형의 '결절점'이었던 사회주의적 상징은 '절단'되었고 오직 상징계의 '구멍'─라깡의 표현 그대로─만이 남겨졌다는 점을 인식하는 것이 중요하다. 기존의 헤게모니 담론질서의 위기 또는 붕괴를 계기로 상징계의 '구멍'이 가시화되었던 것이다. 다시 말해, 지난 1980~90년대의 정치사회적 민주화 과정에서 정치지형의 '탈구'(dislocation)[9]가 발생했다고 할 수 있다. 현재 한국사회에서 각종 사회문제 (무상급식 등) 해소와 관련해 대중영합주의적 정치행위가 등장하고 그 정치적 정체성이 형성되는 문제는 이러한 탈구와 연결되어 있다. 현행 정치

---

9 여기서 필자가 라클라우의 '탈구'(Laclau 1990: 44)라는 용어를 통해 말하고자 하는 초점은 그 개념을 둘러싸고 진술되는 이론적 가정과 분석도구의 차원이다. 탈구 개념을 통해 필자는 인간경험에 내재한 '부정성'의 계기, 즉 사회적 객관성의 장인 '우리'의 이데올로기적 형태들을 위협하고 전복하는 절단과 위기의 요소들을 강조하고자 한다.

행위의 주체들은 이전의 '우리'와 '그들'의 구별짓기를 통해서는 새로운 담론질서에 적응할 수 없게 된 것이다. 대중영합주의적 정치행위는 "문화적 가치와 사회구조의 변동 및 위기의 조건에서" 발생하는 현상이다.(Lyrintzis 1990: 54) 나아가 라클라우의 말대로 "대중영합주의의 형성은 보다 일반적인 사회적 위기의 일부분이 되는 지배이데올로기에 기초한 정치행위의 위기와 연관되어 있다."(Laclau 1977: 175)

예를 들어, 1990년대 후반 이후, 개혁 정권('국민의 정부' 및 '참여 정부')의 불안과 그 정치적 위기에 대한 대중적 응답(재신임 '국민투표 요구', '탄핵철회', '촛불시위' 등)은 지난 1980년대를 특징지웠던 민중이데올로기의 다양한 내외적 탈구의 표현이다. 이제 모든 정치적 사건들은 그 본연적 의미를 상실하고 소위 '개혁담론'의 소재로 전락하여 개혁적 감성의 발달을 부추길 뿐이다. 결국 대중영합주의의 '독재'에 대한 비판적 감성은 점차 망각 속으로 사라진다. 이러한 이데올로기적 전치에 촉매제로 작용한 것이 바로 정치사회적 민주화 과정에서의 탈구였다. 따라서 개혁정권의 '도전적' 태도와 그 정부로부터 소외된 사람들의 '움추림', 양자 모두는 한국사회에 대한 개혁의 요구에 융합된다. 이러한 새로운 '도전'에 의해 주변화될 수밖에 없는 보수주의적 정치행위와 그 요구에 묶여 있는 이전의 '보수적' 정치주체들은 새로운 스타일의 정치행위로부터 소외되고 그것에 적응할 수 없어 대중영합주의적 정치행위를 혐오하는 '임시적' 추종자들만을 끌어모을 뿐이다.

결국 이제 한국사회에서 남근 권력이 작용하는 지점, 즉 '권력장소'는 더 이상 절대적 '중심'으로부터 권한부여된 집행자들에 의해 점유되지 않을 것이다. 이러한 관점에서 우리는 두 가지 서로 다른 방향으로의 정치행위의 방향을 추론할 수 있다. 한편, 그동안의 '왜곡된' 정치과정에 드러난

의미의 결여는 확실성에 대한 전근대적인 모사로 회귀하므로, 근대성은 탈근대성의 '권력장소'를 재점유할 위험이 있다. '권력장소'는 이러한 방향으로 전치될 수 있을 것이다.[10] 다른 한편, 이와는 정반대로 '그들' 안 '우리'의 정치윤리에 입각한 정치행위는 근본적으로 상이한 방식으로 그러한 의미의 결여와 어우러진다. 그 행위는 결여 속에서 사회통합에 대한 비권위주의적 감성을 획득하여 보편주의와 특수주의를 매개할 가능성을 열어 준다. 결여와 적대에 직면하여 그것의 구성적 특징을 놓치지 않는다는 것이다. 따라서 우연성으로 시점화된 여성 주체성의 정치형태를 산출할 것이다.

그렇다면 한국사회에서 정치주체로서 '우리'에게 덧씌워진 윤리적 한계는 오늘날 '승화된' 담론질서를 형성하기 위해 민중이데올로기에 의한 탈구로 생겨난 '구멍'을 가시화하는 것이라 할 수 있다. 승화는 권력의 '외부'에 관계한다. 라깡에 의하면, 승화는 욕동대상을 '물'의 위엄에까지 고양시키므로 실재에 직접적으로 연결되어 있다. "승화는 욕동에게 자신의 목적과 상이한 만족을 제공한다. 욕동이 물과 관련을 맺는 한 그리고 대상과 다른 한, 승화는 욕동의 본질을 폭로하는 것이다."(Lacan 1959~60: 111) 여기서 말하고자 하는 것은 승화가 불가능성의 실재 차원에 주목함으로써 조증적

---

10 이러한 '권력장소'의 형태변화는 가시적인 폭력성과 의식성에 기초한 것으로부터 비가시적인 온화함과 무의식성에 근거한 것으로의 전환이다. 이러한 '권력장소'의 재보증은 부분적으로 '문화적 자산'을 매개한다는 속성을 띠고 있어 일면 자연스럽고 타고난 것으로 보여지는 문화의 전파로 보여진다. 그것은 지배주체가 가해자로서 존재하고 있음이 정당하다는 감성을, 자신은 우월한 본질을 가지고 있다는 감성을 불러 일으켜주는 것이다. 결국 그러한 전환은 정치주체들이 차별적 권력관계를 위장하는 특수한 형태의 사회적 방어인 셈이다. 이제 정치적 지배는 고도로 은유적인 '정동관계'를 포함한 담론형식으로만—정신분석적 의미로는 '부인'의 가면 하에서—작동한다. 다시 말해, 지배는 권위주의에 반대하는 민주주의를 정치적으로 표상하기 때문에, 그로 인해 구조화된—이율배반적 모순관계를 내재한—'권력장소'는 거의 알아차리기 힘들게 되어 버린다.(이만우 2004)

환상에 입각한 정치행위를 넘어선다는 점이다. 또한 '그들' 안 '우리'의 정치윤리와 관련하여 승화가 중요한 것은 승화가 공적 공간(사회통합의 기능을 하는 장)을 구성한다는 점이다. 승화는 개인적임에도 불구하고, 욕망 대상의 변화, 즉 '우리'와 '그들'의 적대와 관련하여 새로운 대인관계를 창출한다는 것이다.

그러므로 상이한 정치전략적 내용들 사이의 외적 갈등을, 그리고 이러한 내용들 각각을 드러내는 내적 분열을 승화하는 것이 중요하다. 다른 말로 보편적 완전함의 대표자로서의 기능과 그 대표자의 특수한 내용 사이의 분열을 가시화하는 것이 '그들' 안 '우리'의 정치윤리에서 핵심적이다. 실제로 한국의 정치사에서 선거가 반복되면서 외적 갈등과 내적 분열을 승화시킬 수 없다는 것이 정치문화에 각인되어 온 것이 사실이고, 불행하게도 민주화의 전략적 목표와 그 완전한 구현을 두고 정치주체들 간의 헤게모니적 연계가 지속적으로 재정립되어 정치지형의 기형적 탈구가 반복되었다고 볼 수 있다. 따라서 '그들' 안 '우리'의 정치윤리가 지니는 이차적 원칙은 이러한 **갈등과 분열의 승화를 지탱**하고, 정치지형의 정상적이고 규칙적인 재생산의 일부분으로 그것의 **'탈구' 계기를 포용**하는 것이다. 이렇게 사회의 조직원리 차원에서 '우리'와 '그들' 간 적대가 제도화된다면, 정치행위는 증상(보통 단순한 부수현상으로 드러난 사회적 적대)과 동일시되고, '조화로운' 사회통합에 대한 조증적 환상을 가로지르는 방식으로 수행된다. 소위 "실재의 분출"로서의 '정치적인 것'이 구성되고 정치행위가 윤리적인 형태로 전환되는 것이다.(Stavrakakis 1999: 131~4)

이렇게 볼 때, 민주주의는 어떤 '혼돈'으로 환원될 수 없고 '질서'의 일 형태임에 틀림없다. 정치적 불안이 모든 동일시(정체성 형성)의 준거점이 일시적으로 붕괴되는 것을 지시한다면, '그들' 안 '우리'의 정치윤리의 중요성은 정치행위를 일정한 준거에 귀속하는 어떤 본질주의적 내용으로 환원함이 없이 법제도를 지탱하는 '고정점'(point de capiton)을 제공한다는 데 있다.[11] 이 고정점은 민주주의의 긍정적 내용이 모든 정치적 표상들을 분열시키는 구성적 결여와 적대, 그리고 결과적으로 권력의 '외부'를 받아들이기 때문에 획득될 수 있다. 따라서 민주주의는 **'우리(주체)'의 결여를 지적하고 '그들(대타자)' 속의 결여에 기초하여 단순 긍정원리에 의해 통합되지 않는 주체성을 구현**하는 것이다.

참고문헌

이만우(2000), 「精神分析的 文化硏究 : 方法論的 論點」, 『精神分析』 11권 2호, 한국정신분석학회, 289~299쪽.

_____(2003), 「적의(敵意)의 일상생활과 정치: 현대 한국문화에서 '병리적 인성'의 탄생」, 『精神分析』 제14권 제1호, 72~90쪽.

_____(2004), 「권력의 '외부', 그 가능성 탐구 : 라깡의 '결여' 및 '실재(계)'에 의한 저항의 정치윤리 기획」, 『라깡과 현대정신분석』 제6권 제1호, 93~130쪽.

_____(2005), 「임상에서 문화로, 문화에서 임상으로, 그리고 되돌아오기: 정신분석과 문화분석의 가교(架橋)를 위한 노트」, 『라깡과 현대정신분석』 7권 2호, 한국라깡과현대정신분석학회, 7~29쪽.

_____(2006), 「문화연구에서의 정신분석(학): 문화와 욕망 사이에서」, 『문화와 사

11 라깡에 의하면, 고정점은 "기표가 의미작용의 끝없는 움직임을 멈추게 하는"(Lacan 1966: 303) 의미화 연쇄에서의 지점이고, 고정된 의미라는 꼭 필요한 환상을 만들어 낸다. 이렇다면 실재적 결여가 상징적으로 순환될 수 있는 한, 민주주의에서 고정점은 '그들' 속 결여(권력의 '외부')의 기표일 수 있다.

회』창간호(통권 제1호), 한국문화사회학회, 159~197쪽.

_____(2007), 「정신분석적 연구란 무엇인가?: '주체성'을 문화분석에 자리매김
하는 방법」, 『라깡과 현대정신분석』 9권 1호, 한국라깡과현대정신분석학회,
235~263쪽.

_____(2009), 「사회심리연구로서의 정신분석: '심리적인 것'과 '사회적인 것'의
경계를 넘어」, 『라깡과 현대정신분석』 11권 2호, 111~136쪽.

Teodor Adorno(1993), *The Authoritarian Personality*, New York, Norton.

Murray Edelman(1988), *Constructing the Political Spectacle*, Chicago, The University of
Chicago Press.

Sigmund Freud(1913[1959]), "Totem and Taboo," *Standard Edition*, Vol. 13, London,
The Hogarth Press.

_____(1931[1961]), "Femal Sexuality," *Standard Edition*, Vol. 21.

_____(1937[1964]), "Analysis Terminable and Interminable," *Standard Edition*, Vol.
23.

G. W. F. Hegel(1812~16), *Science of Logic*. Translated by A.V. Miller, Atlantic
Highlands, NJ: Humaninties Press International.

Alexandre Kojève(1980), *Introduction to the Reading of Hegel: Lectures on the Phenomenology of
Spirit*. Translated by J. Nicholas. Ithaca, NY, Cornell University Press.

Jacque Lacan(1966), *Écrits*, Seuil.

_____(1994), *Le Séminaire, livre IV : La relation d'object, 1956~1957*, Paris, Seuil.

_____(1998), "The Function of the Written," *The Seminar, Book XX. Encore,
1972~73*, trans. Bruce Fink, New York, W. W. Norton & Co.

M Lee(2008), "The Logic of Populist Discourse and its Cultural Frame in Korea: An
Analysis of the Former President Roh Moo-hyun's Reformist Rhetoric," *Journal
of Social Sciences* Vol. 4 No. 3, New York: Science Publications, pp. 178~188.

Wendy Hollway(2006), "Paradox in the Pursuit of a Critical Theorization of the
Development of Self in Family Relationships," *Theory and Psychology*, Vol. 16,
pp. 465~482.

Ernesto Laclau(1993), "Power and Representation," M. Poster(ed), *Politics, Theory, and Contemporary Culture*, New York, Columbia University Press.

_____(1990), *New Reflections on the Revolution of Our Time*, London, Verso.

Christos Lyrintzis(1990), "Populism: The concept and the Practices," *Elections and Parties in the '80s*, eds. E. Nikolakopoulos, Athens, Themelio.

Jacques-Alain Miller(2000), "On semblance in the relation between the sexes," trans. S. Najafi and M. Harss, R. Salecl (ed.) *Sexuation*. Durham, NC: Duke University Press, pp. 13~27.

Chantal Mouffe(2005), *On the Political*. New York, Routledge.

Jean-Paul Sartre(1995), *Anti-Semite and Jew: An Exploration of the Etiology of Hate*, New York, Shocken Books.

Carl Schmitt(2005), *The Concept of the Political*, trans. G. Schwab, Chicago, University of Chicago Press.

Yannis Stavrakakis(1999), *Lacan and the Political*, London and New York, Routledge.

Max Stirner(1993), *The Ego and Its Own*, London, Rebel Press.

Slavoj Žižek(2005), *Interrogating the Real*, New York, Continuum.

_____(1989), *The Sublime Object of Ideology*, London, Verso; 『이데올로기라는 숭고한 대상』, 이수련 역, 인간사랑, 2002.

Alenka Zupančič(2008), *The Odd One In: On Comedy*, Cambridge, MA, MIT Press.

라깡의 정신분석이론과 탈식민 이론

탈식민과 실재

–

신명아

정치적 담론에 효율적인 라깡의 개념들

어떤 환자의 야뇨증 치유에서 정신분석의 비실효성을 암시하는 아르헨티나에서의 유명한 농담[1]에도 불구하고, 라깡의 정신분석은 환자들의 심리적 문제뿐만 아니라 정치적 이슈들을 다루는 데도 유효한 것으로 드러났다. 슬라보예 지젝이 라깡의 정신분석을 활용하는 것을 볼 때 라깡의 정신분석은 문화혁명과 프랑스혁명, 9·11 같은 역사적 사건은 물론, 민주주의와

---

1 이 농담은 지젝도 자신의 저서에서 언급한 적이 있으나, 이 논문에서 사용한 버전은 듀크 대학의 탈식민 이론가 월터 미뇰로가 필자에게 사석에서 구술한 버전이다. 어떤 사람이 야뇨증 문제를 이야기하자 그의 친구가 정신분석가를 방문하라고 한다. 이후 분석가를 방문한 결과가 어땠는지 친구가 묻자 좋은 결과가 나왔다고 말한다. 이어 그 친구는 좋은 결과가 무엇이었는지 구체적으로 확인하고자 다음과 같이 묻는다. "이제, 야뇨증이 없어진 거지?" 질문에 그는 이렇게 대답했다. "아니, 나는 여전히 그 습관을 가지고는 있어. 그렇지만 이제 그것에 대해 상관 않게 되었어."

정치적 이슈를 논의하는 데 있어서도 효율적인 분석의 도구가 되고 있다.

예를 들어, 지젝은 '혁명적 부정성'(revolutionary negativity)이라는 개념으로 마오쩌둥의 문화혁명의 성공적 측면에 대해 논하면서 마오쩌둥주의자들이 옛 사고방식을 완전히 거부하는 점을 칭찬했다. 마오쩌둥주의자들은 부르주아 생활양식에서부터 스탈린의 농민폄하는 물론이거니와 혁명의 주체로서 농민에게 부차적 역할을 수여하고 노동자들을 프로레타리아로 간주하는 맑스주의자들의 강령 등을 모두 거부했다는 것이다. 무엇보다도 지젝은 같은 공산주의자들이라도 농민에 대한 잘못된 전제를 내세워 노동자만을 혁명의 주체로 간주하는 강령까지도 거부하는 마오쩌둥주의자들의 혁명적 자세를 높이 산다. 지젝은 "마오쩌둥이 한 것은 위반[혁명] 행위에서 그것[위반 행위]을 심각하게 받아들이고 그것의 의례적 차원 혹은 희극적 속성을 거부한 것이다. 혁명이란 [그 이후] 정신이 들 때 평화로운 아침이 뒤따르는 단순히 일시적인 안전밸브나 축제적 폭발이 아니다"는 점을 강조한다.(Žižek 2007a: 21) 그럼에도 불구하고 지젝은 문화혁명의 문제는 바로 '부정의 부정'의 결여, 즉 혁명적 부정성을 진정으로 새로운 긍정적 질서로 변화시키려는 노력의 부재라고 말함으로써 문화혁명이 실패한 측면을 지적한다.(21)

지젝에게 문화혁명은 "혁명을 수반한 혁명(revolution with revolution), 자신[혁명]의 진행 과정에서 자신을 출범시킨 전제들을 혁명화 하는 혁명"을 실행하지 못했기 때문에 실패했다.(23) "자신을 출범시킨 전제들을 혁명화하는" 행위로서 지젝은 "자코뱅주의자들이 몰락하기 바로 직전에 보여주었던 엄청난 창조성, 새로운 시민종교에 대한 건의안들, 옛 사람들의 권위를 지탱시키는 방법에 대한 건의안들 등"(25)을 예로 들고 있다. 지젝은 "옛 기념물들을 파괴하는 것은 과거에 대한 진정한 부정이 아니라 오히려

과거 제거의 실패를 목격하게 되는 무능한 '행위로의 이행'(*passage à l'acte*)
이다"(마오쩌둥 25)라고 지적한다. 지젝에 따르면 대상 *a*가 없는 혁명은 "핵
이 빠진 혁명이 되고" 말며, 혁명적 주체가 불가능한 대상물, '대상 *a*'를 다
양한 이데올로기적 환상으로 대체하는 상상적 행위를 극복할 때만이, 즉
환상 가로지르기('traversing the fantasy')를 거칠 때에만 진정한 혁명이 가
능하다는 것이다. 다시 말해 '혁명을 수반한 혁명', 즉 진정한 혁명은 혁명
적 주체의 고유한 환상 혹은 자신의 혁명적 이데올로기 자체도 극복하고
'대상 *a*'와 실재의 차원을 타협하지 않고 윤리적으로 직면하는 라깡적 윤
리적 행위를 감행할 때 진정한 혁명적 행위를 실현하는 것이다.

　지젝은 "혁명을 수반하지 않는 혁명"을 저지하는 방법으로, ("욕망을 포
기하지 말라"는 라깡의 금언이 말하듯이) 자신의 욕망과 타협하지 않는 정
신분석적 의미의 윤리적 자세와 "'전제주의적인' 당-국가 체제와 구별되
는 혁명적 테러의 진정한 민주주의적 폭발"을 통해 실재의 차원이 드러나
도록 끈질기게 노력할 것을 요구한다. 지젝은 이러한 혁명을 벤야민의 비
인간적 차원의 '신적 폭력'(divine violence)과 연결시킨다.

　벤야민의 '신적 폭력'은 민중의 소리, 신의 소리(*vox populi, vox dei*)라는 라틴어
　경귀의 정확한 의미에서의 신적인 것으로 인식된다: '우리가 민중의 의지(the
　People's Will)의 단순한 도구로서 그것을 한다'라는 도착적 의미가 아니라 주
　권적 결정이 가지는 고독함을 영웅적으로 선택하는 것으로서 인식되는 것이
　다. 이것은 대 타자(the big Other)에 의해 취해진 것이 아니라, 절대적인 고독
　속에서 취해지는 (죽이거나 혹은 자신의 생명을 잃을 것을 감행하는) 결정이
　다. … 신적 폭력의 금언은 … 정의이다, '민중'(아무 부분도 되지 않는 익명적
　부분)이 자신의 테러를 부과하고 다른 부분들이 대가를 치르게 하는, … 정의

와 복수 사이의 비–구분이다.(Žižek 2007b: xi)

벤야민은 인간이 법을 유지하기 위해 실행하는 폭력을 '신화적 폭력'(mythic violence)이라고 폄하한 후에 '신적 폭력'에 대해서 다음과 같이 말한다.

> 모든 영역에서 그러하듯이 신은 신화를 대적한다. 신화적 폭력은 신적인 것[폭력]에 의해 대적당한다 … 신화적 폭력이 법을 제정하는 것이라면, 신적 폭력은 법을 파괴하는 것이다; 전자가 경계를 만드는 것이라면, 후자는 그것들을 경계가 없게 파괴한다; 전자의 것이 유혈적이라면, 후자의 것은 피를 흘리지 않고도 치명적이다 … 신화적 폭력이 자신을 위해 헐벗은 생명[mere life, 아감벤의 'bare life'] 위에 행사하는 유혈적 권력이라면; 신적 폭력은 살아 있는 것을 위해 모든 생명 위에 행사하는 순수한 힘이다."(259~250)

이러한 빈인간적 폭력, '신적 폭력'으로서의 혁명적 폭력에 대한 지젝의 견해는 라깡적 '행위', 그리고 실재로부터 유발되는 바디우의 사건(Event)에 대한 그의 믿음으로부터 나온다. 지젝에게 "'로베스피에르'라는 이름으로 지명되는 사건을 반복하는 가장 명확한 공식은 (로베스피에르의) 인본주의적 테러로부터 '반인간주의적 (아니, 오히려 비인간주의적) 테러로 이행하는 것이다."(xiii) 지젝은 라깡이 '비인간적인 것, 끔찍한 것, 사물(das Ding)로 정의하는 프로이트의 '이웃'이라는 개념과 '비인간적 테러'라는 개념을 연관시킨다. 지젝은 레비나스가 이웃으로부터 인간의 내면적 핵에 존재하는 기괴성(uncanniness)을 제거함으로써 이웃이라는 실재적 차원을 길들였다고 비난한다. 지젝은 이웃의 기괴성 혹은 '비인간성'에 기초한 정신분석적 윤리학을 다음과 같이 언급한다.

> 레비나스가, 적절한 변증법적 역설로, 타자에 대한 모든 예찬에도 불구하
> 고 설명하지 못한 것은 모든 인간의 어떤 기본적인 동질성이 아니라 과격하
> 게 '비인간적인' 타자성 자체이다: 비인간성으로 축약되어진 인간의 타자성,
> [즉] 집단 수용소의 '살았으면서도 죽은 자'(living dead), 무슬림이라는 기괴
> 한 인물이 예증하는 타자성이다. … 알튀세르와 대조적으로, 라깡은 이론적
> [반-인간주의]으로루부터 *실천적 반-인간주의*로의 통과를 성취한다, 즉, 니
> 체가 '인간적인 너무나 인간적인'이라고 부른 차원을 초월하여 인간성의 비
> 인간적 핵을 직면한다. 이것은 더 이상 거부만 하는 종류의 윤리학이 아니라,
> 인간되기의 잠재적 괴물성, 일반적으로 '아우츠비츠'라는 개념-이름으로 포
> 함된 극악무도한(diabolic) 현상으로 폭발하는 차원을 과감하게 고려한다. 이
> 비인간적 차원은 라깡에게 동시에 윤리학의 궁극적 지지대이다.(xiv~xvi)

상징계에서 인간으로 간주되지 않아서 '살았으면서도 죽은 자'로 존재하
는 무슬림으로서의 이웃이라는 개념은 식민지 시대의 노예의 존재를 상기
시킨다. 이 이웃과 '신적 폭력'의 기초가 되는 비인간성을 연결시키는 지젝
의 논의는—라깡에 의해 실재와 연관되어지는—탈식민 담론의 진정한 그
러나 '사라진' 주체로서 백인 우월주의 사회에서의 무슬림을 노예로 읽을
수 있게 한다. 라깡은 『세미나 17권』에서 네 가지 담론을 다루면서 노예에
대해 언급한다.

> 역사적으로 주인은 서서히 노예로부터 지식을 빼앗아 주인의 지식으로 바꾼
> 다. 그러나 그렇게 하려는 욕망이 어떻게 그에게 야기되었는가 하는 것은 신

비로 남아 있다. 욕망, 여러분이 내 말을 믿는다면, 주인은 그것[욕망] 없이도 쉽게 살아갈 수 있다. 노예는 주인이 무엇을 원할지 알기도 전에 주인을 충족시켜 주기 때문이다.

이것이 지난 번 [세미나 모임에서] 나의 사고들이 진전시켰을 관점이다. 단지 이 신기한 사건[알제리 사람이 라깡의 세미나에서 훼방 논 사건]이 실재로부터 나타나지 않았다면 말이다—나에게는 그것이 탈식민의 실재(the real of decolonization)였다. 그는 외양상으로 병원의 환자[였고] 이전의 알제리로부터 왔고 여기로 배속된 우리들의 후원자였다.(Lacan 1992b: 34)

첫 번째 단락이 암시하는 바는 노예가 자기가 안다는 사실도 모른 채 (무의식적으로) 알고 있는 노예의 지식에 대한 주인의 착취, 그리고 노예가 주인을 충족시켜 주기 때문에 욕망할 이유가 실질적으로 없는 주인의 욕망이다. 주인은 충족감에도 불구하고, 잃어버린 주이상스인, '대상 a' 때문에 더 욕망하게 된다. 두 번째 단락은 라깡, 즉 주인인 라깡의 가르침에 반항하는 일종의 소요인 생딴느 병원[당시 세미나 장소]에서 일어난 사건을 암시하는데, 알제리 출신의 어떤 사람과 연관되어 있다. 단락의 맨 마지막에서 라깡은 라깡이라는 주인의 담론에 대항하는 알제리인의 일종의 저항을 '탈식민의 실재'로부터 오는 것으로서 정의하고 있다.

정치적 저항의 현대적 모델로서 '비인간적 테러'에 대한 지젝의 논의는 존 브라운 같은 탈식민적 저항의 인물로 이어진다. 지젝은 마오쩌둥, 레닌 그리고 노예해방 지도자, 존 브라운 같이 전통적 사고의 규범화시키는 관습을 초월한 사람을 혁명적인 "관습 없는 인물들"이라고 예천하고 이러한 정치적으로 혁명적인 인물들과 '비인간적 테러'('신적 폭력')를 연결시킨다. 왜냐하면 '비인간적 테러'는 '죽음을 주권적으로 수용함'으로써 실재로부터 야기되는 '사건적 행위'(evental Act)에 대한 책임을 받아들이며, 그럼으로써 자신의 죽음을 두려워하는 인간적 차원을 초월하기 때문이다.

로베스피에르부터 존 브라운에 이르기까지 혁명적인 평등주의적 인물들은 (잠재적으로 적어도) *관습이 없는 인물들이다*: 그들은 보편적 법칙의 기능을 보장하는 관습을 고려하기를 거부했다. … 관습의 굴레를 벗어던진다는 것은 다음을 의미한다. 모든 사람이 평등하다면, 모든 사람은 현실적으로 평등하게 취급되어져야 한다. 흑인들이 평등하다면, 그들은 즉시 그렇게 취급되어져야 한다. 남북전쟁 전에 이미 동정적인 자유주의자들의 점진주의(gradualism)와 존 브라운이라는 독특한 인물 사이의 무장된 갈등에서 절정을 이룬, 노예제 대항 투쟁의 초기 단계를 기억해 보라. … [그는] 거의 자코뱅식 논리를 미국의 정치적 지형에 소개한 것과 다름없었다.(Žižek 2007b: xix~xx)

지젝은 존 브라운의 '비인간적 테러' 혹은 '신적 폭력'을 찬양하면서, "폭력에 대한 위대한 반대자인 헨리 데이비드 소로우도 … 브라운의 죽음을 예수에 비유했다.(그[소로우]는 브라운을—라깡이 말하는 살아있으나 죽은 자처럼—실제 죽음 전에 이미 죽은 것으로 간주한다고 말했다"(xx)고 덧붙인다. 이런 혁명적 인물들의 '비인간적 테러'의 지지에도 불구하고 지젝은, 로베스피에르의 폭력이 불의의 문제를 해결하기 위해 '끝까지' 가지 않고, 다시 말해 정치적 불의에 대한 윤리학적 저항의 관철이라는 실재에 충실한 입장을 유지하지 않고 폭력에 의거했기 때문에 정당화되지 못한다고 간주한다.

평등주의적인 정치적 '과격주의' 혹은 '지나친 급진주의'를 일종의 이데올로기적-정치적 전치(displacement) 현상으로, 즉 그것의 반대, 어떤 한계, '끝까지 가기'를 효과적으로 실패한 것의 표징으로 항상 읽어야 한다. 쟈코뱅의 과격한 '테러'에의 의존은 [기존체제의] 경제적 질서(개인적 소유, 등)의 근간들을 해체하지 못하는 무능력을 증명 하는 일종의 히스테리적 행동화(hysterical acting out)가 아니고 무엇이겠는가? 이는 정치적 교정(Political Correctness)이라는, 이른바 '과도함'(excess)에도 적용되지 않겠는가? 이것들은 또한 인종주의와 성차별주의에 대한 효율적인 (경제적 등의) 원인을 해체하는 것으로부터 후퇴하는 것을 예시하는 것이 아니겠는가?(xxi)

위의 인용문은 페미니스트들에게 경제적 투쟁이 야기하는 사회적 적대를 성적 불평등의 주된 원인으로 간주하라고 충고하며 그럼으로써 젠더 이슈를 정치적 투쟁에서 부차적인 것으로 위치시키는 지젝의 악명 높은 언급과 공명을 이룬다. 경제 문제가 젠더와 인종 등 다른 사회적 문제보다 우선되어야 하는가라는 문제는 별도로 다루어야 할 주제일 것이다. 지젝이 "인종주의와 성차별주의의 원인"을 위한 혁명적 투쟁에서 핵심적 관건으로 경제적 문제만 지나치게 강조하는 단점에도 불구하고, 그의 '신적 폭력'에의 호소, 다시 말해 이런 인종적·성적 문제를 위한 정치적 저항의 담론으로서 타협되지 않은 자세를 호소하는 것 자체는 라깡 정신분석에 입각한 탈식민 담론의 형성에 중요한 통찰을 제공해 준다.

정신분석이 정치적 도구로서 거듭나야한다는 지젝의 주장은 1960년대에 마오쩌둥주의적 알튀세르주의자였으나, 근래에 이르러 타협을 모르는 혁명적인 혁명에 대한 강조점을 잃고 수동적인 시민사회 및 다원주의적 입장을 견지하는 밀레르에 대한 비판에서 시작된다. 지젝은 라깡의 정신분석

386

이론과 정치의 결합에 대해 다음과 같이 언급한다.

> 2003년에 일련의 개입은 라깡 이론의 정치적 함의를 새로운 방법으로 접근
> 했다: … 두 개의 핵심적 예들은 자끄 알랭 밀레르의 '도시에서의 정신분석'
> ('psychoanalysis in the city')으로의 전향과, 라클라우와 무페의 급진주의적 민
> 주주의를 라깡에 연결해 보려는 야니스 스타브라카키스의 시도였다.
> 여기서 밀레르가 [과거에는] 정통적인 마오쩌둥주의적 알튀세르주의자로서
> 시작하였음을 기억할 가치가 있다; 1960년대의 그의 입장을 오늘날의 그의
> 자유주의-중심(liberal-centrism)의 상투어들로부터 분리시키는 간극은 숨이
> 막힐 지경이다. [그의] 기본적 자세는 (이미 라깡 자신에게서도 이미 드러나
> 기도 한), 물론 그 순수한 상태에서조차도 이데올로기인, 상식적인 '현실주의
> 적'(realistic) 지혜의 자세이다: 순수에 대한 지나친 노력은 단순히 테러리즘
> 으로 인도되니, 그러므로 분별력 있게 어느 정도의 부패를 수용하자. 밀레르
> 의 '정치적으로 올바른' 고려에 대한 시작점이 정신분석 자신의 생존을 위한
> 법적이고 사회적인 조건들에 대한 관심인 것은 놀라운 사실이 아니다. 따라
> 서 [밀레르가 표방하는] 정신분석은 독립적인 시민사회, 정치적 다원주의, 그
> 리고 공식적 이상에 대한 회의적 자세가 수용되는 사회생활을 주장한다. [이
> 런] 정신분석은 공식적 이상들과 제도에 대한 불신을 장려한다는 점에서 전
> 복적이기는 하나, 혁명적이지는 않다. 왜냐하면, 이것은 밝은 혁명 이후의 미
> 래에 대한 이상적 개념들 또한 불신하기 때문이다.(Žižek 2004: 103)

지젝은 밀레르의 "'도시에서의 정신분석'에 대한 요구"를 설명하기 위해
밀레르가 방송에서 논의한 말을 직접 인용한다.

오늘날 사회적 삶은 복잡하고 추상적이며 비개인적인 연결망들에 연루되어 있어서, 자기 자신 안으로, 미셸 푸코가 자기에의 배려(*le souci de soi*)라고 말한 것 속으로 후퇴하는 것이 주는 효과가 있다. 그러자 사람들은 다음과 같이 말한다. 이것은 현대 주체, 현대 프랑스인이 내적 확신의 영역을 자기 자신 안에서 발견하고, 자기 자신 안에서 추구하기 때문이다. 당신이 바깥에서 찾지 못하는 믿음을 당신 자신 안에서 찾으려고 한다는 뜻이다. 이것이 현대의 질병이 확연히 우울증인 이유이다. 이것은 자기-확신의 상실이다. … 우리는 19세기에 수많은 혁명들을 야기한 모든 프랑스 적 불안감(French nervousness)을 갖춘, 위기 사회(a risk society)에 이미 살고 있다는 사실을 명확해야 할 것이다. 그렇지 않나? 이것은 쉽게 공포 사회가 된다. 그리고, 프랑스 사회는 공포의 물결에 휩싸인다. … 현대의 분석가, 정신분석가들은 국가와 그 대표자 [사람]들에게 … 그들이 소유한 어떤 양의 지식을, 정기적으로 폭발하여, 점잖은 사람들을 법정에 가게 하는 … 이런 공포의 물결을 진정으로 취급할 수 있는 지식을 전달할 수 있어야만 한다. (104~105)

지젝은 이런 견해를 비판하면서, "밀러와 대조적으로, 스타브라카키스에 대해 우리가 적어도 말할 수 있는 것은 그가 [밀레르보다] 이론적으로 더 훨씬 세련되었다는 점이다. 바로 이런 이유로, 그가 밀레르가 딛고 선 기본적 틀: 존재론적인 개방성-우연성-비결정성의 확신과 이런 존재론적인 개방성의 정치적 형태로서의 민주주의 사이의 짧은 순환 관계를 더 명확히 보여준다"고 덧붙인다.(106)

지젝이 스타브라카키스에 대해 전적으로 동조하는 것은 아니다. 지젝은 라클라우와 야니스 스타브라카키스를 비판할 때 밀레르를 비판할 때보다 격앙의 정도는 낮추었지만, 비판의 날은 확고히 세우고 있다. 지젝은 라클라우가 모든 사회악의 기본인 경제적 차원의 사회적 적대를 간과하고, 단순히 사회적 문제가 보편성이나 초월성이 아닌 우연성에 기초하고 있기 때문에, 급진적 민주주의는 "우리가 사는 공적 영역의 구성을 위해 필요한 다양한 언어 게임과 다양한 교섭(negotions)의 영역을 개방하는"(Laclau: 7) 것에 기초한다는 주장을 비판한다. 또한 지젝은 스타브라카키스가 상징계의 결여라는 라깡의 개념을 적용하여, "권력의 텅 빈 자리라는 개념, 사회적 삶의 불투명성과 거역할 수 없는 우연성이라는 개념을 가진 '민주주의적 창조'(democratic invention)와 "탈-환상주의 정치학"(post-fantasmatic politics)을 주창하면서 라깡의 '환상 가로지르기의 필요성'의 개념을 사용하는 것은 인정한다. 그럼에도 지젝은 다음과 같은 이유로 라클라우와 스타브라카키스의 급진적 민주주의를 비판한다.

화목한 사회라는 유토피아가 구조적인 '대 타자의 결여'(거스를 수 없는 사회적 반목)를 감추는 일종의 환상이라면, 그리고 정신분석적 치료의 목표가 환상을 가로지르는 것인 한, 다시 말해 피분석가가 [완벽한, 결여 없는] 대 타자는 존재하지 않는다는 사실을 인식하게 돕는 것이라면, '사회는 존재하지 않는다'(라클라우)는 것이 전제인 급진적 민주주의 정치학은 바로 탈환상주의적 정치학이 아닌가?
이런 계통의 논리에는 일련의 문제들이 있다. 먼저 유토피아를 재빨리 거부해 버리면서 오늘날의 핵심 유토피아, 즉 자본주의 자체의 유토피아를 그림에서 배제한다. 두 번째로 이것은 한편으로 사회적 삶의 우연성과 불침투성, 또 한편으로 어느 누구도 '자연스럽게' 권리를 주장할 수행자가 없는, 권력의 텅 빈 자리라는 민주주의적 논리 사이의 차이를 구분하지 못한다. … 세번째로, [이들의 논리에서 상징계의 결여를 모르는 전근대적 유토피아와 상징계의 결여에 입각한 '민주주의적 창조'라는] 단순화된 이분법적 상반구조는 또한 '자연화된' 권위(왕)에 기초하는 전통적 권력 기능과, 급진적 파열(a radical rupture)을 성취하려는 천년왕국적인 급진적 유토피아 사이의 구분을 또한 무시한다.

스타브라카키스는 천년왕국적 급진주의를 너무 서둘러 기각하는데, 천년왕국적 급진주의자들, 혁명적 부정성의 폭발이 가지는 엄청난 해방적 잠재력을 무시하는 것이 아닌가?(Žižek 2004: 109)

결론적으로 지젝은 "이런 [급진적 민주주의자들의] 실패의 원인은 바로 '정치적 경제의 비판'의 부재이다. 스타브라카키스가 설명한 변화(최근의 민주주의주의의 위기 등)를 이해하는 유일한 길은 그것들을 현대 자본주의에서 진행되는 것과 연결하는 것이다"(112)고 단언한다. 이러한 지젝의 정치적 담론은 라깡의 개념들이 단순히 투명성과 보편성을 거부하고 기존 제도의 우연성과 이에 따른 다중성을 옹호하는 해체론적 급진주의적 민주주의를 극복하고, 정치적 경제의 차원 혹은 사회적 적대에 입각한 진정한 해방의 차원을 위해 '신적 폭력'을 불사하는 혁명적 급진주의를 옹호하는 데 유익하다는 것을 보여준다. 이런 정치적 논의는 라깡적 의미에서 진정한 실재의 차원을 대면하기 위해 환상을 추동하는 욕망과 타협하지 않고 안티고네적 죽음을 불사하는 라깡적 정신분석적인 윤리 행위의 개념과 연관이 있다. 이제 지젝의 정치적 논의에서 유효하게 증명된 라깡적 정신분석적 개념을 기초로, 백인 우월주의의 유산 혹은 식민지 체제의 탈식민적 이론과의 접점을 탐색해 보기로 한다.

'대상 a'와 백인우월주의의 식민지 담론

라깡적 담론이 정치적 담론으로서 성공하게 된 까닭은 무엇보다도 라깡적 담론이 정신만이 아니라 정치조차도 존재의 핵, '대상 a,' '결여된 존재'(lack-in-being)로서의 인간의 존재론적 조건에 의해 야기된다는 사실과, 외양상으로 합리적인 듯이 보이는 모든 정치적 담론들이 사실은 상징계의 결여를 덮어버리려는 노력의 산물이라는 사실을 밝혀냈기 때문이다. 정치적이든 학문적이든 이러한 진리의 차원을 무시하는, 즉 우리의 정신이나 행동에서 상징계의 결여로 야기된 파편적 흔적, '대상 a'의 실재의 차원을 무시하는 모든 담론은 겉보기에 합리적 담론의 형태라 하더라도 결국은 사람들을 혼미케 하는 도착자의 담론에 지나지 않는다. 이러한 담론은 '대상 a'와 관련되어 있는 진리의 차원을 전면에 부각시키는 분석가의 담론에 의해 교정되어야 하는 이데올로기적 환상을 가지고 있을 뿐이다.

라깡의 정신분석적 이론은 백인 우월주의의 이데올로기적 측면을 폭로하는 데 효율적이다. 왜냐하면, 백인우월주의자 혹은 인종주의자들이 어떻게 인종주의적 담론의 이데올로기적 치장물들을 통해 망각하고 싶은 끔찍한 실재의 차원의 '대상 a,' 즉 '사물'로서의 이웃과의 만남을 피하고 다양한 이데올로기적 기제로 그 주위를 맴돌고 있는지를 명확히 보여주기 때문이다. 주인(주체)은 다른 기표를 위하여 자신을 재현하기 위해 '대상 a'와 관련해 주인 기표(master signifiers)를 제시한다. 라깡은 어떻게 '대상 a'가 우리를 자극하고 이것 주위로 얼마나 많은 담론들이 생길 수 있는가를 다음과 같이 설명 한다.

주이상스[향유]의 상실이 있다. 내가 말하는 '[대상] a'의 기능, 상실된 대상의 기능이 드러나는 것을 보게 되는 곳은 반복적으로 인도되는 바로 이 상실의 장소에서이다. 이것은 우리에게 무엇을 부과하는가? 바로 다음의 공식을 부과한다. 즉 가장 기초적인 차원에서, 즉 '하나의 흔적'(unary trait)['대상 a'를 재현하기 위한 최초의 상징작용 단계]이 부과되는 차원에서 지식[담론들]이, 말하자면, 엔트로피를 창출하고 있다는 것이다. (Lacan 1992b: 48)

라깡에 의하면, 주인 담론에서 잃어버린 대상, 'a' 대신에 주인은 과감히 주인 기표, '하나의 흔적'을 만들어내고 자신이 상상계적으로 진리의 담론, S2이라고 간주하는 주인 담론을 만들어낸다. 주인과 분석가를 구별해 주는 것은 '주체적 결핍'을 견디어내고 자신으로부터 자신의 주체성을 박탈해 가면서도 진리의 차원인 '대상 a'를 자신의 주된 관심사로 삼는다는 분석가의 자세를 갖추었는가의 여부이다. 주인 담론에서 주인은 '주체적 결핍'을 인정하는 대신에 타자의 목소리, "Che vuoi"(너는 무엇을 원하니?), 즉 타자가 제기하는 질문에 대한 답으로 과감히 하나의 주인 기표를 만들어낸다.

엔트로피를 언급할 정도로 많이 창출될 수 있는 수많은 주인 기표들 중에서 인종은 칸트나 다른 계몽주의 사상가인 로크와 흄 같은 주인 담론의 주체들이 내놓은 주인 기표들 중의 하나이다. 민주주의가 현대 자본주의 자유진영 주인들(사상가들)이 내놓은 주인 기표의 하나라면, 인종은 식민주의 백인우월주의 사회의 구조가 백인들을 기준으로 삼고 편애하는 것을 가능하게 하는 주인 기표이다. 지젝은 "이 민주주의 개념과 대 타자의 비일관성에 대한 라깡의 개념 사이의 확실한 연결고리"에 대해 언급하면서, 자끄 알랭 밀레르의 주인 기표로서의 민주주의에 대한 견해를 인용한다.

'민주주의'는 주인 기표인가? 확실히 그렇다. [실재의 차원을 고려할 때] 주인 기표란 없는 것인데, [다시 말해] 적어도 혼자 우뚝 서 있는 주인 기표는 없는 것인데, 모든 주인 기표는 다른 것들 사이에다가 현명하게 자신을 끼워 넣는 것이라는 사실을 말해준다. 민주주의는 라깡의 빗금친 대타자의 대문자 ⑧이며 이것은 다음의 사실을 말하고 있다: 나는 대 타자가 구멍을 가지고 있다는 사실, 그것은 [온전한 완전체계로서] 존재하지 않는다는 사실의 기표이다.(Žižek 2007b: xxii)

밀레르는 민주주의를 긍정적으로 바라보기 때문에 주인 기표인 민주주의를 "다른 것[다른 주인 기표]들 사이에다가 현명하게 자신을 끼워 넣는" 것으로 간주했다. 민주주의라는 밀레르의 주인 기표와 달리, 서구 사상가들이 제시하는 인종은 "대 타자가 구멍을 가진다는 사실의 기표"가 될 정도로 객관적이지 못하다. 라깡이 설명하듯이 인간의 담론에서 각 기표는 "바로 그것의 잠재적 기능이 다른 기표를 위해 주체를 재현하는 것이기 때문에 주인기표의 위치에 올 수 있다."(Lacan 1992b: 89) 주인 기표인 인종은 상징계의 결여를 메우기 위해 창조되었고 이 기표는 주체인 노예를 재현해주지 못하며 오히려 그를, '사물'로서의 '이웃'이라는 왜곡된 형상, 주물화된 형태인 원시적이고 못생긴 존재로 못 박아 버린다.

파젯 헨리는 철학은 백인들의 영역이라는 인종주의적 언급에 반대하여 『칼리반의 이성』이라는 책에서 아프로−캐리비안적(Afro-Carribean) 철학의 존재를 강조했다. 헨리는 계몽주의 사상 자체야말로 주된 강령인 인간의 자유와 자율성과 모순을 일으키면서 인종주의 담론을 생산하고 있다고 강조한다.

흄은 인종에 대해 많은 이야기를 하지 않았지만, 식민지 전역을 걸쳐서 메아리치는 한 영향력 있는 각주를 썼다. 흄은 "국가적 성격에 대해"라는 논문의 추가부분에서 "나는 니그로와 다른 인종들(4가지 다른 인종들이 있는데)이 백인보다 자연적으로 열등하다는 사실을 생각하게 된다. 행위나 사고의 측면에서 백인 아닌 다른 인종의 문명화된 국가는 없으며 심지어 저명한 개인조차도 없다. 그들 가운데에는 어떤 천재적인 제조업자도, 예술도 과학도 없다."(Hume 1882: 251, 헨리 135에서 재인용)

계몽주의 사상을 설립하고, 인간의 평등성을 논하면서도 타자를 부인함으로써 자신이 언명한 강령과 모순을 일으킨 이가 흄 혼자는 아니었다. 경험주의자이자 계몽주의 사상가인 존 로크는 군주제를 공격하고 인간의 시민권을 주장한『정부에 대한 두 논문』이라는 책을 썼다. 샤프츠베리 백작이 1672년 영국의 총리가 되었을 때, 로크는 무역과 대형농장(plantation) 국의 사무관으로 캐롤라이나주를 책임지도록 지명되었다. 스티그 스코브에 따르면, "로크는 '로얄 아프리카 컴퍼니'라는 노예무역 회사에 투자를 했고 1672년 말에 캐롤라이나에서 인디언 노예를 금지시키는 법 또한 제정했다. … 그는 자신의 '로얄 아프리카 컴퍼니'에서의 경제적 이익 때문에 정착민들이 사업을 못하게 했고 대신 아프리카 출신 노예들과 거래를 했다! 그렇다! 로크는 아프리카 노예 상인에게서 사들인 노예들은 전쟁에 의한 노예라고 믿었다. 왜냐하면 로크는 [자기의 신념 때문에] 전쟁-포획자들 말고는 노예제를 지원할 수 없었기 때문에 그렇게 확신해야만 했다."(24) 자신과 무역을 한 노예는 노예가 아니라 전쟁-포획자들이라는 이데올로기적 믿음으로 자신의 노예무역을 용서하려는 로크의 합리화 노력은 역설적으로 자신이 자유와 인간의 기본권에 대한 믿음으로 파괴하려고 했던 고대 군주제 전통에 입각한 것이다. 이 일화는 로크가 계몽주의 사상가

라기보다 자신의 합리적인 진술로 이득 추구의 식민지 체계를 지원하는
또 다른 주인임을 드러내 보인다. 스티그 스코브는 주장하기를, "아메리카
대륙에서 유럽인들의 정착을 정당화하기 위해서 소유의 개념을 경청하고
정의내리는 것이 로크에게는 무척 중요한 일이 되었다."(27) 스티그 스코브
는 미국에서 인디언 땅을 점령하는 일을 로크가 정당화한 것을 다음과 같
이 말하고 있다.

> 유럽에 널리 기근이 퍼진 시기에 [아메리카라는] 땅의 자원이 완전히 실용화
> 되지 못했다고 하면서 아메리카를 점령할 것을 주장하는 로크의 말은 다소
> 이해할 만하다고 동정하기가 쉬웠다. 따라서 로크는 원주민의 동의 없이 미
> 국에서 사람들의 정착을 정당화하기 시작했다. 로크는 모든 사람을 위한 땅
> 이 충분하는 한, 개인의 노동이 합법적이라고 믿었다. 동의 없이 미국의 땅
> 을 점령하는 것을 합법화하는 또 다른 방법은 원주민의 위상을 폄하하는 것
> 이었다. 인디언이 땅을 소유하는 것은 비옥한 땅의 낭비로 간주되었고 다수
> 의 최대 이득을 생각했을 영국의 점령이 합법적이라고 말하는 것이 가능했
> 다.(30~31)

로크 같은 계몽주의 사상가와 비교했을 때, 칸트는 인종적 타자가 백인과
동등하지 않다고 정당화하는 일에 있어서 최고에 다다랐다. 이와는 대조적
으로, 칸트는 인간의 도덕성 및 윤리에 절대적 위치를 부여한 철학자이다.
지젝은 라깡의 개념과 연결하여 칸트를 다음과 같이 설명한다.

> 이제 우리는 '대 타자는 없다'('il n'y a pas de grand Autre')라는 라깡의 격언이
> 왜 우리를 윤리적 문제의 핵으로 데려가는지 보게 된다: 이것이 배제하는 것

은 바로 '최후의 심판의 시각,' … 우리로 하여금 우리의 행위를 판단하고 그
것들의 '진정한 의미,' 진정한 윤리적 위상을 채택하게 허락하는 기준이 있
다는 시각이다. … 라깡 자신은 칸트의 철학을 정신분석적 윤리학의 핵심적
선구자로서 언급함으로써 이 난제['최후의 심판'의 부재]를 빠져나오는 길
로 삼았다. 그런 것으로서 칸트의 윤리학은 '테러리스트'의 잠재력을 효과적
으로 보유한다. 이 양상을 보여주는 것은 직관이 없는 이성(Reason without
Intuition)은 텅 비었고, 반면에 이성이 없는 직관(Intuition without Reason)은
맹목적이라는 칸트의 잘 알려진 명제이다. 이것의 정치적 상응물, [즉] 테러
없는 미덕 (Virtue without Terror)은 무능하고, 미덕 없는 테러(Terror without
Virtue)는 죽음을 가져온다는 로베스피에르의 경귀는 맹렬하게 들리지 않
는가? … 주체의 완전한 도덕적 자율성과 책임을 칸트가 강조한 까닭은 바
로 대타자라는 어떤 인물에게 책임을 전가하는 것을 막으려는 것이다.(Žižek
2007b: xxv)

지젝은 여기서 인간으로 하여금 어떤 도덕적 행위로부터 야기되는 결과나
개인적 (칸트의 개념으로 병리적) 정서에 상관없이 도덕적 행위의 목적을
위해서 도덕적 의무를 준수하도록 요구하는 칸트의 도덕적 윤리학의 정수
를 대 타자의 부재라는 라깡의 개념과 연결하여 강조하고 있다. 그러나 역
설적이게도, 20년 이상이나 가르쳐온 인류학적 지식을 다룰 때, 칸트는 인
종주의자의 담론의 색깔을 띤다. 칸트의 인류학적 논의는 도덕성과 윤리성
이 가지는 초월적 차원에 입각한 것이 아니라 각 인종의 외양, 특히 국가와
국민이라는 '상상적 공동체'에 입각하여 각 국가나 민족의 특성을 논의하
는 등 일반적 통념에 심각하게 의존해 있다. 칸트는 한 국가나 민족의 '성
격'을 강조할 때 '국가 자체는 특성이 없다'는 흄과 거리를 두면서 다음과

같이 말한다.

> 흄은 한 나라의 각 개인들은 (영국의 경우처럼) 자신의 독특한 성격을 취하
> 려고 열심이지만, 국가 자체는 특성이 없다고 생각한다. 그는 잘못 생각하는
> 것 같다. 이는 한 [민족의] 성격의 정서가 자신이 속한 민족의 일반적 속성 자
> 체이기 때문이며, [민족의 속성이 없다는 흄의] 견해는 모든 외국인에 대한
> 경멸이 된다. 왜냐하면 특히 영국 사람들은 자신들만이 내적으로 시민의 자
> 유와 외지인에 대항하는 힘을 결합한 존경스러운 속성을 자랑할 수 있다고
> 생각한다. 이런 성격은 건방진 무례함이다. … 영국 민족과 프랑스 민족이라
> 는 지구에서 가장 문명화된 민족은 대조적인 속성을 가졌는데, 아마 바로 이
> 것 때문에 그들은 서로 계속 반목하는 것이다.(213~14)

칸트의 이 견해는 우리로 하여금 정신분석 영역에서 다소 조야한 형태인,
정신분석적 성격분석(character analysis)을 상기시킨다. 이매뉴얼 처쿠디
이즈는 칸트의 민족 성격 연구에 대해 다음과 같이 말한다.

> 칸트는 피부색깔을 "인종적" 계급의 증거로 삼으려고 인간을 다음과 같이 구
> 별하였다: 백인(유럽인들), 황인종(아시아인들), 흑인(아프리카인들) 그리고
> 홍색인(미국 인디언들.) "도덕적" 지형학은 … 이런 인종들, 계급들 혹은 그
> 룹들이 집단적으로 유지해 온 습관과 도덕을 연구한다. 예를 들어, 칸트가 가
> 르친 '도덕 지형학'은 아프리카에서 절도를 허락하기, 중국에서 아이를 유기
> 하기, 브라질에서 아기를 산채로 묻기, 에스키모인들의 아기 목조르기 등 …
> 적절하게 인간적이지 못한 … 비 사유적인 도덕과 관습 및 자연적 충동들에
> 기초하여 … 습관이 되어 버린 "지식"을 포함한다.(Eze 115)

칸트의 이런 인종 묘사에 대한 이즈의 또 다른 예증은 충격적이기까지 하다.

미국 (인디언) 인종은 교육될 수 없다. 그들은 정서와 열정이 부족하여 어떤 동기 유발도 없다. … 니그로 인종은 … 미국 (인디언) 인종과 완전히 반대다; 그들은 정서와 열정이 풍부하며, 아마도 확신컨대, 수다가 많고 공허하다. 그들은 교육될 수 있지만 오로지 종이나 노예로서만 훈련될 수 있을 뿐이다. … 니그로를 때릴 때는 채찍보다 막대기가 더 좋다. 왜냐하면 피가 곪아 썩지 않으려면 니그로의 두꺼운 피부로부터 탈출구를 찾아야할 필요가 있기 때문이다. 인도 힌두인들은 최고도로 교육될 수 있는데, 오로지 예술에서뿐이지 과학에서는 아니다. 그들은 추상적 개념의 차원에 도달할 수 없다. 위대한 힌두인 남자는 사기 기술에서 아주 발전해 돈을 많이 가진 자이다. … 힌두인, 페르시아인, 중국인, 터키인 그리고 실제로 모든 동양인들은 이 묘사에 속한다.(Eze 116)

칸트의 이런 인종차별적 시각은 주인담론이, 결여된 존재 혹은 상징계의 결여로 야기된 '대상 *a*'와의 만남에서 얼마나 잘못 나갈 수 있는지 그리고 이것이 분석가의 담론에 의해 어떻게 교정되어야 하는가를 예증해 준다. 이런 주인 담론들은 사람들이 다양한 문화담론을 고안해냄으로써 '사물' 로서의 이웃, 즉 실재, '사물'과의 만남으로부터 자신을 보호하고 '사물'로서의 이웃과 거리를 두려 한다는 라깡의 견해를 상기시킨다. 라깡에 의하면, 십계명은 사람들이 이 실재와 맞닥뜨리는 것을 방지해주고, 실재, '이웃'과의 거리를 두게 하기 위해 세워진 것이다. 실재의 '이웃'으로부터 거리를 유지하기 위한 고안물로서 십계명에 대한 이 시각은 케네스 라인하드의 다음 언급에서도 등장한다: "마치 이웃을 사랑하라는 프로이트의 암시가 실재 차원에서 '이웃'이 출현하는 것을 방지하는 부적으로서 타자에 대한 적절한 상징적 관계를 세우기 위한 것 같다."(29)

서구 역사에서 주인 기표로서의 인종은 계몽시대 때부터가 아니라 더 훨씬 전인 노예제를 통한 자본주의의 도래로부터 인종차별적 의미로 고착되었다. 탈식민 이론의 시각에서 자본주의는 산업혁명부터가 아니라 콜럼버스가 아메리카 대륙을 발견하고 노예의 노동을 이용하며 노예무역 자체에서 엄청난 이윤을 창출하게 되면서 아메리카 대륙의 어느 누구도 아직 '주장하지 않은 대륙'의 이윤 높은 착취를 경험하던 때부터 존재했다. 아니발 퀴하노의 관찰에 의존하여서, 욜란다 파비올라 오르케라는 "스페인의 아메리카 대륙 점령은 세계적 수준으로 자본주의를 부과하는 것을 의미하고, 근대성과 식민성은 오늘까지 자본주의의 구성적 도끼가 되었다"(Greer 2007: 184)고 말한다. 페르난도 코로닐도 이 견해를 지지하면서 "제국주의는 진보된 자본주의 국가의 확장적인 동력으로부터 나온 것이 아니다. 오히려 제국주의는 자본주의의 동시대적 가능성의 조건이다. 자본주의와 제국주의는 16세기에 시작한 세계시장의 형성에서 쌍둥이 동력으로서 함께 발전되었다"(Stoler 2007: 259)고 말한다. 라깡적 탈식민 담론을 형성하기 위해서는 이 역사적 시기를 살펴볼 필요가 있다.

초기 식민담론과 식민담론의 왜곡된 형상(Anamorphosis)

1492년 콜럼버스가 신대륙을 발견한 이래로 스페인은 이 땅의 점령과 약탈을 정당화하기에 열심이었다. 스페인 사람들은 자신의 군주가 신의 승인을 얻어 이 땅을 통제하게 되었다고 합리화하고 싶었기 때문에 정당화 과정이 필요했다. 스페인의 아메리카에 식민통치를 정당화하기 위해 스페인 철학자이자 신학자인 프란시스코 드 비토리아(1485~1546)는 야만인을 기독교화하고 하느님의 이름으로 이 대륙을 잘 개발하는 스페인 사람들의 권리를 위해 책 한 권을 썼다. 비토리아는 "죄인들, 비합리적인 사람들과 비신자들도 진실한 주인들이 될 수 있고 또한 인디언들도 기독교로 개종될 수 있으므로 그는 스페인 사람들에게 그들을 위해 설교할 의무를 주었고 교회에게는 … 신대륙에서의 권력을 부여하였다."(스코브 12) 교황은 철학적·신학적으로 합리화 작업에 의해 인준을 받아서, 양 아메리카 대륙의 땅을 스페인 군주들에게 하사하였고 인디언들에게는 기독교를 받아들여야한다는 칙령을 내렸다.

이 종교 칙령은 인디언에 대한 공격을 정당화하기 위해 필요하였다. 인디언들이 하느님의 메시지인 성경에 복종하여 그것을 받아들인다면, 그들은 스페인의 신하로서 간주될 것이라는 이 칙령은 스페인어를 모르는 지방 인디언 통치자 앞에서 스페인어로 선포되었다. 때때로 이 칙령은 인디언들이 밤에 잠자고 있을 때 마을 입구에서 읽혀졌다. 그들이 이를 받아들이지 않으면, 스페인 사람들은 이 마을을 즉시 공격하고 하느님의 이름으로 토착민들을 학살했다. 예를 들어, 1532년 11월 16일에 스페인 점령자, 프란시스코 피자로는 자신의 사신이자 수사인 빈센트 드 발베르데로 하여금 잉카의 왕, 아타후알파에게 성경을 받아들이도록 명령했으나 왕은 이것을 땅에다 내동댕이쳤다. 피자로는 이 행위를 침략의 빌미로 삼아서, 다른 스페인 병사들과 함께 수많은 왕의 근위병들을 죽였으며 왕의 생명을 담보로 은과 금을 요구했다. 이런 맥락에서 곤잘로 라마나는 "점령자들은 이류 배우들이었고 실제 배우는 신 자신이었다. [왕의] 포획 후, 피자로는 드디어 아타후알파에게 말을 걸어서 이 점령이 신과 황제의—세계의 주인의 — 사명이라는 사실로부터 오게 될 혜택을 열거해 주었다"(Greer 2007: 120)고 말한다.

인디언의 학살을 스페인 수사이자 신대륙에서 선교활동을 한 바톨로메 드 라스 카사스가 『서인도제도의 멸망에 대한 간단한 설명』에서 기록하자 스페인 궁정에서는 양 아메리카 대륙을 통치하는 스페인 사람의 권리에 대한 논쟁이 벌어졌다. 가장 뜨거운 논쟁 중의 하나는 인디언의 옹호자, 라스 카사스와 신대륙에 대한 스페인 통치의 옹호자인 세풀베다(Sepúlveda) 사이에 일어났다. 곤잘로 라마나에 의하면, "핵심 관건은 인디언의 속성을 정의하는 일 이었다: 그들이 자기-통제가 가능한 합리적 존재들이라면 그들은 자유로워야 하고 합당한 기독교화를 필요로 한다; 그렇지 않으면, 즉, 그들이 자연적 노예에 더 가까운 것이라면, 정착민들에게 지원[*encomiendas*: 스페인 정착민에게 주는 인디언들로서 이들은 정착민에게 물건과 노동으로 세금을 내야함]이 뒤따르게 된다"(127) 욜란다 파비올라 오르케라는 "황제의 성직자이며 공식 역사기록가인 후앙 지네스 드 세풀베다는 … 노예제가 죄에 대한 징벌이라는 오거스틴적 주장에 기초하여 아메리카 인디언에 대한 폭력은 인디언들이 인간을 희생양 제물로 이용하고 '시민적 조건'의 다른 흔적들이 결여되었기 때문에 정당하다고 주장하였다"(120)고 진술한다.

라스 카사스의 탈식민 이론을 제외하고 초기 식민이론은 모두 인종적 타자가 식민주의자들과 동등하지 않고 자연적 위상에 가깝거나 그들의 문화적 습성 때문에 신으로부터 저주를 받았기에 징벌이 마땅하다고 해석했다. 타자의 땅에 대한 통치를 정당화하려는 식민주의자들의 욕망은 그들로 하여금 인디언들의 피부색깔과 습관을 그들에게 실질적이고 존재론적인 위상을 주기를 거부하는 하나의 구실로서, 다시 말해, 그들의 피부색깔과 습관을 일종의 결여의 흔적으로 고착시키게 만들었다.

정신분석 이론에서 팔루스를 결여한 어머니의 '결여'를 부인하기 위해 다른 물건이나 신체의 부분으로 그 부재를 덮어보려는 주물주의자들 혹은 도착증 환자들처럼, 백인들은 잃어버린 주이상스의 원인('대상 a'의 빈 구멍)을 메우기 위해 자신들은 온전한 존재로 착각하고 피부색이 다른 타자에 대해 왜곡된 이미지를 부여함으로써 도착증적 만족을 가지게 되었다. 이들의 식민담론에서 타자에 대한 이런 왜곡된 형상(anamorphosis)의 이미지들은 '사물'로서의 이웃, 그들의 존재의 핵을 만나기를 피하려는 천재적이고 정치적으로 자기중심적인 식민주의 도착자들의 산물들이다. 한스 홀바인의 〈대사들〉 그림에서 외교와 과학의 주체로 상징되는 두 인물 사이에서 책상 밑에 시커멓게 '왜곡된 형상'으로 드러나는 것은 과학과 정치가 대변하지 못하고 그들의 이성적이고 자기중심적 틀 안에서 비틀려질 수밖에 없던 실재의 잉여물, '대상 a'의 '왜곡된 형상'이다. 이와 마찬가지로, 백인우월주의적 식민담론에서 똑같은 인간인데도 백인들의 서구이성 중심적 시각에서 배제되고 비틀려져서 못생기고 비인간처럼 인식되는 인종적 타자는 바로 실재의 잉여물, '대상 a'가 '왜곡된 형상'으로 드러나는 것과 같다.

서구의 식민주의자들의 담론을 잘 들여다보면, 실재의 핵인 '사물'로서의 '이웃'이 다양한 '왜곡된 형상'의 이미지들로 나타나는 것을 발견하게 된다. 식민담론이 피식민 타자 즉 무젤만들을 '안 보이는' 타자들, 열등감의 인물들, 죄인들, 아직 자신을 통제할 능력이 없는 자 등의 다양한 수사학적 서술들로 묘사하는 것은 식민주체들이 피식민 타자들을 '대상 a'의 차원에서 집착하여 그것에 대한 경멸의 형태로 반복하여 타자들과의 거리를 확인하려는 노력 때문이다. 이는 궁정풍 사랑에서 특정한 여인을 '대상

a'의 차원으로 승격시켜 '숭고한 대상물'에 대한 애모의 형태로 집착하는 것과 같은 구조다. 단지 차이가 있다면, 궁정풍 사랑에서 시인의 '대상 a'의 대체물, 즉 '숭고한 대상물'에 대한 집착이 애모의 형태라면, 식민담론에서 '대상 a,' '사물'로서의 '이웃'의 대체물인 피식민 타자들에 대한 집착은 경멸의 형태라는 점이다.

궁정풍 사랑의 시적 전통에 대한 라깡의 논의에서 시인은 자기 안의 타자로 '외밀한'(extimate)관계를 가지는 '대상 a'라는 접근 불가능한 대상물에 끌리면서도 멀리 두고 싶은 욕망 때문에, 한 숙녀를 실재의 차원까지 승화시켜 '숭고한 대상물'로 삼아 집착하면서 이 '외밀한' 관계를 자신의 의식 안에서 통제하고 거리를 두는 것이다. 마찬가지로 식민주체들은 자신들과의 '외밀한' 관계를 형성하는 '대상 a,' 즉 '사물'로서의 '이웃'과의 거리를 유지하기 위해, 인종적 타자를 '사물'로서의 '이웃'의 대체물로 삼고 더럽고 비인간적이며 '하나가 못되는 자'(less than one)로 폄하함으로써 자신의 의식의 통제 하에 놓고 거리를 유지하는 것이다. 주체와 '사물'의 멀고도 가까운 '외밀한' 관계를 암시하기 위해, 지젝은 자신의 논문, "궁정풍 사랑과 크라잉 게임"에서 라깡의 '왜곡된 형상으로서의 궁정풍 사랑'의 개념을 설명하면서, 시인이 왜 이 숙녀를 자신의 불가능한 경배의 대상으로 삼는지를 말하고 있다.

핵심은 대상의 가치를 높이기 위해 추가적인 전통적 장애물을 설치하는 데 있는 것이 아니다. 이 대상물에 대한 접근을 어렵게 만드는 외적 장애물들은 단순히 다음의 착각을 주기 위해, 즉 이것들 없이 대상물은 직접적으로 접근 가능하다는 착각을 만들어주기 위해 있는 것이다. 이렇게 해서 감추려는 바는 본래적으로 대상에 접근하기가 불가능하다는 사실이다.(Žižek 1993: 100)

지젝에 의하면, 주체는 '대상 a'와의 '외밀한', 따라서 자신의 의식 밖에 있어 두렵기까지 한 관계와의 거리를 두고 의식 속으로 들여오기 위해 '궁정풍 사랑'의 외적 장애물을 이용해, 끊임없이 '숭고한 대상물'을 접근하려는 노력을 하면서 '대상 a'의 접근불가능성을 감추려 하기까지 한다. 다시 말해 궁정풍 사랑에서 시인이 흠모하는 숙녀에 다가갈 때 시인은 끊임없는 방해물들이 그의 사랑의 결합을 지연시켜 자신이 추구하는 대상물이 계속 존재하다고 생각함으로써, 사물'과의 접근불가능성 혹은 그런 존재가 있다는 존재론적 진실을 덮으려고 한다. 이와 유사하게, 인종주의적 담론의 식민주의적 화자는 접근불가능한 '사물'이 존재한다는 사실을 감추기 위해 '사물'로서의 '이웃'을 인종적 타자로 환원시키고 다양한 의식적 정의를 통해 자신이 접근할 수 있고 통제할 수 있는 열등한 인간의 형태로 길들인다. 궁정풍 사랑의 시인이 자신의 '숭고한 대상물'을 "근본적인 속성에 있어서 나르시스트적인 방법으로"(Lacan 1992a: 153) 경배한다면, 식민담론들은 자신이 실재의 차원으로 승격시킨 그들의 인종적 타자라는 '숭고한 대상물'을 학대한다. 식민주의자들의 이런 '숭고한 대상물'의 학대 형태의 부정적 집착은 '궁정풍 사랑'의 '숭고한 대상물'에 대한 경배 형태의 집착과 반대라는 점에서 '부정적 궁정풍 사랑'(negative courtly love)이라고 볼 수 있다.

라깡은 궁정풍 사랑 전통의 논의 끝 부분에서 "나는 오늘 과감한 주장, 즉 궁정풍 사랑은 환상이 방금 막 야기된 '입체화된 형상'(syringe)으로부터 생겨나는 것을 볼 때 다소 이미지로서만 만들어졌다는 주장을 하는 바이다"(153)고 말한다. '왜곡된 형상'의 다른 표현이라 할 수 있는 '입체화된 형상'은 라깡이 한스 홀바인의 "대사들"이라는 그림의 중앙에 있는 이상하게 생긴 검은 점이 해골, 죽음의 왜곡된 형상으로 변화되어 보이는 과정을 위해 사용한 용어이다. 라깡이 "그 놀라운 [시인] 기욤 드 포이티에르가 자신의 경배 대상을 '좋은 이웃'이라는 의미를 뜻하는 Bon vezi라고 불렀다"
(151)고 말한 바 있듯이, 라깡은 '왜곡된 형상으로서의 궁정풍 사랑'의 '숭
고한 대상물'의 여러 가지 형태를 숙녀 혹은 좋은 이웃으로 불렀다. 라깡은
이 좋은 이웃이라는 '숭고한 대상물'의 '입체화된 형상' 혹은 '왜곡된 형상'
과 [실재의] '사물'로서의 '이웃'을 다음과 같이 연결하고 있다.

> 귀욤 드 포이티에르가 가끔 함께 장난스런 게임을 즐겼던 숙녀일 수 있을, 이
> 이웃에 대한 언급보다 더 중요한 것은 막 언급된 이 [이웃이라는] 표현과, 프
> 로이트의 '사물'(das Ding)의 최초의 확립과의 관계, 이것['사물']의 정신심리
> 적 생성체, 말하자면, ['사물'로서의] '이웃'(Nebenmensh)과의 관계이다. …
> ['사물'로서의 '이웃'이 숙녀나 좋은 이웃이라는 '왜곡된 형상'으로 나타나는]
> 이 정신에서의 우회는 언제나 쾌락원칙의 영역에서 조직된 것과 현실의 구조
> 로서 자신을 제시하는 것 사이의 왕래를 통제하려고만 고안된 것은 아니다.
> [실재의 '대상 *a*'의 형태인] 텅 빈 것(the vacuole)이 그런 것으로서 드러내 보
> 이기 위해 조직되는 우회와 장애물도 있는 것이다. 이런 것으로서 투사되는
> 것은 욕망의 어떤 위반이다.(151)

'사물'로서의 '이웃'이 우회되어 나타나는 '숭고한 대상물'로서의 숙녀 혹
은 좋은 이웃이라는 시적으로 유도된 '왜곡된 형상'의 이미지는 모두 '대상
a' 또는 '사물'이 '텅 빈 것', '빈 구멍'으로 존재하며, 욕망의 원인인 '텅 빈
것'에 대한 욕망의 위반 행위의 결과이다. '대상 *a*'에 대한 욕망은 존재론
적으로 실현될 수 없는 것으로서 오로지 이 '텅 빈 것'의 '왜곡된 형상'만이
우리가 도달할 수 있는 것이다. 라깡의 욕동(drive) 개념이 보여주듯이, 인
간은 욕망의 대상(대상 *a*)를 향해 돌진하지만, 만남을 성취하지 않고 에둘

러서 되돌아온다. 라깡은 이를 '대상 *a*'의 '텅 빈 것'과 연결한다.

인간이 요구하는 것은, 인간이 요구할 수밖에 없는 것은 실재의 어떤 것을 박
탈당하는 것이다. 여러분들 중 한 명이 내가 '사물'(das Ding)에서 보여주려
고 한 것을 나에게 설명하면서, 그것을 멋지게 '텅 빈 것'(the vacuole)이라고
언급하였다. 나는 그 단어를 거부하지 않겠다. … 그렇다면 이 '텅 빈 것'은
어디에서 우리를 위해 만들어지는가? 실재의 어떤 것이 박탈되는 것에 대한
[인간의] 최종적 요구가 [원초적 상징행위, 즉] 사랑의 선물(gift of love)이라
는 의미 안에 전적으로 포함되어 있는 원초적 상징 행위와 근본적으로 연결
되어 있는 한에서, 이것['텅 빈 것']은 기표들의 중심부에 있다."(151)

여기서 라깡은 실재와의 만남을 두려워하는 인간의 존재론적 상황은 물론,
이런 두려움 때문에 접근불가능한 것으로 존재하는 '사물'을 표현하기 위
해 차선책으로서 기표에 의존하는 '원초적 상징 행위'를 '사랑의 선물'이
라는 시적 표현으로 표현하고 있다. 이런 맥락에서, 궁정풍 사랑의 '숭고한
대상물'처럼, 백인우월주의의 식민담론은 두려운 실재의 '사물'로서의 '이
웃'과 대면을 회피하고 우회하여, 못생기고 열등하며 피부색 짙은 이웃으
로서의 타자에 대한 '왜곡된 형상'을 만들어낸다. 인종주의적 백인들은 실
재적 '이웃'과 거리감을 유지하고 이 섬뜩한 '이웃'을 자신이 통제하고 의
식하는 '더럽고 열등한 이웃'으로 환원하여 인종적 편견으로 길들이거나
익숙하게 만들었던 것이다. 그 결과 백인 우월주의자들은 자신들이 이 못
생기고 야만적인 이웃들의 문화에 의해 오염되거나 그들로부터 안전한가
를 항상 확신해야 했고, 이에 따라 다양한 인종주의적 편견과 도착증적인
병리적 행위를 하게 된 것이다.

식민주의의 전성기에 스페인 사람들은 종교재판(Inquisition)이라는 정치적 체제를 통해 식민주의자와 피식민인 사이에 명확한 경계를 그음으로써, 이런 인위적 경계를 초월하는 실재의 침입을 인식할 수 있는 기회를 계속 회피하고 있었다. 스페인은 소위 종교재판가라는 똑똑하고 신학적으로 잘 무장된 공무원들을 식민 아메리카에 파견하여 피식민인과 정착민들의 활동에 경계의 눈초리를 늦추지 않았다. 그들의 의식이 실재라는 진리의 차원과 맞닥뜨리는 것을 막기 위해 경계를 늦추지 않는 와중에, 잉카 문화를 접촉하였거나 기독교 전통이 아닌 다른 전통을 실행한 이들, 소위 마녀들을 화형시키는 역사적 실수를 저질렀다. 종교재판가는 또한 은밀히 유대교 의식을 실천한 개종된 유대인들도 화형시켰다.

아이린 실버블랫은 식민지 시대에 페루에서 종교재판가들의 피해망상적 노력들로부터 일어난 몇몇의 역사적 사건들을 예로 든다. 실버블랫에 의하면, "식민지에서 사는 것은 지식의 판도라 상자—세 대륙의 지혜에 뿌리내린 식물 치료, 점술, 그리고 사랑과 권력의 묘약—를 열리게 했고 … 카탈리나 드 바에나는 안데스 마녀놀이의 비교-인종적 속성을 유지한 것"에 대해 몇몇 가혹한 처벌을 견뎌야했다고 보고한다.(Greer 2007: 104) 또한 기운을 북돋우기 위해 코카-씹기라는 인디언 습관을 실천했던 다른 여성과, "사랑과 정치에서 다양한 종류의 재해를 행사할 수 있는 사악한 [마법적] 계약을 한 것으로 비난받은 원주민 여성"도 재판받고 처벌되었다.(109) 종교재판가들의 섬뜩한 타자에 대한 피해망상적 공포는 인디언 전통에 오염된 여성들에 국한되지 않았다.

종교재판가들은 개종한 유대인에 대한 공포도 가지고 있었다. 실버블랫은 처벌을 받은 유대주의자 72명 중에서 몇 명은 스페인 사람들의 타자에 대한 공포 때문에 화형당했다고 말한다. 이 스페인 사람들의 타자에 대한 공포는 "유대인 (또는 '새 기독교인'이나 포르투갈 사람들)은 양 아메리카 대륙에서 발생한 새로운 종류의 음모에 대한 두려움과 연루된다. 이 음모에 대한 공포는 대서양 너머의 소유물에 대한 이베리아의 주권성을 침해하기 위한, 국내와 국외의 스페인의 적들과의 협약을 의미한다"는 '스페인 음모이론'의 형태에서 잘 나타난다.(110~12)

이런 식민담론의 피해망상적 환상들은 유대인에 대한 '왜곡된 형상'의 이미지들을 만들어냈다. 왜곡된 형상적 시각이 어떤 방향으로 형성되었는지에 따라, 유대인들은 스페인 사람의 음모에서와 같이 스페인 사람의 적으로서 혹은 히틀러의 전제주의적 체제에 희생되었기에 동정을 받아야할 백인으로서 제시되어진다. "그(기독교 부르주아)가 그(히틀러)를 비난한다면 … 그가 히틀러를 용서할 수 없는 이유는 죄 그 자체, 인간에 대항하는 죄, 인간을 그렇게 모욕하였기 때문이 아니라, '그 때까지 알제리아 아랍인들, 인도의 천민(쿨리), 그리고 아프리카의 '검둥이'들에게만 적용되었던 것을 유럽 식민지 과정[유대인이라는 백인들에게도]에 적용하였다는 사실 때문이다."(Césaire 36) 로빈 켈리에 의하면, 에메 세제르, 뒤 보이스, 제임스, 조지 파드모어 그리고 올리버 콕스 같은 탈식민 이론가들은 파시즘을 노예제와 제국주의의 혈연관계로서, 자본주의적 정치경제뿐만 아니라 근대 초에 이미 존재한 인종주의 이데올로기라는 전지구적 체계로서 보았다."(20) 히틀러와 제국주의적 식민주의자들의 타자 왜곡에 대한 이 견해는 '사물'로서의 '이웃'이라는 실재가 '왜곡된 형상'으로 인식되는 과정을 잘 보여준다.

식민지 시대에 타자에 대한 왜곡된 형상의 이미지는 아프리카 남자와 여자를 일종의 유인원으로서 왜곡하는 이미지에서 절정을 이룬다. 실제 이름이 사라 바트만이라는 호텐톳 비너스는 영국 남자에 의해 1810년 그녀의 나이 스무 살 때에 남아공의 케이프타운으로부터 영국으로 이송된 뒤 마차에 실려 아프리카 여성이 어떻게 생겼나를 보여주기 위해 이곳저곳으로 끌려 다녔다. 몇 년 이후 버려져서 자신의 몸을 팔아 생존해야했고 젊은 나이에 죽은 이후에도 과학적 의학 연구를 위해 프랑스로 가게 된 그녀의 비극적 운명은 아프리카로부터 온 낯설은 존재로 구현된 '사물'로서의 '이웃'에 대한 백인들의 공포와 관심의 양가적 감정의 예다. 너무 어린 나이에 죽은 후 호텐톳 비너스의 성기가 영구 보존을 위해 특별 방부제 용액이 담긴 실린더에 보존되었다는 사실은 '사물'로서의 '이웃'과 관련된 '숭고한 대상물', 검은 피부의 타자에 대한 백인들의 주물적 매혹을 증명해준다. 호텐톳 비너스의 영원한 전시, 즉 이번에는 1985년 파리의 '인간박물관'(Musée de l'Homme)에서 그녀의 성기와 두뇌가 전시되었다는 사실은 '대상 a'의 실재의 차원을 과학적 연구의 대상물로서 길들이려는 사람들의 끊임없는 매혹과 욕망이다. 그들이 호텐톳 비너스라는 인종적 타자의 몸과 성기에 끌리게 되는 것은 호텐톳 비너스의 신체 부분이 아니라, '너는 무엇을 원하니?'라는 실재 차원으로부터 오는 타자의 목소리이다. 백인들은 인종적 타자를 열등하다고 상상적으로 고착시킨 이후에도 실재의 '사물'로서의 '이웃'의 주물인 호텐톳 비너스의 성기를 계속 의식 속에 두고 봄으로써 실재의 '이웃'이 위협적이지 않고 길들여진 대상임을 확인할 필요가 있었던 것이다.

호텐톳 비너스의 성기는 에메 세제르가 말하는 "공식: 식민지화=물화(thingification)"(43)의 한 양상을 보여준다. '왜곡된 형상'으로서의 호텐톳 여인의 이미지들은 '물화'일 뿐만 아니라 인간의 '파편화'(fragmentalization)를 의미하며, 도착자의 주물적 속성을 드러낸다. 호미 바바는 식민주의자들이 유색인종 남자와 여자를 일종의 원숭이로 보는 한 예를 들면서, "에드워드 롱은 권위를 가지고 흄, 이스트윅과 와버튼 주교을 들먹이며 다음의 사실을 말한다: "이 견해가 우습게 들리겠지만, 오랑우탕 [동물] 남편이 호텐톳 [비너스라는] 여성에게 어떤 불명예일 리가 없다" (130)라고 말한 것을 지적한다. 인종적 타자를 동물성의 축소된 차원으로 보는 이런 왜곡된 견해들은 '사물'과의 조우에서 직면하기 끔찍한 '사물'로 서의 '이웃'을 회피하기 위해, 이것을 인종적 타자에 대한 '왜곡된 이미지 를 통해 축소시키고 자신의 인종적 이데올로기 안에 가두어 둠으로써 '실 재와의 만남'이 줄 공포와 불안을 해소하기 위한 담론이다. 역설적이게도, 궁정풍 사랑에서 '숭고한 대상물'로서 추구의 대상이던 '왜곡된 형상'인 숙 녀는 인종주의적 망상에 의해 오염될 때, 이 숙녀는 경배의 대상이 아니라 경멸의 대상이 된다. 궁정풍 사랑과 인종주의자들의 집착의 구조가 다 '사 물'로서의 '이웃'에 대한 같은 방어기제의 구조를 가진다는 점에서 인종차 별적 담론의 식민주의자들은 '부정적 궁정풍 사랑'의 음유시인들이라 볼 수 있다. 이 천재적인 인종주의적 음유시인들은 피식민인, 무젤만들에 부 정적으로 집착하여 이들에 대한 다양한 이데올로기적 서술로 그들과의 거 리를 두면서, 영원히 자신의 이데올로기와 의식 안에 타자로서 가두고 싶 어 한다.

탈식민 담론을 위한 책략들: 프란츠 파농, 호미 바바

식민주의 저항의 탈식민 담론은 15세기 스페인의 식민지 점령 시기부터 형 성되었다. 16세기 말 이미 페루의 와만 푸마 드 아얄라는 식민주의적 점령 과 약탈을 반대하는 책을 썼으며 라스 카사스도 노예제의 해악을 고발하는 책을 썼다. 18세기에는 흑인 노예 오타바 쿠고아노가 기독교 강령에 완전히 반대되는 노예제를 폭로하는 책, 『노예제의 해악에 대한 사고와 정념들』(*Thoughts and Sentiments of the Evil of Slavery*)을 썼다. 현대의 탈식민 담론은 프란쯔 파농과 호미 바바에 이르러 더 비판적이고 이론적인 형태를 가지게 된다.

파농과 바바의 담론은 라깡의 시각과 연결되어 있다. 파농은 정신분석가로서 파리에서 라깡의 이론에 접촉했다. 바바는 라깡적 시각이 그의 이론에 많은 효용이 있을 것 같다는 조운 콥젝의 제안을 받아들여 라깡의 개념을 자신의 탈식민 담론에 적용하였다. 두 이론가 모두 라깡의 담론과 관련이 있지만 그들의 담론은 서로 약간의 차이가 있다. 파농은 탈식민 담론을 위한 책략으로서 '신적 폭력'과 유사한 전투적 저항을 통해 인종차별적이고 폭압적인 정치체제를 극복하고자 하였다. 반면에 바바는 전투적 저항을 지지하지 않으며 탈식민 담론, 그의 용어로 "탈소외"(disalienation)을 위해 해체론적 책략을 주장하였다. 라깡의 윤리적 행위, 타자의 결여 그리고 분석가 담론 등의 이론적 장치는 제국주의 서구의 식민주의적·인종차별적 인식론과 정치체제를 극복하려는 이 두 이론가들의 숭고한 이상들을 공유하면서, 다소 차이가 있는 이들의 담론을 연결하는 역할을 할 수 있다.

파농이 피식민인의 심리적 상황에 대한 마노니의 불공평한 이론과 같은 정신분석 이론에 환멸을 느낀 것은 사실이다. 파농이 정치적 억압에 대한 투쟁을 벌이면서 정신분석의 틀을 벗어나 사회발생적 접근을 취했다는 것이 일반적인 평가지만, 사회에 대한 정신분석적 접근은 파농의 사회적 저항운동과 불가분적이다. 파농 자신의 말이 이 점을 명확히 하고 있다.

[『검은 피부, 하얀 가면』이라는 책을 쓰기] 바로 전에, 나는 몇 마디를 해야 한

다. 내가 하는 분석은 심리학적이다. 이 점에도 불구하고 흑인의 효율적 탈소외는 즉각적인 사회적·경제적 현실에 대한 인식을 수반한다는 것은 틀림없다. 만약 열등감 콤플렉스가 있다면, 이는 두 가지 과정의 결과다:

-우선적으로, 경제적;

-후속적으로, 내면화(internalization)―더 정확히 말하자면, 열등감의 피부화(epidermalization)이다.(10~11)

"흑인의 영혼은 백인의 가공물"(Fanon 1967: 14)이라는 주장을 하면서 파농은 흑인들이 어떻게 식민주의자들의 인종차별적 담론에 의해 형성되었는가를 탐구한다. 파농은 지금은 유명해진 어떤 백인 아이의 통렬한 언급, "저기 봐, 엄마, 흑인이야. 나 무서워"를 인용한다. 파농은 "흑인은 흑인-공포 생성적"(Negro-phobogenic) 대상물이다. 염려의 자극제이다"(151)라고 말하면서, 식민주의적이고 메트로폴리탄적 사람들의 "흑인-공포증 생성"(Negro-phobogenesis)를 폭로하고 있다. 파농은 이런 흑인 공포를 본능과 생물학적 차원에서 백인의 타자에 대한 공포의 탓으로 돌린다. 파농은 백인 여성의 타자에 대한 공포, 즉 타자에 의한 자신의 강간에 대한 공포는 백인 남성들이 타자(흑인)에게 투사한 타자의 성적 능력에 대한 공포와 무의식으로 연결되어 있다고 본다. 금발 숙녀가 공장에서 흑인을 두려워하면서도 나중에 그와 함께 자러 간다는 이야기를 다룬, 체스터 하임스의 작품, 『그가 소리치면 그를 풀어줘』(*If he Hollers Let Him Go*)을 인용하면서, 파농은 수사학적으로 질문한다. "이 강간의 공포가 바로 강간을 원하는 외침이 아니었는가?"(158) 이 진술문은 욕망은 타자의 욕망이라는 라깡적 공식을 예증해준다. 파농은 백인문화의 이런 흑인 공포적 특성이 흑인의 정신을 형성한다는 사실을 다음의 진술문에서 폭로한다. "흑인이 백인 세계와 접촉하게 되면, … 흑인은 행동적 인간으로서 행동하기를 멈춘다. 그의 행동의 목표는 타자이다. … 왜냐하면 오직 타자만이 그에게 가치를 줄 수 있기 때문이다."(154)

파농은 마노니가 흑인들의 열등감 컴플렉스와 의존 콤플렉스(dependence complex)와 더불어, 여기에 상응하는 백인 식민주의자들의 프로스페로 콤플렉스(Prospero complex)를 설명하면서, 흑인공포 문화로부터 야기되는 피식민인들의 콤플렉스를 취급하지 않았다고 비난한다. 마노니는 자신의 책, 『프로스페로와 칼리반: 식민화의 심리학』(*Prospero and Caliban: Psychology of Colonization*)에서 피식민인들은 그들이 원래 열등감 콤플렉스와 의존 콤플렉스를 갖고 있다고 말한다. 마노니의 의존 콤플렉스 개념에 의하면, 피식민인들은 그들 조상에 대해 이 콤플렉스를 가지고 있다. 파농은 "그[말라가시 사람]가 자신보다 우월한 사람과 [의존의] 관계를 형성하게 되면, 그의 열등감 컴플렉스는 더 이상 그를 괴롭히지 않는다. … 이 관계를 형성하지 못하면, … 그는 위기를 겪는다"고 지적하면서, 마노니가 "말라가시 사람에게 열등감과 의존 사이에 어떤 선택도 하지 못하도록 하고 있다"고 불평하고 있다.(93~94) 파농은 마노니가 백인 우월의식을 가진다고 다음과 같이 비난한다.

[마노니는 말하기를] 모든 사람들이 피식민화될 수 없다; 이 [의존에 대한] 필요를 경험하는 자만이 피식민화될 수 있다. 그리고 조금 있다가 말하기를, '유럽 사람들이 식민지를 가지게 될 때마다 … 그들의 도착은 미래의 종속된 민족[인디언]들에 의해 무의식적으로 예견되었다. 심지어 욕망되었다고 말할 수 있다.'(99)

파농은 서구 "지식인들은 우리에게 식민화가 정말 단순하게 일어났다[고 말한다]. 왜냐하면 '운명적인 상형문자', 특히 무의식 속에 백인들을 기다려 온 주인으로 만드는 무엇인가가 존재하기 때문이라고 말한다"(99)고 말한다. 파농은 마노니가 "백인을 대하는 유색인의 좌절 속에 자신을 감정이입 시키지 못하며 … 남아프리카 공화국의 가난한 백인이 흑인에 대해 가지는 경멸이 경제적 요소와 아무 상관이 없음"(86)을 믿는다고 비난한다. 파농의 이런 비판은 "[열등감] 콤플렉스의 원인이 유년 시절부터 존재했다"는 마노니의 진술에 대한 응답이다. 파농은 그가 열등감 콤플렉스는 사회적 문제들로부터 나오기보다 피식민주체의 생래적인 정신적 조건들로부터 온다고 가정하기 때문에 나온 것이다. 파농을 진정으로 분노하게 만드는 것은 "유럽문명과 그것의 최고의 재현자는 … 식민주의적 인종차별주의에 대해 책임이 없다. 즉 [식민주의적 인종차별주의는] 큰 성공 없이 일만 많이 한 식민주의자들이나, 소상인들이나, 하부 공무원들의 작업일 뿐이다"(90n)는 마노니의 견해이다. 파농은 마노니가 식민주의자들이 발달시키는 프로스페로 콤플렉스, 즉 "그 딸도 열등한 존재에게 강간당할 것이라는 … 인종주의자, 무의식적 신경증환자의 총체"[인 콤플렉스](107)를 설명할 때도 마노니에게서 타자에 대한 공포의 흔적을 발견한다.

　　탈식민 담론을 위해 파농이 채택한 책략은 전투적이다. 파농은 그의 스승인, 에메 세제르가 시작한 네그리튜드 운동(흑인의 문화를 통해 자긍심과 해방을 도모하기 운동)을 강력히 추천한다. 파농은 "네그리튜드의 주체적이고 실존적이며 인종적인 개념은 프롤레타리아라는 객관적이고 실증적이고 정확한 개념으로 '발전한다'"라는 사르트르의 개념에 반대한다. 파농은 사르트르가 "나에게 흑인성은 부차적 조건이라는 것을 상기시킨다. 모든 진실에 있어서, 참 진실에 있어서, 나는 말하는데, 흑인의 과거 없이,

흑인의 미래 없이, 내가 나의 흑인성을 살아갈 수 있는 것은 불가능하다. 사르트르는 흑인의 육체가 백인과는 정말 다르게 고통을 겪었음을 망각했다"(138)고 사르트르를 비판한다. 파농의 "길거리 투쟁 시절"의 전투적인 양상에 대해, 바바는 다음과 같이 말한다.

> 때때로 지적되는 것처럼 파농의 발자취를 따르겠다는 사람들은 단순히 그의 추상적 주장들과 들끓는 감정만을 흡수한다. 그들은 알제리 독립 투쟁에서 보여준 그의 사심 없는 개입을 이해하지 못하며, 알제리 해방기구의 혁명적 테러에 입각해 세워진 국가는 쉽게 국가 테러와 종교적 광신주의로 빠질 수 있음을 생각하지 못했다는 사실에 눈감게 된다.(Fanon 2004: xxxi~xxxii)

바바는 파농의 "농민들"에 대한 견해가 가지는 전투적 양상에 대해 우려를 표한다.

> 파농은 알제리 농민과 룸펜-프로레타리아들의 투쟁적 에너지들이 도시의 엘리트들이 주도하는 "서구화된" 국가주의 정당들의 패거리와 부패에 대항하고 이를 막을 수 있다고 믿는다. … 농민에 대한 과대평가와 같은 이런 정체성에 대한 과격한 토착화는 그 자신의 탄생적·심리적 현실의 회피 혹은 강화로 볼 수 있다. 즉 그의 안티렐스 제도의 유산과 "비영웅적 동화(assimiliation)를 환상상으로 거부하고 알제리해방기구의 "남성적이고 탈식민화된 동포애"를 선호함으로써 그의 마티니크 출생을 거부하려는 일종의 보상적 가족 로망스로 볼 수 있다."(xxxii)

바바가 파농을 탈식민이론가이자 투쟁가로 깊이 존경함에도 불구하고 파농의 특징적인 전투성이 파농 자신의 마티니크 제도의 온호하고 비전투적인 유산에 대한 개인적 거부로부터 야기된다고 지적한다. 전략으로서 전투성에 대한 파농과 바바의 이런 차이는 해체론적 탈식민 담론으로서의 바바의 전략적 특성이다. 데리다의 철학에 큰 영향을 받은 바바는 탈식민 저항의 공간을 단어들 사이에서, 즉 식민주의자들의 칙령이나 언설들과 수용자, 즉 피식민인들의 수용 사이에서 찾았다. 이 '발화의 제3의 공간'(Third Space of enunciation)이 만드는 것은 원래 발화자의 말이나 칙령을, 파악하려는 어떤 노력도 거부하는, 애매모호한 잡종의 형태로 '변형하고 번역하는 것'이다. 바바는 이 발화와 수행 사이의 공간을 제 3의 공간으로 부르고 이 공간의 전복적이고 수행적인 힘을 믿는다. 바바가 즐겨 드는 한 예는 인도에서 사람들이 선교사들이 배포한 성경을 그들의 일상적 생활에서 (화장실) 휴지로 사용하는 것을 들고 있다. 어떤 인도사람들이 시장에서 쓸모 있는 상품으로 팔기 위해서는 선교사들에게서 더 많은 성경을 받아야 한다는 사실은 주인 담론이 제3의 공간이라는 수행적 공간에 의해 전복되는 것을 보여주는 한 예이다.

언어에 관해 프로이트의 '포트-다'(fort-da) 게임 개념을 언급하면서, 바바는 "실재정치(Realpolitik) 담론에서의 전략적 사고의 효율성을 보장하는 것은 기표 움직임의 이런 변천들이다. … 이것의 중요성은 기표의 추상적인 자유로운 놀이에서 [기존의] 수용된 정치적 전통의 이성중심주의나 본질주의를 해체하는 것 이상이다"(36)고 말한다. 이는 바바가 원초적으로 기표의 환유적 관계가 타자의 결여로부터 왔다는 것을 무시하고, 단지 환유로서의 기표 개념에 부분적으로 의존하고 있음을 시사한다. 라깡적 정신분석 이론은 단순히 본질주의나 이성중심주의를 반대하는 기표들의 자유로운 놀이를 증명하는 것이 아니다. 라깡적 이론의 핵심 목표는 주체가 '자신의 욕망과 절대 타협하지 않기'라는 윤리적 행위를 행할 책임이 있다는 사실과, 모든 담론은 타자의 결여 때문에 남게 된 욕망의 원인으로서 '대상 *a*' 주위를 맴돈다는 사실, 따라서 '타자의 타자는 없다'는 믿음으로 어떤 메타 담론도 거부해야한다는 사실을 확인하는 것이다. 그렇지만, 바바의 제 3의 공간, "잡종의 공간"에서의 기표의 끊임없는 자유로운 놀이에 대한 주장은 모든 담론이 잃어버린 주이상스 주변을 맴돈다는 라깡적 시각과, 주체가 어떻게 '대상 *a*'를 취급하는가의 모드에 따라 담론이 결정된다는 사실, 즉 발화자와 '대상 *a*'와의 관계가 히스테리 담론, 주인담론, 대학담론 그리고 분석가의 담론을 결정한다는 사실을 간과하고 있다.

바바의 책략은 주인의 담론을 해체하고 비본질화하는 데는 성공적인 반면에, 정신분석적으로 윤리적인 행위를 할 여지는 남겨놓지 않는다. 반면에 라깡적 정신분석 이론은 주체로 하여금 윤리적 행위를 행하는 행위, 다시 말하면 그것이 환상 가로지르기의 형태이든 아니면 증후(*sinthôme*: 주체의 타자의 결여를 취급하는 독특한 방법)와의 동일시이든, 이런 윤리적이고 긍정적 행위를 할 것을 허락한다. 이와 달리, 바바의 책략은 단순히 주인 담론이 일종의 잡종의 형태로 변화되거나 번역되는 정도로만 주인의 주어진 담론에 단순히 반응하는 것이므로 일종의 행위나 사건을 저지르게 하는 기회를 주체에게 허락하지 않는다. 정치적 전략으로서 이런 수행적 전복 행위의 수동적 양상을 너스바움이 주디스 버틀러의 패러디 형태로서의 문화적 반복행위나 수행의 전략을 '순응주의'나 '비관주의'로 이미 비판한 바 있다.

바바가 거의 정확하게 라깡의 개념을 그의 이론에 적용시키는 몇몇 사례 가운데 하나를 아래의 인용에서 볼 수 있다.

정체성과의 만남이 무언가 이미지의 틀을 초월하는 지점에서 일어날 때마다, 이것은 시선을 회피하고 정체성과 자율성의 장으로서의 자아를 빠져나가며—가장 중요한 것은—저항하는 흔적, 주체의 얼룩, 저항의 기호를 남겨놓는다. 우리는 [라깡에서처럼] 더 이상 존재의 존재론적 문제와 직면하는 것이 아니라 질문의 순간이라는 담론적 전략과 만나게 된다. 이 질문의 순간에는 정체성 과정의 요구가 의미화, 욕망, 문화와 정치학의 다른 문제들에 대해 핵심적으로 반응하는 순간이다.(71)

외양상으로 충분히 라깡적인 언급인 위의 단락에서 문제가 되는 부분은 바바가 실재의 파편물인 '대상 a'를 단순히 담론의 차원으로 환원한다는 것이다. 바바의 이런 견해와는 반대로, '얼룩' 혹은 '대상 a'는 다른 기표 S_2를 위해 주체를 대변해주기 위해 S_1, 즉 주인 기표의 형태로 전환하여 상징계를 향하는 여행의 기로에 서기 전에는 실재의 차원에 속한다. 따라서 바바의 언급에서 지적되지 않은 것은 '주체'의 핵은 분석가의 주된 관심인 사라진 주체이며, 분석가(바바 같은 탈식민 이론가)의 업무는 피분석가의 환상적인 이데올로기적 사고(주인담론, 히스테리 담론, 대학담론)가 자신의 존재의 핵, '대상 a'를 어떻게 감추고 있는가를 피분석가에게 인식시키는 것이 필요하다는 사실이다. 다시 말해, 바바의 언어유희를 통한 기존 체계 전복 행위는 평면적으로 언어 행위와 의미작용의 환유적 연결 관계의 부산물로서 얻어지는 것이라는 점에서, '대상 a' 또는 '대상 a'라는 욕망의 원인과 연루된 욕망의 변증법적 과정을 다루지 못한다. 이런 바바의 분석틀에는 마노니가 정신분석적으로 다룬 여러 콤플렉스에서 파농이 하였듯이 주체와 타자의 상보적 연루관계를 분석해낼 개념적 도구가 없다. 라깡적 정신분석 이론은 실재의 '대상 a'를 중심으로 벌어지는 욕망의 변증법적 관계를 파헤치는 유효한 도구로서 인종차별적 백인 담론의 환상의 정신구조를 분석해내어, 개인의 정신적 차원에서뿐만 아니라, 정치적 차원에서도 어떤 전투적 전략으로 이런 인종주의적 억압구조를 해체할 수 있는가를 잘 보여주는 분석의 틀이 된다.

결론: 탈식민의 알레토스피어(Alethospere)

탈식민 이론으로서 파농과 바바라는 두 이론가의 전략에 대한 비교분석을 통해 파농은 인종차별 이데올로기의 희생자로 전락한 타자들이 어떻게 주인담론의 희생자가 되었고 어떻게 정체성 정치학(예를 들면 네그리튜드 운동)과 더불어 이 억압의 구속을 전복할 수 있는지를 알려주고 있음을 살펴보았다. 반면에 바바는 해체론적 전략을 통해 언어 행위의 구조적 제3의 공간에서 언어나 전통의 반복적 행위 과정 속에서 기존의 언어 행위와 전통이 자체적으로 와해되는 수행적 전복의 가능성을 취급한다. 탈식민 이론을 위한 라깡주의 담론의 강점은 권력의 체계에 대한 파농의 전투적 저항과 더불어 바바의 담론이 가지는 전복적 변형의 힘도 가진다는 것이다. 탈식민 이론의 목적을 위해 라깡주의 담론이 기여할 수 있는 개념은 실재, 진리의 차원에 속하는 '대상 a'의 개념이다. 바바가 라깡의 모방(mimicry)의 개념을 자신의 제3의 공간 개념에 적용하면서 놓친 것은 라깡의 책 『세미나 11권』에 나타난 '시선' '모방' '가장' 그리고 '위조'의 '유혹'에서 '운용(감지)하는'(operceive: operate와 perceive의 복합어) '대상 a'라는 개념이다. '대상 a'는 모방, 가장, 위조를 작동시키는 우리의 욕망의 원인으로서, 바디우의 실재가 드러나는 과학, 예술, 정치, 사랑이라는 전 영역에서 '운용(감지)하고' 있다. 바바는 모방을 그의 잡종 개념과 연관시키면서, 이런 '대상

a'의 존재에 대해 침묵한다.

> 이 환유적 책략은 식민지적 모방이라는 기표를 잡종의 정서로서—동시에 훈육에서 욕망하기에 이르기까지—만들어낸다. … 그러면서 차별이 잡종의 존재로 변하게 되면서, 권위의 증표들은 일종의 가면, 일종의 비웃음으로 변한다. … 정신적 선택은 '백인이 되거나 사라지는 것'이라는 파농과 전적으로 동의하기란 어렵다. 더 모호한, 제 3의 선택이 있다: 변장, 모방, 검은 피부/하얀 가면들이 그것이다.(172)

바바의 이런 입장은 원래 타자의 목소리, '대상 a'에 반응하여 주인 기표, S_1를 내세우는 원초적으로 중요한 시도인 은유의 기능을 무시하면서, 기표들과 연관되어 있는 환유적 양상들만을 다룬다. 윤리적 행위는 이웃의 '얼굴'에 반응해야하는 레비나스적 책임감과 유사하게, 타자의 부름, 타자의 목소리, 타자의 시선에 반응하는 행위를 취하는 용기 있는 이 자발성(willingness)과 연결되어 있다. 바바의 제 3의 공간은 '대상 a'를 향한 욕망과 기표들이 취하게 되는 끊임없는 과정을 부분적으로만 대변한다. 라깡의 정신분석적 시각에서 볼 때 바바의 제 3의 공간이 결여하는 개념은 실재의 차원으로부터 오는 타자의 목소리, 타자의 부름을 파악해내는 주체의 결단이라는 윤리적 양상이다. 라깡이 암시한 바와 같이, 엔트로피의 차원에 이를 정도로 많은 수의 타자의 부름에 답하는 수많은 시도들이 있을 수 있다. 그러나 중요한 것은 이 끊임없이 많은 수의 환유적 시도나 노력이 아니라 삶이 개인적으로 혹은 정치적으로 진행되면서 특정한 순간에 혹은 특정한 상황에서 타자의 독특한 부름에 반응하는 윤리적 행위이다. 타자의 부름에 대한 이 수많은 시도들, 목소리, 시선 등의 '대상 a'의 부름과 주체의 관계에서 일어나는 이 수 많은 반응의 노력들은 라깡이 『세미나 17권, 정신분석의 이면』에서 묘사한 것처럼 '대상 a' 주변을 도는 진리의 차원인, "알레토스피어"(alethosphere, *alèthosphère*)를 구성하기도 한다. 조운 콥젝은 래투스(lathouse)라고 새로이 명명될 '대상 a'와 "알레토스피어의 관계를 다음과 같이 설명한다.

[1960년도에 라깡이 '대상 a'를 설명하기 위해 만든 터뜨려진 계란 같이 퍼진 듯하면서도 응축적인 유기체인 '라멜라'의 신화 이후에] 『세미나 17권』에서 이 신화적 라멜라는 … 어떤 생명공학적 땜질 작업을 받게 된다: 라멜라라는 유기체는 일종의 조그만 기계적 도구(gadget)나 장치(gizmo)로 변한다. 이 유전학적으로 공학화된 장치, 이 조그만 아무 것도 아닌 것을 지명하기 위해 사용된 신조어는 '래투스'(lathouse)이다. 라깡의 새로운 최상의-현대적 신화에서, 물론 천체(heaven)는 없다; 그것은 다 파괴되었다. 주체를 초월하여 세상에서 남은 것은 '알레토스피어'인데, 이것은 일종의 하이테크적 천상의 공간, 즉 우주 탐사기와 궤도를 도는 기계, 원거리통신 및 텔레뱅킹 시스템 등 상상할 수 있는 모든 기술과학적 경이물로 채워져 있는 세속화된(laicized) 혹은 '탈마법화 된'(disenchanted) 공간이다. … (이 공간과 이곳에 있는 모든 것은 현대과학의 엄격하고 수학적인 전시될 수 있는 진리들에 기초되었기 때문에 알레토스피어[alethosphere: 진리의 aletheia를 참조]이다) … 이제 이 알레토스피어에서 때때로 나타나는 객체화-할-수 없는 대상물(non-objectified objects), 래투스라는 라깡의 신화로 돌아가자. 인간은 … 때때로 경고도 없이 그의 불안을 자극하는 이런 래투스들의 하나를 대면하게 된다. … 이제 래투스로서의 '대상 a'가 라멜라보다 더 기계적인 함의를 가지게 되는지 명확해졌을 것이다. (Žižek 2006: 97~99)

라깡이 "알레스토피어"를 "그것에 대해 감정적으로 철학적인 어떤 것도
… 없는 방식"(Lacan 1992b: 161)으로 쓴다고 말했지만, 이 단어는 그 의미가
희랍어로 진리를 의미하는 알레테이아(aletheia)라는 단어의 영향을 받았
다. 알레토스피어가 제시하는 바는 주체와 진리의 관계에서 주체에게 접근
불가능한 대상물인 욕망의 원인, '대상 a'를 중심으로 이 '대상 a'를 파악하
려는 다양한 시도들, 즉 진리를 접근하려는 노력의 산물들이 겹겹이 층 혹
은 파장을 이루고 있다는 사실이다. 콥젝이 말한 바와 같이, 이 알레토스피
어는 최고의 과학적 장치물들이 겹겹이 수없이 흩어져 있는 천상의 공간
으로서 천상에 퍼진 기계장치들이 이랑 혹은 파장을 형성하며 존재한다.
콥젝의 알레토스피어는 과학의 기계적 장치로서 특징을 부여 받지만, 에릭
로랑의 알레토스피어의 해석은 한층 더 '대상 a'와 주체의 관계를 강조한
다. 로랑에 의하면, 라깡에게 과학은 실재의 반대항에 있는 것이 아니라 오
히려 실재를 드러나게 하는 수단이 된다. 라깡이 수학적 공식만이 실재를
왜곡되지 않고 더 온전히 재현하는 방법의 하나라고 말하는 것도 이런 맥
락에서이다. 로랑은 과학의 산물인 많은 기계적 장치들이 우주에 퍼뜨려져
있지만, 여전히 그 기계적 장치 속에 있는 우주인들(cosmonauts)이 지구와
의 접촉을 놓치지 않는 것은 이 기계적 장치들이 '목소리'의 부름에 맞추어
져 있기 때문이다. 이런 맥락에서 이 알레토스피어에 존재하는 래투스라는
기계적 장치물이 '대상 a'의 역할을 하는 이유가 된다. 로랑은 이런 알레토
스피어의 개념을 통해서 한편으로 기계적 장치인 래투스들이 '목소리'의
부름에 충실하여 지구와 접촉을 하지만, 기술을 이용해 이윤을 확대하는
자본주의의 사회가 래투스가 경청하려는 진리의 부름과 주체의 주이상스
를 함몰시키는 기계적 장치들도 많이 퍼뜨려 놓았다고 한다. 따라서 정신
분석은 이런 극도의 기계주의적 현대의 삶에서 실재 또는 진리의 '목소리'

들의 부름에 충실하도록, 다시 말해 주체가 '대상 a'에 반응하여 '운용[감지]'하도록(operate/perceives: *aperçoit*)도와주어야한다고말한다.(http://www.lacan.com/thesymptom/?p=26)

라깡의 '대상 a'의 차원이 이랑 혹은 파장을 형성하는 이 알레토스피어는 바바의 제3의 공간과 달리, 기표들이 끊임없이 미끄러지면서 잡종성을 만들어 기존의 주인담론의 상징체계를 전복하는 담론적 차원만이 아니다. 라깡의 알레토스피어에 대한 설명이 이를 예증해준다.

> 우리의 것이라고 항상 확신되는 세계에는 이제 … 서로 교차하는 많은 수의 파장들이 거주하고 있다. 추상적인 것이 아니라 순수하게 논리적이고, 순수하게 원칙이라는 이름 하에 법칙이 주어진다는 요건에만 종속되어진 엄격한 조합들의 유희에 의해 … 과학의 창조물이 사용되는 이 공간은 *비실체, 비사물*(*a-thing, l'achose*)로만 정당화될 수 있다. 우리의 유물주의적의 이름을 완전히 바꾸는 이 사실. 형태, 실체, 내용 등[의 개념]은 과학적 사고가 자신을 분리시켜야 하는 신화일 뿐이다.(Lacan 1992b: 159)

알레토스피어에 대한 이 묘사는 진리와 연관된 과학이 내용이나 형태를 통해서가 아니라 논리와 결합적 유희와 연관되는 것임을 보여주며 과학에 대해 긍정적이다. 라깡은 "알레토스피어는 기록된다. 네가 만약 마이크로스피어(microsphere)를 갖고 있다면, 당신은 이미 알레토스피어에 연결되어 있는 상태다"(159)라고 말한다. 이 진술로 라깡은 알레토스피어가 일종의 실재이지 환영이 아님을 지적한다. 라깡은 진리를 위한 추구가 텅 빈 것, 즉 '대상 a'을 맴돌며 운용하는 방법으로서 "운용(감지)하다"라는 말을 쓴다. 이 용어는 주체가 '대상 a'에 대해 반응하듯이, 대상에 대한 감각의 기능을 통해서가 아니라 존재론적 구조로 인해 '텅 빈 것'을 중심으로 운용/감지하는 것을 의미하기 위해서 만들어진 것이다. 알레토스피어와 더불어, 라깡은 '대상 a'를 래투스라는 새 개념으로 사용한다.

> 운용되는 것, 맴도는 것의 차원에서 진리는 감춰진 상태로 있는 것이 아니다. … 나는 그것을 '래투스'(lathouses)라고 부를 것이다. … 여러분은 내가 그것을 '라투시스'(lathousies)로 불러도 된다고 생각할 것이다. 그 단어는 존재(ousia)와 잘 어울렸을 것이다. … 존재(ousia)는 타자도 아니고, 어떤 것의 존재함도 아니다. 그것은 그 둘 사이의 것이다. 그렇다고 그것은 존재(Being)가 아니다. 그러나 궁긍적으로 [그것에] 가깝기는 하다. … 래투스는 이런 다양성을 제한할 아무 이유가 없다. 중요한 것은 우리가 그런 것으로서의 래투스와의 관계에 들어갔을 때 생기는 일을 아는 것이다.(161~62)

위의 진술은 '래투스와의 관계에 들어갔을 때 생기는 일을 아는 것'이 정신분석이 해야 할 일이며 실재 혹은 진리의 차원이 드러나는 상태임을 암시한다. 래투스라는 이 단어의 기초가 되는 영어단어, "래트"(lath)는 벽이나 재료들을 덮기 위해 석회와 함께 사용하는 가느다란 나뭇가지 종류이며, 다른 그리스어, 래테(lethe)는 망각을 의미한다. 지옥에 있는 망각의 강이 접근불가능하다는 점에서 구체적인 자료나 생각으로 환원되어서는 안되는 '대상 a'를 이해하는 데 도움이 된다. 라깡은 래투스의 양상을 다음과 같이 설명한다.

> 래투스의 위치를 유지하기는 완전히 불가능하다는 것이 확실하다. … 그러나, 불가능한 것으로서 그것이 전부가 아니다. 진리가 형성된 모든 영역에서 우리

가 예증할 수 없는 진리들이 있다는 가정하에서 … 다른 많은 것들이 있다. 내가 실재를 정의하는 것은 … 이 불가능의 차원에서이다. 분석이 존재하는 것은 그것의 실재에서이며, 이것은 바로 이것이 불가능하기 때문이다. 이것이 래투스의 위치의 한 부분을 형성한다.(163)

'대상 *a*'와 관련된 이런 개념들은 애매모호한 담론을 형성하기 위한 것이 아니라, 타자의 타자는 없다는 공식, 즉 주체에게 타자의 결여와 대 타자의 부재를 보여주어서 다양한 이데올로기적 환상을 가로지르도록 도와주는 분석가의 담론의 중요한 기능을 깨우치기 위한 것이다. 분석가의 기능은 자신의 환자가 정신병이건, 신경증이건 아니면 자신의 고유한 증후(sinthome)를 형성한 상태로든, 어떻게 '대상 *a*'를 중심으로 형성되었는가를 보여주고, 피분석자의 욕망 혹은 이데올로기 담론의 주된 핵이 되는 '대상 *a*'에 관심을 두는 것이다.

'대상 *a*'를 중심으로 한 다양한 라깡의 정신분석 개념들은 탈식민 이론에 유효한 틀을 제공한다. 무엇보다 탈식민의 목표는 식민주체의 위치를 강화하기 위해 타자의 인권을 무효화시켜서 타자를 안 보이는 존재로 환원하는 주인 담론을 해체하고 억압받는 사회의 진리를 바로 세우는 것이다. 이 목적의 실현을 위해 라깡의 개념인 '타자의 결여', 그로 인해 생기는 욕망의 원인, '대상 *a*'는 주인담론의, 특히 식민 담론의 핵으로 드러나는 '사물'로서의 '이웃'에 대한 다양한 백인담론의 방어기제적 양상을 드러내 보이는 데 효율적이다. 백인우월주의자들의 인종적 타자에 대한 이데올로기적 담론은 '대상 *a*'에 의해 추동된 주체들이 그것을 자신들의 이데올로기적 담론의 틀로 왜곡하여 비틀어서 '왜곡된 형상'의 이미지로 환원시키는 환상의 구조를 가지는 것으로 드러난다. 결론적으로, 탈식민 담론은 라깡의 '대상 a'라는 개념이 현대의 문화적 상황에 입각해 기계적인 장치의 함의를 가진 래투스로 사용되고 있는 바, 더욱 기술관료화되고 자본주의적 이윤에 혈안이 된 현대 글로벌 사회의 소외되고 왜곡당하는 피식민주체들의 실재적 위상의 회복을 위해 이제 이랑으로 퍼져 있는 래투스들의 알래토스피어를 드러내기 위해 더 현대화되고 비판적인 담론의 칼을 휘두를 것이 요청되는 바이다.

＊이 글은 영미문학연구회가 발간하는 학술지, 『영미문학연구』 15호(2008년 12월) (139~178)에 실린 필자의 영어 논문, "Formation of a Discourse of Decolonization through Lacanian Concepts: Realized Dimension of Decolonization"를 수정, 보완하고 번역한 것이다.

참고문헌

Walter Benjamin(2002), "Critique of Violence," *Walter Benjamin: Selected Writings Volume 1, 1913~1926*. eds. Marcus Bullock and Michael W. Jennings. Cambridge, MA: Belknap Press of Harvard UP, 236~252.

Homi Bhabha(1994), *The Location of Culture*, London, Routledge.

Aimé Césaire(2000), *Discourse on Colonialism*, Trans. Joan Pinkham, New York, Monthly Review Press.

Quobna Ottobah Cugoana(1999), *Thoughts and Sentiments on the Evil of Slavery*, London, Penguin Books.

Emmanuel Chukwudi Eze(1997), "The Color of Reason: The Idea of 'Race' in Kant's Anthropology," *Postcolonial African Philosophy: A Critical Reader*, ed. Emmanuel Chukwudi Eze, London, Blackwell, 103~140.

Franz Fanon(1967), *Black Skin, White Masks*, Trans. Charles Lam Markmann, New York, Grove Press.

_____(2004), *The Wretched of the Earth*, Trans. Richard Philcox, New York, Grove Press.

Margaret Greer, Walter Mignolo, and Maureen Qulligan, eds(2007), *Rereading the Black Legend: The Discourses of Religious and Radical Difference in the Renaissance Empires*, Chicago, Chicago University Press.

Paget Henry, "Between Hume and Cugoano: Race, Ethnicity and Philosophical Entrapment," http://muse.jhu.edu/journals/journal_of_speculative_ philosophy/vol8/18.2entry.pdf

Immanuel Kant(2006), *Anthropology from a Pragmatic Point of View*, Trans. Robert B. Louden, Cambridge, Cambridge University Press.

Jacques Lacan(1992a), *The Seminar of Jacques Lacan, Book 7: The Ethics of Psychoanalysis: 1959~1960*, Ed. Jacques-Alain Miller, Trans. Dennis Porter, New York, W. W. Norton & Company.

_____(1992b[2007]), *The Seminar of Jacques Lacan, Book 17: The Other Side of Psychoanalysis*, Trans. Rusell Grigg, New York, W. W. Norton & Company.

Ernesto Laclau, Judith Butler and Slavoj Žižek(2000), *Contingency, Hegemony, Universality: Contemporary Dialogues on the Left*, London, Verso.

Bartolomé de Las Casas(1992), *A Short Account of the Destruction of the Indies*, London, Penquin Books.

Eric Laurent, "Psychoanalysis and Science," http://www.lacan.com/thesymptom/?p=26

Kenneth Reinhard, Eric L. Santner and Slavoj Žižek(2005), *The Neighbor: Three Inquires I Political Theology*, Chicago, University of Chicago Press.

Stig Skov et al, "On Justification of Colonization," http://hdl.handle.net/1800/2803.

Ann Laura Stoler, Carole McCranahan and Peter C. Perdue(2007), *Imperial Formations*, Santa Fe, School for Advanced Research Press.

Charles Shepherdson(2000), *Vital Signs: Nature, Culture, Psychoanalysis*, New York, Routledge.

Frnacisco de Vitoria(2007), *Political Writings*, Cambridge, Cambridge University Press.

Slavoj Žižek(1993), "From Courtly Love to the Crying Game", *Lew Left Review*, Vol. a.
　　95~111.

_____(2004), *Iraq: the Borrowed Kettle*, London, Verso.

_____(2006), *Lacan: The Silent Partners*, London, Verso.

_____(2007a), *Virtue and Terror: Slavoj Žižek presents Mao*, London, Verso.

_____(2007b), *On Practice and Contradiction: Slavoj Žižek presents Robespierre*, London,
　　Verso.

찾아보기

430